반기독교 시대의
5가지 거짓말

로자리아 버터필드 지음
윤종석 옮김

반기독교 시대의 5가지 거짓말	
1쇄 발행	2025년 2월 28일
지은이	로자리아 버터필드
옮긴이	윤종석
펴낸이	고종율
펴낸곳	㈜도서출판 디모데 〈파이디온선교회 출판 사역 기관〉
등록	2005년 6월 16일 제319-2005-24호
주소	서울특별시 서초구 서초대로 141-25(방배동, 세일빌딩)
전화	마케팅실 070) 4018-4141
팩스	마케팅실 02) 6919-2381
홈페이지	www.timothybook.com
ISBN	978-89-388-1715-0 (03230)

ⓒ 2025 도서출판 디모데 All rights reserved. 〈Printed in Korea〉

Five Lies of Our Anti-Christian Age
Copyright ⓒ 2023 by Rosaria Butterfield
Published by Crossway, a publishing ministry of Good News Publishers
Wheaton, Illinois 60187, U.S.A.

This Korean translation edition ⓒ 2025 by Timothy Publishing House, Inc.,
Seoul, Republic of Korea
This edition published by arrangement with Crossway through rMaeng2, Seoul,
Republic of Korea.
All rights reserved.

이 한국어판의 저작권은 알맹2를 통하여 Crossway와 독점 계약한 ㈜도서출판
디모데에 있습니다.
신저작권법에 따라 한국 내에서 보호받는 저작물이므로 무단 전재와 무단 복제를
금합니다.

반기독교 시대의 5가지 거짓말

진정한 그리스도인,
남성 우위 사회,
성소수자의 정당성에 관한
성경의 답변

로자리아 버터필드 지음
윤종석 옮김

추천사

"우리 아이들이 살아가는 세상과 교회가 반기독교적 거짓말에 위협받고 있다. 하나님의 백성으로 자라나야 할 아이들이 자연스럽게 하나님의 말씀보다 유튜브나 소셜미디어의 의견을 더 중요하게 여기도록 내버려두고 있지는 않은가? 어른들 또한 욕망을 좇으라는 세상의 거짓말에 미혹되고 있는 것은 아닐까? 교회와 사회에서 뜨거운 주제가 된 문제들을 단순히 덮어놓고 몰라서는 안 된다. 이 책은 하나님보다 높아진 세상의 거짓말들을 드러내서 성경의 진리로 부수고 건강한 관점을 세워준다. 하나님은 아무리 높은 바벨탑이라도 간단히 무너뜨리시는 전능하신 분이다. 우리 아이들이 거짓 우상이 아닌 참 하나님만 섬길 수 있는 토양을 만들기 위해 이 책을 권한다."

김요셉
원천침례교회 담임목사, 중앙기독학교 이사장

"저자는 여러 까다로운 주제를 다루며 이 시대에 하나님의 자리를 차지한 우상을 명쾌하게 정의한다. 성경의 진리와 저자의 생생한 경험담이 잘 어우러져, 그리스도인이 이 시대의 가짜 진리를 어떻게 물리쳐야 할지 밝혀준다. 동시에 죄인을 변화시키는 복음의 능력과 하나님의 은혜를 사모하도록 우리를 이끈다. 이 혼란한 시대, 난공불락의 성처럼 보이는 문제에도 답은 있다. 모든 문제의 답은 그리스도의 복음이다. 이 책을 적극 추천한다!"

이재훈

온누리교회 담임목사

"온 세상이 혼란을 겪고 있는 시대이다. 위기의 때에 교회는 악한 사탄의 속임수에 휩쓸리지 않기 위해 하나님의 말씀으로 무장해 있어야 한다. 이 책은 세상이 내세우는 반기독교적인 주장의 실체를 성경적 세계관으로 명명백백하게 밝혀준다. 무지해서는 거짓을 가려낼 수 없다. 많은 그리스도인이 이 책을 읽고 말씀의 검을 들어 거짓에 맞서기를 바란다."

이찬수

분당우리교회 담임목사

"그레셤 메이첸(Gresham Machen)이 지난 세기에 지적했듯이 세상은 늘 기독교를 '가짜 신앙'이라는 전혀 다른 종교로 대체하려 한다. 로자리아 버터필드는 교회를 성도착과 자아 신격화의 틀에 끼워 맞추려 하는 오늘날의 여러 이데올로기를 파헤친다. 쉽게 잘 풀어 쓴 이 책에서 그녀가 우리에게 일깨워주듯이, 영혼을 파멸로 이끄는 거짓말에 대한 답은 예나 지금이나 늘 똑같다. 바로 하나님의 말씀을 알고, 말씀 안에 거하는 것이다. 그러면 진리가 우리를 자유롭게 한다. 이 책을 적극 추천한다!"

조엘 R. 비키(Joel R. Beeke)

미시간주 그랜드래피즈의 퓨리턴 리폼드 신학대학원 총장, 『믿음의 확신을 누리는 삶』(Knowing and Growing in Assurance of FAITH, 좋은씨앗), 『개혁주의 설교에 관하여』(Reformed Preaching, 복있는사람) 저자

"로자리아 버터필드는 우리 문화에 드리워진 성적 혼란과 도덕적 혼돈의 안개를 단호하고 명쾌하게 걷어낸다. 이 책은 '남성'과 '여성'이라는 단어와 거기에 부여된 성경적 역할을 정의하면서 젠더와 성과 결혼과 가정에 대한 하나님의 아름다운 설계와 목적을 분명하고 당당하게 밝힌다. 그녀가 지적하는 반기독교 시대의 다섯 가지 거짓말은 다니엘이 바벨론에서 만난 우상과도 같다. 그러니 당신도 감화를 받아 버터필드와 합류하라. 다니엘의 세 친구처럼 그녀도 무릎 꿇은 인파 속에 우뚝 서서 '우리가 왕의 신들을 섬기지 아니할 줄을 아옵소서'라고 담대히 선언한다."

알리사 차일더스(Alisa Childers)

"알리사 차일더스 팟캐스트"(The Alisa Childers Podcast) 진행자, 『다른 복음?』(Another Gospel?)과 『당신의 진리대로 살아라 그리고 그 외 거짓말들』(Live Your Truth and Other Lies) 저자

"안타깝지만 세상뿐만 아니라 교회 안에도 거짓이 넘쳐난다. 하나님의 명예와 영광, 사람들의 유익, 교회의 건강을 위해 이 시대의 거짓말들을 진리로 퇴치해야 한다. 용기가 돋보이는 이 책에서 로자리아 버터필드는 많은 사람이 두려워서 지적하거나 파헤치지 못하는 주제들을 다룬다. 현실이 비통하기는 하지만, 나는 하나님이 버터필드에게 주신 은사로 말미암아 특별히 감사하다. 여러모로 그녀는 반기독교 시대의 다섯 가지 거짓말을 파헤칠 적임자다. 당신은 이 책을 읽다가 눈물을 훔칠지도 모르지만, 확신하건대 기쁨으로 충만하기도 할 것이다."

마크 존스(Mark Jones)

캐나다 밴쿠버의 페이스 장로교회 담임목사, 『죄란 무엇인가』(Knowing Sin), 『하나님을 아는 지식』(God Is), 『그리스도를 아는 지식』(Knowing Christ, 이상 복있는사람) 저자

"온전한 복음을 선포한 이 설득력 있고 통렬하며 시의적절한 책을 읽는 내내 떠오른 그리스도의 말씀이 있다. '진리를 알지니 진리가 너희를 자유롭게 하리라'(요 8:32). 로자리아 버터필드는 이 시대의 만연한 거짓에 대해 꼭 필요한 경고를 울려주어서 우리를 다시 자유의 길로 향하게 한다."

조지 그랜트(George Grant)

테네시주 프랭클린의 패리시 장로교회 목사, 『미가 명령』(The Micah Mandate) 저자

"이 책은 우리 문화를 급속도로 잠식하고 있는 성과 관련된 거짓말을 다룬 로자리아 버터필드의 역작이다. 그녀가 '우리 시대의 우상'이라 칭하는 그 거짓말은 바로 LGBTQ+ 이데올로기다. 그녀의 논고는 어떤 주제를 다룰 때든 늘 넓고 깊고 공정하지만, 특히 페미니즘과 동성애와 트랜스젠더리즘을 다룰 때 더욱 그렇다. 기독교 신앙의 이슈인 유혹과 죄와 시기와 정숙함에 대해서는 물론이고, 성경론과 교회론 같은 교리에 대해서도 심오한 인사이트들을 주며 이를 매우 설득력 있게 전한다. 레즈비언으로 살다가 회심하여 지금은 목사의 아내이자 엄마로 헌신한 버터필드보다 이 주제를 더 잘 논할 수 있는 사람은 없다. 고전으로 남을 책이 분명하다."

피터 존스(Peter Jones)

트루스 익스체인지(truthXchange) 설립자

"이 책은 교회를 향한 적시의 요긴한 권면이자, 점점 깊어지는 세상의 혼란에 직면한 그리스도인들에게 꼭 필요한 자원이다. 로자리아 버터필드는 에덴동산의 뱀처럼 교회에 기어들어 온 현대 문화의 핵심 거짓말들을 성경의 명확한 진리로 베어낸다. 모두가 이 책을 꼭 읽어야 한다!"

베켓 쿡(Becket Cook)

『애정의 전환』(A Change of Affection) 저자, "베켓 쿡 쇼"(The Becket Cook Show) 진행자

"로자리아 버터필드는 사랑으로 진리를 말하여 우리 문화에 널리 퍼진 다섯 가지 큰 거짓말을 파헤치고 논박한다. 성경에 조예가 깊은 그녀는 폭넓은 독서 경험을 토대로 개인적인 경험을 잘 살려냈다. 이 중요한 책이 그리스도인들을 강건하게 해줄 뿐 아니라, 많은 사람을 진리로 불러 회개하고 그리스도를 믿게 하기를 바란다."

W. 로버트 갓프리(W. Robert Godfrey)

웨스트민스터 신학대학원 캘리포니아 명예총장 겸 명예교수, 리고니어 미니스트리즈(Ligonier Ministries) 교원

"로자리아 버터필드는 보기 드물게 신념과 삶이 철저히 일치하는 사람이다. 페미니즘과 퀴어학을 가르치던 레즈비언 교수일 때도 그랬고, 지금 그리스도인이자 목사의 아내로서도 그렇다. 이 책에서 그녀는 우리 시대에 가장 만연한 몇 가지 거짓말에 맞선다."

낸시 피어시(Nancy Pearcey)

휴스턴 크리스천 대학교 변증학 교수, 『네 몸을 사랑하라』(Love Thy Body), 『완전한 확신』(Finding Truth, 이상 복있는사람) 저자

"로자리아 버터필드처럼 시대의 주요 쟁점을 제대로 해부하여 이토록 명쾌하고 힘차게 집필을 이어가는 작가는 드물다. 버터필드의 뜻밖의 회심, 유려한 문체, 철학적 능변, 신학적 학식이 어우러진 이 책은 그녀가 내놓은 또 하나의 역작이다. 정체성과 성 관념과 페미니즘과 트랜스젠더리즘을 논한 이 명작은 교회에 스며든 교활한 거짓말들을 들춰내면서, 시대를 초월하여 생명을 살리는 하나님 말씀의 진리를 가리켜 보인다. 성벽을 지키는 파수꾼처럼 그녀는 굳센 용기와 열정으로 이웃을 사랑한다. 우리는 사망에 이르는 넓은 타협의 길을 택할 것인가, 아니면 그리스도 안의 생명으로 인도하는 좁은 고난의 길을 택할 것인가? 이 책을 읽어보라. 당신의 비위를 맞추지 않고 오히려 도전을 줄 것이다. 무엇보다 이 책은 좌우로 치우치지 않고 그리스도의 복음만을 높인다."

크리스토퍼 위안(Christopher Yuan)

강사, 『거룩한 성과 복음』(Holy Sexuality and the Gospel) 저자, "거룩한 성 프로젝트"(The Holy Sexuality Project) 영상 시리즈 제작자

"로자리아 버터필드는 정밀한 수술과도 같이 우리 시대의 세속 종교를 진단하여 병명을 밝힌 뒤 환부를 도려낸다. 우리 앞에 버티고 서 있는 원수의 의중에 예리하게 초점을 맞춘다. 암을 도려낸 그녀는 거기서 그치지 않고 유능한 수술의처럼 환자를 다시 봉합한다. 즉, 진리로 거짓을 물리치는 법을 생생하게 보여준다. 이 책은 혼란한 주변 세상에 맞서 하나님의 말씀으로 즐겁게 싸우는 법을 알려주는 안내서다."

서머 예거(Summer Jaeger)

팟캐스트 "쉬올로지언스"(Sheologians) 진행자

"이 책에서 로자리아 버터필드는 '하나님 아는 것을 대적하여 높아진 것을 다 무너뜨리고 모든 생각을 사로잡아 그리스도에게 복종하게 하는'(고후 10:5) 선한 일을 한다. 덕분에 이 책은 우리 시대를 지배하는 여러 세속 이데올로기의 얼굴에 펀치를 날린다. 버터필드는 엉긴 우유와 장막 말뚝을 든 야엘과도 같아서, 하나님의 백성을 현혹하는 다섯 가지 거짓말에 담대히 맞서 인정사정 볼 것 없이 성경의 진리로 충실하게 논박한다. 모든 신자에게 유익한 책이지만 그녀는 특히 여성들을 염두에 두고 경고한다. 버터필드는 까다로운 주제를 깊이 있고 예리하게 말하는 은사가 있다. 우리 시대의 자만심에 대항하는 이 위력적인 책은 아무리 추천해도 지나치지 않다."

데니 버크(Denny Burk)
서던 침례신학대학원 성경학 교수, 성경적인 남성성과 여성성 위원회 (Council on Biblical Manhood and Womanhood) 대표, 켄터키주 루이빌 켄우드 침례교회 교육목사

"이 책에서 로자리아 버터필드는 현대 문화의 뻔한 거짓말뿐만 아니라 기독교의 안일한 상투어까지 허물어버린다. 우리 입에서 그런 말이 무심코 나오는 이유는 교회의 수많은 사람에게서 반복해서 들었기 때문이다. 그것이야말로 가장 위험한 기만이다. 이 책 전체를 관통하는 주제가 있다. 당신이 누구를 믿을지를 오늘 택하라. 하나님의 말씀을 믿을 것인가, 아니면 타협주의자가 만들어낸 모조품을 믿을 것인가? 형광펜을 들고 이 책을 펼치라. 수시로 필요할 것이다."

메건 배섬(Megan Basham)
「더 데일리 와이어」(The Daily Wire) 문화부 기자, 「모든 성공한 남자 곁에」 (Beside Every Successful Man) 저자

윌과 호프 로버츠 부부에게.

이 충실한 그리스도인 친구들은
두 딸 그레이스 베넷과 페이스 로버츠를
평범한 사람이 아닌 하나님을 경외하는 사람으로 길렀다.
그들의 증언과 용기와 친절과 우정과 기도와 조언과
수많은 식사가 없었다면
이 책을 쓰지 못했을 것이다.
우리 구주이신 주 예수 그리스도께서 재림하실 때
우리는 승리한 교회와 연합할 것이며,
그때까지는 전투하는 교회로 살아간다.
우리 모두에게 행진 명령을 내리신
주님께 감사드린다(요한계시록 19:11-13).

"또 내가 하늘이 열린 것을 보니 보라,
백마와 그것을 탄 자가 있으니 그 이름은 충신과 진실이라.
그가 공의로 심판하며 싸우더라.
그 눈은 불꽃 같고 그 머리에는 많은 관들이 있고
또 이름 쓴 것 하나가 있으니 자기밖에 아는 자가 없고
또 그가 피 뿌린 옷을 입었는데
그 이름은 하나님의 말씀이라 칭하더라.
하늘에 있는 군대들이
희고 깨끗한 세마포 옷을 입고 백마를 타고 그를 따르더라.
그의 입에서 예리한 검이 나오니
그것으로 만국을 치겠고 친히 그들을 철장으로 다스리며
또 친히 하나님 곧 전능하신 이의
맹렬한 진노의 포도주 틀을 밟겠고
그 옷과 그 다리에 이름을 쓴 것이 있으니
만왕의 왕이요
만주의 주라
하였더라."

요한계시록 19:11-16

차례

추천사 _4

서문 _19

머리말 _25

들어가는 말 지금 우리는 모두 바벨에 살고 있다 _31

거짓말 1. 동성애는 정상이다

1장 한번 게이는 영원한 게이다? _83

2장 교차성이란 무엇인가? _111

3장 동성애 지향과 게이 기독교란 무엇인가? _121

4장 일부 사람에게 정상으로 느껴지는 동생애가 왜 죄인가? _155

거짓말 2. 비성경적 영성을 지닌 사람이 성경을 따르는 그리스도인보다 친절하다

5장 하나님은 어디에 계신가? 성경인가, 내 마음속인가? _191

6장 성경은 나보다 나를 더 잘 안다 _209

거짓말 3. 페미니즘은 세상과 교회에 유익하다
　　7장 당신은 자신을 아는가? 어떻게 아는가? _241
　　8장 복음을 페미니즘으로 보완해야 하는가? _263
　　9장 여성이 내는 목소리의 위력 _277

거짓말 4. 트랜스젠더리즘은 정상이다
　　10장 시기의 죄 _301
　　11장 단어 전쟁 _329
　　12장 영생은 영원히 사는 것 이상을 뜻한다 _357

**거짓말 5. 정숙함은 남성 지배를 조장하고
　　　　　여성을 억압하는 구시대의 잔재다**
　　13장 내 원수의 목전에서 _395
　　14장 노출증: 유사 기독교의 새로운 덕 _405

　　맺는말 수용과 동조의 차이, 또는 이런 거짓말을 믿는
　　　　가족이나 친구와의 관계를 유지하되 자신은 속지
　　　　않는 법 _435
　　감사의 말 _471
　　부록 성경을 읽는 법에 대한 지침 _473

서문

마귀는 거짓말쟁이다.

그것도 평범한 거짓말쟁이가 아니라 아주 능수능란한 거짓말쟁이다. 마귀는 대개 정면으로 공격하지 않고 속임수를 써서 곁길로 빠뜨린다. 에덴동산의 뱀을 생각해보라. 그는 하나님의 말씀을 전부는 믿지 못할 수도 있다고 살짝 뚱겼을 뿐이다. 마귀의 전공은 올무와 덫이다(딤후 2:26). 그는 광명의 천사로 가장하여(고후 11:14) 비신자의 마음을 혼미하게 한다(4:4). 옛 뱀, 곧 마귀이자 사탄이라고도 불리는 우리의 원수는 사악하고 교활한 위선자이며(계 12:9) 거짓의 아비다(요 8:44).

마귀가 우리를 속이는 방식은 다양하다. 뱀을 통해서

는 아니겠지만 그는 어떻게든 할 말은 하고야 만다. 머릿속에 직접 생각을 불어넣을 때도 있고, 보고 들어야 할 것을 보지도 듣지도 못하게 막기도 한다. 하지만 마귀는 절반의 진실로 포장해서 말할 때가 더 많은 것 같다. 그런 허울뿐인 진실은 우리가 보는 수많은 영화와 텔레비전 프로그램과 '뉴스'에 담겨 전달된다. 마귀의 목소리는 대학과 정계에서도 들려오며, 잘 들어보면 기독교 서적과 영성 관련 블로그에서도 그의 능구렁이 같은 말이 감지된다. 심지어 목사의 말과 교회에서도 마귀의 메시지가 울려 퍼진다.

그래서 지금 당신이 손에 들고 있는 이 책은 아주 중요하다. 새 힘과 용기를 불어넣어줄 것이 분명하기 때문이다. 이 책에 나오는 모든 문장에 동의하지 못할 수도 있지만, 로자리아의 말을 듣지 않아도 될 사람은 없다. 아니, 그녀의 말이 아니라 하나님의 말씀을 들으라. 그녀는 우리가 그분의 말씀을 들어야 함을 알 뿐이다. 내 친구인 로자리아 버터필드는 당신과도 친구로서 이야기를 나누고 싶어 한다. 그녀는 똑똑하고 마음이 따뜻하며 겸손하다. 특히 이 점 하나만은 당신도 귀하게 여기게 되기를 바란다. 얼빠진 생각과 나약한 마음이 넘쳐나는 세상에서 로자리아는 두려움 없이 자신의 소신을 밝힌다. 그런 사람이 더 많아지면 좋겠다.

이 세상은 선과 악이 맞서 싸우는 곳이다. 전투가 다

른 곳에서 벌어지면 좋겠지만, 어느 시대에 살지를 우리가 고를 수는 없다. 오늘날 최전방에서는 성과 젠더와 정체성을 둘러싼 전쟁이 벌어지고 있다. 바로 이 분야에서 우리는 싸울 준비가 되어 있어야 한다. 적의 위력을 과소평가해서는 안 된다. 마귀는 우리가 그들과 합류하여 하나님께 반항하기를 원한다. 우리를 겁쟁이와 배신자로 만들려 한다. 마귀는 우리가 인간의 자율이라는 신화를 믿고 항복해서 자기편에 서기를 원한다. 이 원수는 우리 안팎에 포진해 있으며, 우리가 그중 어느 쪽에 굴하는지는 그에게 중요하지 않다. 마귀는 그리스도 안에서 주어지는 모든 신령한 복을 싫어한다. 그분의 능력을 싫어하고, 용서하여 변화를 이루시는 그분의 은혜를 싫어한다. 복음과 교회를 싫어한다. 행복한 결혼과 안정된 가정을 싫어하고, 개인의 거룩함과 순종을 싫어한다. 마귀는 당당히 맞서는 그리스도인을 싫어한다.

영적 전투에 임하는 그리스도인에게 주시는 핵심 명령을 눈여겨본 적이 있는가? 하나님의 전신 갑주를 설명하는 에베소서 6장 본문을 쭉 읽어보라. 귀신을 쫓아내거나 터주 신령을 결박하라는 권고는 없고, 그냥 '서라'는 명령이 여러 번 반복된다(11, 13, 14절). 포기하지 말라. 굴복하지 말라. 물러서지 말라. 우리 대장이신 그리스도가 마치 휘하 병력을 향해 이렇게 호령하시는 것 같다. "모두 제자리를 지키라! 대열을 흩뜨리지 말라. 당당히 맞서라!"

어떻게 설 것인가? 사실은 아주 단순하다. 진리로 살고 거짓으로 살지 않으면 된다. 하나님의 전신 갑주는 다섯 가지 방어 무기와 한 가지 공격 무기로 이루어져 있다. 전자는 허리띠와 호심경과 신과 방패와 투구이고 후자는 검이다. 이 여섯 가지 무기는 모두 두 진리를 수호하기 위한 것이다. 바로 하나님에 대한 진리와 우리 자신에 대한 진리다. 자고로 지혜로운 그리스도인은 늘 마귀와 이런 무기를 들고 싸웠다. 오늘의 우리도 그렇게 싸워야 한다.

마귀는 우리에게 이렇게 말한다. "하나님이 사랑의 신이라면 어떻게 심판할 수 있겠는가? 그러니 너는 죄를 지어도 두려워할 이유가 없다." 그러나 진리의 허리띠를 띠고 하나님의 음성을 들으라. "스스로 속이지 말라 하나님은 업신여김을 받지 아니하시나니 사람이 무엇으로 심든지 그대로 거두리라"(갈 6:7).

마귀가 우리를 하나님의 영광에 이르지 못한다고 비난하면, 우리는 의의 호심경을 붙이고 선다. 하나님이 "죄를 알지도 못하신 이를 우리를 대신하여 죄로 삼으신 것은 우리로 하여금 그 안에서 하나님의 의가 되게 하려 하심"(고후 5:21)이라는 사실을 알기 때문이다.

악한 자가 우리를 꾀어 형제자매에게 원한과 앙심을

품고 행하게 해도 평안의 복음을 신은 우리 발은 거기에 따를 수 없다. 우리의 화평이신 그리스도가 둘로 하나를 만들어 원수 된 것, 곧 중간에 막힌 담을 친히 허셨음을 알기 때문이다(엡 2:14).

마귀가 죄를 지으라고 유혹할 때면 우리는 믿음의 방패를 든다. 모세처럼 우리도 잠시 죄악을 누리기보다 하나님의 백성과 함께 고난받는 쪽을 택한다(히 11:25).

우리를 구원하실 의향이나 변화시키실 능력이 하나님께 없다고 사탄이 자꾸 우겨도, 우리는 주님의 이름이 견고한 망대라서 의인은 그리로 달려가 안전함을 얻는다는 사실을 신뢰한다(잠 18:10).

사탄이 우리에게 희망이 없고 성화와 인내가 요원하다고 말하면, 우리는 성령의 검으로 역공한다. "사탄아, 네가 틀렸다. 그리스도 예수 안에 있는 자에게는 결코 정죄함이 없다(롬 8:1). 나는 죄에 대하여 죽었고 성령으로 말미암아 그리스도 안에서 살아 있다(8:10). 생각하건대 현재의 고난은 장차 내게 나타날 영광과 비교할 수 없다(8:18). 우리는 보이지 않는 것을 바라기에 인내하며 기다린다(8:25). 성령이 우리 연약함을 도우시며 말할 수 없는 탄식으로 우리를 위해 간구하신다(8:26). 우리는 하나님을 사랑하는 자들에게는 모든 것이 합력하여 선을 이룬다는 것을 안다(8:28). 우리는 하나님이 우리를 위하시면 아무도 우리를 대적할 수 없음을 믿는다(8:31). 우리를 사랑하시는 이로 말미암아 우리가 넉넉히 이긴다는 사실을 믿는다(8:37). 사망이나 생명이나 천사들이나 권세자들이나 높음이나 깊음이나 다른 어떤 피조물이라도 우리를 우리 주 그리스도 예수 안에 있는 하나님의 사랑에서 끊을 수 없음을 믿는다(8:38-39)."

이 책은 하나님의 전신 갑주와 밀접한 관계가 있다. 진리에 대한 책이라서 그렇다. 당신은 진리를 들어보지 못했을 수도 있고, 잊어버렸을 수도 있고, 이미 알지만 여태 받아들이지 못했을 수도 있다. 큰 용, 곧 사탄을 따르지 말라. 그것이 이 책의 주제다. 그는 이미 패했다. 진리이신 분을 따르라(요 14:6). 그분의 말씀을 들으라. 그분을 사랑하고 그분께 배우라. 우리 시대의 거짓말들에 속지 말고 당당히 맞서라.

케빈 드영(Kevin DeYoung)
노스캐롤라이나주 매튜스
그리스도 언약교회 담임목사

머리말

이 책은 성경과 성경의 가르침을 부끄러워하지 않거나 지금은 부끄러워하지만 달라지기 원하는 그리스도인을 위한 것이며, 그중에서도 특히 그리스도인 여성을 위해 쓰였다. 젊은 기혼 여성은 이 책에서 힘을 얻어 거룩한 믿음과 거룩한 삶에 정진하기를 바란다. 젊은 미혼 여성은 열매 맺는 신실한 그리스도인 아내가 되기를 사모하기를 바란다. 경건한 남자의 돕는 배필, 지혜로운 조언자, 헌신적 주부가 되어 하나님의 영광을 위해 자녀를 기르는 것이다. 결혼 여부를 떠나 나이 든 여성은 교회의 젊은 여성에게 영예로운 영적 어머니 역할을 다하기를 바란다.

    기독교 가정의 명예에 우선순위를 두고 당신의 삶과

시간으로 가정을 섬기는 일은 살림으로 도피하는 것이 아니다. 오히려 그것은 "세상 나라가 우리 주와 그의 그리스도의 나라가 되어 그가 세세토록 왕 노릇 하시리로다"라는 요한계시록 11장 15절의 위대한 약속이 실현되는 한 방편이다.

이 책은 한 남자와 한 여자의 결혼이 신성한 것이므로 변덕스러운 문화에 맞추어 변개될 수 없음을 아는 이들을 위한 것이다. 결혼이라는 신성한 언약은 우리가 제정한 것도 아니고, 우리가 개조할 수도 없다. 이 책은 레즈비언 관계나 트랜스젠더 이슈가 불러일으킨 혼란에 매여 있는 가족이나 친구를 둔 그리스도인들을 위해 쓰였다. 그들도 잘 알겠지만, 그런 문제로 고민하는 사람을 도우려면 상대와의 관계를 유지하되 똑같이 세뇌되어서는 안 된다. 우리가 섬기는 하나님은 우리에게 자신을 드러내 알려주시는 분이다. 그렇기 때문에 우리는 길 잃은 가족이나 친구와의 관계를 유지하면서 조금이라도 경건한 유익을 끼칠 수 있다. 만일 남자나 여자의 존재 의미에 대한 문화의 거짓말을 믿는다면 우리는 하나님께나 사랑하는 이들에게나 아무런 도움이 될 수 없다.

이 책은 여성의 역할과 소명에 대한 성경의 가르침을 부끄러워하지 않는 그리스도인을 위해 쓰였다. 하나님이 설계하신 남녀 양성, 그분이 정하신 성 행동의 기준, 가정과 교회와 세상에서의 성 역할에 대한 성경의 가르침, 이 셋은 난공불락인 성경의 논리를 통해 서로 연결되어 있다. 하나님은 남자와 여자가 결혼하여 각기 다른 역할을 통해 서로 보완하도록 창조하셨다. 남편의 역할은 이끌고 보호하며 부양하는 것이고, 아내의 역할은 복종하고 양육하며 살림하는 것이다.

이 말이 음험한 혐오 발언처럼 보인다면, 그것이야말로 사탄이 바라는 바다. 그래서 강건한 그리스도인 여성은 유사 그리스도인인 유명한 페미니스트 블로거가 엑스(X, 옛 트위터)에 올리는 말보다 성경이 이 문제에 대해 뭐라고 말하는지를 알아야 한다. 사실 성경에 정통해지고 엑스에 무지해지는 것이 첫걸음일 수 있다. 물론 우리의 역할이 돕는 배필과 지혜로운 조언자와 주부로 사는 것만은 아니다. 그밖에도 많은 역할로 하루하루가 채워진다. 세상에서 공적인 일을 맡은 사람들은 (잠언 31장의 유명한 여인처럼) 그 분야에서 경건한 여성으로 행동하기를 힘쓴다. 그러나 일부 여성은 나와 같이 여성에 대한 하나님의 설계가 여성의 역할과 우선순위를 결정한다고 믿는다. 기독교 가정은 중요하다. 그것을 경시하면 치명적 결과가 따른다.

자녀를 둔 기혼 여성에게 하나님이 베푸시는 언약의 복은 교회의 미혼 여성과 자녀가 없는 기혼 여성에게까지 흘러간다. 그들도 이 고귀한 소명을 지지한다면 말이다. 우리는 은혜의 언약 안에서 그리스도의 한 몸이다. 우리가 우선순위를 제대로 세워놓으면 하나님은 모두에게 복을 베푸신다. 여기에는 이류 시민도 없고, 배제되거나 누락되는 사람도 없다. 그렇지만 그리스도인 여성이 모두 결혼한다는 뜻은 아니며, 성경적 결혼과 출산과 양육을 중시하는 그리스도인 여성이 모두 그런 복을 누린다는 뜻도 아니다.

끝으로 당신 가족이나 친구가 이 시대를 지배하는 우상, 즉 알파벳 LGBTQ(레즈비언, 게이, 양성애자, 트랜스젠더, 퀴어)와 기호 +로 대변되는 막강한 석상의 손아귀에 붙들려 길을 잃었다면, 이 책이 당신을 하나님의 말씀으로 무장시켜줄 것이다. 그 덕분에 당신은 용기와 위안과 담력을 얻어 쉬지 않고 기도할 수 있다. 당신이 가족이나 친구와의 관계를 확고하게 유지하되, 똑같이 홀려서 그들의 주장에 세뇌되지는 않기를 나도 함께 기도하겠다. '홀린다'는 말이 과장된 표현 같은가? 그렇다면 사도 바울의 표현을 들어보라. "어떤 사람들이 믿음에서 떠나 미혹하는 영과 귀신의 가르침을 따르리라 하셨으니 자기 양심이 화인을 맞아서 외식함으로 거짓말하는 자들이라"(딤전 4:1-2). 복음의 혁신을 다른 말로 더 정확히 표현하면 거짓 가르침이다. 복음을 개조하여 거짓으로 만들면 좋을 것이 하나도 없다.

우리 그리스도인 세대가 신실한 기도와 뜨거운 예배와 부지런한 교회 활동과 희생적 환대로 사람들에게 알려지기를, 그리하여 성령님의 복이 넘쳐나고 주님께 칭찬받기를 기도한다. 또한 당신의 믿음이 쇠락하지 않기를 기도하고, 당신의 사랑하는 가족이나 친구가 마침내 진리를 되찾고 그리스도께 돌아오기를 기도한다.

들어가는 말

지금 우리는
모두 바벨에 살고 있다

>[사 40:8] 풀은 마르고
>꽃은 시드나
>우리 하나님의 말씀은
>영원히 서리라.

당신은 계단을 내려가 거리로 나간다. 애용하는 텀블러를 들고 제일 어린 자녀 둘을 데리고 대형 마트로 향한다. "보수 꼴통!" "혐오주의자!" 인도에 발을 딛자마자 당신에게 들려온 말이다. 누가 누구를 이렇게 소리쳐 비난하는지 궁금해 주변을 둘러본다. 도저히 믿기지 않지만 알고 보니 고성의 주인공은 주 안의 형제다. 그는 분노하여 당신에게 외치고 있다. 바로 여기 대로변에서 형제자매들이 상처와 혼란과 격노에 휩싸여 서로 충돌하고 있다. 손가락질과 요란한 비난이 난무한다. 이 사람들은 아웃사이더가 아니라 당신과 같은 그리스도인이다. 사방에서 웅성거리는 그들은 독선과 조소와 경멸에 차 있다.

거의 하룻밤 사이에 기독교에 내전이 벌어졌다.

당신은 지친 심정으로 마트에 도착한다.

두 어린것을 카트에 앉히고 간식 컵에 시리얼을 담아 하나씩 건넨 뒤, 멤버십 카드를 꺼내 검사하는 여자에게 보여준다. "고마워요, 아가씨"라고 말하며 거대한 매장으로 들어서니 곧바로 전자 제품 코너가 나온다. 벽이 온통 수많은 텔레비전으로 뒤덮여 있다. 너무 눈부셔서 당신은 눈을 찡그리며 애써 동공을 조절한다. 한 화면을 보니 뉴스 기자가 사람들에게 둘러싸인 한 엄마의 턱밑에 마이크를 들이대고 있다. 그 기자는 알아듣기 힘든 단어를 쓰며 뻔뻔한 질문을 던진다. 영어 같기는 한데 '교차성'(intersectionality)과 '게이 기독교'(gay Christianity) 같은 용어가 섞여 있다. 게다가 기자는 한 사람을 지칭할 때도 단수인 '그'나 '그녀' 대신 계속 '그들'이라는 복수 대명사를 쓴다. 그럴수록 당신은 혼란이 가중되어 어리둥절해진다.

문득 보니 멤버십 카드를 검사하는 아가씨가 당신을 부르는 것 같다. 당신은 혹시 카드를 떨어뜨려서 친절하게도 그녀가 주워주려는 것인가 싶어 핸드백을 살펴본다. 알고 보니 그녀가 당신 쪽으로 뛰어오는 이유는 그것이 아니다. 그녀는 씩씩거리며 주먹을 휘두르면서 시끄러운 텔레비전을 향해 "나는 남성 대명사 '그'(he)로 불려야 하거든!"이라고 외친다.

"그따위 이성애 규범성은 나를 모욕하는 거라고!" 그녀의 얼굴은 격한 분노로 일그러져 있다.

당신은 '이성애 규범성'이 무슨 뜻인지 궁금하다.[1]

기자가 당신의 생각을 읽기라도 한 듯 카메라를 똑바로 보며 말한다. "이성애 규범성은 이성애를 정상으로 보는 끔찍한 신념이므로 우리는 이에 맞서 전면전을 벌이고 있습니다."

당신은 두 딸의 시선을 요란한 텔레비전에서 떼어내려고 그들에게 미소를 지어 보인다. '이성애 규범성'이라는 말을 곱씹다 보니 남편을 닮아 짙은 갈색인 두 딸의 눈이 소중하게 느껴진다. 커피를 한 잔 더 마시면 이해가 잘 될까? 남편과 아내 그리고 그들에게 하나님이 선물로 주시는 자녀가 어째서 정상이 아니라는 건지 알다가도 모르겠다.

거기에 맞서 싸우는 문화는 도대체 어떤 문화란 말인가?

당신은 뉴스 화면을 얼른 지나친다. 세 살배기 딸아이가 그 옆의 대형 화면에서 〈블루스 클루스〉(Blue's Clues, 한국에서 〈수수께끼 블루〉라는 제목으로 방영된 어린이용 TV 프로

---

[1] 이성애 규범성(heteronormativity)이란 이성애를 창조 질서의 순리로 보는 것이 아니라, 사회를 통제하고 조종하는 일종의 폭력으로 삼는 신념이다.

그램—옮긴이)를 보고는 카트에서 내려 함께 춤추며 노래하고 싶어 했기 때문이다. 그런데 장면이 좀 이상하다 싶어 가까이 가보니 그제야 확실히 눈에 들어온다. 오늘의 제목은 '니나 웨스트(Nina West)와 함께 노래하는 수수께끼 블루의 프라이드(pride) 행진'이다[니나 웨스트는 여장 남성인 드래그 퀸(drag queen)이자 퀴어 활동가이고, 프라이드 행진은 성소수자 권익 행사다—옮긴이].[2] 당신은 전국 유치원생에게 사랑받는 털북숭이 파란 개가 드래그 퀸들과 어울려 놀 줄은 꿈에도 몰랐다. 당신의 꼬마는 넋을 잃고 그 장면을 보고 있다. 루폴(RuPaul, 유명한 드래그 퀸—옮긴이)의 제자를 쏜살같이 지나쳐 이동하니 또 다른 게이 행사가 당신을 맞이한다. 샌프란시스코 게이 남성 합창단이 공연하는 〈게이 커뮤니티의 메시지〉다. 노래 후렴구 가사에 "여러분의 자녀를 잡으러 갑니다", "여러분의 자녀를 포섭할 겁니다"라는 섬뜩한 말이 나온다.[3] 당신은 그야말로 충격에 빠진다. 눈썹을 멋들어지게 다듬은 리드 테너가 능글맞게 웃으며 정말 당신의 자녀를 잡으러 오려는 몸짓을 해 보인다. 대형 합창단이 한목소리로 크레셴도

2 ——— "The Blue's Clues Pride Parade Sing-Along Ft. Nina West!," 2022년 3월 9일 접속, https://www.youtube.com/.
3 ——— "Video excerpts from the San Francisco Gay Men's Chorus," 2021년 7월 1일, https://www.youtube.com/.

로 치닫는 동안 이번에는 당신이 넋을 잃는다.[4] 요즘 게이 남성들이 이토록 노골적으로 소아성애를 희화화하는 줄을 당신은 몰랐다.[5] 이미 까마득한 옛날이 되어버린 5년 전만 해도 이는 대중의 반감을 자아낼 일이었다.

당신은 전자 제품 코너를 벗어나 건조식품 코너로 향한다. 아침 식사용 마시멜로 시리얼을 보고 이토록 안도하기는 평생 처음이다. 아이들이 조르는 대로 큰 시리얼 두 박스를 담는다. 필요한 것이 시리얼과 커피와 바나나뿐이므로 얼

---

[4] 베킷 쿡(Becket Cook)이 이 공연을 아주 통찰력 있게 분석했다. "We'll Convert Your Children," *The Becket Cook Show*, 33회, 2022년 9월 7일 접속, https://www.youtube.com/.

[5] 샌프란시스코 게이 남성 합창단은 이 동영상이 패러디였다고 변명하는 성명을 발표했지만, 이는 기껏해야 절반의 진실일 뿐이다. 그보다 포교의 장르로 분류하는 것이 더 정확하다. 그 동영상의 목적은 동성애와 트랜스젠더리즘이 정상이라고 시청자들을 설득하여 함께 노래하고 춤추게 하는 데 있다. 게이 남성의 성적 표현이 무너뜨리려는 그다음 기둥은 아마 부모의 권리일 것이다. 이 합창곡을 왜 패러디 장르로 볼 수 없을까? 모든 문학 장르처럼 패러디도 내용을 신중히 고른다. 게이 권익 운동 역사상 게이 남성들이 소아성애를 이토록 뻔뻔스럽게 노골적으로 예찬한 적은 없었다. 이 부분은 그들이 숨기고 싶어 했던 음흉한 비밀이었다. LGBTQ+ 권익 운동은 게이 남성들이 북미 남성/소년 애정협회(North American Man/Boy Love Association, NAMBLA) 같은 유명한 소아 성애 옹호 단체들에 소속되어 있는 현실을 역사적으로 축소해왔기 때문이다. 어쨌든 이런 행태는 괴롭힘에 맞서 보호받아야 할 피해자 집단을 자처하는 게이 남성들의 담론에 정면으로 배치된다.

른 계산하고 아이들과 함께 집으로 돌아온다. 마음 가득히 향수가 밀려온다. 생각해보면 지난 10년 사이에 불어닥친 변화는 그야말로 격동이었다.

현실을 보니 당신은 꼭 디스토피아 소설 속에 들어와 있는 기분이다. 그래서 몰락한 기독교 지도자들과 한때 그들을 보란 듯이 내세우던 사역 단체들을 골똘히 생각하며 슬픔에 잠긴다. 그들의 파렴치한 스캔들은 믿기 힘든 배신과도 같다. 당신은 한낱 인간들을 영웅시한 자신과 주변 모든 사람으로 말미암아 회개한다. 결국 그들은 만인의 눈앞에서 이단으로 변했다. 당신이 그들을 록 스타처럼 떠받들며 팬 노릇을 할 때부터 무언가 불길한 일이 벌어졌다. 이미 엎질러진 물이니 주워 담을 수도 없다. 모든 것이 계속 변한다. 심지어 당신의 대가족 안에서도 영적 전쟁이 벌어지고 있는 것처럼 느껴진다.

이것이 우리의 새로운 세상이다. 마치 바벨탑이 세워진 바로 그 자리에 서 있는 것처럼 느껴진다.

바벨탑

바벨탑이 반기독교 시대인 현재와 무슨 관계가 있을까? 바벨탑 사건은 창세기 11장에 기록되어 있다.

> 온 땅의 언어가 하나요 말이 하나였더라 이에 그들이 동방으로 옮기다가 시날 평지를 만나 거기 거류하며 서로 말하되 자, 벽돌을 만들어 견고히 굽자 하고 이에 벽돌로 돌을 대신하며 역청으로 진흙을 대신하고 또 말하되 자, 성읍과 탑을 건설하여 그 탑 꼭대기를 하늘에 닿게 하여 우리 이름을 내고 온 지면에 흩어짐을 면하자 하였더니 여호와께서 사람들이 건설하는 그 성읍과 탑을 보려고 내려오셨더라 여호와께서 이르시되 이 무리가 한 족속이요 언어도 하나이므로 이같이 시작하였으니 이후로는 그 하고자 하는 일을 막을 수 없으리로다 자, 우리가 내려가서 거기서 그들의 언어를 혼잡하게 하여 그들이 서로 알아듣지 못하게 하자 하시고 여호와께서 거기서 그들을 온 지면에 흩으셨으므로 그들이 그 도시를 건설하기를 그쳤더라 그러므로 그 이름을 바벨이라 하니 이는 여호와께서 거기서 온 땅의 언어를 혼잡하게 하셨음이니라 여호와께서 거기서 그들을 온 지면에 흩으셨더라 (창 11:1-9).

바벨탑의 붕괴는 액션으로 가득한 성경 이야기로, 악한 인류의 악한 꾀를 멸하신 하나님의 능력을 보여준다. 이 이야기에는 하나님의 뜻과 영광을 찬탈하려는 인간의 헛수고가 적나라하게 드러나 있다. 사람들은 성읍과 큰 탑을 건설하려 했으나 하나님이 흩으셔서 모두 달아났다. 그들은 탑이 하늘에 닿을 거라고 떠벌렸지만, 그 탑은 하나님이 내려오셔야만 보일 정도로 미미했다. 그들은 하나님의 영광을 시기하여 큰 이름을 내고 그 영광을 훔치려고 했다. 하지만 결국 그분이 지어주신 성읍 이름만 영원히 남았다. 바벨은 '혼잡하다'는 뜻이다.

교만한 인류는 탑을 쌓아 하늘에 닿으려 했다. 자기 힘으로 하나님께 도달하려 한 것이다. 그분은 이 일을 일절 용납하지 않으시고 탑을 무너뜨리셨다. 탑은 어린아이가 쌓아 올린 젠가(Jenga, 나무 블록을 쌓는 보드게임—옮긴이)처럼 무너졌다.

하나님이 언어를 혼잡하게 하셔서 대적을 흩으신 것은 성경적 교회의 관점에서 볼 때 좋은 일이다. 탑을 무너뜨리고 언어를 혼잡하게 하심으로써 그분은 거짓 지도자들과 거짓 교사들에게서 자기 백성을 보호하셨다. 하나님을 대적하던 무리는 그분이 바벨탑을 무너뜨리신 뒤로 동맹 세력을 찾아 연합하기가 더 힘들어졌다. 소통이 단절되어 악의 발목이 잡힌 것은 하나님의 백성에게 복된 일이다. 그런데 혼돈과 무질서가 기독교 외부에만 아니라 내부에도 있으니 이것이 어찌

된 일인가? 고린도전서 14장 33절에서 바울은 "하나님은 무질서의 하나님이 아니시요"라고 했다. 우리의 적은 곧 그리스도의 적이고, 그리스도는 나뉘지 않으신 한 분이시다. 그런데 어째서 적의 전선이 기독교 내부로 들어왔다는 말인가?

이 책이 제시하는 답은 간단하다. 세상이 혼돈에 빠지고 교회가 나뉜 이유는 우리가 남성과 여성이 어떻게 살아가야 하는가에 대한 하나님의 계획을 경시하고 그분께 불순종했기 때문이다. 어리석게도 우리는 창조 규례에서 복음을 영원히 떼어낼 수 있다고 믿었다. 다시 말해, 구약 없이 신약만 취할 수 있다고 믿은 것이다. 어리석게도 우리는 온전한 교리와 성경, 즉 하나님의 감동으로 기록된 무오하고도 충분한 말씀의 기초 없이도 예수님을 사랑하며 신앙생활을 할 수 있다고 생각했다. 어리석게도 우리는 남녀의 소명을 쇄신하고 성에 대한 하나님의 기준과 목적을 거부하면서도 그분의 복을 누릴 수 있다고 믿었다. 남녀 양성에 대한 하나님의 계획인 창조 규례는 창세기 1장에 처음 나온다. 예수 그리스도의 복음에서 그 규례는 부수적인 것이 아닌 핵심이다.

남자와 여자의 창조

하나님이 사람을 남자와 여자로 창조하신 일을 '창조 규례'라고도 한다. 이것은 복음에서 주변이 아닌 중심에 있다. 창세기 1장 27-28절에서 보듯이 창조 규례는 하나님이 인간과 맺으신 최초의 언약이다.

> 하나님이 자기 형상 곧 하나님의 형상대로 사람을 창조하시되 남자와 여자를 창조하시고 하나님이 그들에게 복을 주시며 하나님이 그들에게 이르시되 생육하고 번성하여 땅에 충만하라, 땅을 정복하라, 바다의 물고기와 하늘의 새와 땅에 움직이는 모든 생물을 다스리라 하시니라.

창조 규례의 네 가지 특징을 살펴보자.

— 규례다. 즉, 법칙 또는 권위 있는 명령이다.
— 관계적이고 고결하다. 사람은 하나님의 형상대로 지어졌고 남자와 여자는 서로를 위해 지어졌다. "남자는 하나님의 형상과 영광이니…여자는 남자의 영광이니라…그러나 주 안에는 남자 없이 여자만 있지 않고 여자 없이 남자만 있지 아니하니라 이는 여자가 남자에게서 난 것같이 남자도

여자로 말미암아 났음이라 그리고 모든 것은 하나님에게서 났느니라"(고전 11:7, 11-12).

— 젠더 이분법(binary)을 규정한다. 이분법이란 두 부분이 하나의 전체를 이루는 개념을 가리킨다. 따라서 젠더 이분법은 인류가 단일체로되 각자 남성과 여성이라는 두 부분 중 하나로 존재한다는 뜻이다. 인간은 이 땅에 살도록 창조될 때도 하나님의 설계대로 남성과 여성이었고, 장차 천국과 지옥과 새 하늘과 새 땅에서도 하나님의 설계대로 영원히 남성과 여성으로 존재할 것이다.[6] 아담의 죄가 하나님의 선한 창조 질서를 일그러뜨리고 훼손했지만, 인간의 존재 의미는 달라지지 않는다.

— 타락 이전부터 아담과 하와에게 주어진 규율과 직무가 밝혀져 있다. 바로 결혼과 노동이다. 즉, 한 남자와 한 여자의 결혼을 통해 자녀의 생명이 복으로 주어지고, 인류는 이 땅의 청지기가 되어 피조물을 다스린다.

---

[6] 사람(신자와 비신자)이 죽은 후 어떻게 되는지는 『웨스트민스터 신앙고백서』, 제32장 "사람의 죽은 후 상태와 죽은 자의 부활에 관하여"와 제33장 "최후 심판에 관하여"에 요약되어 있다. G. I. Williamson, *The Westminster Confession of Faith for Study Classes* (Phillipsburg, NJ: P&R, 2004), 328-46.

창조 규례는 남녀가 하나님의 설계대로 서로 다르게 지어졌음을 보여줄 뿐 아니라 인간의 존재 의미를 규정한다. 창조 규례의 지혜를 버리는 것은 하나님이 의도하신 남녀의 기준, 남성성과 여성성의 취지, 그분이 정하신 가정과 문명의 질서를 다 버리는 것과 같다.

창조 규례는 언약이기도 하다. 즉, 두 당사자 간의 공식적인 협약이고, 주권적 날인과 서명을 거쳐 구속력 있게 시행되며, 복이나 저주가 수반되는 선언서다. 하나님은 우리를 언약을 맺을 대상으로 창조하셨다. 처음부터 우리는 그 언약을 목적으로 지어졌다. 우리가 수십억 년 세월을 부유하다가 뇌와 다리가 돋아났을 리도 없거니와 언약은 그 후에야 생겨난 부가물이 아니다.

하나님의 형상대로 사람을 창조하시되

창조 규례에 따르면 인간은 하나님의 형상대로 지어진 것이지 인간이 곧 그분의 형상은 아니다.[7] 하나님의 형상은 우리의 물리적 인체가 아니다. 하나님은 "가장 순결한 영이시고, 눈에

---

[7] Joel Beeke, "The Image of God," in *The Reformation Heritage KJV Study Bible* (Grand Rapids, MI: Reformation Heritage, 2014), 1733.

보이지 않으시며, 몸이나 지체나 육정이 없으시다."⁸ 시스티나 성당에 그려진 천장화가 아무리 수려해도 하나님의 형상이 미켈란젤로의 그림 속에 있을 리 없다. 이것은 눈길을 끄는 명작일 수는 있어도 어설픈 이교의 관습에 불과할 뿐이다.

인류를 향한 하나님의 사랑은 남자와 여자를 자신의 형상대로 창조하신 것으로 나타났다. 그렇다면 인간 안에 깃든 그분의 형상이란 무엇인가? 하나님의 형상대로 지어졌다는 말은 정확히 무슨 뜻인가? 당신의 형상은 거울 앞에 섰을 때 보이는 모습이다. 성경의 창조 기사에서 하나님은 본체시고 우리는 반사체다. 그러므로 하나님의 형상을 제대로 반사하려면 하나님의 말씀이라는 거울을 통해 그분을 바라보아야 하고, 이때 성령님의 조명을 받아야 한다.

다시 말하지만 우리는 하나님의 형상대로 지어진 것이지 우리가 곧 그분의 형상은 아니다. 우리는 그분의 형상을 반사한다. 그러기 위해 우리는 삶과 미래에 대한 우리의 감정이나 독자적인 생각에 기반해 하나님이 원하시는 바를 지어내는 것이 아니라, 하나님의 말씀을 통해 그분을 바라보아야 한다. 그리하여 하나님을 아는 지식에서 자라가고, 그분의 거룩하심과 의를 닮아가야 한다(엡 4:24, 골 3:10). 진정성

---

8 ——— 『웨스트민스터 신앙고백서』, 제2장 1절.

의 출처는 우리의 감정이 아니라 하나님이다. 조엘 비키(Joel Beeke)는 "인간이 죄를 지어 타락할 때 지식과 의와 거룩함이 각각 무지와 불의와 불경에 밀려났다"라고 썼다.[9] 하나님은 거룩하시므로 무지와 불의와 불경은 아담에게서 물려받은 우리 죄성의 모습이다. 복음의 기쁜 소식이란, 우리가 그리스도를 믿고 그분의 사랑과 명령 가운데 행하면 인간 안에 지식과 의와 거룩함이라는 하나님의 형상이 회복된다는 것이다. 이 회복 과정의 출발점은 하나님의 강력한 말씀이 신자의 마음속에 새겨지는 것이다. 비키는 하나님이 인간 안에 그분의 형상을 회복하시는 순서를 이렇게 기술했다. "첫째로 진리의 지식을 받아야 하는데, 진리는 전파되는 말씀을 통해 주어진다(약 1:21)." 그다음은 하나님의 뜻을 행하는 것이다(시 15:1, 요일 5:3). 끝으로 "우리 몸과 영혼을 거룩하게 하여 사랑과 경외와 경건한 두려움으로 하나님을 섬긴다."[10]

남자와 여자를 창조하시고

우리는 하나님의 형상대로 지어지되 남녀가 서로 다르게 지어졌고, 그 형상을 지식과 의와 거룩함으로 반사하되 각각 남

---

[9] —— Beeke, "Image of God," 1733.
[10] —— Beeke, "Image of God," 1733.

자와 여자로서 반사하도록 부름받았다. 복음의 삶에는 남녀가 공통으로 해당되는 부분도 있다. 예컨대 남자와 여자는 모두 죄를 회개하고, 그리스도를 믿고 순종하며 살도록 부름받았다. 하지만 남녀를 지으실 때 다르게 설계하셨기 때문에 어떤 부분에서는 하나님께 순종하는 방식도 서로 다르다. 아내는 주 안에서 남편에게 순종해야 하고(벧전 3:1), 교회 목사와 장로는 자격을 갖춘 남자만의 직분이다(딤전 3:1-7, 딛 1:5-9). 주 안의 형제자매는 서로를 사랑하기에 피차 시험에 들게 해서는 안 된다. 여자는 품행이 정숙해야 하고, 남자는 여자의 명예를 보호해야 한다는 뜻이다(롬 12:2, 고전 6:19-20, 딤전 2:9). 남녀가 별로 다르지 않다는 어리석은 생각 때문에 하나님이 창조하신 양성의 차이를 없애버린다면, 우리는 하나님께 불순종하는 것이다. 이 시대의 분열은 우리가 젠더와 성의 혼란이라는 탑을 어리석게 쌓아 올린 결과다. 하나님은 이 탑도 용납하지 않으신다.

왜 우리는 모두 바벨에 살고 있는가?

지금 우리가 모두 바벨에 살고 있는 이유는 사람들이 진리를 거짓으로 바꾼 뒤 그런 거짓을 국가의 법으로 제정했기 때문이다. 거짓을 받아들이면 진리가 기억에서 사라지기 때문에 비참해진다. 바울은 진리를 거짓으로 '바꾸는' 현상을 로마서 1장 21-28절에서 세 가지로 기술했다.

첫째는 창조주를 피조물로 바꾸는 것이다. 즉, 하나님을 예배하지 않고 대상을 바꾸어 우상을 숭배한다.

> 하나님을 알되 하나님을 영화롭게도 아니하며 감사하지도 아니하고 오히려 그 생각이 허망하여지며 미련한 마음이 어두워졌나니 스스로 지혜 있다 하나 어리석게 되어 썩어지지 아니하는 하나님의 영광을 썩어질 사람과 새와 짐승과 기어다니는 동물 모양의 우상으로 바꾸었느니라(롬 1:21-23).

둘째는 진리를 거짓으로 바꾸는 것이다.

> 그러므로 하나님께서 그들을 마음의 정욕대로 더러움에 내버려두사 그들의 몸을 서로 욕되게 하게 하셨으니 이는 그들이 하나님의 진리를 거짓 것으로 바꾸어 피조물을 조물주보다 더 경배하고 섬김이라 주는 곧 영원히 찬송할 이시로다 아멘(롬 1:24-25).

셋째는 성의 순리(이성애)를 음욕의 역리(동성애)로 바꾸는 것이다.

> 이 때문에 하나님께서 그들을 부끄러운 욕심에 내버려두셨으니 곧 그들의 여자들도 순리대로 쓸 것을 바꾸어 역리로 쓰며 그와 같이 남자들도 순리대로 여자 쓰기를 버리고 서로 향하여 음욕이 불 일 듯하매 남자가 남자와 더불어 부끄러운 일을 행하여 그들의 그릇됨에 상당한 보응을 그들 자신이 받았느니라 또한 그들이 마음에 하나님 두기를 싫어하매 하나님께서 그들을 그 상실한 마음대로 내버려두사 합당하지 못한 일을 하게 하셨으니(롬 1:26-28).

이렇게 바꾸는 데는 비참한 순서가 있다. (1) 삼위일체 하나님을 우리가 만들어낸 신들로 바꾼다. (2) 진리를 거짓으로 바꾼다. (3) 순리(이성애)를 역리(동성애)로 바꾼다. 동성애와 젠더 혼란이 점증하는 세상은 이미 하나님께 심판받아 죄에 내맡겨진 것이며(롬 1:24) 점점 더 피폐하게 타락해간다. 물론 '게이'를 자처하는 사람들(나도 한때 그랬다)은 상황을 그렇게 보지 않는다. 하지만 그렇게 생각해야 그들에게 더 유익할 것이다.

우리가 살고 있는 세상은 로마서 1장에 나온 것처럼 세 가지가 이미 뒤바뀐 상태다. 이런 세상을 사는 우리에게는 성경으로 대항해야 할 다섯 가지 거짓말이 있다.

그 다섯 가지 거짓말은 무엇인가?

다섯 가지 거짓말

거짓말 1: 동성애는 정상이다

이 거짓말에는 동성애적 지향이 정당하고 불변하다는(이미 고정되어 있어 결코 바뀌지 않는다는) 신념이 내포되어 있다. 19세기에 지그문트 프로이트(Sigmund Freud, 1856-1939년)가 만들어낸 동성애적 지향이라는 개념은 인간을 분류하는 비성경적 범주이자 창조 규례를 거스르는 적대자라고 할 수 있다. 감정을 지배하는 악한 정욕을 인간의 정체성을 규정하는 요소로 둔갑시키기 때문이다. 첫 번째 거짓말은 동성애 지향에는 하나님의 말씀이 적용되지 않는다고 본다. 그 지향이 개인의 핵심 실체를 대변하기 때문이다. 공공연한 그리스도인 중에도 동성애 지향이 고정불변하며(바뀔 수 없으며), 하나님의 창조 설계와 영원한 계획의 일부라고 믿는 이들이 있다. 또 어떤 이들은 동성애가 개인의 정체성에 내재되어 있다고 믿는다.

LGBTQ+ 운동은 하나님의 속성인 불변성을 동성애 지향의 속성으로 가져왔다. 우리는 그 이유를 생각해봐야 한다. 하나님은 불변하시다. 결코 변하지 않으신다. 한 신학자는 그분의 불변성을 "만유보다 높으시고 완전하신 하나님"으로 정의했다.[11] 그런데 창조주를 피조물로 바꾸면 자연히 하나님의 속성을 인간에게 부여하게 된다. '동성애 지향은 고정불변하여 결코 바뀌지 않는다'는 말은 창조주 예배를 피조물 숭배로 바꾸어버린 세상에서만 가능하다. '게이 그리스도인'(존재할 수 없는 형용 모순이다)들의 가르침에 따르면, 누구도 자신의 정체성이나 감정이나 심지어 욕망을 회개할 수는 없다. 그들은 동성애 지향이 도덕적으로 중립적이고, 죄성과는 별개이며, 회개할 제목도 아니고, 여간해서 평생 바뀌지 않는다고 믿는다. 이것은 거짓말이다.

거짓말 2: 비성경적 영성을 지닌 사람이 성경을 따르는 그리스도인보다 친절하다

비성경적 영성은 사람을 있는 그대로 반겨준다. 적어도 그렇게 약속한다. 이 종교에서는 그리스도께 헌신하는 것보다 '좋

---

[11] —— Geerhardus Vos, *Reformed Dogmatics: A System of Christian Theology*, Richard Gaffin Jr. 번역 (Bellingham, WA: Lexham Press, 2012), 23.

은' 사람이 되는 것이 더 중요하다. 비성경적 영성의 사람에게는 모든 것이 하나다. 구분과 위계는 억압이며 참된 영성은 내면에 있다. 이런 비성경적 영성은 우주 만물에 신적 능력과 통합과 조화가 깃들어 있다고 믿는다. 모든 규율과 구분과 차이는 폭력이다. 이것이 바로 비성경적 영성의 사람이 하는 말이다.

이와는 대조적으로 성경적 그리스도인에게는 실재가 둘로 나뉜다. 바로 하나님과 피조물이다. 하나님은 영원하시고, 삼위일체이시며, 인격적이시고, 거룩하시며, 사랑이시고, 피조물과 구분되신다. 성경적 영성에 따르면 사람도 둘로 나뉜다. 하나님을 사랑하는 사람과 그분을 거부하는 사람이다. 우리는 하나님의 법대로 살기를 거부하여 문제를 자초한다. 그럼에도 그분은 주 예수 그리스도를 통해 유일한 해답을 주신다. 목사이자 신학자이며 트루스익스체인지(TruthXchange)를 설립한 피터 존스(Peter Jones)는 아주 유익한 틀로 비성경적 영성과 성경적 영성을 비교한다.[12] 비성경적 영성

---

[12] "단제론(one-ism)에서는 만물이 동일한 본질을 공유한다. 한마디로 만물이 곧 신성의 일부다. 양제론(two-ism)은 모든 피조물만 일정한 본질을 공유할 뿐이고(하나님 외에는 전부 피조물이다), 자연을 창조하신 하나님은 완전히 다른 존재라고 믿는다. 모든 피조물의 속성과 기능을 하나님이 정하신다." Peter Jones, *One or Two: Seeing a World of Difference, Romans 1 for the Twenty-First Century* (Np: Main Entry Editions, 2010), 17.

은 자칭 우호적이고 포용적이라고 떠벌리지만, 사실상 자아도취이자 자멸의 길이다.[13]

거짓말 3: 페미니즘은 세상과 교회에 유익하다

페미니즘은 1792년에 메리 울스턴크래프트(Mary Wollstonecraft)의 책 『여권의 옹호』(*A Vindication of the Rights of Woman*, 연암서가)로 시작되었다. 원제목의 vindicate(권리 등을 주장하다)라는 단어가 말해주듯이 이 책은 '소유권을 주장한다.' 무엇을 소유할 권리였을까? 당시 여성에게는 시민권이 필요했다. 그래서 울스턴크래프트는 여성의 교육권과 투표권을 옹호했다. 1792년 이후로 페미니즘은 네 차례의 '물결' 내지 국면을 거쳤다. 그중 가장 최근의 국면은 LGBTQ+ 운동과 너무나 긴밀히 얽혀 있어서 2023년 현재에는 여성이 무엇인지를 정의하거나, 여성의 존재권과 특히 실질적 시민권을 옹호할 수조차 없게 되었다.[14] 세상에서는 이제 페미니즘이 과거

---

[13] 비성경적 영성의 사람은 자아에 도취되기가 아주 쉽다. 「허핑턴포스트」(*Huffington Post*)에 따르면 "영적인 사람이란 곧 최우선으로 자신과 타인을 사랑하는 사람이다." Margaret Paul, "What Does It Mean to Be a Spiritual Person?," *HuffPost*, 2016년 12월 21일, https://www.huffpost.com/.

[14] 두 가지 사건이 나의 논지를 입증해준다. 첫째, 커탄지 브라운 잭슨(Ketanji Brown Jackson) 판사는 대법원 공청회에서 여성이 무엇인지

의 유물이 되어 트랜스젠더리즘(transgenderism)으로 대체되었다. 그런데 복음주의 교회에는 페미니즘이 멀쩡히 살아 있다. 세상을 이끌어야 할 교회가 세상을 따르는 데 안주하면 이처럼 한물간 트렌드와 정서에 연연할 수밖에 없다. 페미니즘 신봉자들은 성경이 성별 역할이나 책임이나 요건과는 전혀 무관하다고 믿는다. 하나님의 목적과 설계에 따라 인간이 남자와 여자로 지어졌다는 개념이 시대에 뒤떨어진 터무니없고 위험한 억압이며 문화의 산물이라는 것이다. 일부 공공연한 그리스도인 페미니스트들은 아담이 머리 역할을 하게 된 것은 타락의 결과이며 죄라고 이해한다. 그들은 기혼 여성이 남편과 장로에게 복종해야 하고, 자격을 갖춘 남자만이 장로

를 정의하기를 거부했다(그녀가 선임된 이유가 흑인 여성이기 때문이라는 점을 생각하면 정말 아이러니다). 다음 기사를 참조하라. Jordan Boyd, "Judge Nominated to Supreme Court on the Basis of Her Sex Cannot Define Woman," *The Federalist*, 2022년 3월 23일, https://thefederalist.com/. 둘째로, 명문 펜실베니아 대학교의 남성 수영 팀 선수였던 생물학적 남성 리아 토머스(Lia Thomas)가 올해 트랜스젠더 여성으로 커밍아웃한 뒤 2022년 전미대학체육협회(NCAA) 수영 선수권대회에 여성으로 출전하여 우승했다. 제4물결 페미니스트들은 트랜스젠더 여성의 위대한 승리라며 환호했다. 그러나 다른 모든 사람은 이것을 타이틀 9(Title IX, 교육계의 성차별을 금지한 1972년 교육수정안 법률—옮긴이)와 여성 스포츠와 전통적 페미니즘의 종식으로 정확히 해석했다. Brooke Migdon, "Lia Thomas: 'Trans Women Are Not a Threat to Women's Sports,'" *The Hill*, 2022년 5월 31일, https://thehill.com/.

와 목사가 될 수 있다는 말에는 성경적 근거가 없다고 주장한다. 디도서 2장 4-5절과 베드로전서 3장 1, 5-6절과 골로새서 3장 18절 등에 아내가 주 안에서 남편에게 순종해야 한다고 나오는데도 그들은 이런 성경 구절을 '상황화'하여 일축한다.[15] 이런 페미니스트들은 페미니즘이 기독교를 바로잡아준다고 믿는다. 페미니즘이 없으면 성경을 등에 업고 여성 혐오가 난무하리라 보는 것이다. 그들의 말대로라면 페미니즘으로 보완하지 않으면 교회는 부지중에 가해자에게 무제한의 권력을 부여함으로써 성폭력을 조장하고, 여성이 강단에서 가르치는 은사를 구사하거나 목사직과 장로직을 맡지 못하게 막아서 영적 폭력을 조장할 수밖에 없다. 이것은 거짓말이다.

거짓말 4: 트랜스젠더리즘은 정상이다

소위 '젠더 유동성'(gender fluidity, 성별을 상황에 따라 어느

---

[15] —— Brad Isbell, "Shall the Radical Contextualizers Win?," *Heidelblog*, 2022년 2월 24일, https://heidelblog.net/. 이 기사는 페미니즘보다 동성애를 더 주제로 다루었지만, 극단적 상황화를 아주 유익하게 설명했다. 성경 본문의 '상황화'란 해당 명령의 구속력이 기록 당시의 옛날 상황에만 적용된다는 관점이다. 그러면 당연히 여러 문제가 발생한다. 하나님의 말씀이 옛날 상황에서만 진리이고, 오늘날의 사람들에게는 적용되지 않거나 구속력이 없다면 성경은 나의 신앙과 삶의 길잡이일 수 없다. 상황화를 주장하는 사람은 성경을 '도덕적 비전'을 얻기 위해 읽으려고 한다. 그러면 도덕적 개념은 시대의 가치라는 바람에 떠밀릴 수밖에 없다.

쪽으로든 규정하는 것—옮긴이)을 믿는 사람들은 또한 성별 차이에 생물학적 또는 존재론적(본연의 영속적) 실체가 없다고 믿는다. 트랜스젠더리즘은 주근깨나 여름날 노스캐롤라이나주의 파란 하늘만큼이나 정상적인 것으로 통한다. 트랜스젠더리즘의 주장에 따르면 생물학적 성이 두 가지 이상 존재하고, 젠더는 그보다 더 많다. 2022년에 젠더와 젠더 대명사가 각각 72가지와 78가지에 달했다.[16] 당신이 이 책을 읽을 즈음이면 1만 가지가 될지도 모른다. 이것은 다 무엇을 의미하는가? 미국이 어쩌다 이 지경에 이르렀는가? 가족계획연맹(Planned Parenthood, 낙태 옹호 단체—옮긴이)을 찾아가면 45분 만에 강력 호르몬제를 처방해주는데, 그것을 장기 복용하면 평생 임신할 수 없다.[17] 우리가 이 지경에 이른 이유는 트랜스젠더리즘이 (적어도 일부 사람에게는) 정상이라는 거짓말을 믿었기 때문이다.

---

[16] "What Are Some Different Types of Gender Identity?," Medical News Today, 2022년 5월 21일 접속, https://www.medicalnewstoday.com/.

[17] "우리는 모든 지부에서 18세 이상 환자에게 젠더 지지 호르몬 치료를 제공한다. 꼭 심리 치료를 거치거나 상담자에게 정보를 제출하지 않아도 누구나 호르몬 치료를 받을 수 있다." "Gender Affirming Hormone Care," Planned Parenthood, 2022년 5월 21일 접속, https://www.planned-parenthood.org/.

**거짓말 5: 정숙함은 남성 지배를 조장하고
여성을 억압하는 구시대의 잔재다**

이 거짓말을 믿는 사람들은 그리스도인 여성의 덕인 정숙함을 일축한다. 정숙함을 배격하는 사람은 남녀의 책임과 사명과 영역이 서로 다르다는 사실을 부정하며, 여성의 복장과 말씨와 행실에 다른 기준을 적용하는 것을 억압으로 본다. 형제에게 정숙함이라는 친절을 베풀어야 할 여성의 본분도 부정한다. 그 근저에 깔려 있는 페미니즘 신념은 여성과 남성의 차이가 공정하지 못하다는 것과, 여성의 옷차림과 행동에 성경적 정숙함을 요구하면 남성 지배가 조장되고 여성이 억압된다는 것이다. 이 시대의 교회 풍조에서 정숙함은 노출증으로 대체되었다.

내가 그리스도인이 된 후에도 믿었던 거짓말들

미리 고백하거니와 나도 비신자일 때는 앞의 다섯 가지 거짓말을 모두 믿었다. 그런데 그중 일부에 대한 믿음은 그리스도인이 되고 나서도 여러 해 계속되었다. 이 책을 쓴 것도 각각의 거짓말이 얼마나 교활하고 솔깃한지를 잘 알기 때문이다. 알고 보니 나는 경기장에서 상대 팀 유니폼을 입고 엉뚱한 방향으로 달리고 있었다.

1. 성별 불쾌감과 트랜스젠더리즘의 차이 및 대명사 문제

그리스도인이 되고 나서도 여러 해 동안 나는 소위 '선호 대명사'를 사용하고 옹호했다. 성별 불쾌감을 진단받은 이들이나 트랜스젠더를 자처하는 이들을 지칭할 때, 생물학적 남성에게 기꺼이 '그녀'라는 대명사를 쓰고 생물학적 여성에게 '그'라는 대명사를 썼다는 말이다. 그렇게 해야 그들의 삶에 복음을 더 잘 접목할 수 있다고 착각했다. 병(성별 불쾌감)과 이데올로기(트랜스젠더리즘)를 구분하지 못한 채, 선호 대명사를 쓰면 전도에 도움이 되겠다고 착각한 것이다. 내게 그것은 상대방의 눈높이에 맞추어 그 사람 입장에서 보려는, 그리하여 정서적으로 불안정한 사람의 불안을 가중하지 않으려는 배려의 표현이었다. 그때만 해도 선호 대명사가 연방법으로 법제화되기 전이라서 아마 상황의 위험성과 명료성이 확 드러나지 않았을 것이다.

내 생각이 바뀐 이유는 오버거펠[2015년의 오버거펠 대 호지스 사건(Obergefell v. Hodges)]과 보스톡[2020년의 보스톡 대 클레이튼 카운티 사건(Bostock v. Clayton County)]이라는 두 단어로 압축할 수 있다. 둘 다 역사의 한 획을 그은 대법원 판결로 전자는 동성 결혼을, 후자는 LGBTQ+ 민권을 각각 합법화했다. 두 판결의 결과로 이제 우리의 논제는 용어나 어휘가 아니라 이데올로기와 우상 숭배로 바뀌었다. 이데올로기에는 대항해야 하고, 우상 숭배는 말살되어야 한다. 보스톡 판결 이후로 미국에 하나뿐이던 소아 젠더 클리닉이 거의 100개로 늘었다. 또한 그 이후로 공립학교에서 괴롭힘 방지 프로그램에 LGBTQ+ 프로파간다를 병합했지만, 학부모는 자녀의 참여를 거부할 권한조차 없다. 보스톡 판결 이후로 조기 발현 성별 불쾌감(ROGD)과 그야말로 집단 히스테리가 십대 소녀들의 생각을 사로잡고 있다. 그리스도인은 시대를 읽어야 한다. 지난 10년 사이에 복음은 두 번의 큰 충돌을 겪었다. 2015년에는 동성애 지향과 충돌했고, 2020년에는 젠더 정체성과 충돌했다. 전쟁 중에는 국경이 폐쇄된다. 명실상부한 그리스도인에게 폐쇄되어 있어야 할 국경이 하나 있다. 바로 사람들을 선호 대명사로 지칭하는 것이다.

  나는 트랜스젠더 대명사를 사용하면서 그것을 배려라고 주장하는 죄를 범했다. 내가 선호 대명사를 쓴 것이 순전히 죄였음을 이제는 안다. 그것은 이미 세상에 속고 있는 사람들을 또다시 속이는 일일 뿐 아니라, 창조 규례의 복음 명령에도 어긋난다. 창조 규례에는 하나님이 사람을 오직 두 가지 성, 곧 남자와 여자로 지으셨다고 천명되어 있고, 그 형상을 삶으로 실천하되 하나님이 정해주신 성 역할 안에서 해야 한다는 명령이 담겨 있다.

2. LGBTQ+ 청소년을 지으신 하나님보다 그 아이들을 더 우선시함

창조 규례에 어긋나게 트랜스젠더 대명사를 써서 속인 것도 죄지만 거기서 드러나는 죄가 또 있다. 나는 소녀를 지으신 하나님보다 LGBTQ+ 광기에 취한 소녀에게 더 집중했다. 길 잃은 소녀를 위로하고 싶어서 교만하게도 하나님보다 내가 더 자비로울 수 있다고 믿는 죄를 범했다. 성경보다 내 경험에 더 의지하는 죄를 지었다.

3. LGBTQ+ 어휘에 성경적 의미를 부여함

성경보다 내 레즈비언 이력을 더 우선시한 죄는 또 다른 죄로 이어졌다. 건강한 성경적 성 관념을 증진하려는 모든 돌봄 사역을 오해하여 위험하다고 일축한 것이다. LGBTQ+ 커뮤니티에서 도입하거나 지어낸 '동성애 혐오' 같은 어휘를 나도 똑같이 쓴 것이 그에 해당한다. 여러 해 동안 나는 "동성애도 죄지만 동성애 혐오도 죄다"와 같은 발언을 했다. 내가 정의한 동성애 혐오란 사람을 영혼까지 송두리째 배척한다는 뜻이었다. 즉, 하나님의 은혜에서 아예 배제된 존재로 보는 것이다. 그러나 이는 죄의 올바른 정의도 아니고, 동성애 혐오의 올바른 정의도 아니다. 혐오란 불합리한 두려움인데, 만연한 죄를 혐오하는 것은 불합리한 것이 아니다.

4. 전환 치료를 '이단'이라 칭함

2014년에 내가 전환 치료는 "이단이고 현대판 기복 신앙이다. 기도로 동성애를 물리칠 수 있다는 만사형통의 복음이다"라고 쓴 기사가 세간에 널리 알려졌다.[18] 이것이야말로 내가 그리스도인으로서 썼던 말 중 가장 잘못된 것이다. 한때 나는 모든 전환 치료가 성적 고뇌를 안고 있는 이들에게 피해를 입힌다고 믿었다. 평생 이루어지지 않을지도 모를 약속을 제시함으로써 말이다. 하지만 학계의 검증을 거친 근래의 여러 연구에서 보듯이 전환 치료는 피해를 입히지 않으며, 이는 애정의 전환이 이루어지지 않는 경우에도 마찬가지다.[19] 나는 '상처'와 '피해'를 구분하지 못해 지나친 일반화의 오류를 범했다. 복음 메시지는 우리의 자존심에 상처를 입혀 생명을 살린다. 이는 하나님을 찬양할 일이다.

---

[18] Rosaria Butterfield, "You Are What—and How—You Read," The Gospel Coalition, 2014년 2월 13일, https://www.thegospelcoalition.org/.

[19] André Van Mol, "Even Failed Therapy for Undesired Same-Sex Sexuality Results in No Harm," Christian Medical and Dental Association, 2022년 2월 24일, https://cmda.org/.

회개의 필요성

죄는 혼란의 거미줄을 짠다. 회개는 그 거미줄을 끊고 죄를 명료하게 드러낸다. 그래도 죄는 우리에게 실제로 해를 끼친다. 나도 진짜 해를 끼쳤다. 회개란 잘못을 뉘우치는 것 이상을 의미한다. 청교도 토머스 왓슨(Thomas Watson)이 『회개』에서 말한 바에 따르면 참된 회개와 가짜 회개는 여섯 가지 요소로 구분할 수 있다.

① 죄를 인정한다(눅 15:17, 행 26:18).
② 죄를 슬퍼한다(시 38:18, 51:17, 슥 12:10, 눅 19:8).
③ 죄를 자백한다(느 9:2, 삼하 24:17, 단 9:6, 고전 11:31).
④ 죄를 부끄러워한다(겔 43:10, 눅 15:21).
⑤ 죄를 미워한다(시 119:104, 겔 36:31, 롬 7:15, 23).
⑥ 죄에서 돌이킨다(사 55:7, 엡 5:8).[20]

죄는 머리와 마음과 손의 문제로서 우리의 생각과 감정과 행동을 더럽힌다. 따라서 회개도 열매로 나타나야 한다.

---

[20] —— Thomas Watson, *The Doctrine of Repentance* (1668; 복간, Carlisle, PA: Banner of Truth, 2012), 18. (『회개』 복있는사람)

그리스도가 우리 죄를 덮으시고 십자가에서 대신 수치를 당하셨으니 우리는 부끄러울 것이 없다고 (잘못) 믿는 이들이 있다. 회개란 잘못을 뉘우치기만 하고 진정한 변화 없이 계속 평소처럼 살아가는 것이라고 (잘못) 믿는 이들도 있다.

더 위험하고 교묘한 오해는 죄가 행동의 문제일 뿐 내면의 욕심은 아니라고 믿는 것이다. 죄가 그렇게 약한 적이라면 얼마나 좋을까! 신학자이자 목사인 마크 존스(Mark Jones)는 "죄는 선의 기생충이어서 하나님이 창조하신 선을 뜯어먹고 산다…그러므로 죄의 속성을 신체적 문제가 아니라 윤리적 문제로 봐야 한다"라고 설명했다.[21] 죄가 신체적 문제로 존재한다는 그릇된 믿음은 성경적 개념이 아니다. 죄를 완전히 길들이거나 다스릴 수 있다는 생각도 화를 부른다. 토머스 왓슨은 이렇게 말한다.

> 죄를 사랑하는 마음이 범죄 행위보다 더 나쁘다. 선량한 사람도 부지중에 죄를 범할 수는 있지만 죄를 사랑한다면 절망적이다…죄를 사랑한다는 것은 고의로 범죄한다는

---

[21] —— Mark Jones, *Knowing Sin: Seeing a Neglected Doctrine through the Eyes of the Puritans* (Chicago: Moody, 2022), 41-42. (『죄란 무엇인가』 복 있는사람)

뜻인데, 이렇게 죄에 의지가 개입될수록 죄는 더 커진다. 의지적으로 지은 죄를 씻어내는 속죄제는 없다(히 10:26).[22]

우리가 무슨 죄를 사랑하는지는 말을 통해 드러난다. 죄를 사랑하는 마음이 범죄 행위보다 더 나쁜 이유는 사랑하는 죄일수록 결국 그 죄를 범할 수밖에 없기 때문이다. 그래서 뿌리까지 회개해야 한다. 죄를 사랑하는 무엄하고 불경한 마음까지 회개하는 것이다.

내가 제시한 다섯 가지 거짓말에 대항하려면 먼저 회개부터 해야 한다. 나도 회개하고, 어쩌면 당신도 회개해야 한다. 회개하면 하나님을 깊이 경외하는 마음으로 새롭게 출발하여 지혜롭게 전진할 수 있다.

회개는 평생 매일 하는 것이다. 회개와 더불어 우리는 성경의 진리로 다섯 가지 거짓말에 대항해야 한다.

경건한 대항의 필요성

대항이란 무조건 거부하거나 곡해하거나 조롱하는 것이 아

---

[22] —— Watson, *Doctrine of Repentance*, 47-48.

니다. 오히려 대항은 존중하는 행위다. 굳어진 신념에 대항하려면 우선 해당 관점의 차이점을 인정해야 한다. 그리고 수용과 동조의 차이를 알아야 한다. 수십 년 전 내가 켄 스미스 목사에게서 배운 그 차이를 뒷부분의 '맺는말'에서 자세히 논할 것이다. 대항하려면 성경의 증언 편에 서서 그리스도의 관점을 수용해야 하며, 다른 복음과 그것을 제시하는 이들에게 일절 동조해서는 안 된다. 그리스도를 증언하려면 세상을 아는 것보다 그리스도를 더 잘 알아야 한다(인터넷보다 성경을 읽는 데 더 많은 시간을 써야 한다는 뜻이다). 결국 대항은 특정한 입장을 수용하거나 거부하는 것으로 종결되며, 다른 이들에게도 똑같이 하도록 권해야 한다.

조소와 조롱은 경건한 대항이 아니다.

경건한 대항을 통해 그리스도인은 진리를 추구하고, 진리의 하나님께 기도하며, 진리를 가르칠 수 있다. 진리는 귀에 거슬릴 수 있기에 많은 눈물과 기도를 쏟게 될 것이다. 그래도 그리스도인은 진리에서부터 출발한다. 경건한 대항은 진리를 드러내는 일에 도움이 된다.

경건한 대항은 고지식하고 너무 단순해 보일 수 있다. 이는 죄가 모든 것을 실제보다 복잡하게 만들기 때문이다. 죄는 모든 사람에게 무거운 짐만 더 많이 만들어낸다. 우리의 대항 방법은 고린도후서 10장 3-6절에 나와 있다.

우리가 육신으로 행하나 육신에 따라 싸우지 아니하노니 우리의 싸우는 무기는 육신에 속한 것이 아니요 오직 어떤 견고한 진도 무너뜨리는 하나님의 능력이라 모든 이론을 무너뜨리며 하나님 아는 것을 대적하여 높아진 것을 다 무너뜨리고 모든 생각을 사로잡아 그리스도에게 복종하게 하니 너희의 복종이 온전하게 될 때에 모든 복종하지 않는 것을 벌하려고 준비하는 중에 있노라.

이런 거짓말에 왜 대항해야 하는지 의문이 들 수 있다. 그대로 두면 되지 않을까? 거짓일랑 그 자리에서 썩게 두고 우리 신앙을 더 견고한 기초 위에 세우면 되지 않을까? 잘못된 사상과는 정면충돌할 것이 아니라 오히려 거리를 두어야 하지 않을까? 어차피 세상은 완전히 망할 것이 아닌가? 그렇다면 우리라도 구원받고 떠나버리면 그만 아닌가?

견해차를 인정하고 싸움을 외면할 수는 없을까? 괜찮지 않아도 다 괜찮은 척하며 평소처럼 (거짓이지만) 평화롭게 살아갈 수는 없을까? (상충되는 사상이 나란히 공존하는) 다원주의나 (실제적 해법이 진리보다 중시되는) 실용주의를 내세울 수는 없을까? 가치 있는 부분만 취하고 터무니없는 주장일랑 버리면 되지 않을까? 고기만 씹고 뼈는 뱉어내는 것처럼 말이다. 때로 우리는 왜 자칭 '그리스도인'인 사람들과 싸워야 하는지 의문이 든다. 성경에 대해 왈가왈부할 것이 아니라 그냥 복음 문화를 창출하는 데 집중할 수는 없을까? 성경은 논란의 여지가 있으나 복음 문화만은 순수하다고 여기면서 말이다.

우리가 그럴 수 없는 이유는 그중 어떤 해법도 하나님을 높이지 않기 때문이다. 사실은 그 모두가 그 자체로 죄다. 하나님을 높이려면 진리를 선포하며, 말씀에 겸손히 순종하며 살고, 예수 그리스도께 믿음을 고백해야 한다. 그냥 견해차로 치부해서도 안 되지만, 반대로 언쟁에 휘말려서도 안 된다. 거짓에 대항하지 않고 그냥 두는 것은 마치 오염된 공기를 들이마시는 것과 같기 때문이다. 우리는 나쁜 공기를 마시는 줄도 모르다가 뒤늦게야 그 사실을 알아차리게 될 것이다. 나는 성경이 우리에게 악 앞에서 절망하거나 몸을 사리라고 명하지 않는다고 믿는다. 굳이 말하자면 나는 세상이 완전히 망할 것이라고 믿지도 않는다. 오히려 주 예수 그리스도가 온 세상의 왕이시라는 사실과, 장차 왕으로서 자신의 나라에 재림하셔서 산 자와 죽은 자를 심판하시고 승리를 경축하시리라고 믿는다.[23] 다만 우리 왕께서 다시 오셔서 승리하시기까

---

[23] —— 후천년설에 따르면 요한계시록 20장의 천 년은 은유적 의미이고 재림 이전에 실현된다. 우리는 그때 전 세계적으로 (기독교 국가로 알려

지 싸움은 계속될 것이고, 우리 중 더러는 그리스도와 그분의 복음을 위해 목숨까지 잃을 것이다. 복음의 기쁜 소식은 우리를 치열한 싸움터로 보낸다.

여태 거짓이 방치된 결과로 세상은 그야말로 엉망이 되었다. 다섯 가지 거짓말이 대중문화(공립학교, 언론, SNS)를 장악했을 뿐 아니라 복음주의 교회들까지 그 말에 속아 곁길로 빗나갔다. 거짓을 강변하는 이 어지러운 시대에 우리마저 평화를 지키려고 거짓말하거나 거짓에 부화뇌동하는 식으로 대처한다면, 우리도 문제에 일조하는 것이다. 왜 그럴까? 거짓은 길들여질 수 없기 때문이다. 거짓은 진리와 공존할 수 없고 진리를 변질시킨다.

무언가가 달라졌다. 이것만은 누구도 부인할 수 없다.

삶의 기준이 달라졌다.

세상의 풍경이 달라졌다.

질) 나라들에 대대적으로 복이 임할 것과 이스라엘 민족에서 수많은 사람이 그리스도께로 돌아올 것을 믿는다. 성령님이 신실한 복음 전파를 통해 허다한 무리를 그리스도께로 이끄신다는 것과 그리스도가 재림하실 때 의인과 악인의 보편 부활과 최후 심판이 이루어진다는 것이 후천년설의 입장이다(계 20:1-15). 더 자세한 내용은 다음의 책을 참조하라. Loraine Boettner, *The Millennium*, 개정판(Phillipsburg, NJ: P&R, 1984). Kenneth Gentry, *He Shall Have Dominion: A Postmillennial Eschatology* (Chesnee, SC: Victorious Hope, 2021). Keith A. Mathison, *Postmillennialism: An Eschatology of Hope* (Phillipsburg, NJ: P&R, 1999).

이제 세상에서 그리스도인으로 살기가 더 힘들어졌다.

잠언 22장 28절에 "네 선조가 세운 옛 지계석을 옮기지 말지니라"는 말씀이 나온다. 그런데 세상을 보면 그런 지계석이 존재했었다는 증거조차 찾아보기가 힘들다. 죄가 은혜로 둔갑하고, 은혜가 죄로 둔갑했다. 어쩌다 이렇게 되었으며, 이제 우리는 어찌해야 할 것인가?

주후 2015년과 2020년:
동성 결혼의 합법화와 LGBTQ+ 민권의 법제화

2015년 6월에 미국 대법원은 결혼을 재정의했다. 행정 명령을 통해 동성 결혼이 전국적으로 합법화되었다. 대법원은 동성 커플도 포함되도록 결혼의 정의를 <u>확대</u>한 것이 아니라, 동성 결혼에 반대하는 것을 '혐오'와 차별 행위로 규정했다. 또 5년 후에 대법원은 LGBTQ+ 권리를 부정하는 것은 곧 자신을 LGBTQ+로 규정하는 모든 사람의 인간 존엄성을 침해하는 행위라고 선언했다.[24]

첫 번째 거짓말을 논의하는 장에서 차차 살펴보겠지만, 이 대격변으로 인해 동성애 지향은 인간을 분류하는 한

---

[24] —— Dale Carpenter, "Arguing Animus in the Gay Marriage Cases," Washington Post, 2015년 2월 10일, https://www.washingtonpost.com/.

범주가 되었다. 다시 말해서 오버거펠 사건과 보스톡 사건 이후로 LGBTQ+는 인간의 감정이 아니라 정체성을 표현하는 말이 되었다. 프로이트의 성 관념이 성경의 성 관념을 몰아내고 새로운 인간학(인간의 본질을 연구하는 학문)으로 등극했다. 그의 그릇된 관점이 미국 사회의 신성한 가치가 된 것이다. 그는 성욕이 인간의 정체성을 규정한다고 믿었으며, 알다시피 그밖에도 오이디푸스 콤플렉스니 여성이 남성 성기를 선망한다느니 하는 희한한 비과학적 이론을 줄줄이 내놓았다.

    성경의 창조 규례가 증언하는 인간의 정의는 프로이트와 세상이 내놓는 정의와는 완전히 다르다. 성경이 말하는 정체성은 당신이 하나님의 형상대로 창조되었다는 사실에서 기원한다. 당신은 남자나 여자로서 거룩하신 하나님의 형상을 닮은 존재이고, 당신의 고유한 책임과 복은 성에 대한 그분의 설계에서 파생된다. 그런데 프로이트에 따르면 감정이 모든 진리의 근원이므로 누군가가 게이를 자처하면 게이, 트랜스젠더를 자처하면 트랜스젠더, 그리스도인을 자처하면 그리스도인이다. 또한 용이 될 수도 있고, 52세 남자의 몸에 갇힌 6세 소녀가 될 수도 있다.[25]

---

[25] ── "'I've gone back to being a child': Husband and Father of Seven, 52, Leaves His Wife and Kids to Live as a Transgender Six-Year-Old Girl

당신은 '게이'라는 단어에 그렇게까지 큰 비중을 두고 싶지 않을 수 있다. 하지만 그래도 문제는 사라지지 않는다. 단어의 위력은 개인의 의도와는 무관하기 때문이다. 어떤 단어든 일단 정치적 의미가 부여되고 법제화되면, 그때부터 단순한 단어가 아니라 키워드로 변한다.[26] 열쇠에 문을 여는 힘이 있듯이 키워드도 법적 권한을 지닌다. LGBTQ+는 다양한 키워드를 대변하는 머리글자로 구성되어 있는데, 단어마다 용법의 법적 권한이 강해지면서 정상화를 넘어 정치화되었다. 버지니아주의 고등학교 프랑스어 교사였던 피터 블레이밍(Peter Vlaming)의 사례를 살펴보자. 그는 트랜스젠더 대명사 전쟁의 십자 포화를 맞았다. 굳이 트랜스젠더 대명사를 쓰지 않고 학생들을 각자가 선호하는 이름으로 정중하게 불렀는데, LGBTQ+ 압력 단체가 거기에 만족하지 않았던 것이다. 그가 대명사를 아예 쓰지 않는다는 이유로 해고된 사건은 단어와 키워드의 차이를 잘 보여준다.[27] 단어는 비슷한 말

Named Stefonknee," *Daily Mail*, 2016년 3월 6일, https://www.dailymail.co.uk/.

26 ── Raymond Williams, *Keywords: A Vocabulary of Culture and Society* (New York: Oxford University Press, 1983). (『키워드』 민음사)

27 ── Teo Armus, "A Virginia Teacher Was Fired for Refusing to Use a Trans Student's Pronouns. Now, He's Suing His School District," *Washington Post*, 2019년 10월 1일, https://www.washingtonpost.com/.

로 바꾸어 쓸 수 있지만, 키워드는 율법처럼 엄격하게 시행된다. 블레이밍이 교직에서 해고된 것은 무능해서가 아니라, 대명사 법 조항에 동조하지 않았기 때문이다. 그는 법정에서 싸우는 중이지만 여전히 실직 상태다.[28]

복음주의 교회가 LGBTQ+ 용어를 받아들인 뒤로 참복음은 거짓 복음에 밀려났다. 아이러니하게도 이 때문에 동성애 욕구나 젠더 혼란을 경험하는 사람들에게 이전보다 훨씬 안전하지 않은 세상이 되었다. 세상은 "네 감정에 충실하라"고 말하고 교회는 "성소수자인 당신이 교회라는 장에서 목소리를 내야 한다"라고 말하지만, 동성애 욕구의 죄나 트랜스젠더리즘의 죄가 내재하는 진정한 그리스도인에게는 양쪽 다 똑같이 위험하다. 죄를 회개하고 하나님의 약속 안에서 세움을 받기에 안전한 곳은 어디인가? 회개하고 죄를 피하여 <u>게이나 트랜스젠더가 아닌 존재로</u> 살아가기에 안전한 곳은 어디인가?

게이 그리스도인들은 자신의 동성애를 '따라가야' 한다고 말한다. 그러나 하나님은 당신에게 죄를 이길 힘을 주신

---

[28] —— "VA Supreme Court Agrees to Hear Case of Teacher Fired over Pronoun Policy," *The Roanoke Star*, 2022년 3월 4일, https://theroanokestar.com/.

다. 죄를 회개하고 목사나 장로들과 몇몇 친한 친구에게 감시를 부탁해야 할 그리스도인이 오히려 죄를 '커밍아웃'하여 자신의 죄를 온 세상에 알리는 것이 어째서 현명한 일이 되었는가? 커밍아웃을 통해 죄를 자신의 정체성으로 삼으면 결코 죄를 회개하고 피하여 죄에서 해방될 수 없다. 커밍아웃은 축하와 자부심과 연대의 정치적 행위일 뿐 예수 그리스도와는 전혀 무관하다.

악한 정욕을 항상 커밍아웃하여 모두에게 공개해야 한다는 개념이 가능해진 이유는 동성애 욕구가 죄에서 인간 정체성을 분류하는 도덕 중립적인 범주(LGBTQ+)로 둔갑했기 때문이다. 전자는 회개를 요구하지만, 후자는 인정하고 축하할 일이다.

모든 무신론 인간관은 인간을 사랑한다고 외치지만, 사실상 영혼을 돌보지 않음으로써 인간을 혐오한다. 인간의 정의를 뜯어고치는 것은 불경할뿐더러 사랑과도 거리가 멀다. 그 바람에 많은 영혼이 길을 잃었고, 가정이 깨졌으며, 각종 이단 신학이 생겨났다. 심지어 LGBTQ+ 집단이 성경 속 이방인의 현대판 사례라고 주장하는 소위 기독교 신학자들까지 등장했다.[29] 하지만 이는 진리와 멀리 떨어져 있다. 굳이

---

[29] —— Wesley Hill, "The Transformation of the Gentiles," Spiritual

말하자면 LGBTQ+ 압력 단체와 그들을 섬기는 어리석은 자칭 게이 그리스도인들이야말로 내 평생 본 그 어느 정치 운동 단체보다도 더 바리새인처럼 행동해왔다.

분명히 말하지만, 나도 한때는 게이 권익 옹호 활동가이자 종신직 급진파 교수였다. 그런 세상을 만드는 데 일조했다는 뜻이다.

동성애 욕구(감정)를 죄로 인정하고 회개하는 것과 도덕 중립의 고정된 동성애 지향(정체성)이 있다고 믿는 것은 천지 차이다.

죄를 회개하는 것과 '젠더 정체성에 대한 고민'은 천지 차이다.

젠더 정체성 문제로 누군가 고민 중이라는 말을 듣는다면, 우리는 즉시 멈추어 충분히 생각해야 마땅하다. 생물학적 성은 하나님의 선물이며 거기에 목적과 복이 딸려온다. 다만 죄 때문에 이제 인간이 하나님의 섭리와 소명의 복을 누리려면 예수 그리스도의 구속이 필요하다. 그러나 하나님이 계획하신 선한 실재가 아무리 죄에 가려져 있어도 여전히 남자는 남자이고 여자는 여자다. 심지어 자신의 생물학적 성이 달

Friendship(웹사이트), 2022년 3월 18일 접속, https://spiritualfriendship.org/.

라지기를 바라는 이들이 고민하는 이유도 몸이라는 엄연한 물리적 실재를 거스르기 때문이다. 문제는 시기의 죄지 그들을 지으신 하나님이 아니다.

이는 정체성의 문제가 아니다. 실재에 순응할 것인지의 문제다.

이 모두에서 싹트는 의문이 있다. 현대에 만들어진 LGBTQ+에 매여 있는 사람들에게 필요한 것이 과연 길거리 행진과 격려 연설과 대명사 스티커일까? 아니면 그들은 성경적 상담, 그리스도와의 연합, 하나님의 가족 등으로부터 도움을 받아야 할까? 그들의 모든 악한 감정과 심지어 망상을 계속 인정해주어야 할까? 오히려 그들은 힘써 죄의 습성과 행실을 고쳐야 하지 않을까? 동성애 지향은 고정불변한 것인가? 그들도 기독교 신앙을 통해 성숙해져가야 하지 않을까? 진정으로 영혼을 돌봐줄 신실한 목사와 교회 공동체를 통해 자신의 문제를 직시하고 죄를 회개하여 은혜 가운데 자라가야 하지 않을까? 하나님의 창조 규례를 떠나 사는 사람들은 민권이 필요한 피해자인가, 아니면 구주가 필요한 죄인인가? 우리는 진리를 말해줄 만큼 이웃을 사랑하는가?

2015년이 남긴 중대한 위험 중 하나는 '주관적 정체성'이 옳다는 개념이다. 소년이 소녀를 자처하면 그것이 옳고, 사람이 용을 자처해도 그것이 옳으며,³⁰ 누구든지 그리스도인을 자처하면 이 또한 당연히 옳다는 것이다. 이 개념에 따르면 타인의 신앙 고백에 이의를 제기하는 것은 상대의 내면을 침해하려는 폭력 행위다. 하지만 요한복음 14장 15절은 다르게 말한다. 우리 주님은 "너희가 나를 사랑하면 나의 계명을 지키리라"고 말씀하신다. 성경에 나와 있듯이 누군가가 하나님의 법대로 사는지의 여부는 사람들 눈앞에 훤히 보이게 마련이다(마 7:16-17).

그리스도의 사랑으로 연합하려면 먼저 그리스도의 법으로 연합해야 한다. 세상이 하나님의 율법은 쏙 빼놓고 그분의 사랑만 내세우는 것은 진정한 돌봄이 아니라 선심에 불과하다. 이것은 트랜스젠더리즘의 상황 속에서 특히 비극이다. 세상은 남자가 되고 싶다는 딸에게 당신이 동조하지 않으면 딸이 자살할 것이라고 말한다. 딸의 상담사는 "죽은 딸과 살아 있는 아들 중 어느 쪽을 원하십니까?"라고 묻는다. 하지만 이는 정당한 질문이 아니라 당신을 조종하려는 질문이다. 승산이 없는 질문이기도 하다. 거짓말을 믿지 않으려는 보호자에게 잠재적 자살의 원인을 덮어씌우기 때문이다. 질문이 나

---

30 ── "'Dragon Lady' Spends $75,000 to Transform into 'Transspecies Reptilian,'" *Toronto Sun*, 2019년 8월 16일, https://torontosun.com/.

쁘면 좋은 답이 나올 수 없다. 그리스도인 부모들은 날마다 이 질문에 시달리고 있는데, 그래서는 안 된다.

죽은 딸과 살아 있는 아들 중 어느 쪽을 원하는가? 이 음흉한 질문에 대한 기독교의 답은 무엇인가?

답의 내용이 만만치 않다.

당신에게 무언가가 되거나 무언가를 하려는 욕심이 있는데(이웃의 아내를 탐하는 것이든, 이웃의 젠더를 탐하는 것이든) 그것이 하나님께 받은 정당한 것이 아니라면, 당신이 잘라내야 할 것은 (신체 일부가 아니라) <u>그 욕심</u>이다. 트랜스젠더리즘이라는 죄는 사실 시기의 죄다. 시기는 사람을 송두리째 집어삼킨다. 시기에 굴하면 모든 것이 악화할 뿐이다. 빌립보서 1장 21절은 "이는 내게 사는 것이 그리스도니 죽는 것도 유익함이라"고 일깨워준다. 육신이 원하는 대로 육신을 죄에 내주는 것은 기독교가 고통에 대처하는 방식이 아니다. 오히려 우리는 죄에 대하여 죽어야 한다.[31] 마가복음 8장 34절에서 예수님은 "누구든지 나를 따라오려거든 자기를 부인하고 자기

---

31 —— 다음 여러 성경 구절을 참조하라. 잠언 3:5-7, 마태복음 10:37, 마가복음 8:38, 누가복음 9:23-25, 14:27-33, 요한복음 3:30, 로마서 6:1-6, 8, 12:1-2, 13:14, 고린도전서 6:19-20, 15:31, 고린도후서 5:17, 갈라디아서 2:20-21, 5:24-25, 에베소서 4:22-24, 골로새서 3:10, 야고보서 4:4, 베드로전서 2:24.

십자가를 지고 나를 따를 것이니라"고 말씀하셨다.

 앞에서 제시한 미끼 질문의 답은 복음에 담겨 있다. 복음은 구주께서 우리 죗값을 대신 치르셨고 우리를 유혹과 악에서 구하신다고 선포한다. 그분은 죄를 지어서라도 목숨을 부지하라고 말씀하신 적이 없다. 그런 궤변은 사탄의 거짓말이다. 성부 하나님이 우리를 택하심으로 사랑을 베풀어주실 때, 성령님이 우리를 그리스도와 연합하게 하시고 영적 죽음에서 이끌어내 새 생명으로 인도하신다. 그리스도인이 삶의 기초로 삼아야 하는 것이 있다. 바로 우리가 그리스도와 연합했기에 능력 주시는 그분 안에서 모든 것을 할 수 있다는 사실이다(빌 4:13). 그리스도인은 먼저 죽음으로 부름을 받는다. 죽어야만 그리스도 안에서 살 수 있다.

 그러므로 무신론자 상담사가 당신에게 살아 있는 아들과 죽은 딸 중 어느 쪽을 원하느냐고 물을 때 답은 분명하다. 즉, 그리스도인이라면 누구나 자녀가 죄에 대하여는 죽고 그리스도께 대하여는 살기를 원한다는 것이다. 자녀가 트랜스젠더가 되겠다고 하면, 당연히 잘라내야 할 것은 하나님이 선물로 주신 아름다운 몸이 아니라 시기와 탐심의 죄다.

 불과 5년 전까지만 해도, 죄에 대하여는 죽고 그리스도께 대하여는 사는 것이 성경의 기본 지혜로 인식되었다. '게이 그리스도인'이나 '트랜스젠더 그리스도인'이라는 개념이 교회의 어휘로 들어오기 전에는, 신자라면 누구나 날마다 예리한 칼로 자신이 좋아하는 모든 죄의 심장을 찔러야 한다는 것이 지각 있는 사람들의 인식이었다.

성경에는 악한 정욕에 맞서 싸우는 모든 신자에게 주는 확증과 위로가 가득하다. 그러므로 LGBTQ+ 상담자들이 조종하려고 내놓는 질문을 누구도 진지하게 대해서는 안 된다. 그리스도인이 던져야 할 진짜 질문은 이것이다. 우리는 누구를 믿는가? 혼란에 빠진 사람들과 그들의 세속 제사장들을 믿는가, 아니면 모든 위로의 하나님과 그분의 영원한 말씀을 믿는가? 이미 그리스도인은 온갖 죄와 씨름하면서 살아간다. 온전한 몸을 거부하려는 죄와 하나님의 선물인 자신을 돌봐야 할 청지기의 본분을 저버리려는 죄도 싸움의 일부다. 어떤 죄에도 기겁해서는 안 된다. 우리 구주는 능히 우리를 구원하시며 온갖 유혹을 물리칠 힘을 주신다. LGBTQ+와 그것을 옹호하는 세속 심리학의 제단에 참된 신자를 제물로 바친다면, 우리는 스스로 악한 야만인이 되는 것이다. 자녀를 LGBTQ+ 우상에 제물로 바친다면 자녀를 파멸로 몰아넣는 것과 같다. "우상들을 만드는 자들과 그것을 의지하는 자들이 다 그와 같으리로다"(시 115:8).

우리는 하나님의 말씀으로 거짓말에 대항한다

바벨탑이 세워진 바로 그곳에 살고 있는 것처럼 느껴지고 온 세상이 미쳐버린 것 같은 이때, 우리는 담대히 그리스도를 의지하며 부지런히 성경을 읽고 암송해야 한다. 성경을 믿는 충실한 교회에서 열심히 활동하고, 시편을 기쁘게 노래하며, 원수들을 위해 겸손히 기도해야 한다. 겸손한 사람이 되어 우리가 전지한 존재로 창조되지 않았음을 기억해야 한다. 하나님이 전지하시니 우리는 그럴 필요가 없다. 오직 그리스도만이 오늘날 우리에게 닥친 문제들을 해결하실 수 있다.

하나님은 우리를 불러 담대히 그리스도인답게 살고, 진리를 말하며, 인간을 두려워할 것이 아니라 그분을 경외하게 하신다. 예수님과 함께 우리도 시편 118편 6절로 노래할 수 있다. "여호와는 내 편이시라 내가 두려워하지 아니하리니 사람이 내게 어찌할까." 물론 세상이 당신에게 어떻게 반응할지 끝없이 떠올릴 수 있을 것이다. 아들은 스스로 '줄리'라는 이름을 붙이고 당신에게 말도 걸지 않을 것이고, 사무실 문에 무지개 스티커를 붙이지 않으면 직장에서 해고당할 것이며, 이웃들은 당신이 성경의 하나님을 믿는다는 사실을 알면 당신을 혐오할 것이다. 이것은 모두 현실에서 일어날 수 있는 일이다. 그래도 이 구절은 우리를 불러 세상을 바른 시각으로, 특히 히브리서 11장에 나오는 주님의 시각으로 보게 한다. 히브리서에 명확히 나와 있듯이 하나님은 우리가 살든 죽든 우리의 믿음을 사용하신다.

히브리서에 나오는 아래의 구절은 우리가 좋아하는 믿음 이야기를 담고 있다.

> 내가 무슨 말을 더 하리오 기드온, 바락, 삼손, 입다, 다윗 및 사무엘과 선지자들의 일을 말하려면 내게 시간이 부족하리로다 그들은 믿음으로 나라들을 이기기도 하며 의를 행하기도 하며 약속을 받기도 하며 사자들의 입을 막기도 하며 불의 세력을 멸하기도 하며 칼날을 피하기도 하며 연약한 가운데서 강하게 되기도 하며 전쟁에 용감하게 되어 이방 사람들의 진을 물리치기도 하며(히 11:32-34).

다음은 섬뜩한 믿음 이야기를 전한다.

> 또 어떤 이들은 조롱과 채찍질뿐 아니라 결박과 옥에 갇히는 시련도 받았으며 돌로 치는 것과 톱으로 켜는 것과 시험과 칼로 죽임을 당하고 양과 염소의 가죽을 입고 유리하여 궁핍과 환난과 학대를 받았으니(이런 사람은 세상이 감당하지 못하느니라)(히 11:36-38).

하나님이 기록해두셨듯이, 믿음으로 살든 믿음으로 죽든 모두 복음을 진척시키고 그분을 영화롭게 한다. 그리스도인은 그리스도를 위해 받는 고난을 결코 경시해서는 안 된다. 교회사 내내 보아왔고 오늘날에도 우리가 목도하듯이, 진정한 그리스도인은 누구나 그리스도의 진리로 말미암아 고난당할 것이다.

우리 앞에 필연적 고난이 닥쳐온 지금, 끝까지 견딜 수 있는 믿음을 더해달라고 기도해야 한다. 복음을 온전히 믿는 우리가 서로 돌아보며 함께 예배하고 기도하며 환대를 실천해야 한다.

이제 반기독교 시대가 수용한 첫 번째 두드러진 거짓말을 자세히 살펴보자. 바로 동성애가 정상이라는 거짓말이다. 동성애의 정상화는 반기독교 시대를 지배하는 중심 담론이다. 그러므로 우리는 이 질문에 정면으로 대항해야 한다.

정말 그럴까? 동성애는 정상일까?

거짓말 1

동성애는 정상이다

1장
한번 게이는
영원한 게이다?

【사 1:9】 만군의 여호와께서 우리를 위하여
생존자를 조금 남겨두지 아니하셨더면
우리가 소돔 같고 고모라 같았으리로다.

기독교 가정에서 자라지 않은 나는 교회에 처음 나갔을 때 하나님의 말씀이 몹시 거슬렸다. 말씀은 가부장적이었지만, 나는 페미니스트 레즈비언이었다. 전자는 나쁜 것이었고, 후자는 좋은 것이었다. 성경은 구시대적이라서 믿을 수 없었지만, 나는 진보적인 데다 친절했다. 성경의 내러티브는 전체성과 총체적 진리라는 세계관에서 작동했지만, 나는 이야기가 깨진 유리처럼 파편적이고 자의적이라고 믿는 포스트모던 세계관을 따랐다. 내가 확신하기로 성경의 입장은 남성 중심과 이성애 규범성(이성애를 장려하는 신념인데, 내가 보기에 나쁜 것이었다)과 여성 혐오였다. 그래서 성경과 관련된 것이라면 모조리 싫었다. 나는 여성 중심의 반전주의자이자, 레즈비언 채식주의자였기 때문이다(나는 이것이 모두 선하고 도덕적이라고 생각했다). 그런 내가 도대체 어떻게 성경의 예수 그리스도를 믿게 되었을까? 그분을 믿은 뒤로 페미니즘과 동성애를 송두리째 버려야만 했을 정도로 내 굳센 소신이 달라진 이유가 무엇일까?

내가 처음 다닌 교회의 담임 목사는 켄 스미스였다. 당시 그는 70대 중반의 개혁장로교 목사였다. 내가 그 교회에 간 것은 그를 신뢰했기 때문이고, 교회에 첫발을 들여놓던 그때는 그와 내가 우정을 맺은 지 2년째였다.[1] 북미개혁장로교(RPCNA) 교단은 하나님의 말씀을 결코 피할 수 없는 곳이라서 나 같은 이교도로서는 숨 돌릴 겨를조차 없었다. 주일에 목사가 예배 시간을 떼어 창작 무용단에게 재능을 발휘하게 하는 일은 없었다. 천만의 말이다. 교회 현관에서 트랜스젠더 미술 전시회를 열지도, 따로 성소수자 볼링 대회를 개최하지도 않았다.[2] 하나님의 말씀은 설교뿐만 아니라 찬송을 통해서도 울려 퍼졌다. 찬송은 반주 없이 오로지 시편 찬송만 불

---

[1] 다음 책에 소개한 내용이다. Rosaria Butterfield, *The Secret Thoughts of an Unlikely Convert: An English Professor's Journey into Christian Faith* (Pittsburgh, PA: Crown & Covenant, 2012). (『뜻밖의 회심』 아바서원)

[2] 2022년에 미국장로교(PCA)를 탈퇴한 중서부의 어느 장로교회에서 그런 행사들이 열렸다. 다음 기사를 참조하라. Zachary Groff, "Trans Memorial in an Evangelical Chapel?," Reformation21(웹사이트), Alliance of Confessing Evangelicals, 2020년 3월 6일, https://www.reformation21.org/.

렸다. 나중에 알고 보니 이런 확고한 일관성은 '예배의 규정적 원리'에서 비롯한 것이었다.[3]

3 —— '예배의 규정적 원리'에 따르면 하나님을 예배하는 방식이 성경에 규정되어 있다. 성경의 근거는 신명기에 나온다. 신명기에서 하나님은 그분을 예배할 때 세상의 우상 숭배와 각종 혁신을 따라서는 안 된다고 경고하신다. 전체 본문은 다음과 같다. "네 하나님 여호와께서는 네가 그와 같이(이교 신들을 숭배하는 다른 민족들과 같이) 행하지 못할 것이라 그들은 여호와께서 꺼리시며 가증히 여기시는 일을 그들의 신들에게 행하여 심지어 자기들의 자녀를 불살라 그들의 신들에게 드렸느니라 내가 너희에게 명령하는 이 모든 말을 너희는 지켜 행하고 그것에 가감하지 말지니라"(신 12:31-32). 개혁교회와 장로교에서 채택한 이 규정적 예배 원리에 따르면, 무엇이든 성경이 명하지 않은 것은 예배에 금지된다. 그 목적은 우상 숭배를 차단하기 위해서다. 시행 방식은 개혁교회와 장로교의 분파마다 다르지만, 대체로 이 원리는 성경에 금하지 않은 것이면 무엇이든 수용하는 허용적 예배 원리와 대비된다. 규정적 예배 원리는 비성경적 예배 방식을 차단할 뿐 아니라 교회에 거룩한 미학을 구축한다. 배리 요크(Barry York) 목사의 말처럼 성경에 규정된 예배는 다시 하나님의 백성을 규정한다. 무엇을 어떻게 예배하느냐가 우리를 "규정하고" 제어한다. 규정적 예배 원리가 "만병통치약"은 아니지만, 싸움의 심각성을 인식하는 면에서 "신학적 선별" 개념보다 훨씬 유익한 도구다[Gavin Ortlund, *Finding the Right Hills to Die On: The Case for Theological Triage* (Wheaton, IL: Crossway, 2020), 『목숨 걸 교리 분별하기』 개혁된실천사]. 신학적 선별은 교리를 세 개의 순위로 구분한다. 제1순위는 구원에 꼭 필요한 교리다(삼위일체, 성육신, 그리스도의 육체 부활). 제2순위 교리는 교회의 장기적 건강에 필요한 신학적 신조다(성례 집전, 안수식 서약). 제3순위는 교회를 분열시키지 않으면서 개인적 양심의 문제에 해당하는 성경적 신조다. 그런데 이 선별 방식은 시간이 지나면서 제2순위 사안을 쉽게 제3순위로 밀어낸다. 일단 안수 문제가 제3순위로 내려가서 여성도 안수를 받고 말씀을 전하게 되면, 이를 근거로 게이 기독교도 제3순위 사안이 된다. 반면 예배의 규정적 원리는 하나님이 명하지 않으신 요소는 일단 모두 걸러낸다. 이렇듯 예배의 규정적 원

나는 공예배에서 사람들과 함께 찬송하면서 시편 113편의 구절을 처음 듣게 되었다. 그 시는 내게 전환점이 되었다. 때는 1999년이었고, 나는 스포츠머리를 하고 오른쪽 귀에 피어싱을 잔뜩 단 채로[당시는 왼쪽이 옳고(이성애) 오른쪽이 틀리던(동성애) 시대였다] 시러큐스 개혁장로교회 회중석에 서서 어색하게 하나님을 구하고 있었다. 내심 그분이 나를 그 모습 그대로 받아주시기를 바라면서 말이다. 목사의 아내 플로이 스미스가 내 옆자리에 서 있었다. 두 세계의 다리 역할을 잘하던 플로이는 찬송이 시작되기 전에 어깨로 나를 툭 치면서 피어싱이 잔뜩 달린 내 귀에 대고 속삭였다. "하나님이 자매님을 그분의 아름다운 기념물로 만드실 거예요." 그때 켄 스미스 목사가 성도들에게 시편 찬송집의 113A장을 펼치라고 말했다.

나도 입을 크게 벌리고 끼어들었다.

할렐루야,
여호와의 종들아 찬양하라
여호와의 이름을 찬양하라

리에서는 대항할 우선순위를 인간의 이성이 정하지 않고 하나님의 말씀이 정한다.

이제부터 영원까지

여호와의 이름을 찬송할지로다

해 돋는 데에서부터 해 지는 데에까지

여호와의 이름이 찬양을 받으시리로다

여호와는 모든 나라보다 높으시며

그의 영광은 하늘보다 높으시도다

여호와 우리 하나님과 같은 이가 누구리요

높은 곳에 앉으셨으나

스스로 낮추사

천지를 살피시고

가난한 자를 먼지 더미에서 일으키시며

궁핍한 자를 거름 더미에서 들어 세워

지도자들 곧 그의 백성의 지도자들과

함께 세우시며

또 임신하지 못하던 여자를

집에 살게 하사 자녀들을 즐겁게 하는

어머니가 되게 하시는도다

할렐루야.

그런데 내 입에서 무슨 가사가 흘러나오는지 미처 알아차리기도 전에, 나도 억압적 남성 지배와 제도적 여성 혐오

(당시에는 그렇게 믿었다)에 가담하고 있었다. 그 상황이 웃겨서 이내 피식 웃음이 나왔고, 나는 이 모든 생각을 단호히 거부했다.

먼 거리를 펄쩍 뛰려다가 중간에 예상치 못한 변수로 떨어지는 상황과 비슷하게 처음에 이 시도는 안전해 보였다. 낮은 자세로 자신의 피조물을 돌아보시는 하나님을 찬송하는 시가 아닌가. 그분은 피조물에게 권위를 내세우지 않으시고 스스로 낮추어 해와 달과 별을 살피신다. 죽은 뼈도 살리신다. 그분이 서라고 명하시면 산들이 군말 없이 순종한다. 더욱이 그분은 낮은 데로 임하셔서 남녀 인간을 세우신다. 사랑받지 못하는 이에게 사랑을, 비천한 이에게 존엄성을, 난민에게 가족을 주신다. 그런데 절정 부분이 내 찬송을 중단시켰다. 그 구절 중간에서 숨이 막혀왔다.

> 또 임신하지 못하던 여자를
> 즐거운 어머니가 되게 하시며
> 집에 살게 하사 상을 받게 하시는도다(저자가 인용한 시편 찬송 원문—옮긴이)
> 할렐루야.[4]

---

4 ── *The Book of Psalms for Singing* (Pittsburgh, PA: Crown & Covenant,

예배 시간 내내는 물론이고 그 이후까지도 이 시가 요통처럼 내게서 떠나지 않았다. 구시대적 가부장제를 용인하다니 얼마나 터무니없는가! 당시 나는 수십 년째 가부장제에 맞서 싸웠다. 페미니스트의 딸로서 내 운명을 자랑으로 여겼다. 내가 중시하던 모든 것의 근거는 내 레즈비언 정체성보다도 페미니스트 정체성에 있었다. 나는 남성을 혐오하지 않았다. 남자를 성적 파트너로 둔 여자들과도 친구로 지냈다. 대학생 시절에는 나도 남자친구들이 있었고, 이성애자를 자처하기까지 했다. 연합과 상호 의존과 섬김을 중시하는 남녀 관계라면 나도 예찬했지만, 자발적 복종이라 해도 여성의 복종을 요구하는 남녀 관계를 개탄했다. 내 페미니즘 세계관이자 종교에 따르면 동등성(남자와 여자가 서로 호환된다는 개념)을 거부하고 남편에 대한 아내의 복종을 요구하는 남녀 성관계는 모두 강간 문화의 온상이었다. 하나님이 선하다 하신 것을 나는 강간이라고 칭했다.

그 구절은 온통 터무니없었다. "여자를…집에 살게 하사 상을 받게 하시는도다"라니? 말도 안 된다! 수고를 알아주고 칭찬해줄 사람이 없는데 어떻게 집에 사는 주부가 상을 받을 수 있을까? 구절의 의미 자체가 잘 이해되지 않았다. 가

1973), 113A장.

정주부로 일하고 싶은 사람이 과연 있을까? 이것은 여성을 남성의 종으로 묶어두려던 1950년대의 시대정신이 아닐까? 집안일은 실패한 사람이나 하는 것이 아닐까? 내 페미니즘 교본에 따르면 주부란 세상의 중요하고 가치 있는 일에서 밀려난 존재였다. 내가 존경하는 교인들이 이 소절을 부끄럼 없이 노래하는 모습을 보며 나는 고개를 내둘렀다. "다음에 커서 뭐가 되고 싶으니?"라는 질문에 "가정주부요"라고 답할 소녀가 있을까? 그 작은 교회의 교인들 외에 내가 아는 주부는 지구상에 하나도 없었다.

　　예배 후에도 나는 그 구절 때문에 씩씩거렸다. 단순히 부실한 번역이거나 적당히 넘겨들어야 할 과감한 문학적 은유이기만을 바랐다. 그래서 교회 담임목사의 사모님에게 물었고, 장로들의 아내들에게도 물었으며, 믿을 만한 다른 여자 교인들에게도 물어보았다.

　　그런데 이 구절에 대해 사과하는 사람이 아무도 없었다. 그 교회에는 시편 구절을 과장된 은유로 일축하는 사람도 없었다.

　　플로이를 비롯하여 내 질문을 들은 여자들은 오히려 하나님의 모든 말씀이 선하다고 말했다. 이 대목은 은유이자 <u>또한</u> 직설이었다. 실제로 여자들이 예수님을 닮음으로써 그분과의 관계를 반사한다는 뜻이었다. 아브라함과 사라에게 주신 하나님의 언약이 거기에 담겨 있다(창 17:15-21, 사 54장). 내 친구인 그들의 단언에 따르면, 집에서 상을 받는 어머니는 하나님이 고독한 자에게 베푸시는 긍휼의 단적인 예다. 그들의 말을 들으니 성경으로 성경을 해석한다는 말이 떠올랐다. 그들은 이 본문이 조화로운 순종을 통한 남편과 아내의 보완성을 강조하면서 그리스도의 재림을 내다본다고 말했다. 이 구절의 의미와 취지와 아름다움을 창세기 1장 26절과 3장 16절의 문맥 속에서 해석해야 한다고 했다. 플로이는 이 구절이 여성의 직장 생활을 금하지는 않지만, 집 밖에서 무슨 일을 하든 그 일이 가정을 세워야지 허물어서는 안 된다는 뜻이라고 말했다. 그 말을 곰곰 생각해보았다. 내 동료 교수 중에는 1년에 6개월을 남편과 자식들과 떨어져 사는 이들도 있었다. 어떤 교수는 딸들과 남편이 지구 반대편에 살았다. 대학의 내 동료들은 자녀가 아닌 교수직을 택했다. 연구중심 대학의 강단을 다른 모든 것보다 중시했다.

　　플로이는 시편 113편을 창조 규례의 문맥 속에 놓아 보라고 권했다. 그때부터 나는 신실한 그리스도인 주부들의 도움으로 관련 본문들을 공부했다. 창세기 1장 27절을 보니 "하나님이 자기 형상 곧 하나님의 형상대로 사람을 창조하시되 남자와 여자를 창조하시고"라고 되어 있었다. 남녀가 공히 하나님의 형상을 받았다는 데서 이 구절의 품격이 보였다.

아울러 하나님의 말씀 앞에서 내 페미니즘 세계관이 얼마나 턱없이 부족한지도 보였다. 창조 질서의 요지는 분명했다. 양성은 본질상 평등하되 사회적 역할이 다르다는 것이다. 내 온몸과 뇌가 '잘못 생각하는 거야!'라고 외쳤지만, 그럼에도 내 마음속에는 하나님의 보호를 그리고 교회와 가정이라는 언약을 갈망하는 속삭임이 있었다.

이어 자매들은 하나님이 하와에게 발하신 창세기 3장 16절의 저주를 설명해주었다. "또 여자에게 이르시되 내가 네게 임신하는 고통을 크게 더하리니 네가 수고하고 자식을 낳을 것이며 너는 남편을 원하고 남편은 너를 다스릴 것이니라 하시고." 이 구절은 쉽게 풀리지 않았다. 하지만 "죄가 문에 엎드려 있느니라 죄가 너를 원하나 너는 죄를 다스릴지니라"(창 4:7)는 평행 구절과 나란히 두고 읽으니 더 잘 이해되었다. 이것은 하나님이 가인에게 하신 말씀이다. 문학적으로 반복된 표현을 통해 알 수 있듯이 죄는 부부 관계를 포함한 모든 것을 변질시켰다. 세상에 죄가 들어오면서 부부 사이에 의지의 충돌이 발생했다는 사실이 서서히 깨달아졌다. 어느 쪽이 먼저일까? 하나님의 사랑일까, 아니면 폭력과 남성 지배일까? 아담이 세상을 죄에 빠뜨린 것이 먼저일까, 아니면 기독교가 어리석은 생각과 근시안과 여성 혐오를 제도화한 것이 먼저일까? 어느 쪽 이야기가 사실일까? 페미니즘의 이야기일까, 아니면 성경의 이야기일까? 아내가 남편에게 복종하는 것은 세상을 창조하실 때부터 주신 복의 일부일까, 아니면 저주의 일부일까? 성경의 틀에서 내 레즈비어니즘(lesbianism)이 들어맞을 자리는 어디일까? 그런 자리가 있기는 할까?

시간이 지나고 성령님이 내 마음과 생각에 역사하시자 하나님의 사랑과 질서에 담긴 논리가 점차 보였다. 하나님은 시작도 없고 끝도 없으신 분이니 그분의 사랑이 먼저다. 그렇다면 그분의 법은 1970년대의 시위 구호나 1950년대의 문화적 덫일 수 없다. 오히려 하나님의 법은 전적으로 타락한 내 내면의 실상에 대한 논리적이고 당연한 해석으로 제시되었다. 아담이 만인에게 물려준 죄는 우리 의지를 교란하여 개인적으로나 관계 면에서나 하나님이 원하시는 대로 살지 못하게 한다. 그분이 원하시는 바는 무엇인가? 그분의 첫 열매인 남녀 인간이 그분의 창조 규례대로 서로 아껴주며 함께 승리하는 것이다. 시편 113편을 성토하는 와중에도 내 속 깊은 곳에서는 하나님의 말씀이 선하다는 것, 곧 참으로 선하고 독보적으로 선하다는 사실이 받아들여졌다. 굳이 밀어내려 하는 내게도 그분의 말씀은 흠잡을 데가 없었고, 이는 내 마음속에 싸움을 촉발했다. 끝장을 봐야 할 싸움이었다. 그분의 말씀이 밝히 드러내듯 아내가 경건한 남편에게 주 안에서 순종하는 것은 좋든 싫든(나야 싫었지만) 창조 질서의 일부다.

이것은 레즈비언 관계를 깊이 맺고 있던 내게 어떤 의미였을까?

나는 그저 밖에서 안을 들여다보는 아웃사이더에 불과했을까?

그리스도인 독신 여성들에게는 이것이 어떤 의미일까?

시편 113편은 여러 의문을 야기하며 답을 요구했다.

시편 113편이 내게 한 일은 그저 문화를 돌아보게 한 정도가 아니다. 그 시는 나를 떠밀어 나의 레즈비어니즘을 성경과 페미니즘 둘 다의 관점에서 보게 했다. 우선 레즈비어니즘은 내가 선호하는 성 정체성이었다(나는 레즈비어니즘을 성적 '지향'이라고 칭한 적이 없다. 내가 19세기 문학을 연구하는 학자이기도 하고, 성적 지향이라는 개념은 프로이트 사상에 뿌리를 둔 것인데 그 사상은 딱히 페미니즘에 우호적이지 않았다). 또 성적 지향은 동성애를 치료해야 할 병으로 보는 것 같았다. 당시의 내가 믿기로 동성애란 본인이 알고 선택하는 길이자 정상적인 성적 유동성의 일부였다. 내가 레즈비언이었던 이유와 그곳으로 이끌린 계기는 레즈비언 시인 겸 수필가였던 고 에이드리언 리치(Adrienne Rich)의 "강제적 이성애와 레즈비언 존재"라는 에세이에서 찾아볼 수 있다.[5]

---

5 —— Adrienne Cecile Rich, *Compulsory Heterosexuality and Lesbian*

하지만 페미니즘은 내 세계관인 동시에 종교였다. 나는 단지 여성에게 성적 매력만 느낀 것이 아니라 퀴어 이론과 페미니즘이라는 전체 세계관에서 영감과 의미와 생명력을 얻었다. 모든 구분과 위계가 세상에서 사라져야만 인간의 신성한 신적 본성이 마침내 실현될 수 있다고 믿었다. 레즈비언의 삶은 내 작은 세상보다 더 깊고 넓은 것, 즉 세상의 앞날에 유익을 끼칠 일에 참여하라고 나를 부르는 것 같았다. 내게 팀 유니폼을 주면서 경기장에서 어떤 포지션으로 뛰어야 할지 알려주었다. 그런데 시편 113편이 하는 말은 전혀 달랐다. 이 시가 사실이라면 나는 엉뚱한 방향으로 달리고 있는 셈이었다. 여러 치료법을 저울질하며 고민하는 암 환자처럼 나도 치료가 병만큼이나 무서웠다.

시편 113편을 노래하노라니 내 우선순위와 가치관이 잘못돼도 한참 잘못돼 보였다. 성경은 내면에서 속삭였고 페미니즘은 관중석에서 소리쳤다. 레즈비어니즘은 내 감정을 대변했다. 그런데 사고하는 인간으로서 나는 레즈비어니즘이 일련의 감정과 욕망 이상이라고 생각했다. 레즈비언도 그리스도인이 될 수 있을까? 욕망과 행위를 둘 다 그대로 고수

Existence (London: Onlywomen Press, 1981). (『레즈비언 페미니즘 선언』 "강제적 이성애와 레즈비언 존재", 현실문화)

하면서 말이다. 시편 113편은 '그럴 수 없다'고 답한다. 성경의 관점에서 본 레즈비어니즘은 남성 전체와 특히 창조 규례를 배격한다. 우주의 순리인 창조 우주론을 배격한다. 레즈비어니즘을 선하고 거룩하다 칭하는 것은 하나님이 에덴동산에 복음의 씨앗을 심으셨음을 부정한다는 뜻이었다. 거기서 내 고민이 깊어졌다. 성경의 관점에서 본 레즈비어니즘은 창조 규례를 배격한다. 그러므로 내 레즈비언 정체성을 유지하면서 그리스도를 얻을 수는 없다.

그 시를 묵상하면서 생각해보니 내 동성애는 특정한 페미니즘 기질과 긴밀히 맞물려 있었다. 그런 기질 자체가 죄는 아니어도 그것은 레즈비언일 때의 나에게나 소용이 있는 것이었다. 나는 온유와 친절 대신 담대함과 힘을 뿜어냈다. 물론 그리스도인도 강하고 담대해야 하지만, 나의 경우 그런 특성이 워낙 몸에 배어 있다 보니 자칫 복종보다 죄로 빠지기 쉬웠다. 내 페미니즘 세계관은 담대함과 힘을 중시한 반면 온유와 친절을 나약한 덕으로 보았다. 즉, 안전한 영역이라면 몰라도 가부장적 위계 속에서는 위험한 것으로 간주한 것이다. 다시 생각이 깊어졌다. 이번에도 주 안의 자매들이 내 곁을 지키면서 "사랑과 희락과 화평과 오래 참음과 자비와 양선과 충성과 온유와 절제"(갈 5:22-23)라는 성령의 열매가 요구됨을 일깨워주었다. 그리스도인은 정말 여러 비범한 덕의 결합체라는 생각이 들었다.

양쪽 공동체(교회 공동체와 레즈비언 공동체)에서 똑같이 질문하면서 몇 달 동안 왔다 갔다 했다. 두 곳의 여성들을 똑같이 존중했고, 그들의 대답을 열심히 들으며 저울질했다.

결국 나는 비교할 수 없는 두 세계 사이에 끼어 있었다는 것을 깨달았다. 그 두 세계는 동전의 양면이 아니라 애초에 다른 동전이었다. 우리는 같은 숲에서 다른 각도로 다른 나무를 보고 있는 것이 아니라, 아예 다른 숲에 있던 것이다.

나의 레즈비어니즘이 참으로 죄임을 깨달았을 때 그 충격은 이루 말할 수 없었다. 그냥 정상적 삶처럼 느껴지는데 도대체 어떻게 거기에 맞서 싸울 수 있을까? 교회의 내 친구들은 성경적 방식의 덧셈과 뺄셈인 회개와 은혜에 대해 말했다.

내 육신(동성애의 죄)에 맞서 싸우려면 나를 향한 하나님의 뜻을 받아들여야 한다는 사실이 점차 보였다. 즉, 성령의 열매 중 내 성미에 맞는 것만 취사선택하는 것이 아니라 모든 특성을 드러내며 살아야 했다. 알고 보니 경건한 여성성은 천편일률적 처방에 따르는 것이 아니라, 하나님의 은혜를 '나'라는 개인에게 적용하는 것이었다. 진리의 말씀이 내 마음이라는 진흙을 빚어내는 것이었다. 그때부터 펜과 노트를 준비해서 성경을 펴놓고 간절히 기도했다. 경건한 여성이 되게 해달라고 기도했다.

그 기도가 싸늘한 두려움으로 나를 휘감을 때면 의자에서 일어나 거울 속의 내 모습을 보곤 했다.

스포츠머리와 귀의 피어싱이 내 모든 기도를 비웃는 듯했다.

기도한다는 말을 아무에게도 하지 않았다.

교회의 여성들은 계속 내게 성경에서 답을 찾으라고 격려해주었다. 그들은 성경이 살아 있는 책이며, 나보다도 나를 더 잘 안다고 굳게 믿었다. 그들이 일깨워주었듯이 경건한 여성성이란 여성의 힘이나 정체성을 지워 없애는 것이 아니라, 하나님의 은혜를 내게 적용하는 것이다. 또 교회의 여성들은 말하기를 하나님의 뜻은 나를 경건한 여성으로 회복하시는 것이고, 그분이 내 마음과 삶이라는 진흙을 그분 뜻대로 빚으시면 나도 내 참모습을 알아볼 것이라고 했다.

이렇게 시편 113편이 내 삶을 변화시켰다. 그 시를 거울처럼 들여다보면 내가 하나님의 뜻에 얼마나 미달인지가 보였다. 그분은 귀에 거슬리는 말씀을 통해 오히려 내 영혼을 건강하게 회복시키셨다.

내 레즈비언 파트너와 결별하던 오후는 음울했다. 패배를 고백하자니 꼭 물속을 허우적대며 걷는 기분이었다. 파트너였던 마거릿은 울먹이며 무너져 내리서 내게 욕이란 욕은 다 했다. 나는 형언할 수 없이 무거운 마음으로 결정을 밀고 나갔다. 결별 전에도 비참했고 후에도 비참했다. 그녀도 마찬가지였다. 결별 후에는 그동안 공유해온 삶(강아지, 그릇, 호반의 집)을 분배하는 고통스러운 과정이 시작되었다. 이 과정에서 교회 친구들이 끝까지 도와주었다. 그들은 간섭하지는 않았지만, 그렇다고 나 혼자 알아서 하도록 내버려두지도 않았다.

그로부터 몇 년 후 시편 113편이 내 삶을 또다시 변화시켰다.

회심한 후 나의 애정이 전환되었다. 불에 연소되듯 즉각적으로 이루어지지는 않았지만, 내 안에서 그리스도와의 연합이 더 깊어지는 것이 느껴졌다. 그리스도인 독신 여성이자 시러큐스 개혁장로교회 교인이라는 내 역할을 받아들였다. 레즈비언의 감정이 단칼에 사라진 것은 아니다. 천만의 말이다. 다만 나는 레즈비언 욕구를 내 정체성이나 인격을 구성하는 도덕 중립적 속성이 아니라 회개해야 할 죄의 행위로 분명히 인식했다. 아무도 내게 기도로 동성애를 물리치라고 말하지 않았다. 굳이 그럴 필요가 없었다. 모든 죄를 날마다 십자가에 새롭게 못 박아야 한다는 말을 설교 때마다 들었기 때문이다. 나는 『웨스트민스터 소요리문답』을 힘써 외우기 시작했다.

제35문: 성화란 무엇인가?

답: 성화란 하나님의 값없는 은혜의 사역으로 우리의 전인이 하나님의 형상대로 새로워져 점점 더 죄에 대하여는 죽고 의에 대하여는 사는 것이다.

이렇듯 그리스도인의 삶은 죽고 사는 것으로 구현된다. 나는 그리스도를 바라보면서 점차 성화되어야 했다.

한때 내 정체성이었던 레즈비어니즘이 이제 의의 결핍이자 의지적 범죄 행위로 인식되었다. 나는 피해자가 아니었고 교회에서 목소리를 내야 할 '성소수자'도 아니었다. 다른 모든 교인처럼 나도 성화되어가야 했다. 죄를 회개하려면 죄를 미워하고 죽이고 죄에서 돌이켜야 함을 배웠다. 아울러 하나님 말씀의 덕을 '더해야' 한다. 어둠을 변화시키는 것은 빛이다. 성경은 우리에게 죽일 것은 죽이고 살릴 것은 살리라고 명한다. 그리스도인은 새로운 성품을 받지만 여전히 우리 안의 죄성을 죽여야 한다는 사실을 배웠다. 이는 골로새서 3장 9-10절에 선명하게 표현되어 있다. "옛사람과 그 행위를 벗어버리고 새사람을 입었으니 이는 자기를 창조하신 이의 형상을 따라 지식에까지 새롭게 하심을 입은 자니라." 이 본문에 따르면 나는 그리스도인이며, 내가 어떻게 느끼는지와 상관없이 레즈비어니즘은 내 새로운 성품이 아니라 과거의 일부다. 레즈비언으로 살던 과거는 내 인생 전반부의 짤막한 몇 장이며, 그 몇 장을 다시 펼쳐서 자꾸 읽을 필요가 전혀 없다. 점진적 성화는 엄연한 실재다.

주님은 내 마음의 애정을 전환하셨을 뿐 아니라, 나를 불러 경건한 여성의 역할을 받아들이게 하셨다. 어느 날 오후, 플로이와 함께 차를 마시며 성경을 공부하면서 앞으로 내가 어떻게 살아가야 할지를 물었다. 나로서는 포괄적이고 철학적인 질문이었는데, 플로이는 당연하다는 듯 현실적이고도 실제적인 답을 내놓았다. 도움이 필요한 젊은 엄마 교인들을 위해 요리와 설거지를 해주거나, 아이들을 봐주며 동화책도 읽어주고, 빨래도 개주라는 것이었다. 나는 그 조언을 받아들였다.

당시 내가 아기와 어린아이를 접한 경험이라고는 그들 집에서 배우는 것이 다였다. 그전에는 아기를 품에 안아본 적이 한 번도 없었다. 그런데도 신참 엄마들을 돕는 일이 즐거웠다. 엄마 역할은 황홀한 일이었고 연구 교수직과 크게 다르지 않았다. 둘 다 차근차근 잘해야 하고, 늘 융통성과 밝은 마음이 필요하다. 아기를 안아주고, 그들과 놀아주며, 가족의 식사를 요리하는 일이 머잖아 내게 편해졌다. 그때 새롭게 깨달은 사실이 참 많다. 아이들의 육체와 영혼의 성장을 지켜보는 일이 즐겁게 느껴지는 것이 그중 하나였다. 성령님이 꼬마의 삶에서 역사하시는 것이 보일 때는 놀라웠고, 예수님이 왜 아이들을 곁에 두려 하셨는지 알 것 같았다. 아이가 하나님을 사랑한다고 고백하는 것이나, 예수님께 죄를 용서받았음을 아는 것을 보면 신기했다. 그보다 더 귀한 광경은 없다. 젊은 엄마들이 내 도움을 반기는 것이 이상해 보였고, 내게 조언을 구할 때는 더 이상해 보였다! 이 여성 교인들은 다름 아닌 내가 자신들을 위해 기도해주고, 자녀들에게 시편을 노래해주기를 원했다. 이런 일을 겪기 전까지는 내가 자상한 사람이고 온유한 여성임을 전혀 몰랐다. 그래서 연장자 친구라는 역할을 즐겁게 감당해내는 내 모습에 스스로 놀랐다. 또 가정이라는 것이 어떻게 돌아가는지를 지켜보면서 그리고 살림과 홈스쿨링에 얼마나 많은 수완이 필요한지를 보며 거기에 매료되었다.

    하나님께 내 마음을 쏟아내며 경건한 여성이 되게 해달라고 간구한 뒤로 그분이 내게 또 다른 소원을 주셨다. 경건한 남편의 경건한 아내가 되어 그에게 복종하고 그의 일을 돕는 것 그리고 하나님의 뜻이라면 엄마가 되는 것이었다. 그 뒤로 갈등과 불안으로 점철된 시기가 있었고, 한 번 약혼했다가 깨지기도 했다.[6] 그러던 중 켄트 버터필드를 만났다. 주께

---

    6 ── 이 내용 역시 『뜻밖의 회심』에서 밝힌 바 있다.

서 우리 마음을 하나로 묶어주셨고, 결국 켄트에게 청혼받았다.[7] 그와 결혼한 지 어언 20년이 넘었다. 주님은 세상 누구보다도 켄트를 통해 내게 하나님의 사랑과 뜻을 보여주셨다. 켄트는 남편이면서 나의 목사이기도 하다. 주님의 완전한 계획속에서, 내가 선하고 경건한 목사의 아내로 살아온 기간은 그리스도인으로 살아온 기간과 거의 일치한다. 내가 연약한 여자임을 주님이 아시기 때문이다. 내 인생의 회심과 성화와 치

---

[7] —— 개인사를 털어놓는 이유는 내 사적인 감정과 경험을 내세워 논쟁에 이기기 위해서가 아니다. 오직 하나님의 말씀만이 진리를 증언한다. 대학 때 나는 남자들과 사귀었고, 장차 남자와 결혼해 가정을 이룰 줄로 생각했다. 그런데 대학원에서 첫 레즈비언 연인을 만났을 때 내 참모습을 발견한 기분이었다. 레즈비어니즘은 내게 정상으로 느껴졌고 자연스러웠다. 그러다 주님을 만났고 레즈비어니즘이라는 죄와의 씨름이 시작되었다. 물론 어떤 이들은 내 이야기를 읽고 무시할 수 있다. 내가 레즈비언으로 산 기간이 '고작' 10년이라는 이유로 말이다. 감사하게도 주님이 피할 길을 내주셔서 나는 그 죄에 더 오래 매여 있지 않았다. 주님과 교회 덕분에 구사일생한 것이다. 나를 회개로 이끄신 주님께 매일 감사드린다. 물론 동성애라는 정욕에 맞서 싸우는 신실한 그리스도인 중에는 나보다 더 힘겹고 오랫동안 씨름하는 이들도 있다. 육체의 정욕이 얼마나 집요하고 마음속의 전쟁이 얼마나 치열한지를 주께서 아신다. 사도 바울이 우리에게 주는 위로의 말이 있다. "육체의 소욕은 성령을 거스르고 성령은 육체를 거스르나니 이 둘이 서로 대적함으로 너희가 원하는 것을 하지 못하게 하려 함이니라"(갈 5:17). 다시 말하면 싸움 자체도 승리의 일부다. 내 세대의 레즈비언은 작고한 시인 에이드리언 리치로 대변되는 사상, 즉 이성애가 강제적이며 그렇기에 많은 여성의 레즈비언 생활이 소멸되었다는 입장의 산물이었다. 이에 대한 자세한 내용은 그녀의 글 "강제적 이성애와 레즈비언 존재"에서 볼 수 있다.

유와 변화 이야기는 성경적 결혼 생활과 하나로 얽혀 있다. 주님의 인도로 켄트가 내 삶에 들어오기 전까지는 아무도 나를 보호해주려 한 적이 없었다.

켄트와 약혼하면서 많은 결정을 내려야 했다. 내 직업을 어떻게 할 것인가도 그중 하나였다. 켄트의 돕는 배필이 되고 싶은데, 그것이 하나님이 내게 원하시는 삶일까? 연구 중심 명문 대학의 종신 교수직을 그만두는 것이 옳을까 그를까? 교회에 주부가 한 명 더 추가되는 것보다 세상에서 종신직 교수로 사는 게 하나님 나라에 더 이롭지 않을까?

나는 세 갈래 길에 서 있었다. 삶의 방향이 모두 다른 데다 서로 배타적이었다. 어느 길을 택하든 그것이 나를 빚어낼 것만은 분명했다. 나는 시러큐스 대학교의 종신직 영어학 교수로 복귀할 수도 있었고, 제네바 대학에 남아 고위 행정직에 지원할 수도 있었고, 켄 버터필드와 결혼하여 주부이자 개척 교회 목사의 아내가 될 수도 있었다.

첫 번째 길은 익숙했다.

두 번째 길도 대략 그림이 그려졌다.

세 번째 길은 상상을 초월했다.

곧바로 선의의 사람들, 곧 그리스도인 형제자매들이 의견을 내놓았다.

하나님이 이미 나를 대학에서 일하도록 준비시키셨는

데 나처럼 똑똑한 사람이 어떻게 그 일을 외면할 수 있느냐며, 그분은 나를 일하도록 부르셨지 집에서 쿠키나 굽도록 부르셨을 리 없다는 것이었다. 내 재능을 묵혀두는 것은 죄가 아닌가? (아마도) 영영 집필하지 못할 책들은 또 어떤가? 한 형제는 "당신은 교수나 학장이나 대학 총장이 되고 켄트가 전업주부가 되면 안 됩니까?"라고 물었고, 한 자매는 "기저귀를 가는 일에 정말 해석학 분야의 박사학위가 필요할까요?"라고 물었다.

켄트와 나는 2001년 5월 19일에 결혼했다. 남편은 처음에 버지니아주에 교회를 개척했다가 중간에 일반 직장을 거쳐서 현재 노스캐롤라이나주의 작은 개혁장로교회[더럼(Durham) 제일 개혁장로교회—옮긴이]에서 사역하고 있다. 자녀를 낳지 못하는 우리는 주님의 인도로 네 명의 자녀를 입양했다. 그중 둘은 처음에 위탁 아동이었다가 나이가 차서 5년 간격으로 각각 열일곱 살이 되었을 때 입양으로 이어졌다.

물론 직업을 포기하려니 몹시 힘들었다. 또 이전의 습관에서 벗어나 개척교회 목사의 아내로서 새로운 수완도 터득해야 했다. 개척교회 초창기에 내가 주일마다 맨 먼저 한 일은 당시 우리의 예배 장소였던 퍼슬빌 커뮤니티 센터의 화장실 청소였다. 토요일 밤마다 커뮤니티 센터에서 남자 오픈 농구 시합이 열렸으니 주일 아침의 화장실 상태가 가히 짐작

될 것이다. 이 운명을 나는 시편 84편 10절의 마음가짐으로 받아들였다. "악인의 장막에 사는 것보다 내 하나님의 성전 문지기로 있는 것이 좋사오니."

이 글을 쓰는 현재 네 자녀의 나이는 16세부터 34세까지다. 위의 둘(34세와 29세)은 위험한 위기의 끈질긴 악순환에서 벗어났고, 아래 둘(19세와 16세)은 강건한 그리스도인이자 우리 교회의 정식 교인으로 활약하면서 학업에도 열심이다. 그동안 나는 네 자녀를 홈스쿨링으로 가르쳤고, 기독교 홈스쿨링 조합에서 다른 학생들도 가르쳤다. 여러 해 동안 손자와 즐겁게 지내면서 코로나19 봉쇄 기간에는 손자까지 홈스쿨링을 했다. 어느 날 오후 공원에서 손자 벤의 그네를 밀어주며 함께 홍관조의 수를 세다가 단순한 사실을 깨달았다. (이 책의 집필 등) 할 일이 많지만 자녀와 손자를 돌보는 것보다 더 중요한 일은 내게 없다는 것이다. 하나님은 내 길을 곧게 하셨다. 그분의 인도로 그동안 책도 여럿 썼고, 적대적 문화를 상대로 능력과 은혜의 하나님을 전하는 강연도 해왔다. 내 손과 마음은 넘치도록 충만하다.

자녀를 돌보는 일은 내 중심을 잡아준다. 덕분에 하나님이 내게 맡기신 다른 선한 일들을 조화롭게 조율할 수 있다. 남편은 보호하는 울타리가 되어준다. 하나님이 남편과 자녀를 돌보는 내 역할에 속속들이 복을 주셔서 내 삶에는 균형과 탄력과 경계선과 보호벽이 공존한다. 경건한 남편에게 복종하는 아내 역할은 나를 억압하기는커녕 오히려 자유와 목적을 가져다준다.

시편 113편이 내게 온전히 이루어졌다. 그 시를 처음 접한 수십 년 전의 나는 가부장제와 성경을 비난했다. 모든 복종은 학대를 부르는 요인이었고, 성경은 바보나 믿는 신빙성 없는 고서였다. 그런데 오늘의 나는 마음과 뜻을 다해 이렇게 믿는다. 세상에서 유일하게 여성에게 안전한 자리는 성경을 믿는 교회의 교인이 되어 신실한 장로들과 목사들을 통해 하나님의 보호를 받는 것이며, 나아가 그분의 뜻이라면 경건한 남편의 보호를 받는 것이다.

내 삶은 세간의 따가운 시선 앞에 고스란히 드러나 있다. 내가 종신 교수직 대신 복종하는 아내 역할을 선택한 데 대한 정당한 비난 중 하나는 내 삶의 이런 헌신이 성경의 가부장제를 떠받친다는 것이다.

맞는 말이다.

하지만 분명히 해둘 점이 있다. 내가 성경의 가부장제를 받아들이는 이유는 남성이 선하다고 생각해서가 아니다. 오히려 모든 남자의 몸속과 머릿속에는 우리 모두가 아담을 통해 물려받은 죄성이 독소처럼 존재한다. 내가 성경의 가부장제를 수용하는 이유는 남성이 선하지 않기 때문이다(렘

17:9). 남성이 선하지 않기에 나는 진짜 늑대처럼 약탈하며 돌아다니는 악한 남자들로부터 나를 보호하고 지켜줄 수 있는 경건한 남자들이 주위에 있어서 감사하다.

우리가 그리스도의 소유인 그리스도인이 된다고 해서 자동으로 하나님이 우리의 모든 생각과 감정과 말과 행동을 승인하시는 것은 아님을 깨달았다. 우리의 행위(행동뿐 아니라 의도와 소원과 생각까지도)로는 하나님의 칭의(의롭다 하심)를 얻어낼 수 없다. 고린도후서 5장 21절은 "하나님이 죄를 알지도 못하신 이를 우리를 대신하여 죄로 삼으신 것은 우리로 하여금 그 안에서 하나님의 의가 되게 하려 하심이라"고 선포한다. 하나님이 예수 그리스도를 죄로 삼으셨기에(그분이 우리 몫의 수모와 형벌을 대신 당하셨기에) 그리스도인은 그분의 은혜로 말미암아 의로워진다. 하나님 앞에서 우리가 의로운 신분을 얻은 것은 순전히 그리스도가 이루신 일 덕분이다. 오직 은혜로 말미암는 칭의는 이 진술로 귀결된다고 배웠다. 즉, 내가 진정한 그리스도인인 줄을 어떻게 아는가? 특히 신앙이 해체되어 (이전에 '배교'라 칭하던) 역회심이 성행하는 세상에서 말이다. 내 부르심과 택하심을 어떻게 굳게 할 수 있는가(벧후 1:10)? 성화 교리는 은혜를 수동적으로 받기만 한다는 뜻이 아니다. 진정한 신자 중에는 그런 사람이 없다. 성화가 하나님이 은혜로 주시는 선물이기는 하지만, 그분의 형상대로 새로워지려면 우리도 성화에 동참해야만 한다. 그래서 온전하고 진정한 믿음은 순종으로 나타나게 되어 있다. 우리의 순종은 의무이자 기쁨이다. 그렇지 않다면 각자 영혼의 상태를 점검해봐야 한다.

내 이야기를 나누는 이유는 내가 그리스도께 나아가는 근거가 속죄의 피로 말미암아 내 삶을 근본적으로 변화시키신 그분께 있기 때문이다. 나는 구속되었다. 내 성적 죗값을 그분이 대신 치르셨기에 나는 치를 필요가 없다는 뜻이다. 그분이 나의 속죄 제물이 되셔서 내 죄책뿐만 아니라 나를 향한 하나님의 진노까지 담당하셨다. 이제 나는 하나님과 화평해졌다. 바울이 "그러므로 우리가 믿음으로 의롭다 하심을 받았으니 우리 주 예수 그리스도로 말미암아 하나님과 화평을 누리자"(롬 5:1)라고 말한 것과 같다. 하나님과의 화목한 관계는 덧없는 주관적 감정이 아니라 객관적 실재다.

성경이 진리일진대 현대 기독교는 어쩌다 완전히 길을 잃었을까? 나는 교회가 인간이 누구이고 세상이 어떤 곳인가에 대한 비성경적 개념을 흡수했고, 그런 비성경적 사상이 복음 메시지 자체를 변질시켰다고 생각한다.

내가 새롭게 임명된 종신직 급진파 교수 중 하나로 활동하던 1990년대에 교차성이라는 개념이 등장했다. 교차성은 상아탑에서 복음주의 교회로 옮겨갔고, 사회에서뿐만 아니라 교회에서도 현대 사조를 개조하는 일에서 중대한 역할을 맡고 있다. 우리는 세상이 복음주의 교회를 이끄는 비참한 시대에 살고 있다. 이는 심판과 저주의 징후일 뿐, 하나님을 기쁘시게 하는 복된 징후가 아니다.

2장

교차성이란 무엇인가?

> 【요 18:37-38】 빌라도가 이르되 그러면 네가 왕이 아니냐 예수께서 대답하시되 네 말과 같이 내가 왕이니라 내가 이를 위하여 태어났으며 이를 위하여 세상에 왔나니 곧 진리에 대하여 증언하려 함이로라 무릇 진리에 속한 자는 내 음성을 듣느니라 하신대 빌라도가 이르되 진리가 무엇이냐 하더라.

몇 년 전 어느 대학 캠퍼스에서 공개 질의응답 시간에 한 학생이 내가 혐오 표현을 썼다며 비난했다.[1] 그녀는 내가 강연 중에 쓴 표현을 문제 삼았다. 1998년에 있었던 일을 회고하던 대목이었는데, 그때 나는 부엌에서 트랜스젠더인 내 친구 질에게 고백하기를 이제부터 나는 복음이 진리이고, 예수님이 살아 계시며, 우리가 다 잘못된 거라고 믿는다고 말했다.

그 학생이 마이크 앞으로 나와서 불쑥 이렇게 말했다.

---

[1] 사람과 상황을 예화로 쓸 때는 이름과 특징을 실제와 다르게 하여 프라이버시를 보호했다.

"그건 혐오 표현입니다! 새로 시작한 신앙을 나누면서 트랜스젠더 친구와 손을 맞잡았다고 말씀하실 때 친구를 조롱하신 거예요!"

"어떻게 말인가요?" 내가 물었다.

"'질의 큰 손이 내 손을 감쌌습니다'라고 하셨잖아요. 실제로 친구의 손이 크다는 표현을 쓰셨어요!" 학생은 최대한 단호히 자신의 주장을 피력한 듯 보였다. 내가 잘못했다는 것이었다.

나는 무슨 말인지 몰라 잠시 주춤하다가 물었다. "질의 손이 크다고 말한 게 혐오 표현이라는 건가요?"

학생은 마이크에 가까이 대고 "당연하죠!"라고 외쳤다.

"질은 하이힐을 신지 않고도 키가 189센티미터이고 제 키는 158센티미터입니다. 내 손은 쫙 펴도 피아노의 한 옥타브가 될까 말까 해요. 그에 비해 질은 손이 크고요. 크다는 말은 서술 형용사입니다."

격분한 학생은 간단한 문법 수업에 아랑곳하지 않고 삿대질을 해가며 선언했다. "그렇게 무신경하게 생물학적 여성과 비교하면 트랜스젠더 여성에게는 상처가 됩니다."

나: "질의 손이 크다는 말이 왜 혐오인가요?"

학생: "그런 말 때문에 LGBTQ+ 사람들이 자살하니까요!"

나: "하지만 질의 손 크기는 측정 가능한 객관적인 진리

입니다."

학생: "강사님의 진리가 무슨 상관인가요? 내 진리는 아닙니다! 강사님의 진리는 제 실재를 혐오한다고요!"

❖ ❖ ❖

어쩌다 우리는 오류라서가 아니라 상처가 된다는 이유로 진리를 배격해도 되는 지경에 이르렀을까? 어쩌다 우리는 사람을 정치 진영과 사회 집단으로 인식하는 지경에 이르렀을까? 마치 그것이 상대의 가장 참되고 지울 수 없는 덕인 것처럼 말이다. 도대체 어떤 세계관에서 나의 말이 누군가의 자살에 책임이 있다고 말하면서, 생물학적 남성이 성기를 절단하고 여자 행세하는 것은 축하받고 인정받을 일이 될 수 있는가?

답은 1990년대에 미국 대학가의 인문학과 사회과학 분야에 분석 도구로 등장한 교차성(성별과 인종과 성적 지향과 계층과 장애 등에 따른 차별과 억압이 각기 별개가 아니라 서로 교차하여 작용한다는 개념으로, 흑인 페미니즘에서 시작되어 사회 전반으로 확산되었다—옮긴이)에 있다. 교차성은 억압을 중심으로 메타내러티브, 즉 거대 담론을 만들어낸다. 교차성 이론에 따르면 세상은 권력 투쟁으로 이루어져 있고, 백인 남성이 주도하는 이성애 가부장제를 궤멸해야만 그 안에서 억압받는 사람들이 해방될 수 있다. 교차성은 성경에 나오는 남편과 아내의 보완성이 변질되어 '무기화'되었다고 본다. 또 수많은 양상의 인간 고통을 아주 세세한 것까지 들춰내고 권력의 억압을 해체할 수 있다면, 한 개인의 (압제당한) 역사와 (해방될) 운명의 이야기를 다시 쓸 수 있다고 믿는다. 교차성의 세계에서 고통은 오버거펠 대 호지스 판례(미국 50개 주 전체의 동성결혼을 합법화한 2015년 대법원 판결)의 '존엄성 피해' 조항으로 재정의되었다.

지금은 LGBTQ+ 권리를 인정하지 않으면 가해 행위로 간주된다. 리보이스(Revoice) 운동은 아무 근거 없이 성경적 정통성을 내세우는 게이 기독교 운동인데, 그들의 주장에 따르면 개인의 동성애 지향과 동성애 정체성을 존중하지 않는 것은 영적 폭력이다. 교회에서조차 이제 상대를 수용하되 동조하지 않으면 곧 배격으로 통하는 것 같다. LGBTQ+ 권익 운동은 동조 없는 수용이란 존재하지 않는다고 단언한다. 그들은 침묵을 폭력으로 규정한다. 또한 관용은 압제자의 정서라고 규정하는데, 이는 관용하는 것이 상대를 배격할 권력도 있다는 의미로 보기 때문이다. 이렇듯 교차성은 가해의 의미를 재정의했다. 실존하는 물리적 피해에서 상상 속의 심리적 피해로 개념이 바뀐 것이다.

교차성 개념 아래서는 해방이 목소리의 크기에 달려

있다. 이를테면 교차 요인이 심히 중첩된 사람들(예컨대, 트랜스젠더에 유색 인종이고 청각 장애가 있는 가난한 과체중 재소자)의 문화적 목소리를 더 키워주는 동시에 백인 남성 이성애의 특권을 누리는 이들을 침묵시키면, 폭력의 벽이 허물어진다는 것이다. 그런 벽이 정확히 어떻게 붕괴되는지는 아무도 모른다. 교차성의 주장에 따르면 당신의 피해자 지위가 몇 가지냐에 따라 당신의 참된 정체성이 결정된다. 인간의 존엄성은 자아관과 세계관에 동조하지 않는 모든 목소리를 배격할수록 높아진다.

분명히 해두자. 하나님도 진짜 불의를 정죄하신다. 그분은 특정 집단(과부와 고아와 빈민)에게 특별한 손길이 필요함을 아시고 우리에게 그들을 돌보라고 명하신다(히 13:1-3). 그분은 차별의 죄도 정죄하신다(약 2:6). 물론 약자를 해치는 가장 끔찍한 형태의 배신과 죄는 가정과 교회 안에서 자행된다. 힘없는 이들을 보호하라고 하나님께 부름받은 사람들이 오히려 그들을 잡아두고 욕보이는 것이다. 그렇지만 성경에는 정의를 옹호하는 방법에 대한 가르침이 이미 나와 있다. 우리는 하나님이 말씀에 계시하신 내용을 적용해야 한다.

그러려면 꼭 해야 할 질문이 있다. 교차성이 복음에 기여할 수 있을까? 이웃을 더 잘 사랑하려면 복음에 교차성을 더해야 할까? 일부 교회와 사역 단체는 그렇다고 생각한다.

그래서 교회를 특히 '성소수자'에게 더 우호적인 곳으로 만들기 위해 민감성 훈련 프로그램을 제공한다. 그러나 교차성의 이면에는 동성애가 죄가 아니라 성적 지향이라는 개념이 깔려 있다. 그래서 우리는 물어야 한다. 과연 그것이 사실인가?

목사이자 교수인 데니 버크(Denny Burk)는 교차성이 성경에 가장 확연히 어긋나는 두 가지 부분을 유익하게 지적했다. 첫째로, 교차성은 (성적 지향처럼) 인간의 정체성을 보는 관점이 비성경적이다. 둘째로, 교차성은 사회를 분열시킨다.[2]

우선 교차성은 삶의 경험 중 도덕 중립적 범주(인종과 민족)와 심히 도덕적인 범주(동성애와 트랜스젠더리즘)를 구분하지 않는다. 교차성에는 성경적 죄 개념이 없다 보니 오히려 자체적으로 죄를 양산한다. 교차성에는 성경적 회개나 구속이나 은혜의 개념도 없으므로, 좋은 의도로 한 일도 선을 벌하고 악을 예찬하게 될 수 있다. 교차성은 창조 규례도 거부하고 인간의 정체성에 대한 성경적 정의도 거부하기 때문에, 그리스도를 아는 지식에서 자라가고 그분의 의와 거룩하심을 닮아간다는 개념도 없다.

---

[2] ── Denny Burk, "Two Ways in Which Intersectionality Is at Odds with the Gospel," Denny Burk(웹사이트), 2017년 7월 19일, https://www.dennyburk.com/.

나아가 교차성은 인간을 더 분열시키고 갈라놓는다. 이것은 아이러니다. 1990년대에 교차성이 미국 대학가에 처음 등장했을 때, 그 목적은 지배하고 억압하는 사회 집단이 쉽게 식별된다는 통념을 뒤엎는 것이었기 때문이다. 그런데 교차성은 오히려 사회 집단들을 더 많이 양산하여 거기에 가상의 실재를 부여했다. 그 결과 정체성 정치의 문화가 극으로 치달았다.

창조 규례를 거스르는 것은 이웃 사랑에도 어긋나고 상식에도 어긋난다. 교차성은 공동체를 창출한다고 주장하지만, 거기서 생겨나는 공동체는 분열과 피해 의식과 분노와 낙담에 젖어 있다. 성령의 열매가 이루어내는 공동체와는 정반대다(갈 5:22-23). 복음에 교차성이 합세하면 우리에게 남는 것은 미성숙한 신앙과 거짓된 희망과 기만적 어휘다.

교차성은 자비와 정의에 대한 성경적 관점을 비성경적 관점과 혼동한다.[3] 성경에 따르면, 고난은 죄에서 기인한다.

---

[3] 정의의 옹호는 장 칼뱅(John Calvin, 1509-1564년)이 말한 하나님 율법의 '세 번째 용도'에 해당한다. 율법의 첫 번째 용도는 거울 기능이다. 즉, 율법은 하나님의 의를 거울처럼 보여주면서 거기에 우리 죄성을 반사한다. 율법의 두 번째 용도는 권선징악을 통해 악을 억제하는 데 있다. 율법의 세 번째 용도는 하나님을 기쁘시게 하는 일을 행하게 하는 것인데, 여기에 환대와 긍휼 사역이 포함된다. 다음 책을 참조하라. *Reformation Study Bible*, R. C. Sproul 편집 (Orlando, FL: Reformation Trust, 2015), 273.

죄를 짓는 이유는 우리가 피해자여서가 아니라 죄인이기 때문이다. 과부와 고아와 빈민은 영적인 면에서도 도움이 필요하며, 죄의 피해자에게도 그를 죄에서 구원해줄 구주가 필요하다. 죄와 고난의 순서가 중요하다. 요점을 놓치거나 순서를 바꾼다면 이미 복음을 통째로 무시한 것이다.

엘리자베스 C. 코리(Elizabeth C. Corey)가 지적했듯이 교차성의 출발점은 정체성과 인격을 구성하는 개인의 여러 특성이다. 이런 특성은 논의의 여지가 있는데도 전혀 논의되지 않은 채 연령, 인종, 계층, 성별, 성 관념, 젠더 정체성, 체중, 매력, 감정, 공포증 등으로 계속 끝없이 확장되고 있다.[4]

교차성은 우리를 엉뚱한 방향으로 떠민다. 방향이 틀어져 있으면 당연히 엉뚱한 곳에 도착할 수밖에 없다. 교회 내의 게이 정체성이 그 길로 가고 있고, 교차성이 교회에서 맺는 열매도 본래 의도했던 궤도를 벗어났다. 교회가 교차성을 분석 도구로 받아들인 취지는 목소리를 낼 수 없는 이들에게 목소리를 부여하기 위해서였다. 그러나 교차성에서 출현하는 많은 정체성은 피해 의식에 젖은 영구 미숙아라서 늘

(『개혁주의 스터디 바이블』 부흥과개혁사)

4 ── Elizabeth C. Corey, "First Church of Intersectionality," *First Things*, 2017년 8월, https://www.firstthings.com/.

치료와 인정을 요한다. 이 야수의 본성 때문에 몇 가지 잘못된 부수적 효과가 나타나고 있다. 젊은 여성들 사이에 성행하는 '조기 발현 성별 불쾌감'이 그 증거다.[5] 페미니즘이 권한과 힘을 중시하던 시대는 끝났다. 교차성은 생명 유지 장치가 필요하다.

두 가지 문화 운동이 결합하여 레즈비어니즘을 정상이라 믿는 세상을 만들어냈다. 하나는 교차성을 무분별하게 도구로 사용하여 피해자를 자처하는 이들에게 권한을 부여한 것이고, 또 하나는 무분별하게 동성애 지향을 인간을 분류하는 범주로 사용한 것이다. 이제 3장으로 넘어가 생각해 보자. 동성애 지향이란 정확히 무엇이며, 어떻게 그것이 게이 기독교를 빚어내는가?

---

[5] ── Lisa L. Littman, "Rapid Onset of Gender Dysphoria in Adolescents and Young Adults," *Journal of Adolescent Health* (2017년 2월 1일), https://doi.org/10.1016/j.jadohealth.2016.10.369.

3장

동성애 지향과 게이 기독교란 무엇인가?

> 【사 5:20】 악을 선하다 하며 선을 악하다 하며 흑암으로 광명을 삼으며 광명으로 흑암을 삼으며 쓴 것으로 단 것을 삼으며 단 것으로 쓴 것을 삼는 자들은 화 있을진저.

> 【계 3:19】 무릇 내가 사랑하는 자를 책망하여 징계하노니 그러므로 네가 열심을 내라 회개하라.

동성애 지향은 인간이 만든 인간학 이론 내지 인간의 존재 의미다. 그 기원은 19세기 유럽에서 융합된 여러 무신론 세계관이다. 동성애 지향은 성경적 개념도 아니고, 그것을 조정하여 그리스도인의 삶에 도움이 되게 할 수도 없다. 지그문트 프로이트와 찰스 다윈(Charles Darwin, 1809-1882년)이 성적 지향의 전반적 개념에 공히 기여했다. 이는 인간의 지향(조준, 방향, 추동)을 성욕이 지배한다는 개념이며, 이때 성욕은 우리가 통제할 수 없는 내면의 자생적 욕구를 뜻한다. 프로이트는 성을 인간 정체성이 투영된 것으로 보았고, 다윈은 그것을 종의 생존에 대입했다. 그들은 성이 하나님의 창조 목적대로 신성한 질서를 따른다는 성경의 지침을 받아들이지 않았다. 실제로 '성적 지향'이라는 표현은 성욕의 대상이 개인의 정체성을 결정한다는 20세기의 담론이 되었다. 동성애 지향의 세계관에서 동성애는 인간을 분류하는 별개의 도덕 중립적 범주이며, 따라서 동성애자는 성적 다양성을 이해하지 못하는 세상의 피해자다.

앞서 보았듯이 성경은 인간을 창조 규례에 따라 정의하며, 성욕과 성 행동을 남자와 여자의 성적 원리라는 틀 안에 둔다. 알다시피 아담을 통해 세상에 들어온 죄는 인간의 마음과 욕구를 기형으로 뒤틀어놓았고, 당연히 거기에 성욕도 포함된다. 아담의 타락 이후로 동성애를 비롯한 온갖 성도착과 변질이 인간의 혈류 속에 들어왔고, 악한 정욕의 불경한 행동(간음과 포르노 등)이 성경의 혼인 언약과 남녀의 순리를 대놓고 공격해왔다. 그래도 창조 규례의 순리는 이성애뿐이다.

2002년에 시작된 게이 기독교 운동은 동성애 지향도 하나님께 복 받은 인간 범주라는 거짓말을 지지하는 데 일조했다. 이 운동은 성경이 동성애의 죄, 곧 완전히 행동 차원까지('사이드 A' 게이 기독교) 혹은 최소한 정체성 차원에서의('사이드 B' 게이 기독교) 죄를 용인하다 못해 아예 축복한다고 주장하여 동성애에 도덕적 신빙성을 부여했다. 그러나 사이드

A든 사이드 B든 게이 기독교 운동은 거짓 종교이자 성경의 기독교와는 다른 종교다. 사이드 A는 성경의 무오성과 무류성과 충분성과 권위를 배격하고, 사이드 B는 성경의 교리인 죄와 회개와 성화를 배격한다.

서글프게도 복음주의 교회는 대체로 사탄이 만든 함정에 빠져 사이드 A든 사이드 B든 게이 기독교를 인정했다. 이런 용어의 유래는 뒤에서 설명하겠지만 여기서는 이 말로 충분하다. 즉, 복음주의 교회가 게이 기독교를 받아들이지 않았다면 우리는 지금처럼 혼란한 아수라장에 빠져 있지 않을 것이다. 복음주의 교회가 동성애라는 주제에 대해 외치는 증언은 구원의 은혜보다 자신들의 집단적 죄를 더 많이 보여 준다.

앞서 지적했듯이 성적 지향은 19세기에 시작된 세속 개념이다. 성경에는 성적 지향이라는 개념이 없다. 성경은 성을 한 남자와 한 여자의 언약이라는 창조 규례 안에 둔다. '한 남자와 한 여자'를 다른 말로 표현하면 <u>이성애</u>다. 이는 하나님의 선한 창조 세계의 단면이다. 성경적 성은 순리이고, 하나님이 복 주신 것이며, 생식 능력이 있다. 이성애가 선한 이유는 남성과 여성이 생물학적으로 서로 구별되는 고유의 존재인 데다 하나님이 생식 능력을 주셨기 때문이고, 이성애의 거룩함은 혼인 언약으로 나타난다. 반면 동성애는 역리이고, 죄이며, 생식 능력이 없다. 그렇다면 포르노나 간음처럼 이성애가 악하게 실행될 때는 어떨까? 이성애가 죄에 악용될 때조차도 죄는 원리 자체가 아니라 실행에 있다.

성경은 도처에서 명명백백하게 동성애를 성적인 죄로 선언한다.

> 너는 여자와 동침함같이 남자와 동침하지 말라 이는 가증한 일이니라(레 18:22).

> 누구든지 여인과 동침하듯 남자와 동침하면 둘 다 가증한 일을 행함인즉 반드시 죽일지니(레 20:13).

> 이 때문에 하나님께서 그들을 부끄러운 욕심에 내버려두셨으니 곧 그들의 여자들도 순리대로 쓸 것을 바꾸어 역리로 쓰며 그와 같이 남자들도 순리대로 여자 쓰기를 버리고 서로 향하여 음욕이 불 일듯하매 남자가 남자와 더불어 부끄러운 일을 행하여 그들의 그릇됨에 상당한 보응을 그들 자신이 받았느니라(롬 1:26-27).

> 불의한 자가 하나님의 나라를 유업으로 받지 못할 줄을 알지 못하느냐 미혹을 받지 말라 음행하는 자나 우상 숭배하는

자나 간음하는 자나 탐색하는 자(동성애자, NKJV)나 남색하는 자나 도적이나 탐욕을 부리는 자나 술 취하는 자나 모욕하는 자나 속여 빼앗는 자들은 하나님의 나라를 유업으로 받지 못하리라 너희 중에 이와 같은 자들이 있더니 주 예수 그리스도의 이름과 우리 하나님의 성령 안에서 씻음과 거룩함과 의롭다 하심을 받았느니라(고전 6:9-11).

율법은 옳은 사람을 위하여 세운 것이 아니요 오직 불법한 자와 복종하지 아니하는 자와 경건하지 아니한 자와 죄인과 거룩하지 아니한 자와 망령된 자와 아버지를 죽이는 자와 어머니를 죽이는 자와 살인하는 자며 음행하는 자와 남색하는 자와 인신매매를 하는 자와 거짓말하는 자와 거짓 맹세하는 자와 기타 바른 교훈을 거스르는 자를 위함이니(딤전 1:9-10).

성경적으로 말해서 동성애의 죄는 명사가 아니라 동사다. 즉, 행동으로 나타난다. 실행 차원에서만 아니라 욕구 차원에서나 둘 다의 경우에도 마찬가지다.

미국심리학회(APA)에 따르면 성적 지향은 "남성이나 여성이나 양성에 정서적으로나 로맨틱하게나 성적으로 또는 복합적으로 끌리는 지속적 경향"이다.¹ 이렇듯 성(sexuality)은 성 행동과 로맨틱한 감정과 그 중간의 모든 것을 포괄하는 용어가 되었다. 어떻게 우리는 여기까지 왔는가? 어떻게 성이 인간의 존재 자체와 얽히게 되었는가? 성으로 설명되는 것은 나의 감정인가, 아니면 나의 정체성인가? 현대의 성적 지향 개념은 바로 이런 질문의 답으로 제시된다.

성적 지향은 독일의 첨단 '과학' 개념 중 하나로 등장했고, 신속히 현대 세계로 파고들었다. 그 결과 성경의 창조 정황에 등장하는 성이 개인의 정체성이라는 완전히 새로운 장으로 옮겨갔다. 그에 따라 개인의 정체성을 규정하는 요인이 집안과 신분과 계층과 직업에서 졸지에 성적 감정으로 바뀌었다. 프로이트는 인간이 하나님의 형상대로 남자와 여자로 창조되었다는 성경의 범주를 (고의로든 아니든) 약화하고, 감정과 정서의 정신분석을 그 자리로 끌어올렸다. 의도로 보나 어휘 선택으로 보나 그가 공략한 것은 죄를 진단하고 복음의 은혜를 처방하는 성경의 권위였다. 순진해서 그런 것이 아니었다. 그는 성경의 하나님을 믿는 것이 "보편 강박 신경

---

1 ——— "Sexual Orientation and Homosexuality: Introduction," American Psychological Association, 2023년 2월 1일 접속, https://www.apa.org/.

증"이라는 주장을 평생 고수했다.[2]

프로이트의 신개념인 성적 지향은 19세기 세계관을 형성한 독일 낭만주의 운동의 예견된 파장이었다. 낭만주의 시대의 특징은 개인의 경험을 단지 자기표현으로서만이 아니라 진리를 아는 방식(인식론)으로까지 무조건 수용한 데 있다. 세계 역사상 최초로 개인의 감정이 진리의 근원으로 간주되었다. 낭만주의는 '나만의 진리'라는 개념을 새로 내놓았고, 이 개념이 등장하여 우리는 객관적 진리를 분별할 모든 기준을 잃었다. 누구든 '나만의 진리'에 동의하지 않는 사람은 이제 단순히 이견의 소유자가 아니라 악당이나 억압자다.

1774년에 요한 볼프강 폰 괴테(Johann Wolfgang von Goethe)는 자살 이야기를 담은 『젊은 베르테르의 슬픔』(*The Sorrows of Young Werther*)을 썼다. 이 소설은 서구 문화 역사상 최초로 자살을 자아의 권한 행사로 내세웠고, 그 영향으로 많은 자살이 줄을 이었다. 1980년대의 거식증(신경성 식욕부진증)과 2020년대의 트랜스젠더리즘이 예술과 문화를 통해 문화적 상상력을 사로잡은 현상과 다르지 않았다.

---

[2] Sigmund Freud, *The Future of an Illusion*, James Strachey 번역 및 편집(New York: Norton, 1961), 43. (『문명 속의 불만』 "어느 환상의 미래" 열린책들)

인간의 존재 의미에 대한 사고가 혁신되어 새로운 세계관이 죄의 범주를 몰아내면, 대개 그 결과는 소외와 자살이다.

19세기의 성적 지향 개념에는 낭만주의의 진리 주장이 배어 있다. 인간은 하나님의 형상대로 남자와 여자로 지어졌고, 영원히 지속될 영혼을 지닌 존재다. 하지만 낭만주의는 인간을 재정의하여 성도착과 젠더 혼란을 통해 규정되고 해방되며 존엄해지는 존재로 바꾸어놓았다. 실제 사실과는 완전히 거리가 멀다. 실제로 기독교는 인간이 동물과 구별되는 것이 하나님의 형상 때문이라고 보지만, 19세기에 도입된 새로운 인간관에 따르면 인간을 규정하는 것은 성욕과 성적 자아상과 성 행동이다. 동성애 지향 개념은 바로 그런 기류 속에서 태동했고, 허구의 정체성을 지어낸 사람들의 참된 정체성(창조 목적에 따라 하나님의 형상대로 지어진 존재)을 박탈했다.[3]

성적 지향의 역사가 제기하는 질문이 있다. 이성애도 동성애만큼이나 '타락한' 것 아닌가? 성경은 그렇지 않다고

---

[3] —— 이 내용의 일부는 다음 책에서 가져왔다. Rosaria Butterfield, *Openness Unhindered: Further Thoughts of an Unlikely Convert on Sexual Identity and Union with Christ* (Pittsburgh, PA: Crown & Covenant, 2015), 94-96. 출판사의 허락을 받고 인용했다. (『뜻밖의 사랑』 아바서원)

답한다. 그런데 작가 그레그 존슨(Greg Johnson)은 『아직 돌봐야 할 때』라는 책에서 비성경적 답을 옹호한다. 이성애도 본질상 동성애만큼이나 타락했다는 것이다. 그는 이렇게 말한다.

> 이성애란 이성의 사람들에게 끌리는 것이다. 하나가 아니라 복수의 사람이다. 이것이 문제다. 내가 보기에 다수의 대상에게 끌리는 이성애 성욕, 더 정확히 말해서 다자 연애의 폴리아모리 역시 병들었다. 타락한 세상에서 실제로 경험되는 이성애는 죄에 흠뻑 젖어 있다.[4]

존슨은 원리와 실행을 혼동했다. 성경이 이성애를 순리로 보고 동성애를 역리로 보는 것은 원리가 그렇다는 것이고, 성경이 이성애에는 생식 능력이 있지만 동성애에는 생식 능력이 없다고 보는 것은 실행의 논리적 결과를 가리킨다. 이렇듯 원리와 실행 두 영역에서 이성애는 순리이고 동성애는 도착된 역리다. 이성애라는 선물로 죄를 지을 수도 있을까? 물론이다.

---

[4] Greg Johnson, *Still Time to Care: What We Can Learn from the Church's Failed Attempt to Cure Homosexuality* (New York: Zondervan, 2021), Kindle, 위치 번호 139.

그러나 실행이 잘못되었다고 해서 원리까지 잘못된 것은 아니다. 원리는 여전히 순리로서 당연하고 선한 것이다.

존슨은 이성애의 순리와 선한 원리를 배격하기 때문에 애써 이성애를 지향하는 것이 무의미하거나 가망이 없다고 믿는다. 그래서 그는 "평범한 영적 성장 과정의 일환으로 악한 동성애 유혹을 악한 이성애 유혹으로 대체해야 한다고 믿을 이유는 없다"라고 썼다.[5]

존슨이 보기에 동성애와 이성애는 똑같이 타락한 죄다. 그래서 그는 이렇게 풍자적으로 설명을 이어간다.

> 타락한 이성애 지향을 지닌 신자들을 대할 때 우리의 목회적 반응은 은혜에 기초를 두어야 한다. 남의 배우자들에게 원치 않게 끌리는 형제자매들을 치료하기 위해 굳이 탈이성애 사역 기관을 잔뜩 세울 필요는 없다…나는 이성애 남자들에게 그들이 이성애자라는 이유로 진정한 그리스도인이 아니라고 말하지 않는다. 이성애자라는 말이 대개 다수의 이성에게 끌린다는 뜻이지만 말이다. 이성애가 병들었음을 그들이 인식하는 한 나는 너무 걱정하지 않는다. 내 내면의 동성애 지향이 병들어 있는 시간이

---

5 —— Johnson, *Still Time to Care*, 위치 번호 140.

100퍼센트라면 그들의 이성애 지향이 병들어 있는 시간도 90퍼센트는 될 것이다.[6]

문제는 이 분석이 정직하지 못하는 것이다. M. D. 퍼킨스(M. D. Perkins)의 말과 같이 이성애는 "성 표현이 올바르게 이루어질 수 있는 관계를 순리와 하나님의 법에 따라 지칭하는 필수적인 표현"이다.[7] 하나님의 법을 배격하면 그분의 사랑도 배격하는 것이다.

내가 직접 알아보려고 성경을 읽기 시작한 것은 수십 년 전 켄과 플로이 스미스 부부를 처음 만났을 때였는데, 그때까지도 나는 내 동성애를 그냥 받아들이려 했다. 그런데 감사하게도 켄은 예수님을 아는 것을 내 급선무로 삼았다. 내가 게이 권익과 페미니즘과 온갖 잡다한 것으로 그를 샛길로 빠지게 하려 했지만, 그럴 때조차도 그는 내게 구원이 필요하다는 사실에 계속 집중하게 했다. 그의 요지는 하나씩 순서대로 하라는 것이었다. 나의 가장 근본적인 죄는 불신앙의 죄였으므로 우선 나는 회개하고 돌이켜야 했다. 플로이에게서 하

---

6 ── Johnson, *Still Time to Care*, 위치 번호. 140.

7 ── M. D. Perkins, *A Little Leaven: Confronting the Ideology of the Revoice Movement* (Tupelo, MS: American Family Association, 2021), 20.

나님의 여성이 된다는 의미를 배운 것은 내가 그리스도께로 돌아온 뒤로 매주 그녀를 만나면서부터였다. 신학적으로 말하자면 켄과 플로이는 성경의 틀을 따랐다. 즉, 칭의(하나님께 용서받고 거듭나는 것)가 먼저이고, 성화(성령이 내주하시고, 책망하시며, 회개와 새로운 삶으로 부르심으로 말미암아 점점 더 예수님을 닮아가는 것)는 그다음에 이루어져야 한다는 것이다.

게이 기독교

세속 LGBTQ+ 운동처럼 게이 기독교 운동도 동성애가 '정상'이라는 것과 동성애를 정상적인 변이라고 칭하는 것이 우호적 태도라는 개념에 기반을 둔다. 게이 기독교는 성적 지향이 인간을 여러 고정된 도덕 중립적 성 표현으로 정확히 분류해 준다고 믿는다. 사이드 A는 '게이를 인정한다.' 성경적 근거를 지어내서 게이 결혼까지 인정하고, LGBTQ+ 사람들을 교회 리더와 교인으로 완전히 받아들인다는 뜻이다.[8] 사이드 B는 동성애 지향까지는 전면 수용하지만 게이 섹스를 '인정하지

---

[8] Christopher Yuan, *Holy Sexuality and the Gospel: Sex, Desire, and Relationships Shaped by God's Grand Story* (New York: Multnomah, 2018).

않는다.' 아울러 금욕과 독신 생활을 하나님의 가장 고귀한 부르심으로 격상한다. 동성애 지향을 수용하는 것은 불안정한 사이드 B 신학 안에 인지 부조화를 일으킨다. 이 신학은 한편으로 성경의 전통에 충실해 보이려 하지만, 다른 한편으로 (게이 프라이드 행진을 비롯한) 게이 문화에 참여하면서 교회에 게이 문화를 접목하려 한다. 사이드 A의 오류는 성경의 무오성과 충분성과 영감을 배격하는 데 있고, 사이드 B의 오류는 구원과 죄 문제를 곡해하여 구원의 첫걸음이 회개임을 망각하는 데 있다. 세례자 요한처럼 예수님도 "회개하라 천국이 가까이 왔느니라"(마 4:17)고 외치셨다. 사이드 B는 게이의 죄를 단지 성 행동으로 재정의함으로써 죄에 애정과 감정과 끌림과 욕구가 수반된다는 사실을 부정한다. 사이드 A와 사이드 B는 동성애가 고정된 것이며, 작은 문제에서라면 몰라도 성욕처럼 깊은 문제에서는 결코 복음이 사람을 변화시킬 수 없다고 믿는다.

사이드 A와 사이드 B

오버거펠 사건 이전에 사이드 A 게이 기독교 입장을 선도한 인물로 저스틴 리(Justin Lee, 『분열: 게이 대 그리스도인의 논쟁에서 복음을 구조하기』 저자)와[9] 매튜 바인스(Matthew Vines, 『하나님과 게이 그리스도인: 동성애 관계의 성경적 근거』 저자)[10] 그리고 제임스 V. 브라운슨(James V. Brownson, 『성경, 젠더, 성: 동성애 관계에 대한 교회 논쟁의 재구성』 저자)[11] 등이 있다. 그중 게이를 인정하는 기독교를 가장 학술적으로 옹호한 사람은 브라운슨이다.

저스틴 리가 2001년에 설립한 게이 크리스천 네트워크(Gay Christian Network)라는 게이 그리스도인 지원 단체는 2018년에 Q 크리스천 펠로십(Q Christian Fellowship)으로 이름이 바뀌었다. 바인스는 "교회가 LGBTQ를 더 많이 수용하게 할" 목적으로 리포메이션 프로젝트(Reformation

---

[9] ── Justin Lee, *Torn: Rescuing the Gospel from the Gays-vs.-Christians Debate* (Nashville, TN: Jericho), 2012. 이 책에 대한 크리스토퍼 위안의 서평은 신실한 그리스도인이라면 누구나 꼭 읽어야 한다. Christopher Yuan, "Rescuing the Gospel from the Gays-vs.-Christians Debate," The Gospel Coalition, 2013년 1월 7일, https://www.thegospelcoalition.org/.

[10] ── Matthew Vines, *God and the Gay Christian: The Biblical Case in Support of Same-Sex Relationships* (New York: Random House, 2014). 이와 관련하여 R. 앨버트 몰러 주니어가 편집한 유익한 소책자가 있다. R. Albert Mohler Jr., *God and the Gay Christian? A Response to Matthew Vines* (Louisville, KY: SBTS Press), 2014.

[11] ── James V. Brownson, *Bible, Gender, Sexuality: Reframing the Church's Debate on Same-Sex Relationships* (Grand Rapids, MI: Eerdmans), 2013.

Project)를 출범했고,[12] 브라운슨은 이 모든 정치 활동주의를 떠받칠 성경 해석을 만들어냈다. 게이 기독교에 따르면 복음에 제시되는 예수님은 당신을 있는 그대로 사랑하신다. 즉, 불의와 물질주의와 사랑하지 않는 죄에 대해서만 회개를 요구하실 뿐 동성애에 대해서는 침묵하신다. 사이드 B 그리스도인은 동성애 성 행동이 당신을 위한 '하나님의 최선'이라고 믿지는 않지만, 그래도 게이 결혼식에 참석하거나 게이 '형제 자매들'과 함께 게이 프라이드 행진 같은 큰 행사를 경축한다. 게이 그리스도인의 가장 긴밀한 결속은 동성에게 끌린다는 공통분모에서 생겨난다.

    리와 바인스는 둘 다 해석의 틀을 평등주의에 둔다. 즉, 여성을 교회 목사와 장로로 완전히 받아들일 뿐 아니라, 여성이 해석에 근거하여 강단에 설 수 있듯이 LGBTQ+ 사람들도 똑같이 그에 근거하여 교회에 받아들여져야 한다고 주장한다. 평등주의의 관점에서는 교회에서 LGBTQ+ 리더가 나오는 것은 당연한 수순이다. 한 정황에서 엉터리 해석으로 죄를 지지하면, 그것이 다른 정황에까지 전면적으로 퍼지기 때문이다. 바인스는 게이를 완전히 인정하는 입장만 옹호하지만(동성애의 정체성과 문화와 성 행동과 관계까지 다 하나님

---

[12] —— The Reformation Project, https://www.reformationproject.org/.

이 복 주신다고 믿는다), 리는 사이드 A 콘퍼런스에 사이드 B 게이 기독교를 접목하려 했다가 대가를 치른 적이 있다. 리는 사이드 A가 성경적이라고 강하게 옹호하는 사람인데, 그런 그가 이런 포용적 태도를 보였으니 당연한 결과였다.[13]

반면 바인스는 그런 수용의 여지를 두지 않고 책 결론부에서 이렇게 도전한다. "더 많은 신자가 깨닫고 있듯이 (동성 성관계의 도덕성을 인정하는 것은) 사실 충실한 기독교의 필수 조건이다."[14] 보았는가? 그는 게이의 성생활을 지지하는 것이 "충실한 기독교의 필수 요건"이라 믿는다. 바인스에 따르면 게이 섹스는 정상이며 하나님이 복 주신 것이다. 그것을 둘러싼 모든 악한 감성까지도 말이다. 게이 기독교와 게이 섹스를 거부하는 것 자체가 그에게는 반기독교다.

바인스의 괴악한 억측은 교회를 뒤흔들었다. 그는 교회가 (1) 죄인에게 회개하고 그리스도를 믿을 것을 촉구하는 하나님의 명백한 말씀을 믿던 데서 떠나 (2) 그렇게 믿지 않는 이들을 관용하여 견해차로 치부하고, 공동 목표만 남겨서 복음을 자기 관리 운동으로 전락시키는 단계를 지나 (3) 마침내 하나님의 명백한 말씀을 배격한 채 LGBTQ+의 모든 것

---

[13] —— Lee, *Torn*, 221-54.

[14] —— Vines, *God and the Gay Christian*, 178.

을 통째로 지지하지 않는 한 아무것도 용납하지 않는 지경에 이르게 한다.

브라운슨은 바인스의 만용에 신빙성을 부여한다. 그가 주창하는 점진적 성경 해석이란 성경을 사회의 도덕 기준에 맞추어 해석해야 한다는 뜻이다. 그의 소속 교단인 미국 개혁교회(RCA)는 성적 지향을 인간을 분류하는 한 범주로 인정하고 '커밍아웃'을 권장해왔다. 이 글을 쓰는 현재 미국 개혁교회의 소책자 「동성애자를 위한 기독교 목양」(Christian Pastoral Care for the Homosexual)에는 "우리는 동성애자를 받아들일 때 그의 동성애까지 수용해야 한다. 그러지 않으면 그는 교제권을 떠나든지, 이성애의 가면을 쓰든지, 경멸과 정죄를 당할 수밖에 없다"라는 말이 나온다.[15] 브라운슨이 사용하는 성경 해석법은 본문이 무엇을 말하느냐보다 도덕적 '비전'이나 '궤도'에 중점을 둔다.

브라운슨의 설명에 따르면 그가 게이를 인정하는 입장에 서게 된 이유 중 상당 부분은 자기 아들이 게이로 커밍

---

[15] Reformed Church in America, *The Church Speaks: Papers of the Commission on Theology, Reformed Church in America, 1959-1984*, Historical Series of the Reformed Church in America 15 (Grand Rapids, MI: Eerdmans, 1985), 262. 다음 책에 그대로 실려 있다. Brownson, *Bible, Gender, Sexuality*, 12.

아웃했기 때문이라고 설명한다. 그는 이렇게 썼다. "교회가 상대해야 할 게이와 레즈비언 그리스도인들은 은사도 많고 성령의 열매도 많은 데다 그리스도께 철저히 순종하며 살고자 힘쓴다. 게이와 레즈비언 그리스도인 중 다수는 자신의 성적 지향을 억압하기보다 성화하려 한다."[16] 보다시피 브라운슨의 신학에서 성화란 "하나님의 값없는 은혜의 사역으로 우리의 전인이 하나님의 형상대로 새로워져 점점 더 죄에 대하여는 죽고 의에 대하여는 사는 것"이 아니다.[17]

    브라운슨이 지어낸 성경에는 죄에 대하여 죽고 성령으로 말미암아 새로워져 의에 대하여 산다는 개념이 없다. 오히려 그가 말하는 성화란 '길들인다'는 뜻이다. 그에 따르면 우리가 게이 결혼을 지지하면 동성애자들은 죄 가운데 있지 않게 된다. 잘못은 성경과 사회에 있고, 교회는 성경의 의미를 더 포용적으로 수정할 책임이 있다는 것이다. '그리스도께 철저히 순종하며' 산다는 브라운슨의 말은 의미가 묘연하다. 하나님의 법만이 우리가 그리스도께 순종하는지를 판별할 유일한 객관적 기준인데 그는 이미 하나님의 법을 배제했으니 말이다.

---

[16] —— Brownson, *Bible, Gender, Sexuality*, 11.
[17] —— 『웨스트민스터 소요리문답』, 제35문을 참조하라.

다시 말하지만 사이드 A의 오류는 성경을 오독하는 데 있고, 사이드 B의 오류는 죄와 구원 관련 문제를 곡해하는 데 있다. 사이드 A와 사이드 B는 둘 다 복음 메시지를 곡해한 거짓된 가르침이다. 욕심의 뿌리까지 죄를 회개하지 않는다면, 성경의 명백한 지침대로 회개하는 것이 아니다. 마음속의 분노가 곧 살인이고(마 5:21), 정욕이 곧 간음이라는 예수님의 말씀(마 5:27-28)은 정곡을 찌른다. 예수님만 진리이고 성경은 변질됐다고 믿는다면, 우리는 그분의 명백한 가르침에 불순종하는 것이다. 요한계시록에서 요한은 영화롭게 되신 그리스도를 이렇게 생생히 묘사했다. "또 그가 피 뿌린 옷을 입었는데 그 이름은 하나님의 말씀이라 칭하더라"(계 19:13).

게이 그리스도인에게는 성경의 권위와 신빙성 그리고 회개의 필요성이 오히려 걸림돌이 된다. 앞서 '들어가는 말'에서 간략히 살펴보았듯이 회개에는 여섯 가지 요소가 요구된다. 기억할지 모르지만 나는 참된 회개와 가짜 회개를 그 여섯 가지로 구분할 수 있다고 말했다. 다시 한번 살펴보자.

① 죄를 인정한다.
② 죄를 슬퍼한다.
③ 죄를 자백한다.

④ 죄를 부끄러워한다.
⑤ 죄를 미워한다.
⑥ 죄에서 돌이킨다.[18]

죄는 머리와 마음과 손의 문제로서 우리의 생각과 감정과 행동을 더럽힌다. 따라서 회개도 열매로 나타나야 한다. 이어 토머스 왓슨은 진정한 그리스도인의 삶에서 신앙은 "보이지" 않지만(타인의 마음속을 들여다볼 수는 없지만), 회개는 보인다고 말했다.[19] 회개가 보이지 않는다면 신앙이 있다고 볼 근거가 없다.

오버거펠 사건 이전에 사이드 B 게이 기독교를 가장 설득력 있게 선도한 인물은 단연 『씻음받고 기다림』(Washed and Waiting)과 『영적 우정』(Spiritual Friendship)의 저자인 웨슬리 힐(Wesley Hill)이다. 두 저서 중 후자의 제목은 그가 공동 설립한 인터넷 커뮤니티의 이름이기도 하며, 그는 또 앞장에서 잠시 언급한 게이 지원 운동과 콘퍼런스를 주최하는 단체인 리보이스를 지지한다.[20] 여태 그가 투사로서 설교하고

---

[18] 근거 성경 구절은 이 책 60쪽을 참조하라.

[19] Thomas Watson, *The Doctrine of Repentance* (1668; 복간, Carlisle, PA: Banner of Truth, 2012), 18. (『회개』 복있는사람)

[20] 리보이스는 네이트 콜린스(Nate Collins)가 설립했고 웨슬리 힐과

가르쳐온 교묘하고도 위험한 개념이 있다. 성소수자 그리스도인들은 교회에서 목소리를 내야 하며, 그 이유는 동성애 욕구도 행동으로 옮기지만 않으면 그리스도를 위해 성화될 수 있기 때문이라는 것이다. 힐은 설득력 있는 작가로서 종종 독자의 심금을 울린다. 그에 따르면 악한 정욕은 우리가 하나님께 범죄하여 간절히 회개해야 할 사람이 아니라, 고난당하는 불쌍한 피해자가 되게 한다. 힐을 비롯한 사이드 B 게이 그리스도인에게 동성애 욕구란 주로 기도가 응답되지 않은 상태다. 힐은 또 동성애자를 죄짓는 사람이 아니라 주로 고난당하는 사람으로 본다.

이 개념이 솔깃한 이유는 절반의 진실 때문이다. 물론

그레그 존슨 등이 지지했다. 이 단체에서 공들여 수립한 사명에 따르면 LGBTQ+는 정당한 정체성이고, 하나님의 백성은 죄가 있어도 책망받지 않을 수 있으며, 성화는 신자를 그리스도를 닮은 모습으로 성장시키기에 부족하다. 그들의 사명 선언문은 다음과 같다. "게이와 레즈비언과 양성애자와 기타 동성에게 끌리는 그리스도인을(또한 그들을 사랑하는 사람들을) 지원하고 격려하여 교회의 모두가 결혼과 성에 대한 역사적 기독교 교리를 지키는 가운데 복음으로 연합하여 능력 있게 살아가게 한다." 그러나 게이 그리스도인을 지원하는 최선의 길은 그들을 회개로 인도하는 것이고, 복음으로 연합하는 것의 기초는 이슈가 아니라 신학이며, 창조 규례가 우리에게 명하는 것은 단지 "결혼과 성에 대한 역사적 기독교 교리를 지키는" 것이 아니다. 진정한 성경적 성화는 수동적이거나 막연한 것이 아니라 능동적이며 칭의에 근거한다. 게이 기독교 운동의 가짜 성화는 죄를 죽이지 않고 길들이려 한다.

우리는 죄로 인해 고난당한다. 그러나 순서가 잘못되면 복음도 변질된다. 우리가 고난당하는 이유는 죄를 짓기 때문이다. 죄가 먼저고 고난은 그 결과다.

요컨대 우리는 종종 죄로 인해 고난당하지만, 그렇다고 죄에 대한 우리의 책임이 사라지는 것은 아니다. 죄는 여전히 죄다. 하나님의 법을 어기는 도덕적 반역 행위다. 이 정의는 우리가 고난당하는 이유가 자신이 선택한 죄 때문이든 선택하지 않은 죄 때문이든 상관없이 유효하다. 하나님은 죄를 미워하시므로 우리에게도 우리 자신을 미워하지 않되 죄는 미워할 것을 명하신다. 이는 모든 그리스도인의 인생 교훈이다.

웨슬리 힐의 출발점은 옳다. 즉, 많은 사람의 경우 동성애는 아담이 타락한 결과라는 것이다. 그런 면에서 이는 본인의 선택이 아니다. 그러나 선택하지 않은 죄에 요구되는 것이 회개가 아니라 연민이라는 그의 결론은 성경의 증언과 거리가 멀다. 그리스도 안에서 새로운 성품을 받은 신자(엡 4:24)가 옛사람과 새사람 사이, 아담과 그리스도 사이에서 오락가락 요동한다는 결론도 마찬가지다. 천만의 말이다! 동성애는 새로운 성품이 아니라 과거의 일부다. 하나님은 "새로운 피조물", 즉 '이전 것은 지나간'(고후 5:17) 거듭난 그리스도인에게 옛사람을 "벗어버리고" 새사람을 "입으라"고 명하신다(엡

4:22-24). 거듭난 후에는 결코 동성애를 내 실체나 성품의 일부로 볼 수 없다. 우리는 하나님으로 말미암아 중생하여 새로운 피조물이 되었기 때문이다. 동성애는 내 죄성에서 기인하는데, 이미 구속된 나는 더 이상 아담 안에 있지 않고 그리스도 안에 있다. 그리스도 안에서 새로운 피조물이 된 내가 죄를 짓거나 지으려 한다면, 이는 내 새로운 성품을 거스르는 행동이다. 성적 죄는 지독하게도 몸의 기억을 흔적으로 남기지만, 몸의 기억은 내 과거의 일부일 뿐 그리스도 안의 새로운 성품은 아니다. 내가 믿는 복음이 나를 어정쩡한 상태에 두어 사이드 B 게이 기독교의 주장대로 두 성품 사이에 무력하게 끼여 아담 안과 그리스도 안을 오락가락하게 한다면, 나는 복음을 모르는 것이다.[21] 힐의 결론에 따르면 LGBTQ+ '그리스도인'은 회개하고 회복되어야 할 죄인이 아닌 교회 내의 성소수자라는 피해자다. 나아가 그는 자신의 동성애 지향을 복이자 사역의 관문으로 본다.

동성애 지향이 내 우정의 은사와 소명과 어떻게 필연적으로

---

[21] —— 플로리다주 마이애미에 있는 파인랜즈 미국장로교 교회의 알도 리온(Aldo Leon) 목사가 전한 설교에 복음의 위력과 그로 인한 근본적 변화가 탁월하게 제시되어 있다. "A Sermon from Ephesians on Identity," 2022년 2월 21일, https://presbycast.libsyn.com/.

맞물리는지 알고 싶다. 내 근본적 질문은 이것이다. 내 동성애 지향을 어떻게 잘 관리하고 성화하여 복과 은혜의 관문이 되게 할 것인가?[22]

이렇게 쓴 대목도 있다.

적어도 내 경험상 내가 게이라는 사실이 내 모든 것을 채색한다. 독신으로 사는데도 그렇다. 이것은 다른 책장들과 구별되지 않는 사무실의 한 책장처럼 내 경험의 외딴 편린이 아니라, 속담에도 있다시피 물이 담긴 컵에 떨어뜨린 잉크 방울에 더 가깝다. 잉크 방울은 물과 동일하지 않지만 그렇다고 물과 완전히 구분되지도 않는다. 내가 게이라는 사실은 다른 무엇 못지않게 감성이기도 하다. 동성애의 아름다움에 대한 고도의 감각이자 열정이다. 내가 어떤 대화를 나누고, 어떤 사람들에게 끌려 시간을 함께 보내며, 어떤 소설과 시와 영화를 즐기고, 어떤 시각 예술을 감상할 것인지를 그 감성이 결정한다. 어떤 우정을 가꾸고

---

[22] —— Wesley Hill, *Spiritual Friendship: Finding Love in the Church as a Celibate Gay Christian* (Grand Rapids, MI: Brazos Press, 2015), 78-79.

굳히려는지도 마찬가지인 것 같다.²³

웨슬리 힐은 성경과 정면으로 모순된다. 회심한 사람은 동성애라는 내재적 죄를 회개하고 죽여야 한다. 그 죄가 완전히 사라지지 않을지라도 말이다. 동성애의 죄는 이스라엘 백성이 광야에서 이집트로 돌아가기 원했을 때 경험한 것과 똑같은 유혹을 조장한다. 유혹은 은혜로 싸워야 할 악한 대상이지 결코 미화하거나 다르게 식별할 대상이 아니다. 죄는 아군이 아니라 우리의 적이다.

게이 기독교도 세상의 타락한 게이 집단과 똑같이 '게이 프라이드'(gay pride)에서 태동했다.

웨슬리 힐은 게이 그리스도인이 독신으로 살기만 하면 게이라는 '성적 지향' 자체는 의롭다고 가르친다(그에 따르면 성적 지향은 고정되고 도덕 중립적인 것이다). 이것은 거짓된 가르침이다.

2018년 이후로 개혁교회들과 정통 신앙을 고백하는 교회들까지도 리보이스라는 사이드 B 게이 기독교 기관이 내세우는 거짓된 가르침 때문에 싸움터로 변했다.²⁴ 스킨십에서

---

23 —— Hill, *Spiritual Friendship*, 80-81.
24 —— 다음 기사를 참조하라. R. Albert Mohler Jr., "Torn between Two

부터 "퀴어의 천국 보화"[25]에 이르기까지 온갖 주제의 워크숍을 선보이는 리보이스는 사이드 B의 입장을 극단적으로 강화한 주장을 펼친다.[26] 개혁교단들과 정통 신앙을 고백하는 교단들의 신실한 목사들과 교육 장로들이 리보이스의 거짓 가르침에 성경의 진리로 맞섰으나 허사였다.[27] 사이드 B 게이 기독교는 광적으로 현혹되어 동성애 지향이 성욕과 정욕의 죄에서 제외된다고 믿는다. 또 계속 교회의 화합과 순수성을 무너뜨리고 복음의 위엄을 훼손해왔다.

리보이스 운동이 사이드 B 게이 기독교 운동에 더해주는 몇 가지 부수적 특성도 잘 따져볼 필요가 있다.

첫째, 리보이스를 설립한 네이트 콜린스(Nate Collins)는 동성애 지향의 오명을 누그러뜨리려고 '미적 지향'이라는 개념을 지어냈다. 다음은 그의 말이다.

Cultures? Revoice, LGBT Identity, and Biblical Christianity," Albert Mohler(웹사이트), 2018년 8월 2일, https://albertmohler.com/.

[25] —— 다음 책을 참조하라. Perkins, *A Little Leaven*.

[26] —— 다음 책에 이 운동이 가장 잘 분석되어 있다. Perkins, *A Little Leaven*.

[27] —— 탁월하게 약술한 다음 기사를 참조하라. R. Scott Clark, "Johnson to the PCA: 'Merry Christmas. Here Is a Lump of Coal for Your Stocking," *Heidelblog*, 2021년 12월 22일, https://heidelblog.net/.

미적 지향을 통해 동성애와 이성애를 구분해본다면, 예컨대 동성애 남성과 이성애 여성이 이성애 남성이나 동성애 여성에 비해 여성의 인간미를 (대체로) 더 모른다고 말할 수 있다. 이제 동성애 지향과 이성애 지향을 구분하는 기준은 성 행동에 대한 충동이라기보다 타인의 아름다움을 경험하는 방식으로 나타나는 이런 전반적 성향이다.[28]

보다시피 콜린스는 죄의 범주를 아예 없애버린다. 그에게 동성애 지향은 도덕 중립적인 많은 미적 지향 중 하나에 불과하다. 여기서 리보이스의 모순이 생겨난다. 어떤 경우에는 자신들이 누릴 수 없는 섹스가 중요하지만(그래서 고난 당하는 피해자다), 또 다른 경우에는 섹스가 전혀 변수가 아닐 때도 있다.

둘째, 리보이스는 성경에서 기원한 '거듭남'과 같은 어휘를 기피하고, 성적 지향을 다스릴 힘이 있는 점진적 성화의 위력을 부정한다. 다시 콜린스의 말이다.

[28] —— Nate Collins, *All but Invisible: Exploring Identity Questions at the Intersection of Faith, Gender, and Sexuality* (Grand Rapids, MI: Zondervan, 2017), 150.

게이는 타락과 어떤 관계가 있을까? 그리고 장차 구속된 후에는 어떻게 될까? 전통적으로 그리스도인들은 죄와 시험(유혹)과 치유 같은 단어로 이런 질문에 답했다. 모두 많은 성경 본문에 나오는 말이다. 그러나 내 생각에는 이런 질문에 더 구체적이고 어쩌면 더 유의미하게 답하려면 게이의 경험을 묘사할 표현의 범위를 성경에 명시된 어휘 너머로 넓혀야 한다.[29]

보았는가? 그에게는 개인의 경험이 하나님의 말씀보다 '더 유의미'하다. 희망은 변화에 있지 않고 교회에서 자신을 게이로 드러내는 데 있다.

 셋째, 리보이스는 게이로 커밍아웃하면 죄에 대한 수치심이 깊어지지 않고 오히려 사라진다고 믿는다. 그들에 따르면 수치심은 내 삶을 향한 하나님의 거룩한 부르심에 민감한 양심으로 응답한 결과가 아니라 사람들에게 인정받지 못한 결과다.[30] 웨슬리 힐의 기사 "수치심과 인정받지 못할 때의 반사 작용"에 쓰인 표현을 빌리자면 수치심은 오해받는 데서

---

29 —— Collins, *All but Invisible*, 190.

30 —— Wesley Hill, "Shame and the Reflex of Non-Recognition," Spiritual Friendship(웹사이트), 2014년 3월 4일, https://spiritualfriendship.org/.

오는 불쾌감이다. 그러나 성경은 죄에 대한 수치심을 꼭 필요한 좋은 자극제로 본다. 수치심은 우리를 떠밀어 그리스도께로 달려가 악한 정욕을 회개하게 한다.

넷째, 리보이스는 악한 성적 습성을 변화시키는 점진적 성화의 위력을 부정하고, 신자의 영화를 통해 동성애가 종식되는 것이 과연 좋은 일일지 의문을 제기한다. 웨슬리 힐은 "나는 부활한 후에도 게이일까?"라는 제목의 블로그 게시물에서 이렇게 말했다.

> 그리스도의 재림으로 내 동성애가 '치유될' 것 역시 사실이라면, 그때 나라는 존재는 완전히 환골탈태할까? 앞서 말한 프랜시스 영(Francis Young)이 사용한 표현으로 다시 돌아가서 내가 만일 '완전해질' 것이라면(이는 더 이상 게이가 아니라는 뜻이다) 지금과는 거의 전혀 다른 존재가 될 텐데, 이는 딱히 희망적인 생각이 아니다.[31]

그레그 콜스(Greg Coles)는 "하나님께 나를 이성애자로 변화시켜달라고 기도할 필요가 없다"라는 제목의 블로그

---

[31] —— Wesley Hill, "Will I Be Gay in the Resurrection?," Spiritual Friendship(웹사이트), 2016년 3월 10일, https://spiritualfriendship.org/.

게시물에 이렇게 썼다.

> 나는 이성애자가 되려는 기도를 그만두었다. 이제 웬만해서 이성애자가 되고 싶은 마음도 없다. 동성애자를 이성애자로 바꾸어주는 신비의 묘약과 타이레놀 중 하나를 택하라면 나는 타이레놀을 택하겠다…이성애자가 되려는 기도를 그만둔 이유 중 하나는 이성애자도 하나님을 영화롭게 하지 않을 수 있고, 이성애자가 아니어도 하나님을 영화롭게 할 수 있기 때문이다.[32]

리보이스 옹호자들의 이런 추세는 심각한 의문을 야기한다. 자신이 게이로 남기 위해 하나님이 약속하신 영화를 배격하는 것은 도대체 어떤 종교인가? 기독교는 아니다.

리보이스를 비판했으니 이제 경건한 대안을 내놓을 차례다. 내 대안은 단순하다. 참된 교회의 교인이 되고, 게이 문화를 떠나 그리스도인답게 살아가며, 교회의 도움과 더불어 필요하다면 좋은 상담자의 도움을 받으라. 이 대안은 다각도

---

[32] —— Gregory Coles, "You Don't Need to Pray That God Makes Me Straight," Center for Faith, Sexuality and Gender, 2017년 9월 15일, https://www.centerforfaith.com/.

로 접근해야 한다.

첫째, 성경을 믿는 교회에 속해 하나님을 예배하라. 참된 예배는 배교와 불신앙을 막아주는 울타리이며, 게이 기독교 운동이라는 배교와 불신앙도 거기에 포함된다. 역대하에서 히스기야 왕이 어떻게 의롭게 통치했는지 찾아보라. 그는 성전을 정화하고 참된 예배를 회복했다.

둘째, 은혜의 방편을 일상생활에서 활용하라. 여기서 '방편'이란 하나님의 은혜가 천국에서 당신의 삶으로 흘러들어 당신을 돕고 위로하며 경건하게 자라가게 하는 여러 통로다. 이를 통해 성령님이 신자에게 삶의 모든 고난 속에서 그리스도를 받아 누릴 수 있는 능력을 주신다. 개혁교회를 비롯한 개신교 전체는 하나님 은혜의 방편 혹은 도구에 말씀과 성례와 기도가 포함된다고 본다.[33]

셋째, 죄를 하나님의 방식대로 처리하라. 즉, 회개하고 빛 가운데 행하라. 그러려면 회개하고 은혜 가운데 자라가야 하지만, 치료와 상담도 여기에 포함될 수 있다. 성경적 상담도 다른 방법만큼이나 하나님의 도구로 쓰일 수 있다.[34]

---

[33] — Nicholas T. Batzig, "What Is a Means of Grace?," *Tabletalk*, 2020년 6월, https://tabletalkmagazine.com/.

[34] — 좋은 상담은 설령 상담 목표가 다 이루어지지 않더라도 유익할 수 있다. 안드레 반 몰(André Van Mol)은 이렇게 썼다. "사회학자 폴 설린

사이드 A든 사이드 B든 게이 기독교라는 종교는 기독교 신앙의 분파가 아니다. 구체적으로 게이 기독교가 성경의 성 관념과 다른 이유는 다음과 같이 가르치기 때문이다.

① 성경적 인간을 보는 관점이 다르다. 앞서 보았듯이 동성애 정체성의 출처는 성경이 아니라 프로이트다. 그것은 창조 규례를 배격하고 인간이 하나님의 형상대로 지음받았다는 사실을 부정한다(창 1:27-28).

② 성경의 권위와 유혹과 욕심과 구속을 보는 관점이 다르다. 요한복음에 "성경은 폐하지 못하나니"(요 10:35)라는 말씀이 나온다. 여기에는 하나님의 말씀이 성욕의 감정을 포함한 우리의 감정보다 더 진리라는 뜻도 담겨 있다. 게이 기독교가 중시하는 피해 의식은 하나님 말씀의 진리를

스(Paul Sullins)의 2021년 연구를 통해 밝혀졌듯이 성적 지향 전환 노력(SOCE)은 '자살 위험을 크게 낮추는' 반면, 그것을 규제하면 '자살 위험을 낮추어줄 중요한 자원을 빼앗아 성소수자들의 자살 위험이 상당히 증가할' 수 있다. 이 연구 직후에 그가 학계의 검증을 거쳐 내놓은 새로운 분석에서는 '성적 지향 전환 노력이 효과가 없더라도 행동에는 피해가 없음: 2016-2018년 미국 성소수자 성인들을 상대로 한 후향적 연구'라는 연구 제목이 사실로 입증되었다." André Van Mol, "Even Failed Therapy for Undesired Same-Sex Sexuality Results in No Harm, Finds New Study," Christian Medical and Dental Associations, 2022년 2월 24일, https://cmda.org/.

감정 조종으로 대체한다.

③ 원죄와 실행 죄와 내재적 죄 등 죄를 보는 관점이 다르다. 시편 51편에서 보듯이 그리스도인은 자신이 선택하지 않은 죄와도 싸워야 한다. 그런데 게이 그리스도인은 동성애 지향에 한해서만은 자신이 선택하지 않은 죄를 죄로 인정하지 않고 취약점으로 본다.[35]

④ 십자가 중심성을 보는 관점이 다르다. 그리스도의 피는 십자가에서 궤멸한 죄를 결코 동지로 삼지 않는다.

⑤ 칭의와 성화를 보는 관점이 다르다. 성경은 성화의 기초를 칭의에 둔다. 성적 지향을 잘 '관리'해서 선행을 실천하는 개념과는 전혀 무관하다.

⑥ 하나님의 거룩하심을 보는 관점이 다르다. 하나님의 거룩하심은 죄와 공존할 수 없다. 성적인 죄도 거기에 포함된다.

사실 죄인은 자신의 행동과 태도와 감정을 고쳐야 하며, 이런 변화의 출발점은 죄를 회개하는 것이다. 하나님만이 죽은 뼈를 살리실 수 있다. 그래서 성화는 칭의(거듭난 그리스

---

[35] "What Is 'Sexual Orientation' and Is It a Helpful Category?" Revoice, 2020년 3월 16일, https://revoice.us/.

도인이 되었다는 실재)에 근거해야 한다. 거룩하게 자라가려면 회개하고 그리스도 안에서 새 생명을 얻어야 한다.

자신의 죄를 하나님과 교회 탓으로 돌리는 피해자로 남는다면 결코 하나님 보시기에 거룩해질 수 없다.

4장

일부 사람에게 정상으로 느껴지는 동생애가 왜 죄인가?

당신에게 동성애의 죄가 내재한다면 변화란 어떤 의미일까? 그리스도 안에서 새사람이 된다는 말은 정확히 어떤 의미일까? 구원받는 믿음을 선물로 받은 사람이 내면부터 근본적으로 변화되지 않은 경우는 성경에 전무하다. 그 변화는 그리스도의 십자가로 말미암고, 또 그분의 부활에서 흘러나오는 구속으로 말미암는다. 그런데 이 변화에조차 반론이 제기되고 있다. 게이 기독교 옹호자들은 오히려 교회가 변해야 한다고 말한다. 하지만 성경은 그렇게 말하지 않는다.

성경은 우리에게 모든 죄를 회개하라고 명하며, 자신이 선택하지 않은 악한 정욕도 회개 목록에 포함된다. 골로새서 3장 5절의 명령처럼 신자는 겉으로 드러내는 행동뿐만 아니라 그것을 충동질하는 악한 정욕까지 고쳐야 한다. 성경은 죄가 "자나 깨나 우리의 동기와 계획과 목표와 생각과 기도와 모든 행동에 교묘히 파고든다"라고 가르친다.[1] 창세기 6장 5절과 마가복음 7장 20-23절에 밝혀져 있듯이 죄성은 우리 마음의 허기진 욕심 속에 타락을 깊숙이 들이민다. 에베소서 4장 22-24절은 우리에게 속사람이 변화되어 그리스도의 의에 이르라고 말한다. 동시에 성경은 모든 진정한 그리스도인이 느끼는 내면의 싸움을 이렇게 절절하게 보여준다. "육체의 소욕은 성령을 거스르고 성령은 육체를 거스르나니 이 둘이 서로 대적함으로 너희가 원하는 것을 하지 못하게 하려 함이니라"(갈 5:17).

그러나 사도 바울이 일깨워주듯이 죄는 더 이상 우리를 규정하지 못한다. "이와 같이 너희도 너희 자신을 죄에 대하여는 죽은 자요 그리스도 예수 안에서 하나님께 대하여는 살아 있는 자로 여길지어다"(롬 6:11). 우리는 절망으로가 아니라 그리스도 안에서 소망으로 부름받았고, 자신이 좋아하는 죄를 날마다 십자가에 새롭게 못 박도록 부름받았다(골

---

1 —— Sarah Hawkes, "September 11," 출전: *Seasons of the Heart: A Year of Devotions from One Generation of Women to Another*, Donna Kelderman 편집 (Grand Rapids, MI: Reformation Heritage, 2013).

3:1-5). 그리스도가 이미 십자가에서 다 이루셨기에 이제 신자는 죄의 종이 아니다. 다만 여전히 죄는 우리 이름과 주소를 알고 있다. 우리가 더는 죄성에 예속되어 있지 않지만(그리스도가 우리 죄를 대신 담당하시고 우리에게 의의 옷을 입히셨다) 우리 사고방식에 죄가 잔재한다. 그래서 날마다(때로는 매시간) 죄와 싸워야 한다. 신자는 자신을 택하신 성부의 사랑과 성자의 대속과 성령의 위로를 아는 하나님의 사랑받는 자녀다. 죄는 그런 우리를 더는 지배하지 못한다. 죄가 우리를 지배하지 못하기에 동성애도 인간의 고정된 요소가 아니다. 복음에서 해방의 길을 찾을 수 있다.[2]

게이 기독교를 퇴치할 해법

그리스도와의 연합은 기독교 신앙의 핵심 특권이자 게이 기독교를 퇴치할 해법이다. 삶의 의미를 그리스도와 죄에 동시에 둘 수는 없다. 당신은 게이라는 범주를 단순히 자신의 감

---

[2] Peter Jones, "Still Time to Care about the Whole Gospel," Truthxchange, 2022년 3월 2일, https://truthxchange.com/. 유용한 상담 자료가 수록되어 있다. 다음 기관에서도 도움을 받을 수 있다. Association of Certified Biblical Counselors, https://biblicalcounseling.org.

정을 표현하는 말로만 쓴다고 생각할지 모르지만, <u>게이</u>는 중립적인 단어가 아니라 키워드임을 잊어서는 안 된다. 이제 <u>게이</u>는 그저 많은 어휘 중 하나가 아니고 용어 선택의 문제도 아니다. <u>게이</u>는 이 시대를 지배하는 우상이다.

기독교 신앙의 핵심 특권은 그리스도와의 연합이다. 그 연합은 당신이 고통받고 있을 때도 하나님의 뜻과 사랑 안에 머물게 한다. 이것이야말로 단연 신자가 누리는 가장 비범한 특권이다. 그리스도는 이 연합을 통해 당신의 미래를 구속하시고 과거를 치유하신다. 성부 하나님이 당신을 부르시고[3] 양자로 삼으시며[4] 의롭다 하시는 순간 당신은 거듭난다. 심령이 중생한다. 성령님이 당신을 그리스도와 하나 되게 하시는데, 이 영적 연합은 무엇과도 바꿀 수 없고 영원히 깨질 수 없다. 타락 이전의 아담이 에덴동산에서 하나님과 동행하며 스스럼없이 대화하던 연합보다 이 연합이 더 낫다. 아담의 연합

---

[3] 『웨스트민스터 소요리문답』, 제32문: **"효력 있게 부름받은 이들이 현세에 누리는 유익은 무엇인가?"** 답: "효력 있게 부름받은 이들은 금생에서 의롭다 하심과 양자로 삼으심과 거룩하게 하심을 얻고, 또 금생에서 거기에 수반되거나 거기에서 파생되는 여러 유익을 누린다." 로마서 8장 30절도 참조하라.

[4] 『웨스트민스터 소요리문답』, 제34문: **"양자로 삼으심이란 무엇인가?"** 답: "입양이란 하나님이 값없이 베푸시는 은혜의 행위인데, 우리가 하나님 자녀의 수효에 들어 자녀의 모든 특권을 누리는 것이다." 요한복음 1장 12절, 로마서 8장 17절, 요한일서 3장 1절도 참조하라.

은 그의 순종에 달려 있었지만, 우리의 연합은 그리스도의 순종과 존재와 성품에 달려 있다. 우리는 자격 미달이지만 그리스도가 우리 대신 조건을 충족하신다. 이것이 바로 신자가 믿음으로 그리스도와 연합한다는 말의 의미다. 모든 신자가 그렇게 연합되어 있지만, 당신이 믿음을 구사하지 않으면, 곧 믿음을 세워 굳건하게 하고 믿음에 의지하여 최대한 자주 모든 은혜의 방편에 힘쓰지 않으면 연합의 복이 하나님이 뜻하신 만큼 만개하지 않을 수도 있다. 그리스도와의 연합을 누리지 않으면, 세상 염려가 기어 들어와 주님 안에서 누리는 우리의 기쁨을 앗아가고 믿음을 허물어뜨린다.

끈질긴 성적 죄를 상대하는 사람이라면 누구나 신자와 그리스도의 연합을 바로 아는 것이 매우 중요하다. 동성애가 끈질긴 죄라면, 이 성경 말씀에서 위로를 얻어야 한다.

> 무릇 그리스도 예수와 합하여 세례를 받은 우리는 그의 죽으심과 합하여 세례를 받은 줄을 알지 못하느냐 그러므로 우리가 그의 죽으심과 합하여 세례를 받음으로 그와 함께 장사되었나니 이는 아버지의 영광으로 말미암아 그리스도를 죽은 자 가운데서 살리심과 같이 우리로 또한 새 생명 가운데서 행하게 하려 함이라 만일 우리가 그의 죽으심과 같은 모양으로 연합한 자가 되었으면 또한 그의 부활과

같은 모양으로 연합한 자도 되리라 우리가 알거니와 우리의 옛사람이 예수와 함께 십자가에 못 박힌 것은 죄의 몸이 죽어 다시는 우리가 죄에게 종노릇하지 아니하려 함이니 이는 죽은 자가 죄에서 벗어나 의롭다 하심을 얻었음이라 만일 우리가 그리스도와 함께 죽었으면 또한 그와 함께 살 줄을 믿노니 이는 그리스도께서 죽은 자 가운데서 살아나셨으매 다시 죽지 아니하시고 사망이 다시 그를 주장하지 못할 줄을 앎이로라 그가 죽으심은 죄에 대하여 단번에 죽으심이요 그가 살아 계심은 하나님께 대하여 살아 계심이니 이와 같이 너희도 너희 자신을 죄에 대하여는 죽은 자요 그리스도 예수 안에서 하나님께 대하여는 살아 있는 자로 여길지어다(롬 6:3-11).

곧 창세전에 그리스도 안에서 우리를 택하사 우리로 사랑 안에서 그 앞에 거룩하고 흠이 없게 하시려고(엡 1:4).

궁휼이 풍성하신 하나님이 우리를 사랑하신 그 큰 사랑을 인하여 허물로 죽은 우리를 그리스도와 함께 살리셨고 (너희는 은혜로 구원을 받은 것이라) 또 함께 일으키사 그리스도 예수 안에서 함께 하늘에 앉히시니 이는 그리스도 예수 안에서 우리에게 자비하심으로써 그 은혜의 지극히 풍성함을 오는 여러 세대에 나타내려 하심이라(엡 2:4-7).

당신에게는 이런 진리가 있지만 사탄에게는 없다. 당신이 하나님이 택하신 그릇이라면, 당신은 동성애에 대하여는 죽은 자요 그리스도께 대하여는 살아 있는 자다. 이것이 불가능해 보인다면 당신이 복음의 기본을 잘 몰라서일 수 있다.[5] 당신의 천국 시민권을 여기 이 땅에서 구현하는 것은 결코 불가능한 일이 아니다.

그리스도와의 연합은 하나님이 그분의 구속된 백성에게 주시는 역동적이고 초자연적인 능력이다. 하지만 당신의 정체성을 다른 것으로 규정하면 그분과 연합할 수 없다. 그리스도와 연합하려면 그분의 구속된 백성에 대한 권리를 그분

---

[5] "과대 실현된 종말론(예언된 종말의 상태가 이미 전부 또는 대부분 실현되었다고 보는 입장—옮긴이)은 그리스도인의 소망을 내세에서 현세로 끌어와, 하나님을 향해 그분조차 하지 않으시는 기대를 품는다. 그러나 기독교의 성경은 우리가 짧은 평생 기대해야 할 범위에 대해 더 균형 잡힌 시각으로 바라본다." Greg Johnson, *Still Time to Care: What We Can Learn from the Church's Failed Attempt to Cure Homosexuality* (Grand Rapids, MI: Zondervan, 2021), Kindle, 위치 번호 없음. 존슨은 하나님이 거듭난 신자를 성화하여 고질적 죄의 습성을 극복하게 해주지 않으신다고 주장할 뿐, 이에 대한 성경의 근거를 제시하지 않는다. 그래서 독자인 나는 과연 그가 어떤 신을 가리키는지 의문이 든다. 그는 하나님의 말씀 대신 개인 간증을 논거로 내세운다.

이 독점하셔야 한다. 당신이 성적 자기표현과 영적 자기표현을 각기 따로 고집한다면 실제로 큰 해를 자초할 것이다. 이 두 가지 자기표현은 모두 동일한 것을 얻고자 싸운다. 그것은 바로 당신의 충정과 마음과 자아관과 신앙이다.

동성애 정체성이 그리스도와의 연합과 양립할 수 없는 이유는 그분을 따르는 이에게 이중 국적이란 없기 때문이다. 그리스도를 따르는 사람은 사명이 하나뿐이므로, 정체성을 성적 지향으로 규정하는 우상에는 절하지 않는다. 사상의 도가니에 각종 우상을 넣고 휘저어 그것과 친하게 지낼 수 없다. 오히려 우상에 대해서는 공개적으로 회개해야 한다. 느헤미야처럼 우리도 나라의 죄를 내 죄로 인정하고 공개적으로 회개해야 한다. 그리스도와 연합하여 성 정체성이 인간을 규정한다는 개념에 대항해야 한다. 개인의 정체성은 주관적 관점에 있지 않고, 인간을 규정하는 것은 감정이 아니며, 자아관의 출처는 우리 죄가 아니라 그리스도다. 우리의 자아는 하나님의 손에 붙들려 있고, 그리스도의 죽음과 부활에 둘러싸여 있다. 죄를 미워하되 자신을 미워하지 않으려면 그리스도와 연합해야만 한다.

옳다고 느껴진다면?

사람들은 묻는다. 일부 사람에게 자연스럽게 느껴지는 동성애가 어떻게 죄일 수 있는가? 성경적 관점에서 동성애는 우리의 타락한 본성에 속하는 죄다. 인간은 누구나 타락한 본성을 타고난다. 이 죄성 때문에 일부 사람에게 동성애가 정상으로 느껴지고 자연스러워 보이는 것이다.

아담이 죄를 짓고 타락한 뒤로 그의 후손은 모두 죄성을 물려받았다. 죄성은 죄로 치닫는 인간 성향이고, 어둠을 좋아하는 본성이며, 하나님이 미워하시는 것을 하려는 욕심이다. 아담이 언약의 머리로서 죄를 지었기 때문에 우리가 물려받은 죄성은 우리가 극복해야 할 문제다. 아담을 탓할 수 없다. 우리는 아담의 어리석은 선택으로 인한 무고한 피해자가 아니다. 우리 죄는 우리를 정죄한다. 내면의 무의식에서 나오는 죄도 마찬가지다.

> 불의한 자가 하나님의 나라를 유업으로 받지 못할 줄을 알지 못하느냐 미혹을 받지 말라 음행하는 자나 우상 숭배하는 자나 간음하는 자나 탐색하는 자(동성애자, NKJV)나 남색하는 자나 도적이나 탐욕을 부리는 자나 술 취하는 자나 모욕하는 자나 속여 빼앗는 자들은 하나님의 나라를 유업으로 받지

못하리라 너희 중에 이와 같은 자들이 있더니(고전 6:9-11).

성경의 입장은 더없이 단호하다. 아담이 언약의 머리라는 개념을 배격하고 우리 죄성에서 흘러나오는 모든 죄를 회개할 책임을 회피하는 사람들은 하나님의 언약과 관계된 모든 것을 거부하는 것이다. 그분의 구원과 언약의 복까지도 말이다. 이 점은 요한복음 3장 18-19절에 이렇게 표현되어 있다. "그를 믿는 자는 심판을 받지 아니하는 것이요 믿지 아니하는 자는…벌써 심판을 받은 것이니라 그 정죄는 이것이니 곧 빛이 세상에 왔으되 사람들이 자기 행위가 악하므로 빛보다 어둠을 더 사랑한 것이니라." 다시 말해, 진정한 그리스도인이 모든 죄(자연스럽고 선하게 느껴지는 죄까지도)를 회개하는 이유는 자신보다 예수님을 더 신뢰하기 때문이다. 우리 믿음은 자신의 감정이 아닌 성경을 진리라고 믿을 때 드러난다. 바로 이것이 예수 그리스도를 믿는 진정한 믿음이다.[6]

---

[6] 『하이델베르크 요리문답』, 6-8문을 보면 자신이 선택하지 않은 죄와 그것을 회개해야 할 인간의 책임을 더 잘 이해할 수 있다.
제6문: "그렇다면 하나님은 인간을 그토록 악하고 패역한 상태로 창조하셨는가?" 답: "결코 그렇지 않다. 하나님은 인간을 참으로 의롭고 거룩하신 그분의 형상대로(창 1:26-27, 골 3:10, 엡 4:24) 선하게 창조하셨다(창 1:31). 이는 인간으로 하여금 창조주 하나님을 바로 알고, 진심으로 사랑하며, 영원히 복되게 그분과 함께 살면서 그분께 영광과 찬송을 돌리게 하시기 위

게이(욕망에 머물든, 실행에 옮기든)인 동시에 그리스도인이 될 수 있다는 잘못된 견해를 고수하는 것은 성경적으로 말해서 자기기만이다. 우리가 살고 있는 문화는 이 기만을 받아들여 그대로 살고 있는데, 그럴수록 기만이 더 깊어질 뿐이다.[7]

우리는 전적으로 타락했다. 타락한 본성 때문에 믿음 없이는 하나님을 기쁘시게 할 수 없고, 그리스도의 은혜로 죄와 싸우는 일도 스스로는 할 수 없다. 이런 생각을 하면 숙연해진다. 그러나 당신이 그리스도 안에 있다면 우주의 왕께서 당신을 위해 기도하시고, 은혜의 보좌 앞으로 영접하시며, 넘

함이다(엡 1:6, 고전 6:20)." 죄는 우리 안에 있는 하나님의 형상을 훼손하지만, 회개하면 그 형상이 회복되어 살아난다. 성경의 가르침에 어긋나는데도 자신에게 옳다고 느껴지는 대로 행하면, 하나님의 사랑이 아니라 진노가 임한다.
제7문: "그렇다면 인간의 타락한 본성은 어디서 왔는가?" 답: "우리의 시조 아담과 하와가 낙원에서 불순종하여 타락한 데서 왔다(창 3:6, 롬 5:12, 18-19). 그래서 인간의 본성이 심히 부패하여 우리는 다 죄악 중에 잉태되고 태어난다(시 51:5)."
제8문: "그렇다면 우리는 그토록 부패하여 선은 일절 행할 수 없고 온갖 악으로 치닫는 성향이 있는가?" 답: "성령으로 거듭나지 않는 한(요 3:5, 엡 2:5) 참으로 그렇다(창 6:5, 욥 14:4, 15:14, 16)."

7 ── Charlie Rodriguez & Paula Rodriguez, *For Those in Peril: A Call for the Church to Speak Truth to the State* (Dallas, TX: Tanglewood, 2021). 이 책은 집단적 죄를 분별하고 회개하는 데 아주 유익하다.

어질 때 다시 일으켜주시고, 죄를 용서하시며, 장차 영광에 이를 때까지 온전한 연합 속에 붙들어주신다. 이는 신앙과 믿음이 없이는 우리가 선을 행할 수 없다는 뜻이다. 우리의 행위는 죄와 우상 숭배에 물들어 있기 때문이다. 하나님이 우리를 그분의 영광을 위해 창조하셨기 때문에, 믿음 없는 행위는 사회에 우호적이고 유익할지 몰라도 그분께는 선으로 여겨지지 않는다. 비신자 의사도 일반 은혜에 힘입어 열심히 환자를 치료할 수 있다. 하지만 일반 은혜는 하나님이 사랑으로 택하여 그에게 부으시는 구원의 은혜는 아니다. 그가 아무리 많은 환자를 돕는다 해도 말이다. 이것이 성경적 믿음이 증언하는 준엄한 진리다.

동성애가 (단지 감정이 아니라) 정체성이라고 주장하는 광적인 기만에 당신의 가족이나 친구가 매여 있는가? 진정한 출구는 성경에 있다.

세뇌와 공감 그리고 새로운 종교인 동성애

피터 존스는 동성애가 세속적 개념이 아니라 이교적 개념이라고 역설했다.[8] 실제로 동성애는 새로운 거짓 종교다.

이교적 개념의 신성함에서는 모든 것이 신적이다. '신'은 외부에 있지 않고 우리의 일부로서 내면에 있다. 모든 사람이 똑같이 신성한 신적 능력의 일부이고, 그런 우리가 연대하여 정치적으로 시위하면 이 신적 능력으로 사회를 이롭게 할 수 있다. 이교적 관점에서 보면 그것이 바로 진정한 영성이다. 모든 종교는 똑같이 선한 길로 이어지므로 모든 종교는 하나다.

기독교적 개념의 신성함에서는 하나님과 피조물이 분리되어 있다. 하나님은 영원하시고, 삼위일체이며, 인격적인 존재다. 그분은 우리를 지으셨고 돌보시지만 우리와는 구별되신다. 이 세상의 인간도 두 부류다. 그리스도를 아는 이들과 모르는 이들이다. 그리스도를 사랑하는 이들은 그분의 법도 사랑한다. 회색 지대는 없다. 영성이란 우리가 창조주를 예배하고 섬기는 가운데 서로 사랑하고 섬긴다는 뜻이다. 인간은 누구나 무언가를 예배하게 되어 있다. 하나님을 예배할 수도 있고, 자아를 숭배할 수도 있다. 창조주를 예배할 수도 있고, 우상을 숭배할 수도 있다.

이교의 패러다임으로 보면 문제는 우리가 다른 사람들

---

8 —— Peter Jones, *Whose Rainbow? God's Gift of Sexuality: A Divine Calling* (Ontario, Canada: Ezra Press, 2020).

과 연대하지 못하는 것이고, 해법은 내면에서 능력과 사랑을 찾아 변화되어야 한다는 것이다. 반면 기독교의 패러다임으로 보면 문제는 우리가 하나님의 권위를 배격하고 성경에 기록된 대로 순종하지 않는 것이다. 우리는 그분의 법에 불순종하고 그분의 해법을 싫어한다. 그분의 해법은 무엇인가? 하나님을 의지하여 회개하고, 우리를 위한 예수님의 희생을 받아들이는 것이다.[9]

동성애는 본질상 이교적이다. 인간이 신을 자처하는 데다 만물의 본질적 속성이 모두 동일하다고 보기 때문이다. 내가 경험한 동성애 커뮤니티로 보건대 동성 커플은 대개 시간이 갈수록 더 서로 비슷해진다. 이성 커플도 그런 면이 있기는 하지만 전자와는 아주 큰 차이가 있다. 동성애 관계에서

---

[9] 동성애의 이교적 성격을 이해하는 데 피터 존스가 설명한 단제론(비이분법)과 양제론(이분법)이 도움이 된다. 그는 이렇게 썼다. "단제론에서는 세상이 저절로 생겨난 자명한 곳이다. 물질이든 영이든 둘의 혼합이든 똑같은 본질을 공유하며, 우리는 그 본질을 신 내지 가장 중요한 존재로 숭배한다…모든 구별이 사라져 만물의 가치가 동일하다…양제론에서는 세상이 초월적이고 인격적인 신의 작품이다. 그분은 무에서(*ex nihilo*) 창조하시며, 피조물이나 기존 조건에 제약받지도 의존하지도 않으신다. 이 유일무이한 창조주의 신비는 인간의 어떤 비유로도 다 '설명'할 수 없다. 이 세상에는 두 부류의 존재가 있으니 곧 창조되지 않은 창조주와 창조된 만물이다. 우리가 예배하는 신은 유일무이한 창조주이신 삼위일체의 인격적인 분이다. 우리와는 구별되시는 그분이 만물 속에 그 구별을 직조해놓으셨다." Jones, *Whose Rainbow?*, 64.

파트너끼리 비슷해지는 것은 생식 능력이 없는 나르시시즘의 산물이지만, 성경적 결혼에서 부부가 한 몸이 되어가는 것은 하나님이 설계하신 상호 보완의 열매다. 영국의 우익 사회비평가 더글러스 머리(Douglas Murray)는 동성애자인데도 존스의 견해를 확증한다.

> 남자끼리의 섹스는 타자성을 해체하여 동일성만 남긴다…완벽히 정체(停滯)해 있는 상태다. 둘 중 어느 쪽도 상대를 모르는 부분이 없다. 성교의 정서적 목표가 상대를 전부 아는 것이라면 게이 섹스야말로…완벽한 셈이다. 게이 섹스에서는 상대의 경험을 전부 아는 게 마침내 가능하기 때문이다.[10]

머리가 설득력 있게 부연했듯이 게이 섹스의 미학은 자기가 기준이라서(감히 말하건대 나르시시즘이라서) 결국 자멸로 치닫는다. "하지만 그 지식의 대상을 양쪽이 이미 전부 알고 있다 보니 행위 또한 어떤 면에서 무의미한 잉여다. 어쩌면 그래서 우리 대다수가 자꾸 반복에 매달리는지도 모른다.

---

[10] —— Douglas Murray, *The Madness of Crowds: Gender, Race, and Identity* (London: Bloomsbury, 2019), 49. (『군중의 광기』 열린책들)

깊어지는 게 불가능하다는 듯이 말이다."[11] 여기서 "깊어지는 게 불가능하다는 듯이"라는 표현이 동성애의 죄에 매여 있는 가족이나 친구를 둔 우리의 마음을 짓누른다. 실제로 동성애 죄인에게는 인정 못지않게 반복이 항시 필요하다. 우리도 다 "핑계하지 못할"(롬 1:20) 죄인이지만 말이다.

    이러한 동성애의 반복은 상대를 깊이 알고 자신을 알리고 싶은 욕망에 대한 채워지지 않는 끝없는 갈증에서 비롯된다. 이 파멸의 길에서 벗어날 유일한 출구는 죄를 회개하는 것이다. 자연스럽다고 느껴지는 죄까지도 회개해야 한다. 아울러 회개에 쇄신이 뒤따라야 한다. 죄의 모든 습성은 물론이고, 그런 습성을 지닌 사람들 및 향락의 장소까지 완전히 끊어야 한다. 결국 이 모든 것은 다음의 질문으로 귀결된다. 당신이 신뢰하는 것은 자신의 감정인가, 아니면 하나님의 말씀인가? 하나님의 말씀을 기준으로 자신의 감정을 인식하는가, 아니면 자신의 감정을 기준으로 하나님의 말씀을 인식하는가? 당신을 가장 잘 아는 것은 당신의 감정인가, 아니면 당신을 지으신 하나님인가? 진정한 그리스도인은 자신의 감정보다 하나님의 말씀을 믿는다. 바울은 로마서 3장 4절에서 그것을 "사람은 다 거짓되되 오직 하나님은 참되시다"라고 표현했

---

11 —— Murray, *Madness of Crowds*, 49.

다. 온 세상이 하나님 앞에서 유죄다. 사람들을 부추겨 그 진리에서 벗어나게 하면 오히려 그들을 더 죄에 묶어둘 뿐이다.

존스가 말한 패러다임과 머리가 말한 깊이 알고자 하는 갈망은 그다음 키워드인 공감으로 연결된다. LGBTQ+ 의제에 휩쓸린 사람들의 상상력을 바로 이 단어가 빚어냈다. 공감이란 상대의 입장이 된다는 뜻이다. 친절이 가장 중요한 덕목인 세상에서 공감은 최고의 사랑 표현으로 통한다. 하지만 공감이 늘 좋은 것일까? 오히려 위험할 때도 있지 않을까? 언제부터 공감이 동정보다 더 상위 덕목이 되었는가?

우리에게 필요한 것은 공감인가 동정인가?

공감은 20세기에야 우리의 어휘 속에 들어온 비교적 새로운 단어다. 공감에 대한 사전적 정의는 "특정 인간이나 대상에게 정신적으로 동화하여 온전히 이해하는 능력"이다.[12] "당신을 생각하며 함께 기도합니다"라고 말할 때, 이는 주로 공감

---

[12] ─── *The New Shorter Oxford English Dictionary on Historical Principles*, 제1권, Lesley Brown 편집 (Oxford, UK: Clarendon Press, 1973), "empathy" 항목.

능력을 가리킬 것이다. 즉, 공감을 통해 정신적으로 동화하면 상대의 아픔을 이해하고(감각으로 실감되고), 당신이 함께 느낌으로써 상대가 더는 고립되지 않아 결국 치유에 도움이 된다는 것이다. 사전에는 또 공감이 동정과 대비되어 있다. "연민은 상대에 대해 안타까워하는 마음이고, 공감은 상대와 함께 안타까워하는 마음이다."[13] 연민할 때 당신은 상대가 경험하는 객관적 문제를 관찰하고 인식하는 것이다. 연민의 대상이 된다는 것은 무언가 크게 잘못되어 있기에 반드시 조치가 필요하다는 뜻이다. 이처럼 동정은 객관적 문제를 인식하고 객관적 해법을 모색한다.

존 밀턴(John Milton)의 명작 『실낙원』은 1만 행으로 이루어져 있고, 약강 5보격의 운율을 자랑하는 17세기 서사시다. 이 시에 등장하는 사탄은 우리에게 연민에 대해 이런 말을 전한다. "마음은 독자적 영역이라서 그 자체로/ 지옥을 천국으로, 천국을 지옥으로 만들 수 있다…/ 천국에서 시중드느니 지옥에서 다스리는 게 낫다."[14] 다시 말해서 사탄은 다른 것은 다 몰라도 연민만은 견디지 못한다. 이 타락한 천사는 연

---

[13] —— *New Shorter Oxford English Dictionary*, "empathy" 항목.
[14] —— John Milton, *Paradise Lost*, 제4권, Rebekah Merkle 편집 (Moscow, ID: Logos Press, 2015), 255, 265행.

민의 대상의 되느니 차라리 자신의 마음을 조작하고, 하나님께 기도로 부르짖어 자비와 회개할 은혜를 구하느니 차라리 실존하는 지옥을 어떻게든 가상의 천국으로 '만든다.' 17세기의 시인 존 밀턴의 도움으로 21세기의 우리는 이렇게 질문을 던진다. 정말 문제에 빠진 사람에게 유익한 것은 연민인가, 아니면 공감인가? 정말 문제에 빠진 사람에게 필요한 것은 제대로 된 도움(동정)인가, 아니면 문제를 미화하는 것인가?

공감과는 대조적으로 동정은 유구한 역사를 지닌 오래된 단어로 "타인의 아픔이나 슬픔을 안타까워하는 자질이나 상태, 측은히 여기거나 위로하는 감정이나 표현"을 뜻한다.[15] 동정은 타인의 문제를 인정하고 슬퍼하며 해법을 강구한다. 당신 딸이 대학에서 돌아와 렉스라는 이름의 남자가 되겠다고 할 때, 당신이 동정을 느껴야 한다는 뜻이다. 딸이 대단히 크게 잘못되었기 때문이다. 그런데 LGBTQ+는 당신이 공감을 느껴야 한다고 선전한다.[16] 딸의 문제를 고치도록 도

---

[15] ── The New Shorter Oxford English Dictionary on Historical Principles, 제2권, Lesley Brown 편집 (Oxford, UK: Clarendon Press, 1973), "sympathy" 항목.

[16] ── 현대 초현실주의 문학에서 공감은 늘 소외를 낳는다. 프란츠 카프카(Franz Kafka)의 뛰어난 단편소설 『변신』(The Metamorphosis, 1915년)에서 그 점을 명백히 볼 수 있다. 주인공 그레고르 잠자가 어느 아침에 깨어보니 자신이 "흉측한 갑충"으로 변해 있다. 182센티미터 길이의 바퀴벌레가 된

울 것이 아니라 당신의 관점을 고쳐야 한다는 것이다.

공감이 늘 부당한 것만은 아니지만, 우리는 결코 죄에 공감하도록 부름받지 않았다. LGBTQ+의 맥락에서 공감은 당신을 정확히 밀턴이 말한 사탄의 패러다임에 빠뜨린다. 즉, 우리 마음은 워낙 드세서 자기 뜻대로 실재를 만들어낸다.

작가 조 리그니(Joe Rigney)는 공감이라는 단어의 쓰임새를 추적하면서 말하기를, 우리 삶에 공감이 필요할 때도 물론 있지만 누구나 이 단어를 대개 가려서 쓴다고 했다.[17] 소위 피해자에게만 공감한다는 것이다(예컨대, 살인자나 강간범에게 공감할 사람이 누가 있겠는가?). 이런 선택적 공감은 집단 이기주의와 양극화의 핵심 원인 중 하나다. 리그니가 공감을 위험하게 보는 이유는 상대의 입장이 되는 것이 최고의 사랑이라면 객관적 진리의 자리에 남을 사람은 아무도 없기 때문이다. 누군가 강물에 빠졌을 때 같이 뛰어들면 외롭지는 않겠지만, 이제 두 사람이 빠졌으니 문제가 더 커진다. 반면 동

그를 아무도 이해하지 못한다. 여동생이 이해하려 해보지만 그녀의 공감은 속절없이 무너져 결국 그는 소외되고 살해된다.

[17] —— Joe Rigney, "The Enticing Sin of Empathy," Desiring God(웹사이트), 2019년 5월 31일, https://www.desiringgod.org/. 다음 기사도 참조하라. Joe Rigney, "Do You Feel My Pain? Empathy, Sympathy, and Dangerous Virtues," Desiring God(웹사이트), 2020년 5월 2일, https://www.desiringgod.org/.

정하는 사람은 객관적 진리라는 강둑의 굳은 땅에 서서 제대로 도울 수 있다. 공감도 의도는 좋다. 타인의 고통에 가닿으려는 것이다. 그러나 고통에 빠진 사람을 구조해야 할 때 공감은 오히려 소외를 낳는다. 이런 끝없는 소외 상태가 되뇌는 거짓된 개념이 있으니, 곧 진정한 도움은 어디에도 없으며 우리에게 있는 것이라곤 외로움뿐이라는 것이다. 그러니 각자도생하여 고통의 의미를 찾아내는 수밖에 없다.

말은 중요하다. 우리가 살고 있는 세상 자체가 이제 말싸움으로 가득한 전쟁터로 변했다. 이 싸움에서 그리스도인은 가만히 앉아서 당할 것이 아니라 화평하게 하는 자로 부름받았다. 말은 개념만 전달하는 것이 아니라 우리의 상상력을 빚어낸다. 말이 달라지면 세상도 달라진다. 여전히 예수님은 육신이 되신 말씀이며, 또 우리의 대제사장으로서 우리에게 공감하는 것이 아니라 우리를 동정하신다.

> 그러므로 우리에게 큰 대제사장이 계시니 승천하신 이 곧 하나님의 아들 예수시라 우리가 믿는 도리를 굳게 잡을지어다 우리에게 있는 대제사장은 우리의 연약함을 동정하지 못하실 이가 아니요 모든 일에 우리와 똑같이 시험을 받으신 이로되 죄는 없으시니라 그러므로 우리는 긍휼하심을 받고 때를 따라 돕는 은혜를 얻기 위하여 은혜의

보좌 앞에 담대히 나아갈 것이니라(히 4:14-16).

예수님의 인격과 사역에 대한 이 비할 데 없는 묘사는 상상을 초월하는 완전한 자리로 우리를 초대한다. 바로 은혜의 보좌 앞이다. 예수님은 선지자이자 제사장이자 왕이시지만, 이 히브리서 본문은 특별히 그분의 제사장직에 우리의 주의를 집중시킨다. 그분은 하나님 앞에서 인간을 대변하시는 분이다.

예수님을 알아야 한다

동성애 문제로 고민하는 모든 그리스도인은 하나님의 아들이신 부활하신 예수님을 대제사장으로 알아야 한다. 예수님은 온전히 인간이면서 온전히 하나님이시다. 그야말로 놀라운 신비다. 하나님은 우리를 지극히 사랑하셔서 우리에게 예수님을 주셨고(요 3:16), 예수님은 우리를 대속하실 조건을 충족하셨다. 예수님은 율법에 완전히 순종하시되 인간으로서 그렇게 하셨다. 그분은 십자가에서 수모의 죽음을 당하심으로 모든 시대의 모든 자기 백성의 죗값을 친히 대신 치르셨다. 청교도 존 플라벨(John Flavel)은 이렇게 썼다.

그리스도 예수는 신자들을 위해 자신을 온전히 내주셨다. 덕분에 우리는 이렇게 고백할 수 있다. "주님, 주님이 더럽혀지심으로 저는 의롭다 하심을 받았고, 주님이 고뇌하심으로 저는 승리를 얻었나이다. 주님이 고통을 당하심으로 저는 평안을 누리고, 주님이 고뇌하심으로 저는 승리를 얻었나이다. 주님이 저주를 당하심으로 저는 복을 누리고, 주님이 가시 면류관을 쓰심으로 저는 영생을 얻었나이다."[18]

자기 백성을 향한 예수님의 사랑은 우리가 현세에는 다 이해할 수 없을 정도로 깊다.

부활하신 예수님은 대제사장으로서 우리 연약함을 동정하신다. 그분의 동정이 인간의 공감보다 훨씬 위대하다. 하나님은 문제를 미화하는 것을 넘어 그 이상을 하실 수 있기 때문이다. 그분은 우리의 모든 약한 것을 능히 고치신다. 우리에게 조롱이나 수치가 아닌 동정을 베푸신다. 우리가 죄 때문에 고생해도 예수님은 우리에게 수모를 주시기는커녕 오히려

---

[18] 다음 책에서 재인용했다. *Voices from the Past: Puritan Devotional Readings*, Richard Rushing 편집 (Carlisle, PA: Banner of Truth, 2009), 62. (『365 청교도 묵상』 개혁된실천사)

그분께 담대히 오라고 부르신다. 그분은 우리 죄라는 병을 우리보다 더 잘 아시는 탁월한 명의시다. 유혹을 물리치신 그분의 능력은 진짜였다. 그리스도는 인간으로서 죄와 싸우셨고, 그 싸움은 가짜가 아니었다. 굶주리고 궁핍한 그분께 닥쳐온 시험(유혹)도 진짜였다. 그런 예수님이 자기 백성에게 참된 치유와 진정한 치료를 베푸신다. 다만 그분의 방식은 우리의 예상을 초월한다. 예수님은 우리와 함께 고난당하시지만, 우리와 함께 죄를 짓지는 않으신다. 그분은 자신의 방식으로 우리를 고치신다. 그래서 우리는 이 땅에 사는 동안 부활하신 예수님이 주시는 능력으로 날마다 죄와 싸워야 한다. 유혹을 물리치신 그분의 능력이 우리에게도 은혜로 주어져 있다.

때로 우리는 그냥 누군가에게 지금 이대로 괜찮다는 말을 듣고 싶어 하지만, 예수님이 주시려는 것은 그런 것이 아니다. 우리는 기꺼이 예수님의 방식으로 치유받고자 하는가, 아니면 그분께 우리 방식대로 치유해달라고 고집하고 있는가?

이 문제에 정면으로 부딪쳐야 했던 사람의 이야기가 요한복음 5장에 기록되어 있다. 38년 동안 몸을 쓰지 못하던 그는 양 문 곁에 있는 치유의 연못 주변을 떠나지 못했다. 물에 치유 능력이 있다고 믿으며 누군가 자신을 물속에 넣어주기만을 기다린 것이다. 그러나 날이 가고 달이 가는 그 오랜 세월 동안 아무도 그렇게 해주지 않았다. 그때 예수님이 오셨다. 그런데 그분도 그를 물속에 넣어주지 않으셨다. 대신 그를 동정하시며 이렇게 물으셨다. "네가 낫고자 하느냐"(요 5:6).

잠시 생각해보라. 당신도 낫기를 원하는가? 그렇다면 누구의 방식대로 치유받고 싶은가? 예수님의 방식인가, 아니면 자신의 방식인가? 스스로 게이라고 말하는 그리스도인은 과연 하나님의 방식으로 낫기를 원하는가?

중요한 것은 그 병자가 이 질문을 불쾌하게 여기지 않았다는 점이다. 부자 청년 같은 사람이라면 아마 불쾌하게 생각했을 것이다(참조. 눅 18:18-25). 낫기를 원하지 않고서야 그가 수십 년째 거기 누워 있을 까닭이 무엇이겠는가? 이 질문의 취지는 예수님의 치유가 우리 방식이 아니라 그분의 방식으로 이루어짐을 보여주는 데 있다. 병이 나으려면 이 사람은 예수님의 방식을 받아들여야 했다.

몸이 마비된 환자는 "주여, 물이 움직일 때에 나를 못에 넣어주는 사람이 없어"(요 5:7)라고 대답했다. 맞는 말이다. 예수님을 올려다보는 그의 마음에 무슨 일이 벌어졌는지는 몰라도 우리 주님이 제시하신 방식을 받아들인 것만은 분명하다. 두 가지를 보아 알 수 있다. 첫째로 그는 "일어나 네 자리를 들고 걸어가라"(8절) 하신 그분의 말씀에 순종했다. 하나님이 명하시는 일을 자신이 예수님의 능력으로 할 수 있다고 믿은 것이다. 예수님의 능력이란 무엇인가? 바로 은혜다. 자격 없이 받는 호의다. 그분이 능력을 주시기에 우리도 우리 방식으로는 상상하거나 실행하지 못할 일까지도 능히 할 수 있다. 은혜로 순종하는 것이다. 그렇다고 이것이 수동적인 것은 아니다. 우리 쪽의 신뢰와 믿음과 용기와 수고와 행동 역시 요구된다. 예수님을 신뢰하는 것은 행동으로 이어진다. 그분 방식의 동정을 받아들이려면, 내게 어떤 도움이 필요한가에 대한 자신만의 생각을 버려야 한다. 그분이 하라고 하시는 대로 행해야 한다.

병이 나은 그 사람의 마음 상태를 보여주는 두 번째 근거는 다음 장면에 나온다. 다음번에 그는 성전에서 예수님을 만나는데, 여기에 중요한 내용이 암시되어 있다. 자신을 고쳐주신 분이 하나님임을 그가 알았다는 것이다(그가 예배드리고 있었는지는 본문에 나와 있지 않다). 예수님은 그에게 다가가 "보라 네가 나았으니 더 심한 것이 생기지 않게 다시는 죄를 범하지 말라"(14절)고 말씀하셨다. 알다시피 모든 고난이 능동적 죄의 결과는 아니지만, 예수님의 말씀으로 미루어 이 사람의 경우는 그러했다. 그래서 이 만남을 통해 우리는 그가 두 가지 면에서 예수님의 방식을 받아들였음을 알 수 있다. 하나는 능동적 순종이고(9절), 또 하나는 회개다(14절). 그의 명백한 변화와 치유 못지않게 능동적 순종(38년이나 마비되어 있던 그가 걸었다)과 회개(예수님의 온유한 책망을 받아들였다)도 그에게 우리 대제사장의 구원의 은혜가 필요했음을 보여준다.

"시험을 받으신 이로되 죄는 없으시니라"

부활하신 예수님은 우리처럼 시험을 받으셨지만 죄는 없으시다. 그분은 성령으로 잉태되어 동정녀 마리아에게서 태어나셨다(눅 1:34-35). 예수님은 온전히 인간이셨기에 이 땅에서 사역하시는 동안 배고픔과 목마름과 고통을 느끼셨지만 죄는 없으셨다. 아담에게서 죄를 물려받지도 않으셨고, 스스로 죄를 짓지도 않으셨다. 따라서 현대 생활의 악한 이야기 속에 파고든 각종 성도착을 경험하지 않으셨다. 남자를 상대로든 여자를 상대로든 성적 정욕도 품지 않으셨다. 만약 그러셨다면 그분도 우리를 구원하실 수 없다. 세상 죄를 지고 가는 하나님의 어린양은 죄성과 욕망과 행위를 통틀어 죄가 없어야 하기 때문이다.[19]

바로 여기서 사람들이 걸려 넘어진다. 일단 우리 세대는 완전한 사람과 대화하기를 꺼린다. 자신처럼 똑같이 죄짓

---

[19] —— Denny Burk, "Is Homosexual Orientation Sinful?" *Journal of the Evangelical Theological Society* 58.1 (2015년): 95-115.

는 사람과 대화하려 한다. 동성에게 끌리는 사람들을 위한 감시 그룹이 있다면, 그들이 원하는 리더는 그들처럼 실패하는 사람이다. 왜 우리는 죄를 공유하는 사람을 선호할까? 아마도 그래야 죄책감이 들지 않을 것 같아서다. 자신이 죄인이다 보니 똑같이 죄짓는 사람과 함께 있어야 안심되는 것이다.

그러나 요한복음 5장에 나오는 병자 이야기에서 보듯이 예수님은 우리 연약함과 죄를 동정하신다. 속성상 죄가 없으신 그분이 어찌 우리 죄를 조롱하시겠는가? 그분은 우리를 동정하시며 회개를 통해 치유와 용서를 베푸신다. 다만 우리 방식이 아니라 그분의 방식으로 하신다. 그분은 다람쥐 쳇바퀴같이 문제 속에서 허우적대는 상호 조력 집단에서 우리를 건져내 인간의 공감보다 훨씬 위대한 것을 베푸신다.

은혜의 보좌 앞에 나아가라

부활하신 예수님은 은혜의 보좌 앞에 담대히 확신을 품고 나아오라고 우리를 부르신다. 우리가 보좌 앞에 나아갈 수 있는 것은 그분께 죄가 없으시기 때문이다. 이 보좌의 이름은 '은혜'의 보좌다. 어느 청교도는 말하기를 하나님이 우리에게 은혜를 베푸심은 그분이 선하시기 때문이고, 자비를 베푸심은 우리가 비참하기 때문이라 했다. 은혜와 자비 모두 우리에게 필요하며, 그래서 예수님이 우리를 불러 담대히 나아오라 하신다. 당신은 (또) 죄를 지었는가? 얼른 회개하고 담대히 나아가라. 살아 계신 우리 대제사장이 언제라도 도우시려고 보좌에서 기다리신다. 그분은 조롱하거나 비난하지 않으시고 우리 회개를 받아주시며, 우리는 부활하신 그분의 용서와 능력에 힘입어 순종할 수 있다.

성부 하나님께 의롭다 하심을 받은 사람은 누구나 은혜의 보좌 앞에 나아갈 수 있다. 이미 칭의를 얻었기에 은혜와 긍휼하심을 받고 주님께 기쁘게 순종하면서 점점 더 성화되어간다. 당신 스스로는 의로워질 수 없다. 그러나 주님께 부르짖어 긍휼을 구하면 그분이 당신을 용서하시고 의롭다 하신다. 상하고 통회하는 마음을 멸시하지 않으시는 하나님(시 51:17)이 신실하게 당신의 부르짖음을 들으신다. 다만 이 모든 것은 성경에 기록된 대로 하나님의 방식으로 이루어져야 한다. 게이 기독교 운동의 방식은 예수님과 바울과 성경이 아니라 프로이트와 다윈과 마르크스의 사상에서 기원했으며, 당신을 치유하거나 돕지 못한다. 오히려 당신을 죄와 혼란 속에 더 깊이 빠뜨릴 뿐이다.

하나님은 알곡과 가라지, 양과 염소, 구원받는 자와 멸망하는 자 등의 대조를 통해 우리를 가르치신다. 바울은 로마 식민지 빌립보의 그리스도인들에게 보낸 편지에서 자신을 비롯한 성숙한 그리스도인들을 본받아 살라고 명한다. 아울러 진리를 혁신하지 말라고 경고한다.

> 형제들아 너희는 함께 나를 본받으라 그리고 너희가 우리를 본받은 것처럼 그와 같이 행하는 자들을 눈여겨보라 내가 여러 번 너희에게 말하였거니와 이제도 눈물을 흘리며 말하노니 여러 사람들이 그리스도의 십자가의 원수로 행하느니라 그들의 마침은 멸망이요 그들의 신은 배요 그 영광은 그들의 부끄러움에 있고 땅의 일을 생각하는 자라 그러나 우리의 시민권은 하늘에 있는지라 거기로부터 구원하는 자 곧 주 예수 그리스도를 기다리노니 그는 만물을 자기에게 복종하게 하실 수 있는 자의 역사로 우리의 낮은 몸을 자기 영광의 몸의 형체와 같이 변하게 하시리라(빌 3:17-21).

이 본문은 은혜 가운데 행하는 성숙한 신자를 비신자나 가짜 그리스도인과 대비한다. 후자는 땅의 일에 사로잡혀 자신의 욕심(오락이나 취미나 정욕)을 숭배한다. 성숙한 그리스도인의 삶은 늘 은혜의 보좌 앞으로 달려가 긍휼과 은혜와 죄 사함을 받는 삶이다. 죄에 맞선 우리의 싸움은 우리가 죽어서 영화롭게 될 때에야 끝난다. 부활해야 비로소 완성에 이른다 (고전 15:12-28). 빌립보서 본문에서 "만물을 자기에게 복종하게 하실 수 있는 자의 역사"라는 바울의 표현은 메시아를 예언한 시편 8편 6절, 110편 1절과 맥을 같이한다. 우리의 시민권은 하늘에 있기 때문에 우리는 그리스도인의 삶을 죄의 범주에 가둠으로써 거짓 증언하지 않는다. 그리스도를 따르는 사람은 그런 생각만으로도 등골이 오싹해지거나 바울처럼 눈물이 흐른다. 진리에서 벗어나 그리스도의 원수를 따라 행하는 것은 자살 행위다. 그러니 아예 기웃거리지도 말라.

사이드 A든 사이드 B든 게이 기독교는 거짓 가르침이다. 양쪽 신념 모두 동성애 지향을 인간의 참모습으로 보는 피폐한 개념의 흉측한 사생아다. 그러잖아도 죄에 짓눌려 있는 사람에게 문제의 참된 해법마저 빼앗다니 얼마나 통탄할 일인가. 게이 기독교가 하는 일이 바로 그와 같다. 게이 기독교는 성적 죄를 짓는 죄인이 회개로 나아갈 길을 봉쇄하고, 죄를 길들이려는 헛수고에 몰두하게 만든다. 자신의 육신으로 죄에 대처하려는 태도야말로 바리새인들이 늘 부추기던 일이다. 이런 바리새인들을 향해 예수님은 이렇게 외치셨다. "화 있을진저 외식하는 서기관들과 바리새인들이여 너희는 교인 한 사람을 얻기 위하여 바다와 육지를 두루 다니다가 생기면 너희보다 배나 더 지옥 자식이 되게 하는도다"(마 23:15).

우리는 이 거짓 가르침에서 벗어나 하나님의 말씀을 받아들여야 한다. 하나님의 말씀, 곧 성경은 지구상의 그 어떤 책과도 다르다. 그분의 말씀은 거룩하다. '구별된' 책이라는 뜻이다. 성경은 내용도 다르고 그 정체도 다르다. 그래서 우리 각자가 개인적으로 답해야 할 단순한 질문이 있다. 나는 하나님의 말씀을 배울 마음이 있는가? 하나님의 계시가 내 의지와 이성을 다스린다고 믿는가? 아니면 그 반대인가?

16세기 프랑스의 개혁가 장 칼뱅은 이렇게 선포했다. "마치 (하나님의 계시된 말씀을) 우리가 판단할 것처럼 읽지 말고 우리의 이해와 사고를 말씀에 맞추자. 이의를 제기하지 말고 받아들이자. <u>그러지 않으면 우리는 대놓고 하나님과 싸우며 스스로 그분보다 높아질 것이다</u>."[20] 칼뱅의 도전에 답하려면 우리 마음을 살피고 또 성경을 살펴야 한다. 하나님의 말씀이 무엇이며 어떤 역할을 하는지 공부해야 한다. 성경이 틀렸거나 오류가 있거나 일부만 옳거나 빨간색 글씨만 진리라면, 결국 성경은 하나도 진리가 아니기 때문이다. 당신에게 이런 확신이 없다면, 성경이 당신에게 거슬리는 순간 그 부분은 고

---

20 —— John Calvin, *365 Days with John Calvin: A Unique Collection of 365 Writings of John Calvin*, Joel Beeke 편집 (Carlisle, PA: Day One, 2008), 10월 1일 부분, 밑줄 추가.

대의 편견으로 치부되어 더는 구속력이 없다고 단정할 것이다.

앨버트 몰러(Albert Mohler)는 이렇게 썼다. "도덕이 완전히 뒤집히려면 세 가지 조건이 갖추어져야 한다. 첫째, 여태 비난하던 것을 예찬해야 한다. 둘째, 여태 예찬하던 것을 비난해야 한다. 셋째, 그 예찬에 동참하지 않는 이들을 비난해야 한다."[21] 이 시대는 이미 세 번째까지 왔고, 그리스도인들도 그 가운데서 살고 있다.

요약하자면 동성애 지향이 고정된 것이라는 주장은 프로이트의 유사과학이며, 창조 규례를 배격하는 무신론에서 기원했다. 이유는 사탄만이 알겠지만, 게이 기독교는 동성애 지향을 인간에 대한 기본 정의로 삼는다. 게이 기독교(사이드 A와 사이드 B 모두)는 성경의 기독교와는 다른 종교다. 인간의 기원과 종말, 성경의 권위, 십자가 중심성, 성 윤리, 은혜의 방편, 거룩하신 하나님 앞에 의롭게 되는 법, 하나님의 거룩하심 등을 보는 관점이 성경과 다르기 때문이다.

신학은 우리를 구원하지 못한다. 우리를 택하신 성부의 사랑과 성자의 자비만이 우리를 구원한다. 게이 기독교를 가까이하다 해를 자초하는 참된 신자가 더러 있다. 그런데 한

---

[21] —— R. Albert Mohler Jr., "The Briefing," Albert Mohler(웹사이트), 2017년 2월 23일, http://www.albertmohler.com/.

가지만은 분명하다. 거짓 종교는 부지런한 거짓 교사들을 통해 운영되며, 그들의 대장 사탄은 잠도 자지 않고 일한다.

> 사탄이 늘 깨어 있기에 그리스도인은 부주의하게 방심할 수 없다. 한시라도 영적으로 잠들어 있으면 위험하다…성도가 잠들어 있는 시간이 곧 사탄이 유혹하는 시간이다.[22]

복음주의 교회는 게이 기독교의 여러 위험 앞에서 잠들어 있다. 스캔들과 죄와 방탕한 삶을 여태 목격했으면서도 말이다. 좋은 인상을 주려고 하거나, 연약한 형제자매를 낙심시키지 않으려고 뻔한 위험을 무시해온 사람들도 있다. 그러나 우리가 하나님보다 더 자비로울 수는 없기에 이 전략은 역효과를 낳고 있다. 게이 기독교는 거짓 가르침이다.

게이 기독교의 거짓 가르침은 더 큰 문제의 일부일 뿐이다. 이제 두 번째 거짓말로 넘어가서 주변의 많은 사람이 왜 비성경적인 영성을 지닌 사람이 성경을 따르는 그리스도인보다 더 친절하다고 생각하는지를 살펴보자.

---

[22] ── 윌리엄 거널(William Gurnall)의 말을 다음 책에서 재인용했다. *Voices from the Past*, 358.

거짓말 2

비성경적 영성을 지닌

사람이

성경을 따르는

그리스도인보다 친절하다

5장
하나님은 어디에 계신가?
성경인가, 내 마음속인가?

> 【히 4:12-13】 하나님의 말씀은 살아 있고 활력이 있어 좌우에 날 선 어떤 검보다도 예리하여 혼과 영과 및 관절과 골수를 찔러 쪼개기까지 하며 또 마음의 생각과 뜻을 판단하나니 지으신 것이 하나도 그 앞에 나타나지 않음이 없고 우리의 결산을 받으실 이의 눈앞에 만물이 벌거벗은 것같이 드러나느니라.

몇 년 전에 나는 비성경적 결혼 때문에 친구를 잃었다. 비성경적 영성의 세계와 성경적 신앙의 세계라는 두 세계의 싸움 때문이기도 했다.

제시카는 복음을 향해 열정이 불타오르는 강건한 그리스도인이었다. 그런데 사귀던 남자가 그녀에게 비성경적 영성을 지닌 사람이 성경을 따르는 그리스도인보다 친절하다는 거짓말을 주입했다. 그녀가 그 거짓말을 믿었는지 아니면 그냥 그 남자를 사랑했는지는 나도 모른다.

당시 갓 마흔을 넘긴 제시카는 약혼이 깨진 후 다시 일어서던 중이었다(상대는 말로만 그리스도인일 뿐 행실은 그렇지 못한 남자였다). 파혼한 직후 그녀는 어느 빈곤국으로 단기 선교를 떠났다. 신실한 교회에서 소그룹 및 여성 상담 사역의 부장으로 섬기던 그녀는 선교지에서 돌아와 사역에 복귀했다.

그런데 자신의 삶이 온통 암울하게 느껴졌다. 파혼하자마자 해외에 다녀와서 뒷수습을 하자면 누구라도 그럴 것이다. 남자에게 마음을 주었다가 배신당한 뒤로 결혼에 대한 그녀의 희망은 산산이 부서졌다. 선교지에서 잔혹할 정도의 빈곤을 보고 온 데다 매일 응답받지 못하는 듯한 기도에 대처할 영적 자원도 없다 보니 그녀는 점점 무너져갔다. 선교지에서 생생한 고통을 목격하고 나니 자신의 비교적 편안한 본국 생활이 과연 하나님의 뜻일지 의구심이 일었다. 자신은 하루 세끼를 보장받고 아무 때나 마트에 갈 수 있었지만, 자신이 기도를 약속하며 두고 온 사람들에게는 이쪽 세계의 특권이 달나라 여행만큼이나 상상하기 힘든 것이었다. 주님을 사랑하던 제시카였기에 사생활과 선교 경험에서 자신이 상실한 것들이 충격으로 다가왔다.

그녀의 신앙도 물론 흔들렸다. 때로 한밤중에 깨어 공황 발작을 일으킬 때면 굶주린 아이의 끙끙 앓는 소리가 귓가에 쟁쟁했다. 그녀는 자신이 두고 온 가난한 사람들의 삶 속에서 하나님이 무슨 일을 하고 계신지 의아했다. 혹시 아무것도 하지 않으시는 것일까? 머릿속이 복잡해졌다.

제시카가 귀국한 때는 크리스마스 직전이었다. 그녀의 교회는 축제 분위기였고, 많은 행사가 열릴 예정이라 모두가 준비로 바빴다. 분주한 그녀를 보면서 (나를 포함한) 누구도 그녀의 마음이 얼마나 무거운지 몰랐다. 크리스마스 시즌의 현란한 불빛과 들뜬 인파가 그 마음을 얼마나 허전하게 했는지도 우리는 몰랐다.

그때 제러미가 나타났다.

늘 멋진 남자인 제러미는 안정적인 사무직이었고 충직한 성격이었다. 그리스도인은 아니지만 그리스도인 부모 밑에서 자랐기 때문에 기독교에서 사용하는 어휘를 알았다. 그는 성경의 하나님을 믿으려면 상상력을 다 버려야 하는데, 자신은 그럴 수 없노라고 말했다. 또 성경이 삶을 좁디좁은 틀 안에 가두는 것 같아서 싫다고 했다. 너무 흑백 논리인데다 너무 냉혹하다는 것이었다. 제러미는 사람 수만큼이나 다양하고 많은 관점에 귀를 기울이는 다원주의자였다.

그는 자신이 영적이기는 하지만 그리스도인은 아니라고 했다. 석가모니도 조금 좋아하고 카를 융(Carl Jung)도 조금 좋아하지만, 규율이나 위계나 "…하지 말라"로 끝나는 계명은 다 싫다고 말했다.

신은 자기 안에 있으며 그것으로 충분하다고도 했다.

'모든 사람을 우호적으로 대하는 것'이 그의 모토였다.

그에 따르면 남의 의지에 반하여 성경의 도덕으로 남을 비판하는 것은 무의미한 일이었다. 개방적인 그는 자신의 특권을 게이 친구들도 다 누려야 한다고 믿었고, 낙태 옹호 단체인 가족계획연맹의 지지자로서 여성의 '선택권'을 강력히 옹호했으며, 진화를 부정하는 그리스도인에게는 염증을 냈다. 그는 황금률대로 살려 했다. 기독교에서 말하는 죄의 범주란 그가 보기에 한 집단이 다른 집단에 근거 없이 특권을 행사하는 방식이었다. 그는 기독교 교회(자신의 부모와 제시카가 다니는 교회도 포함해서)에 영적 폭력이 가득하다고 믿었다. 대학 때 사회학 수업에서 그렇게 배우면서 공감했다. 제러미는 자신이 공립학교에서 교육받은 것을 중시했고, 덕분에 어느 한 관점에 매이지 않고 삶을 모든 관점에서 볼 수 있다고 믿었다. 유일하게 반감이 드는 대상은 성경을 진리로 믿는 그리스도인들이었다. 그는 그리스도인들을 편견에 사로잡힌 속 좁은 무리로 일축했다. 그에게 거슬리는 인간은 지구 상에 그리스도인들뿐이었다. 자신이 사랑하는 부모와 형까지도 그 범주에 넣은 그는 가족과 사이가 틀어졌다. 크리스마스 기간에는 특히 더했다.

제러미와 제시카는 친구가 되었다. 제시카는 제러미처럼 잘 경청하는 사람을 평생 처음 보았다고 말했다. 약혼이 깨진 후 그녀의 심정이 그토록 암울했던 이유를 오직 그만이 이해해주었다. 그녀는 선교지에서 가난한 아이들을 구원하려 애썼고, 돌아와서도 그들을 위해 기도했지만 하나님이 응답해주지 않으신 것 같았다. 제러미도 같은 생각이었다. 그는 또 크리스마스가 겉만 화려할 뿐 말짱 빛 좋은 개살구라고 단언했다. 그의 인생관에서는 최선을 다해 세상을 더 나은 곳이 되게 하는 것이 최우선 가치였고, 그 공로는 예수라는 문화적 산물로 돌아가는 것이 아니라 열심히 노력한 각자의 몫이어야 했다.

하필 제시카의 인내심이 한계에 달했을 때 그녀의 아버지가 암 진단을 받았다. 어머니는 신실한 기도의 용사였지만, 이제 제시카는 하나님이 자신의 말을 들으신다는 확신조차 없었다. 누군가의 공허한 약속을 또 믿느니 차라리 담담히 현실을 받아들이고 싶었다. 자신이 네 살 때부터 따랐던 하나님의 약속이기에 특히 더했다. 그녀는 배신당하고 버림받아 바깥에 내쳐진 심정이었다. 그리스도인 친구들은 더 기도하라고 권했지만 그럴수록 그녀의 기분만 더 나빠졌다. 그런 그녀에게 제러미는 기도해봐야 희망만 부풀 뿐이라며 더는 하나님께 기도하지 말라고 말했다. 결국 운명대로 될 거라면서 무슨 일이 일어나든 자신이 끝까지 곁에 있겠다고 했다.

그녀의 아버지는 음울한 겨우내 화학 요법과 방사선

치료를 받았다. 체중이 23킬로그램이나 줄었고 머리카락도 다 빠졌다.

제러미는 육식을 삼가며 벌레 한 마리도 죽이지 않았고, 범신론과 반전론을 중시했다. 모든 피조물 속에 신적 능력이 깃들어 있고, 모든 인간의 마음에 영성이 내재한다고 확신했다. 또 모든 종교에서 배울 점 있다는 개방적 입장을 취하면서 그는 종교가 사람들을 갈라놓는 현실을 개탄했다. 세상 모든 종교가 화합할 수만 있다면 진정한 영성을 볼 수 있다고 믿었기 때문이다. 우주와 우리가 하나라는 사실을 기억할 수만 있다면 세계 평화가 이루어질지 모른다는 것이었다.

제시카는 제러미가 있어 든든했다. 그는 그녀가 가슴앓이를 하는 내내 곁을 지켰고, 그녀의 아버지가 암에서 회복되었을 때는 왈칵 눈물을 쏟으며 함께 울었다. 제시카는 아버지의 병세가 호전되었으니 마땅히 하나님께 감사해야 하는 줄 알면서도 도저히 그럴 수 없었다. 아버지의 삶은 (자신이 빈곤 속에 두고 온 아이들의 삶처럼) 목적이 없거나 지리멸렬해 보였다. 그나마 아버지는 운이 좋았으니 다행이지만, 운이라서 제시카는 더 불안해졌다. 언제 어떻게 될지 모르는 삶이 비정하고 무의미하게 느껴졌다. 하나님은 하나님대로 냉담하고 변덕스러워 보였다.

제시카는 비신자와 사랑에 빠지면 안 되는 줄 알면서

도 어쩔 수 없었다. 제러미와 결혼하는 것을 하나님이 원하지 않으신다면 막아달라고 기도했지만 그분은 개입하지 않으셨다. 그래서 제러미의 청혼을 복으로 해석했다.

두 사람은 약혼했다.

그녀의 그리스도인 친구들과 목사들과 부모는 말렸다.

결혼식을 두 달 앞둔 어느 날 제시카는 제러미를 우리 집에 데려와 함께 저녁 식사를 했다. 우리는 직장과 결혼식 계획에 대해 즐거운 대화를 나누었다.

식후에 우리 아이들이 식탁에 둘러앉은 모든 사람에게 성경책을 나누어주었고, 남편 켄트는 전날 읽은 대목에 이어서 누가복음 14장 26-33절을 펼쳤다. 함께 공부할 본문을 보니 나는 벌써부터 식은땀이 나는데 남편은 아랑곳하지 않았다. 식탁의 손님 때문에 성경 본문을 다른 데로 바꿀 그가 아니다. 켄트는 깨닫게 해달라고 주님께 복을 구한 뒤 본문을 낭독했다.

> 수많은 무리가 함께 갈새 예수께서 돌이키사 이르시되
> 무릇 내게 오는 자가 자기 부모와 처자와 형제와 자매와
> 더욱이 자기 목숨까지 미워하지 아니하면(이 대목에서 제러미는
> 자리에서 벌떡 일어나다시피 했다) 능히 내 제자가 되지 못하고…
> 너희 중의 누가 망대를 세우고자 할진대 자기의 가진 것이

준공하기까지에 족할는지 먼저 앉아 그 비용을 계산하지 아니하겠느냐 그렇게 아니하여 그 기초만 쌓고 능히 이루지 못하면 보는 자가 다 비웃어 이르되 이 사람이 공사를 시작하고 능히 이루지 못하였다 하리라 또 어떤 임금이 다른 임금과 싸우러 갈 때에 먼저 앉아 일만 명으로써 저 이만 명을 거느리고 오는 자를 대적할 수 있을까 헤아리지 아니하겠느냐 만일 못할 터이면 그가 아직 멀리 있을 때에 사신을 보내어 화친을 청할지니라 이와 같이 너희 중의 누구든지 자기의 모든 소유를 버리지 아니하면 능히 내 제자가 되지 못하리라(눅 14:25-33).

제러미는 숨소리가 거칠어지면서 엄지와 검지로 왼쪽 콧수염을 배배 꼬았다. 제시카가 몸을 바짝 기울이며 "자기야, 우리는 먼저 일어나도 돼. 그냥 가자"라고 말했으나 그를 진정시킬 수는 없었다. 평소 '믿을 만한 사람'의 대명사이던 그가 욱하며 격분을 터뜨렸다.

"어떻게 미워하라고 가르치는 신을 따를 수 있습니까?"

제시카는 사색이 되어 대신 사과했다.

켄트가 물었다. "제러미, 이 본문을 그리스도인들이 어떻게 해석하는지 알고 싶습니까?"

"아뇨! 그런 미움 따위에 조금도 관심 없습니다!"

눈에 띄게 부들거리며 의자를 박차고 일어난 그는 당시 열 살과 열세 살이던 우리 아이들을 보며 "이런 사람들이 너희 부모라니 정말 딱하구나. 이 사람들 말을 믿지 마라!"라고 말하고는 밖으로 뛰쳐나가버렸다.

우리는 놀라서 말을 잃고 앉아 있었다. 제러미가 제시카를 데리러 돌아왔을 때, 켄트는 그에게 이 본문을 우리가 어떻게 해석하는지 들어볼 마음이 있느냐고 다시 물었다. 켄트는 침착하게 서서 말했다. "신약의 말씀은 그리스어를 번역한 겁니다. 여기 '미워하다'라는 단어도 마찬가지고요. 누가는 모든 그리스도인이 충정을 품어야 할 대상의 순서를 과장법을 써서 비교한 겁니다. 과장된 표현이지요. 무조건 배격할 게 아니라 천천히 함께 대화해보면 도움이 될 겁니다."

제러미는 앉을 마음은 없었지만 듣긴 들었다. 남편의 말은 이렇게 이어졌다.

> 이것은 예수님의 충정 테스트입니다. 그리스도의 제자들은 다른 사람들을 사랑하기 전에 먼저 그분을 사랑하도록 부름받았습니다. 마음을 다해 그분을 전적으로 사랑하니 세상의 관점에서는 나머지 모두를 미워하거나 거부하는 것처럼 보이지요. 예수님을 향한 우리의 사랑이 세상 사람들이 보기에 지나치다 싶은 이유는 우리의 우선순위가

세상과 다르기 때문입니다. 물론 우리도 자녀와 배우자와 이웃을 사랑합니다. 다만 주님을 사랑하는 것보다 덜 사랑할 뿐이지요. 이 본문의 '미워하다'라는 말은 '덜 사랑하다'로 번역될 수 있습니다.

켄트는 말을 멈추고 제러미에게 반응할 시간을 주었다. 제러미는 여전히 부들거리며 말했다. "지금 나한테 역겹고 광적인 혐오 표현을 쏟아내시는 겁니다! 이 말이야말로 율법주의이고 근본주의입니다!" 이어 그는 제시카를 보며 "제스, 나한테는 네가 '예수'야. 너를 전적으로 사랑하기로 약속했어. 이 거짓 신들을 포함한 나머지 모두를 미워하는 것처럼 보일 정도로!"라고 말한 뒤, 다시 우리 아이들을 보며 "이런 쓰레기 같은 말을 한마디도 믿지 마라!"라고 소리쳤다. 그러고는 밖으로 뛰쳐나가 차 안에 앉아 제시카를 기다렸다.

우리는 제시카에게 그래도 이 남자와 결혼할 것인지 차분히 잘 생각해보라고 권했다. 하나님이 지금 막 그녀에게 분명히 보여주셨으니 말이다.

제시카는 주님을 알았다.

자신이 무엇을 거부하고 있는지도 알았다.

그녀는 울먹이며 우리 아이들인 녹스와 메리에게 사과했다. 진실한 사과였다. 그녀도 알았듯이 제러미의 말은 거칠고 잘못되었으며, (굳이 대상이 필요했다면) 아이들이 아닌 나나 켄트에게 했어야 할 말이었다. 결국 제시카는 제러미를 따라 밖으로 나갔고, 그 뒤로 우리는 다시는 그녀를 보지 못했다.

제시카가 떠난 뒤 켄트는 아이들에게 주의를 돌렸고, 우리는 방금 벌어진 일을 두고 대화했다. 목사 가정의 자녀는 준비되기 훨씬 전부터 세상의 배척과 분풀이 대상이 되곤 하지만, 누군가 우리 아이들에게 언어폭력을 가하기는 그때가 처음이었다. 제러미는 분명히 그들에게 그리스도와 부모에게 거역하라고 말했다. 지독한 악의 냉혹한 손길이 그들을 처음 덮친 사건 중 하나였다.

그 밤에 우리가 깨달았듯이 이 일은 신앙에 수반되는 큰 대가를 부각해주었다. 녹스와 메리는 그때 막 신앙을 고백하고 우리 교회의 정식 교인으로 등록한 참이었다. 그들은 우리 집에서 위탁 보호를 받다가 입양된 아래 두 자녀고, 위의 두 입양 자녀는 아동 학대와 부모의 방임과 무신론 등의 상처를 안고 있다.

녹스와 메리는 당연히 충격을 받았다. 그 정도로 자제력을 잃은 성인을 처음 보았던 것이다. 또 그들은 제시카를 사랑했는데, 그녀와 결혼할 남자가 옹졸한 사람임을 직관으로 느꼈다.

아울러 켄트가 지적했듯이 우리는 성경을 문맥 속에

서 읽어 '미워하다'라는 말의 뜻을 이해한 반면, 마치 언어가 물리적 건축 자재라도 된다는 듯 정작 문자적으로 해석한 쪽은 제러미였다. 생각해보면 흥미롭다. 제러미는 우리를 문자주의자라고 비난했지만, 사실 우리는 본문의 참뜻을 파악했으니 말이다.

우리 모두 곰곰 생각할 점이 많았다. 예수님은 육신이 되신 말씀이건만, 그분이 잘못된 성경 해석 속에 묻혀 계셔서 그분을 거부하는 사람이 얼마나 많을까? 거슬리는 성경 말씀일랑 싹 도려내고 자기 입맛대로 만들어낸 예수님을 따르는 사람이 얼마나 많을까? 신학이 당신을 구원할 수는 없지만 비성경적 신학은 당신을 위험한 곁길로 빠뜨릴 수 있다. 그 일을 계기로 우리는 예수님께 우리 마음이 늘 말씀에 견고히 뿌리내리게 해달라고 간구했다. 말씀이라는 닻이 없으면 우리는 다 사나운 풍랑에 휩쓸리는 조각배 신세다.

그날 저녁 설거지하고 개들을 산책시킨 뒤 온 가족이 카드 게임 우노(Uno)를 몇 판 했다. 그리고 나자 녹스는 제시카 누나가 걱정된다고 말했다. 그러자 켄트가 말했다. "예수님을 먼저 사랑하면 다른 사람들까지 안전하게 사랑할 수 있지만, 다른 사람들을 먼저 사랑하면 그들조차 안전하게 사랑할 수 없단다. 나도 제시카가 걱정되는구나. 그러니 우리가 계속 기도해주어야 해."

내 이야기이기도 하다

알다시피 나는 10년 동안 레즈비언 페미니스트 활동가이자 영어학 교수로 살았다. 현재 우리가 살고 있는 세상을 만드는 데 나도 일조했고, 그 때문에 내 영혼은 헤아릴 수 없이 많은 어두운 밤을 보내야 했다. 성경이 근거 없는 폭력 서적이며 원작의 출처와 구조도 엉터리라는 것이 무신론자 레즈비언 시절의 내 기본 입장이었다. 켄 스미스 목사를 만나 성경이 단어 하나하나까지 모두 자체 검증되는 진리라는 말을 들었을 때 내 반응은 이랬다. "정확히 짚고 넘어갑시다. 책 하나가 자체 진리 주장에 근거하여 스스로 변호한다는 말은 기껏해야 순환 논리잖아요. 반면 그것을 터무니없는 바보짓이라고 칭하는 학자는 제 사무실 책장에만도 족히 50명은 됩니다. 맞나요?"

켄도 무신론에 꺾일 사람이 아닌지라 "맞습니다! 그러니 오늘 밤에 만나 제 변증을 들어보시지요"라고 말했다.

그래서 우리는 만났고, 켄은 내게 '성경 요약'이라는 제목으로 강연했다.

그날 밤이 내게 분기점이 되었다. 당시 나는 회심하기 전이었는데 켄의 강연을 통해 깨달은 것이 있었다. 그것은 바로 기독교 신앙의 근거가 내 레즈비어니즘의 의미가 아닌 성경의 정체와 내용에 있고, 내 회심의 근거는 내 육신의 갈망이 아니라 예수님의 정체에 있다는 것이었다. 예수님의 정체와 성경의 정체는 불가분의 관계다. 예수님도 살아 계시고, 성경도 살아 있다. 그래서 성경은 그분을 부정하는 내 책장의 다른 모든 책과 구별된다.

이내 한 줄기 희미한 빛이 비쳐 들었고, 나는 그 빛에서 눈을 뗄 수 없었다. 바라볼 것이 더 있을지 궁금했고, 예수님께 내 몫의 빛도 조금이나마 남아 있을지도 궁금했으며, 그 빛 쪽으로 가면 내 삶이 어떻게 될지 또한 궁금했다.

우리가 살아가는 세상은 영적인 사람이 성경적 그리스도인보다 더 착하다고 믿는다. 언뜻 보면 '영적인 사람'과 '성경적 그리스도인'은 표현만 다를 뿐 동일해 보인다. 실제로 그리스도인은 시대정신을 뛰어넘어 성령(거룩하신 영)으로 충만한 사람이다. '영적인 사람'과 '성경적 그리스도인'의 차이는 강조점에 있지 않고 내용에 있다. 성경적 신앙은 그 무엇과도 다르신 하나님으로 시작되고 끝난다. 그분은 우리와 구별되는 존재이자 우리를 지으신 분이다. 그런데 이 진리는 세상의 가치관에 어긋난다. 세상 모든 나라의 흥망은 그리스도의 말씀에 달려 있다. 그분의 말씀은 진리를 선포하고 거짓을 드러낸다. 구원과 온전한 평안을 가져다준다.

비성경적 영성과 성경적 신앙은 어떻게 다른가?

피터 존스의 말마따나 우리가 상대하는 것은 세속주의(불신앙)가 아니다. 불신앙이라면 차라리 무너뜨리기가 더 쉬울 것이다. 대신 우리는 경쟁자로 나선 다른 종교들을 상대하고 있다. 피터 존스는 『다른 세계관: 기독교의 최대 위협을 폭로하다』에서 세상이 위험하고 밋밋하고 모호해진 것은 교회에 진정으로 회심한 그리스도인이 부족한 탓도 있지만, 기독교 문화가 무너졌기 때문이기도 하다고 지적했다. "서구가 기독교의 영향 아래 있던 때에는 많은 전통적 개연성 구조가 삶에 의미와 가치를 부여했는데, 이제 그런 구조를 찾아보기 힘들어졌다"라고 말하며 다음을 제시한다.

① 기독교가 상대화되어 개인이나 사회의 다양한(대개 모순되는) 인습에 밀려났다.
② 정직이란 외부의 기준이나 객관적 사실에 충실하다기보다 자기 내면의 다짐과 갈망에 충실하다는 뜻이다.
③ 다양한 성 모델과 가정 모델이 용인되다 보니 개인과 젠더의 다양한 조합이 가능해졌다.
④ 대개 결혼은 서로에게 편리한 동거와 사실상 구분되지 않는다.

⑤ 모성과 무제한의 낙태가 동시에 예찬된다.[1]

피터 존스와 나는 좋았던 옛날(그때가 언제든)로 돌아가자고 말하는 것이 아니다. 회귀를 권고하는 것이 아니다. 우리가 권고하는 것은 개혁과 회개다.

새로운 비성경적 영성은 이교뿐만 아니라 물질주의에도 깊이 뿌리박고 있다. 그래서 존스는 "영성은 고대 동양 관습과 현대 소비자 감성을 버무린 개인 취향의 취미 생활이 되었다"라고 썼다.[2]

기독교 신앙에 이교의 옷을 입히면?

서구 문화는 세속주의에서 이교로 옮겨갔고, 성경과 그리스도에 대한 배격도 반종교에서 경쟁 종교로 바뀌었다. 그러면서 이상한 일이 벌어졌다. 선한 그리스도인들이 문화에 동조하는 것을 선교로 보기 시작했다. "예컨대 이머징 교회 리더

---

[1] Peter Jones, *The Other Worldview: Exposing Christianity's Greatest Threat* (Bellingham, WA: Kirkdale Press, 2015), 4.

[2] Jones, *The Other Worldview*, 5.

케스터 브루윈(Kester Brewin)에 따르면 우리는 '지배 문화에 의존할 수밖에 없음'을 인정하고 '마음을 열어…거기에 순응하며' 그것의 '본질적 미덕'을 인식해야 한다."³ 어찌 된 일인지 우리는 하나님의 말씀을 듣기보다 세상에 더 동조하려 애쓰는 반쪽짜리 복음주의 안에서 살아간다. 수용에 주력하는 반쪽짜리 복음주의는 기독교의 옷을 입은 이교이고, 우리의 많은 아들딸이 바로 이런 이교 속에서 (현재로서는) 길을 잃었다.

한 자녀는 믿음으로 세상에 맞서는데, 다른 자녀는 맥없이 세상에 동조하는 이유가 무엇일까? 답은 하나님의 말씀이다. 그분의 말씀은 소망의 답이다. 예수님은 우리 소망이시며 우리 중 누구도 포기하지 않으신다. 그분은 나나 당신이나 제시카도 그리고 이 글을 읽는 당신이 마음속에 품고 있는 사랑하는 가족이나 친구도 아직 포기하지 않으셨다. 복음은 그저 우리를 더 친절한 사람이 되게 하는 것이 아니다. 우리에게 새로운 성품을 주고, 하나님의 영광을 위해 살아갈 능력을 준다. 바울처럼 우리도 "내가 복음을 부끄러워하지 아니하노니 이 복음은 모든 믿는 자에게 구원을 주시는 하나님의 능력이 됨이라 먼저는 유대인에게요 그리고 헬라인에게로다

---

3 —— Jones, *The Other Worldview*, 140.

복음에는 하나님의 의가 나타나서 믿음으로 믿음에 이르게 하나니 기록된바 오직 의인은 믿음으로 말미암아 살리라 함과 같으니라"(롬 1:16-17)고 고백한다. 하나님은 의를 주신다. 완전한 의의 개념만 주시는 것이 아니라, 예수 그리스도의 완전한 삶과 대속의 죽음을 통해 그 의를 우리 삶에 적용해주신다. 이 의는 믿음으로 믿음에 이른다. 오직 믿음으로만 믿음에 이르는 것이다. 그리스도의 피로 속죄하는 능력은 믿음으로만 우리에게 전가되며, 그렇게 하나님과 화목해지면 반드시 모든 것이 제자리를 찾게 되어 있다. 온 세상이 무너진다 해도 말이다.

6장
성경은 나보다
나를 더 잘 안다

1997년 5월 8일에 시러큐스 개혁장로교회의 켄 스미스 목사는 시러큐스 대학교에서 영어학과 여성학을 가르치는 악명 높은 레즈비언 교수인 로자리아 샴페인(Rosaria Champagne, 저자의 결혼 전 이름—옮긴이) 박사에게 편지를 썼다. 이 첫 조우로 시작된 우정이 결국 내 삶을 영원히 바꾸어놓았다. 그의 편지는 내가 「시러큐스 포스트 스탠더드」 신문에 기고한 "프라미스 키퍼스(Promise Keepers, 기독교 남성 신앙운동—옮긴이)의 메시지는 민주주의를 위협한다"라는 사설에 답하는 내용을 담고 있었다.[1] 나중에 알고 보니 그 교회의 한

---

1 —— Rosaria Butterfield, "Promise Keepers' Message Is a Danger to

장로가 내 사설이 실린 신문으로 켄의 책상을 내리치며 "이 여자의 입을 막아야 합니다!"라고 소리쳤고, 그러자 켄은 "플로이와 내가 그녀를 저녁 식사에 초대하는 게 좋겠군요"라고 답했다고 한다. 그 뒷일은 이미 다 알려진 대로다.

켄과 나의 인연은 그 5월 8일자 편지로 시작되었다. 그는 그 편지에 이렇게 썼다.

> 친애하는 샴페인 교수님께.
>
> 교수님이 신문에 쓰신 프라미스 키퍼스 관련 '논평'을 아주 흥미롭게 읽었습니다. 우리 문화의 남성 문제는 제 오랜 관심사인지라 저도 빌 맥카트니(Bill McCartney)가 시작한 이 운동에 늘 관심이 많습니다.
>
> 저는 시러큐스로 오기 전에 피츠버그에 살았는데, 그쪽의 제 친구 하나가 최근에 프라미스 키퍼스 피츠버그 집회에 참석했습니다. 여성이라 꾸준히 참석할 수는 없지만 관심이 많아서 자원했다더군요. 그 경험에 대한 그녀의 글을 교수님도 읽어보고 싶으실 듯합니다. 그녀와 나는 남성과

Democracy," *Syracuse Post Standard*, 1997년 4월 15일, A-9면. 다음 기사도 참조하라. Anne M. Stiles, "Prof. Decries 'Promise Keepers,'" *Crimson*, 1997년 10월 24일, https://www.thecrimson.com/.

여성의 관계에 대해 열띤 대화를 나누곤 하는데, 매번 견해가 일치하지는 않아도 늘 서로를 존중합니다. 어쨌든 참고하시라고 (친구가 쓴 기사 몇 편을) 동봉합니다.

이 도시에 온 뒤로 늘 제게 의문이 하나 있는데 그것을 교수님께 여쭤볼까 합니다. 대학생들에게 관심 있는 현지 목사로서 어떻게 하면 성경 지식을 보급할 수 있을까요? 제가 보기에 대다수 대학생은 단순히 성경 내용을 딱할 정도로 모릅니다. 성경 내용에 관한 한 그들의 견해는 (진위 여부를 떠나) 다분히 남들의 논평에 휩쓸리는 정도지요. 그러니 성경에 대한 암시가 넘쳐나는 서구 문학을 어떻게 이해할 수 있겠습니까? 우리 문화에 미친 영향이 다른 어떤 책보다도 분명히 더 큰 이 책을 영어과 학생들에게 더 잘 교육하려면 어떻게 해야 할까요? 그게 제 관심사입니다.

교수님께 좋은 방안이 있을까요? 예를 들어, 그동안 저는 여러 대학 강의실에서 실제로 '성경 서평'이라는 강연을 해왔습니다. 이 30-40분짜리 강연의 취지는 사람들에게 성경의 중심 주제를 알리는 데 있습니다. 영어과 수업에 이것을 접목하는 것이 가능할까요?[2]

---

[2] —— 켄 스미스 목사가 1997년 5월 8일에 보낸 서신을 저자의 허락을 받고 인용했다. 이번 장에 소개될 그의 강연 '성경 요약'(A Summary of the

켄의 편지는 직접 만나 더 충분히 의논해보자는 초대로 마무리되었다.

편지의 모든 면이 내 흥미를 끌었다. 나를 조종하려는 것이 아니라 그냥 솔직하게 대화하려는 '참된 신자'가 실제로 이 세상에 존재할 줄은 미처 몰랐다. 나는 성경을 읽어본 적도 없으면서 그가 언급한 학생들처럼 성경을 잘도 비판했다. 그래서 그의 말을 유익한 책망으로 받아들였다. 게다가 마침 나는 성경과 성경 추종자들이 나 같은 사람들을 혐오한다는 내용의 비판서를 쓰기 시작한 터라, 켄 스미스가 무급 연구 보조원으로서 내게 큰 도움이 될 수 있겠다는 생각도 들었다. 그래서 나부터 그의 강연을 듣고 싶었다. 그의 눈을 통해 성경을 읽으면서, 그가 어떤 전제와 개념을 가지고 본문을 대하는지 알고 싶었다.

켄의 사무실로 전화를 걸었다. 그가 마음이 따뜻한 호인이었기에 나는 식사가 포함된 머잖은 만남이 기다려졌다. 그 한 끼 식사가 이후의 수많은 식사로 이어졌다. 그렇게 우정을 맺은 지 몇 달 후 켄은 자신이 내 학생들에게 강연해도 되겠느냐고 다시 물었다. 사전에 충분히 검토하지 않은 내용

Bible)도 그의 며느리 비키 스미스(Vicki Smith)가 글로 풀어낸 것을 저자의 허락을 받고 인용했다.

은 절대로 학생들에게 제시하지 않는다는 내 원칙을 밝히면서, 우선 한 학생(나)에게 강연해주겠느냐고 되물었더니 그는 특유의 따뜻한 마음으로 기쁘게 수락했다. 그리하여 우리는 '성경 요약' 강연 날짜를 정했다.

집에 나 혼자 있을 수 있는 날을 골랐다. 공동생활을 하는 사람에게는 쉬운 일이 아니다. 우선 시러큐스 수산 시장에서 사온 연어를 데쳐 싱싱한 양상추 샐러드와 함께 차려냈고, 저녁 식사 후에는 플로이에게 김이 모락모락 나는 복숭아 차를 내놓았다. 플로이가 좋아하는 차인데, 나중에 알고 보니 그녀는 한겨울에나 무더운 여름에나 똑같이 복숭아 차를 애틋이도 즐겨 마신다고 했다. 켄은 원고를 꺼냈고, 나는 펜과 공책을 꺼냈다. 강연이 시작되었다.

> 성경은 "태초에 하나님이 천지를 창조하시니라"는 말로
> 시작됩니다. 창세기 1장 1절이지요. 이것을 가리켜 창조라
> 합니다. 성경에 따르면 태초, 즉 시간과 공간의 시작점이
> 실제로 있었습니다. 그래서 만물의 역사적 기원을 정말 알 수
> 있습니다.

초장부터 켄의 강연 전체에 하나도 동의할 수 없을 것 같은 느낌이 들었다. 그래서 공책 한가운데에 세로줄을 길게

그어 두 칸으로 나누었다. 내가 달갑잖은 내용을 들을 때 써먹는 필기 방식인데, 왼쪽 칸에는 켄의 말을 적고 오른쪽 칸에는 내 생각을 적는 식이었다. 강연은 이렇게 이어졌다.

그런데 이 가장 기본적인 성경 구절에는 그 이상의 진술이 담겨 있습니다. 태초에 하나님이 존재하셨다고 밝혀놓은 것이지요. 실제로 그분은 영원하십니다. 이렇듯 처음부터 성경은 우리가 소위 초자연적 실재 속에 살고 있다고 말합니다. 다시 말해서 물질적 혹은 물리적 차원에만 근거해서는 존재하는 모든 것을 바로 알 수 없습니다. 성부 하나님과 성자 하나님과 성령 하나님이 태초 이전부터 존재하셨고, 창조는 바로 이 삼위일체 하나님이 결정하신 일입니다. 사실 창세기 첫 장을 보면 창조 과정 중에 세 분이 실제로 의논하십니다.

내 쪽 칸에 "으악!", "말도 안 돼", "마르크스는 뭐라고 말할까?"라고 썼다. 삼위일체 하나님이 구약에서부터 존재했다는 개념 옆에 물음표도 크게 그렸다. 예수님은 신약 시대에 태어나지 않았던가? 내가 알기로 성령은 예수님의 죽음 이후에야 등장했고 말이다. 이 강의를 동성애가 죄인가에 대한 일종의 자유 토론으로 예상했던 내 생각은 완전히 빗나갔다.

그보다 훨씬 더 불쾌했다. 그래도 켄의 말은 계속 이어졌다.

> 그러니까 처음부터 성경은 하나님이 실재하실 뿐 아니라 물리적 우주가 그분에게서 기원했다고 단언합니다. 또 이를 통해 많은 사람이 고민하는 '나는 누구인가?'라는 의문에까지 답해줍니다. 성경에 따르면 인간은 누군가 자신을 묘사한 말처럼 '무의미의 바다를 떠도는 한 점 원형질'이 아니라 하나님의 피조물입니다. 성경은 하나님이 우리를 그분의 형상대로 지으셨다고 말합니다! 인간은 정말 대단한 존재지요! 일단 그만큼 엄청나게 소중한 가치를 지녔으니 아무것도 아닌 존재일 리 없습니다. 가치 외에 인간에게는 목적과 책임도 있습니다. 하나님이 뜻하신 바가 있어 인간을 지으셨으므로 그 뜻이 실현되지 않는 한 인간은 절망하게 되어 있습니다.

켄은 내게 '인간'(man)이 '남자와 여자'를 총칭한다고 부연하면서 이런 상식에까지 반감을 품을 것은 없다고 상기시켰다. 반감을 품지 말라면 더 반감이 드는 법이다. 나는 준비된 답변을 얼마든지 끌어내 경멸조로 켄의 모든 말을 반박할 수도 있었다. 대신 공책에 격한 표현만 끼적였다. 내 마음을 살펴보니 경멸보다 더 깊은 무언가가 감지되었다. 켄의 말을 들으며 죄책감과 수치심과 욕지기가 느껴진 것이다. 내게 엄청난 가치가 있다는 말과 내 내면의 지독한 수치심이 서로 연결되기까지는 성경을 1년이나 더 읽어야 했다. 회개하며 성경을 1년간 읽고 나서야 내 마음과 머리와 영혼이 미약하게나마 점차 서로 합의에 이르렀다. 다시 강연이 이어졌다.

> 이렇듯 하나님은 첫 남자 아담과 첫 여자 하와를 창조하여 그들을 에덴동산이라는 아름다운 곳에 두셨습니다. 거기서 첫 부부는 하나님 앞에서 그들의 가치와 목적을 향유했습니다. 정말 낙원이었지요!

공책의 오른쪽 칸에 "하나님 앞에서 내 가치와 목적은 무엇일까?"라고 썼다. 여태 내게 이런 질문을 한 사람은 없었다. 이런 질문에 답이 있는지조차 몰랐다.

> 이렇게 하나님은 자신이 인간을 사랑하심을 확실히 보여주셨습니다. 그런데 그분은 인간도 그분을 사랑하기를 원하셨어요. 하나님은 어디까지나 인격적 존재시니까요. 그분은 살아 계십니다. 우리는 그분을 알고 사랑할 수 있으며 그분과 소통할 수 있습니다. 그래서 하나님은 인간 스스로 창조주를 사랑하며 감사하기로 선택할 수 있는 장치를

마련하셨습니다. 동산에 나무 한 그루를 두시고 거기에 '접근 금지'를 명하신 겁니다. 아담에게 그 나무 열매를 먹지 말라고 하셨어요. 나무에 문제가 있어서가 아니라 하나님은 아담이 자원해서 그분께 순종하기를 바라셨습니다. 인간을 테스트하신 것이지요. 그 열매를 따 먹으면 곧 하나님께 불순종하고 자기 뜻대로 사는 '독립'을 선택하는 것입니다. 그분은 아담이 열매를 먹기로 선택하면 반드시 죽으리라고 경고하셨습니다. 하나님께 불순종하면 죽음을 자초하는 것이지요. 인간이 지음받은 목적은 하나님을 사랑하고 섬기는 것입니다. 아담은 어느 쪽을 선택했을까요? 순종일까요, 불순종일까요?

사탄은 반항하여 타락한 천사인데, 그가 말하는 뱀으로 나타나 유혹하자 성경에 분명히 나와 있듯이 아담과 하와는 고의로 그 나무 열매를 먹었습니다! 하나님을 사랑하기보다 그분께 반항하여 독자 노선을 선택한 것이지요. 이것이 역사적으로 죄가 세상에 들어온 경위에 대한 기록입니다. 인간이 스스로 반항해서 자신과 모든 후손에게 불러온 결과는 하나님이 경고하신 대로 죄책감과 수치심과 불행 그리고 결국 죽음입니다. 죄 때문에 하나님이 인간을 저주하신 결과로 땅도 몸살을 앓게 되었고요.

내 의견을 적는 칸에 "이분법적 대비가 왜 이렇게 많지?"라고 썼다. 이분법, 즉 둘 중 하나라는 흑백 논리는 포스트모던 사고에 어긋난다. 당시 내 사고는 포스트모던을 따르고 있었기에 모든 것이 회색조였다. 모든 것이 뉘앙스와 상황과 내 주관에 달려 있었다. 켄의 강연을 들어보니 내가 '개인적 자율'이라고 말하는 것을 성경은 '죄'라고 칭하는 것이 분명했다. 당연히 내 신경이 곤두섰다.

> 이야기는 거기서 아예 끝나버릴 수도 있었습니다. 하나님이 '우주적 낙태'를 행하시고 그냥 다시 시작하실 수도 있었지요. 그런데 하나님은 '언약'이라는 다른 장치를 세워 자기 백성을 구원하고 나라를 회복시키기로 계획하셨습니다. 창세기 3장 15절의 은유적 표현에서 그 계획을 엿볼 수 있습니다. 하나님은 장차 뱀의 머리를 상하게 할 여자의 후손을 통해 그 일이 다 성취되리라고 말씀하셨습니다. 실제로 그것이 나머지 성경 전체의 주제입니다. 즉, 하나님이 약속하신 일을 이루어가시는 과정이지요! 이렇게 우리의 시조 아담과 하와에게 희망의 약속이 주어집니다.

켄이 아담과 하와도 조지 워싱턴(George Washington)

과 로자 파크스(Rosa Parks, 미국 민권 운동가―옮긴이)처럼 역사적 실존 인물이라고 믿다니, 참 흥미롭다는 생각이 들었다. 내가 아담과 하와에 대해 아는 것이라고는 존 밀턴의 『실낙원』에서 접한 내용뿐이었는데, 아무래도 이 정황에서 가장 유용한 출처는 아닐 듯싶었다.

> 아담과 하와에게 처음 말씀하신 이 후손에 대한 약속을
> 하나님은 훗날 노아에게 다시 주십니다. 노아는 대홍수 때
> 방주를 지은 사람이지요. 나중에 그의 후손인 아브라함이
> 그 약속을 더 구체적으로 받습니다. 그에게 하나님은
> 세상 모든 나라가 그의 후손을 통해 복을 받으리라고
> 말씀하십니다. 이 약속은 아브라함의 아들 이삭을 거쳐
> 이삭의 쌍둥이 아들 야곱과 에서 중 야곱에게로 전수됩니다.
> 야곱의 이름이 나중에 '이스라엘'로 바뀌고요. 야곱의
> 아들은 열두 명인데 이 약속은 그중 유다에게로 이어집니다.
> 유다의 후손을 흔히들 '유대인'이라 하지요. 이렇듯 하나님은
> 이 후손(구체적으로 말해서 기름 부음을 받은 자, 곧 메시아)이 결국
> 이스라엘 자손을 통해 오리라는 것을 분명히 밝히셨습니다.

켄이 성경의 모든 사건을 사실인 양 말한다는 것이 마냥 신기했다. 성경을 실제 역사처럼 대하는 것이 아닌가!

성경의 두 번째 책인 출애굽기를 보면, 이스라엘 자손은
기근 때문에 이집트로 내려갑니다. 400년이 지난 그때는
추정컨대 인구 2백만이 넘는 민족이 되었을 것입니다.
문제는 그들이 이집트인의 노예가 되어 극심한 고통에
시달렸다는 겁니다. 그러나 하나님은 자신이 하신 약속을
잊지 않으셨습니다. 그분이 세우신 모세라는 사람이 그분의
도움으로 이 민족을 이집트에서 이끌어냅니다. 앞서 그들이
어린양을 제물로 잡아 그 피를 문설주에 바른 덕분에,
이집트에 임한 죽음의 천사가 그들의 집만 건너뜁니다.
이것이 '유월절'(건너뛴다는 뜻—옮긴이)이라는 연례 절기가
되었지요. 결국 그들은 기적처럼 홍해를 건너 시내 산이라는
바위투성이 봉우리에 이릅니다. 오늘날에도 방문할 수 있는
시내 산으로 하나님은 모세를 불러올려 따로 만나셨고, 이
역사적 시점에 그에게 흔히들 십계명이라고 부르는 그분의
율법을 주십니다.

율법은 하나님이 주신 것입니다. 그분은 성경에 거룩하고
순전하며 선하고 온전히 의로우신 분으로 묘사되어
있습니다. 그분의 성품이 율법에도 반영되어 있지요. 그래서
우리는 옳고 그름이 엄연히 존재함을 압니다. 하나님이
계시기 때문입니다. 그분과 공존할 수 있는 것은 옳거나
의롭고, 그렇지 않은 것은 그르거나 악합니다. 지금도

인간은 하나님의 율법에 자신을 비추어보면 불현듯 자신이 거룩하지 않음을 깨닫습니다. 인간에게는 그런 거룩함이 없거든요. 정말 하나님을 닮지 않았지요. 인간은 왜 홧김에 폭발하고, 우울해지며, 이기적이고, 불만이 많으며, 미움과 살인과 전쟁으로 가득할까요? 답은 실제로 인간이 율법을 지키지 않고 어기기 때문입니다! 아담과 하와처럼 우리도 하나님을 등지고 독립을 선택했어요. 그래서 우리는 죄인입니다! 인정하기 힘들겠지만 바로 그것이 '나는 어떤 사람인가?'라는 질문의 개연성 있는 답입니다. 성경은 인간이 하나님과 그분의 율법에 반항해서 그 결과를 몸소 겪고 있다고 잘라 말합니다.

여태 내 주변에 그렇게 말한 사람은 없었다. 단순한 연역을 통해 켄은 내가 죄인이며 악하게 반항하고 있다고 말했다. 나는 종교인들이 '신'(그것이 무슨 의미든)이란 각자의 마음속에 있다고 믿는 줄로 알았다. 그런데 켄의 강연은 내가 믿던 모든 것과 너무도 반대돼서 과연 어느 쪽이 옳을지 궁금해졌다. 어느새 내 무장이 해제되어 있었다.

어떤 사람들은 하나님이 십계명을 주신 목적이 사람들이 계명을 지킴으로써 그분께 은총을 입어 천국에 가게 하는 것이라고 생각하는 것 같습니다. 사실은 그렇지 않습니다. 하나님은 그들을 이미 이집트에서 구원하셨습니다. 이는 그들의 노력으로 된 일이 아니라, 유월절로 대변되는 그분의 은혜로운 사랑으로 된 일입니다. 그들은 이미 구원받은 하나님의 백성이었어요! 출애굽기 20장에서 그분이 모세에게 율법을 주신 목적은 자기 백성에게…그분이 무엇을 원하시는지를 알려주는 것이었습니다. 그런데 그들은 계명대로 살지 못했습니다. 이로써 "율법으로는 죄를 깨달음이니라"(롬 3:20)는 신약의 말씀이 입증되었습니다. 그렇다면 이런 죄인이 어떻게 거룩하신 하나님을 섬기고 예배할 수 있을까요? 이 딜레마에 답하시고자 하나님은 십계명과 더불어 다른 율법도 주셔서, 죽을 수밖에 없는 죄인이 어떻게 그분께 받아들여질 수 있는지를 보여주셨습니다. 아담이 처음 지은 죄가 죽음의 저주를 불러왔기 때문에 하나님이 인간과 인간의 예배를 받으시려면 제물의 죽음을 통해서만 받으실 수 있었습니다…많은 사람에게 아직도 생소할 수 있지만 성경에 나타난 하나님의 성품에는 정의도 있으므로, 죄의 벌은 사망일 수밖에 없습니다. 그래서 하나님은 장막 또는 성막이라고 불리는 예배 장소, 제물을 바치는 제단, 제사를 집전하는 제사장 등 제사에 대한 자세한 지침을 주셨지요.

제사를 드리는 사람은 자신의 죄를 동물에게 전가한다는 상징으로 수소나 양이나 새의 머리에 안수했습니다. 동물이 예배자를 대신해서 죽어야 했던 겁니다.

나는 구약의 동물 제사가 무엇을 상징하는지 생각해 본 적이 없었고, 하나님이 죗값을 요구하신다는 말도 금시초문이었다. 우리가 최선을 다해 정직하게 살면 하나님이 적당히 봐주실 줄로 알았다. 정의에 늘 징벌이 수반된다는 개념은 이치에 맞았지만, 그래도 가혹하게 느껴졌다. 죄의 제물로 죽었을 모든 무죄한 동물을 생각하니 몸서리가 쳐졌다.

그런데 신약을 펼치면 정말 새로운 것이 보입니다! 약속된 분이 오신 겁니다! 그분은 천사의 예고대로 성령으로 말미암아 초자연적으로 잉태되어 마리아라는 십대 소녀의 몸에서 태어나셨지요. 마리아의 약혼자 요셉도 비슷한 메시지를 받았으므로 그녀의 임신이 부정한 관계의 결과가 아님을 알았고요. 그렇게 하나님의 아들이 세상에 오셨습니다. 성부 하나님과 성자 하나님과 성령 하나님의 '언약'이라는 장치에 따라, 다름 아닌 하나님의 아들이 스스로 여자의 "후손"으로 오신 겁니다. 정확히 구약의 선지자들이 예언한 그대로였지요. 요셉은 지시받은 대로 아기 이름을 "예수"라고 지었어요. "이는 그가 자기 백성을 그들의 죄에서 구원할 자이심이라"(마 1:21). 그래서 예수님입니다. 그분은 베들레헴에서 태어나 나사렛에서 자라셨습니다. 이 땅에서 사시던 첫 30년을 양아버지의 목공소에서 보내셨지요.

보다시피 켄은 처녀가 아기를 낳을 수 있고, 천사가 실제로 존재한다고 믿었다. 믿는 것이 참 많기도 했다.

예수님은 30세 때부터 자신이 세상에 오신 특별한 목적을 수행하셨습니다. 일명 '세례자' 요한이라는 사람이 그분을 소개했지요. 하루는 요한이 예수님을 가리키며 "보라 세상 죄를 지고 가는 하나님의 어린양이로다"(요 1:29)라고 말했습니다. 이 호칭은 이상해 보일 수 있습니다. 하지만 앞서 하나님께 받아들여지려면 제물이나 죽음이 필요하다고 했던 말을 떠올리면 달라집니다. 이집트의 유월절 어린양을 기억하시지요? 요한의 진술에 담긴 중요한 의미는 하나님이 친히 역사 속에서 자기 아들 예수님을 세상에 보내 죄의 제물로 삼으셨다는 것입니다! 과연 하나님은 여자의 후손을 통해 자신의 약속 혹은 언약을 이루셨습니다…이렇게 말할 수도 있습니다. 하나님이 친히 제물을 바쳐 자기 백성을 영원한 죽음에서 구원하신다고 말이지요. 진실로 하나님은 자기 백성을 회복시키셔서 자신과 영원히 교제하게 하십니다.

'하나님이 친히 역사 속에서 자기 아들 예수님을 보내셨다'는 말로 보아 켄은 이것을 궁극의 세계 역사로 보는 것이 분명했다. 우리 포스트모더니즘에서 논하는 온갖 역사, 곧 여성 역사, 식민지 독립 이후 역사, 서구 역사, 흑인 역사 등과 달리 성경에 나오는 이 역사는 그 자체로 이렇게 주장하는 것 같았다. 성경 속의 역사가 나머지 모든 역사를 통합한다고 말이다. 하지만 나는 의구심이 들었다. 어떻게 하나의 역사가 만인을 하나로 묶을 수 있다는 말인가? 게다가 거기서 내 자리는 어디일지도 궁금했다(내 자리가 있기나 하다면 말이다).

예수님은 두루 다니시며 선한 일을 행하셨습니다. 아담은 하나님을 사랑하지 못했고 그분께 순종하지도 않았지만, 진정한 인간이신 예수님은 조금도 지체하지 않으시고 하나님의 뜻을 행하셨지요. 자원해서 하나님을 섬기셨고, 하나님의 율법을 흠 없이 완벽하게 지키셨습니다! 예수님은 하나님 보시기에 참으로 의로우셨고, 하나님은 그분을 온전히 기뻐하셨습니다. 예수님은 자신이 하나님에게서 오셨음을 율법을 지키심으로써만이 아니라 기적을 행하심으로써도 보여주셨습니다. 병자를 고치시고, 지체 부자유자를 성하게 하시며, 시각 장애인에게 시력을 주시고, 청각 장애인의 귀를 열어주시며, 경우에 따라 죽은 자도 살리셨지요. 예수님의 삶과 섬김은 온통 하나님을 가리켜 보였습니다. 실제로 그분은 육신을 입고 오신 하나님이십니다! 그래서 아담이 잃은 것을 그분이 우리에게 이루어주십니다.

예수님이 이미 세상에 오셨다면서 켄이 왜 자꾸 성부 하나님을 거론하는지 나로서는 통 이해할 수 없었다. 십자 성호가 '성부와 성자와 성령의 이름으로'라는 뜻인 줄이야 나도 천주교 배경에서 자라서 알지만, 그래도 삼위일체는 너무 헷갈렸다. 거의 쭉 천주교 학교에 다니기는 했지만, 나는 하나님을 생각하지 않고 산 지 오래되었다. 그런데 지금 탁자를 사이에 두고 마주 앉은 사람은 그저 하나님을 이론적으로 논하려는 사람이 아니었다. 반대로 켄과 플로이에게는 진정한 신앙이 있었고, 신앙의 대상도 분명히 실재했으니 곧 우주의 하나님이었다. 그들이 무엇을 믿는지는 몰라도 아주 중요하고 참된 실재를 믿는 것만은 분명했다.

예수님은 설교도 하셨습니다. 사람들에게 하나님에 대해, 인간에 대해, 세상에 대해, 자신이 오신 이유에 대해 말씀하셨지요. 그분은 사랑과 관심으로 남녀노소 인간의 소중한 가치를 보여주시되 그들이 하나님께 죄지어 심판을 앞두고 있음도 밝히셨습니다. 그래서 단호히 "회개하라!"고 명하셨고요. 그분은 사람들을 불러 이기심과 교만에서 돌이켜 자신을 통해 하나님께 용서받게 하셨을 뿐 아니라 독선적 종교가 말짱 헛수고라는 사실도 폭로하셨습니다. 또 사회 소외층과 어울려 지내며 사랑으로 그들에게 희망을 주셨습니다. 많은 사람이 그분의 말씀을 진리로 듣고 믿음으로 그분께 나아왔어요. 그러나 율법을 어기는 이들은 본래 죄를 지적받기를 싫어합니다. 특히 그게 맞는 말일 때는 더한 법이지요. 하나님이 직접 지적하실지라도 말입니다. 그러니 그 후에 벌어진 일은 예상이 되실 것입니다.

이 대목에서 나는 켄의 강연에 몰입되어 있었다. 그가 예수님이 '인간에 대해' 말씀하셨다고 말할 때는 내 발끝에서부터 온몸으로 전율이 흐르면서 이런 의문이 들었다. 하나님이 나를 아실까? 다른 누가 나를 아는 것보다도 더 잘 아실까? 정말 그럴 수 있을까?

종교 지도자들이 군중을 선동하여 예수님을 배척하게 했고, 그분께 온갖 누명을 덮어씌웠으며, 로마 총독 빌라도에게 압력을 넣어 그분께 사형을 선고하게 했습니다…예루살렘 성벽 외곽의 갈보리라는 언덕에서 그분은 십자가에 못 박혀 죽으셨습니다. 그 참혹한 죽음을 자진해서 당하셨고, 그 일환으로…지옥의 형벌까지 받으셨지요. 원래 그 일을 하시려고 오셨으니까요. 예수님을 살해한 유대인들과 이방인들은 자신들이 그분을 해치운 줄 알았지만, 그들의 음모는 하나님이 예정하신 일을 이루었을 뿐입니다. 실제로 그들은 하나님의 어린양이 속죄 제물로 드려지는 수단이 되고 말았으니까요. 진짜 유월절 어린양이신 예수님은 죽으시고 장사되셨지만 사흘 만에 기적처럼 살아나셨습니다! 죽음에서 부활하신 것입니다! 그렇게 예수님은 이 땅에 오신 목적을 다 이루셨습니다.

나는 생각에 잠겼다. 예수님이 지옥의 고통을 당하셨단 말인가? 그것까지는 사도신경에서 본 기억이 있었지만(사도신경의 공인된 라틴어 원문에 "그가 지옥으로 내려가셨다"라는 문장이 있다—옮긴이), 그분이 정말 유월절 어린양이 되려면 우리 대신 죗값으로 하나님의 진노를 당하셔야 하는 줄은 몰랐다. 나는 늘 예수님의 죽음을 끔찍한 살인으로만 생각했지, 뜻대로 이루신 대속이라고는 생각하지 못했다. 이 이야기에서 내 자리가 어디일지 다시금 궁금해졌다. 켄의 강연은 계속되었다.

> 바로 이것이 성경 메시지의 핵심입니다. 어떤 본문에는 그것이 "내가 받은 것을 먼저 너희에게 전하였노니 이는 성경대로 그리스도께서 우리 죄를 위하여 죽으시고 장사지낸 바 되셨다가 성경대로 사흘 만에 다시 살아나사"(고전 15:3-4)라고 표현되어 있지요. 역사의 구심점인 예수님의 죽음과 장사와 부활은 '내게 필요한 것은 무엇인가?'라는 인간의 질문에 답해줍니다. 인간 스스로 필요하다고 생각하는 것이 많지만, 성경은 인간에게 기본적으로 필요한 것이 창조주 하나님과 바른 관계를 회복하는 것이라고 말합니다. 이 관계를 회복하지 않으면 인간 본연의 모습을 실현하지 못한 채 파멸할 수밖에 없으니까요. 그러므로 예수님의 삶과 죽음과 부활을 통해 가장 중요하게 깨달아야 할 점은 하나님이 우리를 그분과의 바른 관계로 부르신다는 사실입니다. 성경에 따르면 이는 예수님을 통해서만 가능한 일입니다.

예수님의 죽음과 장사와 부활이 역사의 구심점이란

말인가? 내가 생각하던 역사의 구심점은 유색인을 압제하고 여성을 유린하는 현실이다. 역사의 구심점이 둘일 수도 있을까? 내가 예수님의 죽음과 장사와 부활을 역사의 구심점으로 믿으려면 무엇을 거부해야 할까?

그렇다면 하나님이 우리에게 원하시는 것은 무엇일까요? 그저 착하게 살아 스스로 구원하라는 것은 분명히 아닙니다. 반대로 그분은 남녀노소 할 것 없이 온 세상을 그들 죄의 제물이 되신 예수님께 나오라고 부르십니다. 아예 명령하십니다. 예수님을 의지하는 모든 죄인에게 하나님은 자비와 용서를 베푸십니다. 예수님은 그분을 욕되게 한 우리 죄 때문에 완전한 제물이 되어 십자가에서 죽으셨지요. 그 자비를 받아들이고 우리 대속물이신 그분을 믿음으로 의지하면, 사실 우리는 이기적이고 악한 생활 방식에서 돌이켜 삶 전체로 하나님께 순종하고 영원한 심판을 면하는 겁니다. 이런 이유에서 그리스도인들이 '구원받는다'라는 말을 하는 거고요. 예수님은 우리 구주이자 왕이십니다. 죄짓기 전의 아담이 그랬듯이 이제 그분의 뜻이 우리 관심사가 됩니다. 예수님을 믿음으로 우리는 하나님과의 관계가 회복되어 그 관계 속에서 살아갑니다.

'구원받는다'라는 말이 드디어 나왔다. 그리스도인으로 거듭나야 한다는 뜻인데, 내가 속했던 레즈비언 페미니스트 세계에서는 거듭난 기독교인보다 더 혐오와 경멸의 대상인 집단은 없었다.

이야기를 마무리합시다. 죽음에서 부활하신 지 얼마 안 지나 예수님은 하나님 아버지께로 승천하셨습니다. 성경에 나와 있듯이 지금 그분은 그곳에 살아 계시며 성령으로 말미암아 통치하시지요. 그분이 보내신 성령은 그분의 사람들 안에 살아 계시고요. 제자들이 구름 속으로 올라가시는 그분을 보고 있을 때, 두 천사가 나타나 그들에게 "너희 가운데서 하늘로 올려지신 이 예수는 하늘로 가심을 본 그대로 오시리라"(행 1:11)고 말했습니다. 장차 그분이 시간과 공간 속에서 이 땅에 다시 오신다는 뜻입니다.

예수님이 왕이라는 말이 내게는 아주 무섭게 들렸다. 내가 생각하던 예수님은 개개인을 격려해주는 분이거나 일요일 아침의 공동체에나 어울리는 분이었다. 켄은 정말 그분이 온 세상의 왕이라고 믿는 걸까?

그런데 이번에는 아기로 오실 때와는 달리 권능과 영광으로 오십니다. 성경은 그때 모든 사람이 그분을 볼 것이라고 말합니다. 구체적인 방식은 다 알 수 없지만, 그분이 다시 오신다는 것과 모든 사람이 그분 앞에 나아와 최후 심판을 받는다는 것만은 성경에 분명히 나와 있지요. 요한복음 5장 28-29절에서 예수님은 그것을 이렇게 말씀하십니다. "무덤 속에 있는 자가 다 그의 음성을 들을 때가 오나니 선한 일을 행한 자는 생명의 부활로(또는 성경이 말하는 천국으로), 악한 일을 행한 자는 심판의 부활로(또는 성경이 말하는 지옥 혹은 영원한 사망으로) 나오리라."

천국과 지옥이 실제로 존재할지 궁금했다.

그러므로 '나는 앞으로 어떻게 될까?'라고 생각하는 사람에게 성경은 분명히 말합니다. 장차 예수 그리스도를 만난다고 말이지요. 또 그분은 하나님이 세우신 왕으로서 심판을 선고하시고요. 예수님을 대속의 제물로 믿고 그분의 통치에 복종한 사람들은 성경이 말하는 "새 하늘과 새 땅"(벧후 3:13), 즉 그분의 새로운 낙원에서 하나님과 그분의 백성과 더불어 영생을 누립니다. 사실 요한복음 5장 24절의 예수님 말씀에 따르면 그분을 믿는 사람은 이런 생각조차 할 필요가 없어요. 그런 사람은 "심판에 이르지 아니하나니 사망에서 생명으로 옮겼느니라"고 하셨으니까요. 예수님을 믿는 사람은 믿는 순간 영생을 얻습니다.

반면 죄의 제물이신 그리스도를 무시하거나 배격한 채 끝까지 자기를 믿고 하나님과 그분의 말씀에 반항하는 사람들은 무서운 미래를 선택하는 것입니다. 하나님의 진노와 영원한 지옥을 자초하는 것이지요. 그것은 요한계시록 20장 14절에 "둘째 사망 곧 불못"으로 표현되어 있습니다. 하나님께 버림받고 모두와 분리된 채 영원히 자아 혼자로 살아야 하는 그 고통과 후회는 어떤 말로도 다 표현할 수 없지요. 유월절 어린양을 잡아 문설주에 피를 발라야 하는데 이를 거부하는 것과도 같습니다. 그러니 죽음의 천사가 그 사람을 뛰어넘지 못하고 영원한 사망으로 멸할 수밖에 없습니다.

켄은 말을 마치고 원고를 폴더에 도로 넣었다. 플로이가 긍휼에 찬 눈으로 나를 보며 "맞아요, 소화하기에 벅차지요"라고 말했다. 그날 밤 내 공책에 다른 기록은 더 없었다. 하지만 켄과 플로이가 떠난 뒤 혼자 남아 시러큐스의 캄캄한 밤에 개를 산책시키면서 들던 의문은 기억난다. 만일 내가 켄의 말을 믿는다면 내 삶은 어떻게 될까? 하지만 내 인생의 그 시점에서 그렇게 믿을 여지는 없었다. 이미 믿고 있는 다른 것들이 예수님의 자리를 다 몰아냈기 때문이다. 내 복합적 신념 체계가 내게는 중요했다. 내 마음은 하나님의 말씀에 열려 있는 백지 상태가 아니라, 혼돈과 죄와 불안 그리고 나를 우러러보는 사람들로 가득 차 있었다.

어둠이 밀려와 나를 덮어준 덕분에 안심하고 내 내면의 어둠을 깊이 들여다볼 수 있었다. 켄과 플로이에게서 뿜어져 나오는 평안이 부럽기는 했지만, 그것을 얻기 위해 무엇 하나라도 포기할 마음은 없었다. 아직은 아니었다.

❖ ❖ ❖

그로부터 여러 해가 지난 뒤, 나는 오늘날 기독교를 가장 분열시키는 이슈인 성경의 의미와 정체에 대해 숙고했다. 다른 모든 논쟁은 이 문제의 지류다. 그럴 만도 하다. 예수님의 인격과 사역이 명백히 하나님의 말씀과 맞물려 있으니 말이다. 아울러 성경 저자들은 누구인가, 원문과 번역을 믿을 만한가, 독자의 사회적 위치(특히 연령, 인종, 성별, 사회경제적 지위, 교육 수준)는 어떤 역할을 하는가 등도 성경 독자들을 괴롭히는 의문이다. 그래서 오늘날에는 '성경에 그렇게 나와 있다'라는 말만으로는 해결되지 않는 논쟁이 많다.

동성애 같은 주제로 대화하는 줄 알았는데, 대화가 깊

어지다 보면 정작 문제는 성경의 정체(성경이란 진정 무엇인가)에 대한 상반된 관점일 때가 종종 있다. 성경은 번역과 원문의 진정성에 문제가 많다고 의심되는 고서인가? 아니면 "하나님의 말씀은 살아 있고 활력이 있어 좌우에 날선 어떤 검보다도 예리하여 혼과 영과 및 관절과 골수를 찔러 쪼개기까지 하며 또 마음의 생각과 뜻을 판단하나니"(히 4:12)라고 한 것처럼 살아 있는 양날 검인가? 성경은 인간의 머리로 인간이 써서 도덕적 비전을 제시한 책인가? 아니면 "지으신 것이 하나도 그 앞에 나타나지 않음이 없고 우리의 결산을 받으실 이의 눈앞에 만물이 벌거벗은 것같이 드러나느니라"(히 4:13)는 말씀처럼 오히려 그런 교만한 자화자찬을 모두 뿌리 뽑는 책인가?

때가 되어 성령님이 내 눈을 뜨게 해주셔서 제대로 보니 성경은 하나님의 감동으로 기록된 무오하고, 무류하며, 충분하고, 권위 있으며, 살아 있는 책으로서 우리 구주이신 주 예수님, 그분의 왕권, 그분이 모든 믿는 자를 위해 사랑으로 희생하신 일과 불가분으로 얽혀 있다. 그런데 자칭 그리스도인이라는 수많은 똑똑한 사람들이 방금 내가 쓴 말을 미련하게 여기고 배격한다. 그래서 우리는 무엇이 진리인지 알아야

하고 거짓에 대항하는 법도 알아야 한다.³

어떤 사람들은 성경이 여성 혐오 사상으로 가득 찬 한 물간 고서라고 믿는다. 어떤 사람들은 성경이 여성에게 상처가 아니라 도움을 주려면 페미니즘 해석을 도입해야 한다고 믿는다. 하나님의 말씀이 온전하지 못하다는 이런 공격이 그동안 먹혀들었다.

성경에 대한 켄의 강연을 듣고 나서 나 자신을 위해 성경을 읽기 시작했다. 프라미스 키퍼스에 대한 내 기사와 켄과 플로이 부부와의 첫 만남은 둘 다 내가 쓰려던 비판서 때문

3—— 다음 책을 적극 추천한다. Michael J. Kruger, *Surviving Religion 101: Letters to a Christian Student on Keeping the Faith in College* (Wheaton, IL: Crossway, 2021), 19. 이 책의 저자는 자신이 경험한 위기를 이렇게 소개한다. "신입생 봄 학기 때…나는 신약 개론이라는 종교 과목을 수강했다. 교수는 똑똑하고, 호감이 가며, 재미있고, 설득력 있는 젊은 학자였다. 그의 강의가 복음주의자들을 겨냥한 것임을 머잖아 알 수 있었다. 자신도 얼마 전까지는 복음주의자였다는 말까지 했다. 자신도 한때는 우리처럼 믿었고 우리처럼 생각했다는 것이다. 그런데 그는 대학원 시절에 성경 본문을 깊이 접하고 나서 복음주의 신념을 더는 고수할 수 없음을 깨달았다. 그가 보기에 신약은 하나님의 감동으로 기록되기는커녕 오류투성이였고, 날조된 이야기와 허위로 가득해서 믿을 수 없었다. 게다가 원본은 현존하지도 않고, 오랜 세월 전수되는 동안 필사 과정에서 심히 훼손되었다. 요컨대 그 교수의 주장에 따르면 성경에 대한 역사적 복음주의 입장은 지적으로 성립되지 않으며, 성경은 하나님에게서 난 책이 아니라 인간이 지어낸 것이다. **마음으로 믿을 수는 있으나(어차피 종교인들이 하는 게 그것 아닌가?) 머리로는 믿을 수 없고 믿어서도 안 된다**는 것이다"(강조체 추가).

에 시작되었는데, 그 책을 쓰지 않기로 했다. 성경이 진리이고 믿을 만한지 직접 알아봐야겠다는 생각이 들었다. 공부하고 사고하며 기도하면서 깨닫고 보니 내 페미니즘 세계관은 단지 일련의 개념이 아니라 종교였다. 그래서 이제 질문이 바뀌었다. 내 페미니즘은 성경의 가르침과 조화될 수 있을까? 조화란 '회복'을 의미하며 두 반대 세력의 우호 관계를 추구한다. 성경에 페미니즘이 있을까? 궁금했지만 회의적이었다. 페미니즘이 성경에 없다면 페미니즘을 해석의 틀로 사용하는 것은 '성경적'일까?

나는 그렇지 않다는 결론을 내렸지만, 모두가 그렇게 생각하는 것은 아니다.

그래서 이제 페미니즘이 교회와 세상에 유익하다는 세 번째 거짓말로 넘어가보겠다.

거짓말 3

페미니즘은
세상과 교회에 유익하다

7장

당신은 자신을 아는가?
어떻게 아는가?

> 【눅 15:11-13】 또 이르시되 어떤 사람에게 두 아들이 있는데 그 둘째가 아버지에게 말하되 아버지여 재산 중에서 내게 돌아올 분깃을 내게 주소서 하는지라 아버지가 그 살림을 각각 나눠주었더니 그 후 며칠이 안 되어 둘째 아들이 재물을 다 모아가지고 먼 나라에 가 거기서 허랑방탕하여 그 재산을 낭비하더니.

당신이 주님과 탕자 딸 사이에서 싸워야 한다면 그 심정은 말도 못하게 쓰라릴 것이다. 차라리 딸과 함께 세뇌되면서 그것을 딸을 향한 사랑으로 착각하는 편이 쉽다. '매정한' 부모가 되고 싶은 사람은 없다. 평생 자녀를 위해 기도하고 희생한 부모가 사랑하는 자녀와의 관계를 잃고 싶을 리도 없다. 그러니 자녀가 갑자기 교회를 등지고 세상 풍조를 따른다면 부모는 어떻게 해야 할까? 당신은 그것이 잘못된 일임을 마음 깊이 안다. 완전히 잘못됐다. 비성경적이고 부도덕할 뿐 아니라 자녀에게 어울리지도 않는다. 이번 장에서 페미니즘과 게이 권익 운동의 공통적인 이데올로기를 살펴볼 텐데, 이 이데올로기는 말로는 여성을 해방한다고 외치면서 오히려 여성에게 극심한 피해를 입혀왔다.

타인의 정체성에 반대하는 것을 게이 그리스도인과 페미니스트 그리스도인은 학대와 폭력 행위로 본다. 이 문제 때문에 많은 기독교 가정이 분열되었다. 하지만 게이 권익과 페미니즘 운동에 동조하는 것도 여태 도움이 되지 않았다는 점은 마찬가지다. 알다시피 탕자 딸에게 동조하면 당신은 딸의 요구에 짓눌려 무너질 뿐만 아니라 진리까지 부정해야 한다. 성경은 이를 가리켜 사람을 기쁘게 하는(비위를 맞추는) 것으로 본다. 자녀에게 거부당하는 것을 두려워하면 안 되는 줄 알면서도 당신은 두렵다. 인간에 대한 두려움은 벗어나기 힘든 덫이다. "사람을 두려워하면 올무에 걸리게 되거니와 여호와를 의지하는 자는 안전하리라"(잠 29:25). 사람을 두려워하는 것, 곧 자칭 레즈비언 딸에게 거부당할까 봐 두려워하는 것은 올무다. 올무는 헤어날 수 없는 덫이다.

다음 네 가지 짤막한 일화를 보면 지난 20년 사이에 이 문제가 어떻게 심화되었는지 알 수 있다.

— 2001년 추수감사절에 나는 어느 은퇴한 목사 부부의 저녁 식탁에 동석했는데, 그들의 딸은 자칭 레즈비언이었다.

그들은 내게 "우리 딸 베스가 대학생 때 남자친구와 동거한 것까지는 참을 수 있었는데, 레즈비언 관계는 감당이 안 되네요."라고 말했다.

— 2015년에 어느 가정이 우리 교회를 방문했는데, 레즈비언으로 커밍아웃한 딸이 여자와 결혼할 계획이라며 상심해 있었다. 이 그리스도인 부모는 침통해하며 말했다. "레이철이 굳이 드러내놓고 결혼까지는 하지 않고, 그냥 레즈비언 파트너와 동거만 한다면 우리도 참을 수 있겠어요. 그런데 레즈비언 '결혼'은 받아들이기가 힘드네요."

— 2019년에 어느 가정이 우리 교회를 방문했는데, 여자와 '결혼한' 레즈비언 딸이 이제 '논바이너리'(nonbinary, 남녀로만 구분하는 생물학적 이분법을 벗어난 성 정체성 또는 그런 사람—옮긴이)와 트랜스젠더 남자가 되겠다고 하면서 테스토스테론 주사를 맞고 있다며 상심해 있었다. 그들이 내게 한 말은 이렇다. "딸이 결혼한 레즈비언으로만 남는다면 우리도 참을 수 있겠는데 공포의 트랜스젠더는 감당이 안 되네요. 신체 절단(유방 절제술과 자궁 절제술)과 수염 기르는 것을 어떻게 응원하고, 남자 행세하는 것을 어떻게 지켜본단 말입니까? 테스토스테론 효과로 딸은 이미 자살 충동과 폭력 성향을 보이고 있어요. 게다가 내가 지어준 딸의 이름은 존이 아니라 줄리예요!"

— 2022년에 어느 그리스도인 할머니가 가정 문제로 상심하여 내게 편지를 보내왔다. 자신의 레즈비언 딸이 세 살배기 아들을 여자로 기른다는 것이었다. 할머니는 비통해하며 "성인끼리 합의하는 것까지야 나도 게이 권익 운동으로 용납할 수 있지만, 알고 보니 표적은 늘 아이들이었어요!"라고 말했다.

이상은 전부 가슴 아픈 실화다. 아울러 모두 동일한 문제를 보여준다. 회개 없이는 은혜에 이를 수 없다는 것이다. 죄를 상대할 때는 겉핥기 식으로 남 보기에 부끄러운 부분만 손댈 것이 아니라 아예 뿌리째 뽑아야 한다. 첫 사례에서 부모가 딸에게 이성애 관계를 바란 것까지는 좋다. 본래 하나님이 그렇게 설계하셨으니 말이다. 하지만 그들은 딸이 남자친구와 동거하는 죄도 부끄러워했어야 한다. 두 번째 사례의 부모도 진짜 악의 가시적 현현인 공개적 엉터리 결혼을 마다할 이유가 충분히 있었고, 그 다음 사례의 부모도 당연히 딸을 성기 절단의 자해로부터 보호하고 싶었다. 그러나 이 세 가지 사례의 부모는 모두 경건하고 신실한 그리스도인인데도 성인 자녀의 죄를 제대로 처리하지 못했다. 오히려 각자 어느 한 죄에 대해서는 안일하게 대응했다. 일단 그 죄에 대해 안일해지자 두 가지 비참한 문제가 드러났다. 첫째, 그들은 첫 번째 죄의 심각성에 무뎌졌다. 둘째, 두 번째 죄를 죽이는 일이 첫 번째 죄보다 더 난공불락의 적이 되었다.

이런 일화 속에 죄를 제대로 처리하는 원리가 숨어 있다. 세상은 죄를 '교묘히' 감추지만 우리는 그조차도 역겹게 느낄 정도로 죄에 민감해져야 한다. 청교도 토머스 왓슨은 그것을 이렇게 표현했다. "죄를 지을 때 달콤했던 것만큼이나 죄로 인해 울 때는 늘 마음이 쓰라려야 한다."[1] 자녀가 죄 가운데 살고 있다면 우리는 그것을 처음 본 순간부터 억장이 무너져야 한다. 죄는 처음 드러났을 때 바로 처리해야 한다. 우리 사회가 아무리 실용적으로 그 죄를 길들인다 해도 말이다. 아울러 본인의 죄에 대해서는 타인의 죄보다 훨씬 더 부끄러운 마음으로 무릎 꿇고 회개해야 한다.

첫 번째 죄와 두 번째 죄…

처음 드러났을 때 죄를 바로 처리해야 하는 이유는 두 번째 죄가 항상 더 심하기 때문이다.

---

[1] Thomas Watson, *The Doctrine of Repentance* (1668; 복간, Carlisle, PA: Banner of Truth, 2012), 24. (『회개』 복있는사람)

20대 후반에 나는 '반격하라!'(Fight Back!)라는 페미니즘 호신술을 배웠다. 내 레즈비언 커뮤니티의 모든 여성이 받은 그 호신술 강습은 혹독한 심신 훈련이었다. 그때 배운 많은 교훈이 수십 년이 지난 지금도 내게 남아 있다. 그중 하나는 강사의 표현을 빌려 말하자면 '일차 범죄와 이차 범죄'의 차이다. 강사는 이렇게 말했다. "대형 마트 주차장에서 어떤 남자가 여러분의 머리에 총구를 들이대며 '순순히 차에 올라타면 불미스러운 일은 없을 거야'라고 말한다면 여러분은 그 주차장에서 바로 반격해야 합니다. 대형 마트 주차장의 인파 속에서 총에 맞는 게 치한의 차에 타는 쪽보다 훨씬 생존 가능성이 높으니까요. 일단 차에 실려 한적한 곳으로 끌려가면 그때는 가망이 없어요." 호신술 강사는 이 점을 강조했다. "물론 머리에 총격을 당하고 싶은 사람은 없지요. 하지만 공공장소에서 총에 맞는 게 혼자 숲속으로 끌려가는 것보다 낫습니다. 이차 범죄 현장에는 도와줄 사람이 아무도 없으니까요."

늘 나를 떠나지 않는 이 교훈은 죄를 처리하는 훌륭한 방책이기도 하다는 생각이 든다. 지금 맞서라. 죄는 계속될수록 더 흉해질 뿐이다.[2]

2——— 죄를 길들일 수 없는 이유는 죄가 포식자이기 때문이다. (게이 퍼레이드, 지역 도서관의 드래그 퀸 이야기 행사 등 정상화 과정을 진척시켜준다는 이

그리스도인의 삶에서 중요한 것은 이차 피해를 수습하는 것이 아니라 마음과 영혼의 전적인 개혁이다. 더 이상 사탄을 섬기지 않고 왕이신 예수님을 섬기는 우리는 자신이 어느 편을 응원하고 있는지 점검해봐야 한다. 타협은 허용되지 않는다. 사탄 팀을 응원하면서 감히 이를 은혜라고 칭해서도 안 된다. 육신과 성령을 동시에 섬길 수는 없다. 예수님이 그렇게 말씀하셨다. 주 예수 그리스도의 제자가 되려면 육신과 싸우는 대가를 치러야 한다고 경고하셨다. "무릇 내게 오는 자가 자기 부모와 처자와 형제와 자매와 더욱이 자기 목숨까지 미워하지 아니하면 능히 내 제자가 되지 못하고"(눅 14:26). 두 가지 중요한 사실을 분명히 해두자. 첫째, 예수님의 참된 제자라면 누구나 정욕의 육신, 정체성 정치(identity politics)의 육신, 주변 사람을 사랑하는 법을 예수님보다 우리가 더 잘 안

상한 행사를 통해) 죄를 정상화하면 죄의 진짜 위험에 무디어진다. 이 망상은 장기간 지속될 수 있다. 오죽 심해졌으면 미주리주 세인트루이스의 메모리얼 장로교회(PCA 교단)에서 열린 게이 그리스도인 콘퍼런스 '리보이스18'에서 "퀴어 문화를 구속하는 모험"(Redeeming Queer Culture: An Adventure)이라는 강연까지 나왔을 정도다. 주제는 "종말의 새 예루살렘에 가지고 들어갈 퀴어의 보화와 존귀와 영광은 무엇인가?"였는데, 청중에게 안타깝게도 내용은 제목보다 더 이단적이었다. 다음 기사를 참조하라. Owen Strachan, "Will There Be 'Queer Treasure' in the New Jerusalem? On Gay Christianity and Revoice," *Thought Life*, Patheos, 2018년 7월 5일, https://www.patheos.com/.

다고 말하는 육신에 맞서 싸워야 한다. 둘째, 성령의 능력이 없이는 누구도 이 싸움을 싸울 수 없다.

동성애 권익 세계관처럼 페미니즘 세계관도 소위 '여성 권익' 분야만은 성경으로 검증할 대상이 아니라고 그리스도인들을 강력히 설득해왔다. 페미니즘의 성역은 창조 규례와 기초 생물학을 부정하면서까지 매사에 여성이 남성과 평등하다는 것이다. 페미니즘은 남자와 여자가 서로 호환된다고 보지만, 성경은 그런 호환이 죄라고 말한다.

하나님을 알아야 자아도 알 수 있다

장 칼뱅은 "먼저 하나님의 얼굴을 보지 않는 한 인간은 결코 자신을 제대로 알 수 없다. 그분을 관상하고 내려와서 자신을 살펴야 한다"라고 썼다.[3] 그는 우리의 동기와 의도와 욕심과 구실을 지혜의 샘으로 여겨서는 안 된다고 엄히 경고하면서 "우리는 다 위선의 성향을 타고났기 때문에 의 자체 대신

---

3 —— John Calvin, *Institutes of the Christian Religion*, John T. McNeill 편집, Ford Lewis Battles 번역 (Philadelphia: Westminster Press, 1960), 1.1.2. 『기독교 강요』

의의 허상에 심히 만족한다"라고도 썼다.[4]

자아를 제대로 알아야 한다는 장 칼뱅의 말은 지난 수십 년을 돌아보며 과거의 레즈비어니즘을 해석하려는 내게 특히 교훈이 된다. 칼뱅에 따르면 나는 타고난 위선자라서 레즈비어니즘에 심히 만족했다. 물론 그의 말은 귀에 거슬리지만 그래도 정곡을 찔렀다고 확신한다. 우리에게 훨씬 편하게 느껴지는 개념은 레즈비어니즘이 위선이 아니라 정당하다는 것이다. 동성애의 기본 속성이 위선이라는 생각은 우리에게 달갑지 않다. 하지만 위선이야말로 동성애의 핵심 속성 중 하나다. 설명해보자면 이렇다.

인류의 타락으로 모든 것이 타락했다. 우리의 애정도 타락했고, 정의로운 도덕 사회를 건설할 능력도 타락했다. 우리가 타락한 본성을 선택한 것이 아닌데도 하나님은 우리에게 책임을 물으신다. 시편 5편 5절에서는 하나님이 모든 행악자를 미워하신다고 했다. 로마서 1장 18절에는 "하나님의 진노가 불의로 진리를 막는 사람들의 모든 경건하지 않음과 불의에 대하여 하늘로부터 나타나나니"라고 선포되어 있다. 죄(자신이 선택하지 않은 죄까지도)의 심각성에서 귀결되는 질문이 있다. 우리는 그리스도 편에 서서 죄에 맞서 싸울 것인가,

---

[4] ─── Calvin, *Institutes*, 1.1.2.

아니면 위선자가 될 것인가? 그것이 장 칼뱅의 질문이다. 그의 말은 이렇게 이어진다. "근본적 부도덕에 오염되지 않은 것이 우리 안팎에 아무것도 없다 보니, 우리는 차악을 그나마 순수한 것으로 보고 거기에 만족한다. 우리 사고가 인간의 타락이라는 울타리 안에 갇혀 있는 한에는 그렇다."[5]

"차악"을 기준으로 삶을 평가한다는 개념이 페미니즘에 충실했던 과거를 돌아보는 내게 도움이 된다. 36세에 예수 그리스도께로 회심하기 전까지는 페미니즘이 내 애정을 속박했다. 페미니즘은 기독교를 믿기 이전의 내 종교였기에 떨치기가 극도로 힘들었다. 내 세계관은 페미니즘과 레즈비어니즘을 한데 융합한 것이었다. 전자는 후자의 생명을 유지하는 혈액이었다. 페미니즘이 내 우상이다 보니 새 신자 시절의 나는 그것을 중심으로 복음을 구축하고 싶었다. 페미니즘을 우상화하거나 그것을 중심으로 복음을 구축하려는 사람이 비단 그때의 나만은 아니다. 많은 그리스도인 여성이 옹호하는 거의 기독교적인 페미니즘 세계관은 내가 이 글을 쓰는 지금도 도처에 만연해 있다. 그 세계관의 충실한 구성원들이 엑스(옛 트위터)에 모여 예배드린다. 하지만 페미니즘은 창조 규례에 어긋나기 때문에 성경의 인간관과 양립할 수

[5] ── Calvin, *Institutes*, 1.1.2.

없다.

처음 그리스도인이 되어 페미니즘과 성경의 관계를 고민하던 시기에 나는 창조 질서를 묵상하곤 했다. 하나님이 시편 72편을 통해 내게 그것을 보여주셨다. 어느 주일에 교회에서 우리는 〈해와 달도 태초부터 영원까지 주를 경외하나이다〉라는 찬송을 불렀다.[6] 해와 달은 하나님을 어떻게 경외할까? 창조 질서에 충실함으로써 경외한다. 해는 자기가 달인지 고민하지 않고, 달은 자기가 내일 깨어날 때는 해일지도 모른다고 생각하지 않는다. 해와 달의 본분은 낮과 밤만큼이나 명백하다. 해와 달이 창조 질서에 충실하려면 본분에 맞는 일을 해야 한다.

그런데 거룩하신 하나님의 형상대로 지음받은 우리는 죄로 인해 심히 완악해져 자신의 반항을 보지 못한다. 우리는 반항을 자유나 진보나 페미니즘이라 부르지만, 하나님이 보시기에 그것은 찬란한 영광을 버리는 행위다. 왕과 왕비의 신분을 부여받고도 그 지위를 경멸하는 것이다. 하나님은 자신의 딸들을 위해 친히 성경적 성 역할을 예비하셨다. 그것을 거부할 때 우리는 그분이 주시려는 영광을 비웃는 것이다.

---

[6] ——— *The Book of Psalms for Worship* (Pittsburgh, PA: Crown & Covenant, 2009), 72A장 5행.

여성에 대한 하나님의 설계는 그분 자신만큼이나 탁월하여 지축을 흔들 정도다. 하나님의 명령은 그분의 속성에서 파생되고, 우리를 향한 그분의 사랑은 그분의 법과 불가분이다. 그분은 모든 피조물을 완벽하게 설계하셨다. 하나님은 "영이시며 그분의 존재와 지혜와 거룩하심과 정의와 선과 진리는 무한하고 영원불변하다."[7] 거룩하고 선하신 하나님이 설계하신 모든 작품에는 그분의 지문이 찍혀 있고, 그중에서도 남녀 인간은 그분이 지으신 가장 영광스러운 존재다. 스가랴 9장 16절에는 "그들의 하나님 여호와께서 그들을 자기 백성의 양 떼같이 구원하시리니 그들이 왕관의 보석같이 여호와의 땅에 빛나리로다"라고 선포되어 있다. 남녀가 함께 동일한 왕관의 보석이다. 여자에게 맡기신 복된 역할을 남자가 대신할 수 없고, 마찬가지로 남자에게 맡기신 복된 역할을 여자가 대신할 수 없다. 이것은 능력이나 창의성이나 현대 의학의 문제가 아니다. 하나님이 친히 창조 질서를 풍성하고 선한 삶의 선결 조건으로 정하셨다.

남자와 여자는 어떻게 다를까? 그런 차이는 영원할까, 아니면 현세에만 한시적일까? 둘 다 답이 된다. 하나님은 여성이 어떤 면에서는 한시적으로 그리고 또 다른 면에서는 영

---

[7] ─ 『웨스트민스터 소요리문답』, 제4문의 답.

원히 그분의 영광을 드러내도록 설계하셨다. 한시적 목적은 문화와 문명을 지속시킨다. 영원한 목적은 (영원과 관계된 모든 것이 그러하듯) 신비롭지만 의미와 영광으로 충만하기는 역시 마찬가지다. 하나님은 창세기 1장 27절에서 "하나님이 자기 형상 곧 하나님의 형상대로 사람을 창조하시되 남자와 여자를 창조하시고"라고 선포하신다. 보다시피 남성성과 여성성은 우리 안에 있는 하나님의 형상과 연관되어 있다. 각자의 생물학적 성이 영원히 지속된다는 뜻이다. 우리는 남자나 여자로 태어났듯이 천국과 새 예루살렘에서도 남자나 여자다.

성경의 원리는 모두 중요하다. 이와 관련하여 케빈 드영(Kevin DeYoung)은 이렇게 썼다. "남자와 여자가 창조된 방식으로 보아 그들이 전체 세계에서 맡을 일도 각기 특수해 보인다. 남자는 바깥의 산업 세계를 일구고 여자는 돕는 배필로서 안의 가정 세계를 돌본다."[8] 드영의 관점은 성경적이다. 창조 질서는 단지 제안이 아니라 구속력을 지닌다. 해는 해의 일을 하고 달은 달의 일을 할 뿐 서로 다투지 않는다.

경건한 남자의 경건한 아내는 항상 배우려는 자세로 잘 수용하며 주위에 생기를 퍼뜨린다. 또 성품이 그리스도인

---

[8] ── Kevin DeYoung, *Men and Women in the Church: A Short, Biblical, Practical Introduction* (Wheaton, IL: Crossway, 2021), 29.

답게 날로 성화되기 때문에 나이가 들수록 더 아름다워진다. 하나님이 설계하신 기혼 여성은 그 어느 디자이너의 설계와도 다르다. 존 밀턴은 『실낙원』에서 창조 규례의 신비를 "남자는 하나님만을 섬기고 여자는 남자 안에서 하나님을 섬긴다"라고 표현했다.[9] 남녀의 가장 기본적인 차이는 하나님이 남자는 힘을 쓰도록 지으시고 여자는 양육하도록 지으시되 양쪽이 서로를 섬기게 하셨고, 남편은 머리가 되고 아내는 복종함으로써 조화롭게 협력하며 그분을 예배하게 하셨다는 것이다. 단순하면서도 아름답고 온전한 창조 규례가 훼손된 것은 죄 때문이지, 디자이너이신 하나님의 설계에 결함이 있어서가 아니다.

경건한 아내의 모습을 그려낸 문학 작품으로 내가 가장 좋아하는 시가 있다. 『실낙원』만큼 유명하지는 않지만, 이 시는 내가 좋아하는 선교사의 책 『영광의 추구: 예수님과 함께한 한 제자의 여정』의 부록에 실려 있다. 공저자 빈스 워드(Vince Ward)가 아프리카 수단에서 동역한 두 젊은 여성의 자작시 〈잠언 '32장'〉을 그 멋진 책에 소개했다.

---

[9] —— John Milton, *Paradise Lost*, 제4권, Rebekah Merkle 편집 (Moscow, ID: Logos Press, 2015), 299행.

누가 현숙한 선교사 아내를 찾아 얻겠느냐

그녀의 값은 소보다 더 하니라

남편의 마음은 그녀를 믿나니

이는 그녀가 청혼을 수락하였음이라

그녀는 앵글 철제와 강철봉을 구하여

부지런히 손으로 일하며

상인의 비행기와 같아서

나이로비에서 양식을 가져오며

밤이 새기 전에 일어나서

집안사람들을 위하여 콩을 물에 담그며

고용인들에게 일을 정하여 맡기며

조경을 살펴보고 설계도를 그리며

자기 손으로 일하여 정원을 가꾸며

바지를 입으며

팔을 강하게 하여 일하며

목재와 금속이 유용한 줄을 깨닫고

밤에도 생각을 그치지 아니하며

손으로 분쇄기를 들고

손으로 용접기를 휘두르며

목마른 자에게 차를 따라주고

궁핍한 자의 지역 간호사가 되며

수단에는 눈이 오지 않기에

눈 때문에 자기 집 사람들을 염려하지 아니하며

가족의 침대마다 모기장을 치며

세마포와 자색 옷은 예전에나 입었으며

남편은 각 씨족의 족장들과 함께 앉아

모든 마을에서 인정을 받으며

그녀는 능력과 절제로 옷을 삼고

천국 생각에 기뻐하며

날마다 자식들을 가르치며

혀로 인내의 법을 말하며

집안일을 보살피고

게을리 얻은 양식을 먹지 아니하나니

자식들은 일어나 경의를 표하며

남편은 칭찬하기를

"덕행 있는 여자가 많으나

내 사랑 그대는 모든 여자보다 뛰어나다" 하느니라

땀이 그칠 날 없어 목욕도 헛되나

오직 인내하는 여자는 칭찬을 받을 것이라

그 손의 열매가 그녀에게로 돌아갈 것이요

그 행한 일로 말미암아

천국 문에서 칭찬을 받으리라

_로라(Laura)와 베스(Beth) 지음[10]

얼마나 흥겨운 칭송 시인가! 이 시에서 경건한 아내 줄리는 강인하고 유능하며 수완이 좋은 인내와 양육의 사람으로 그려져 있다. 그녀는 원자재(마른 콩과 금속)를 아름답고 유익하게 활용하여 삶을 풍성하게 한다. 남편을 돋보이게 한다. 남편이 훌륭하지 않아서가 아니라 그녀의 후광으로 더 훌륭해지기 때문이다. 또 그녀는 바쁘다. 할 수 없는 일 때문에 안달하거나, 꼭 해야 할 일 때문에 불평하지 않는다. 일이 힘들지만 선교사 남편과 함께 영광을 추구하는 것이 그녀의 사명이다. 차 대접부터 간호사 역할까지 그 손의 열매는 주변 모든 사람을 복되게 한다. 선교사 아내가 되기 전에 줄리에게도 꿈이 있었을까? 물론이다. 그러나 결혼한 후로는 남편 빈스의 소명을 자신의 것으로 삼아 선교지에서 그 소명을 수행해왔고, 하나님이 그 손의 열매에 복을 주셨다. 그녀가 남편의 소

---

[10] ── Vince Ward & Samuel Ward, *Pursuit of Glory: A Disciple's Journey with Jesus* (Pittsburgh, PA: Crown & Covenant, 2018), 부록 B. 허락을 받고 인용했다.

명에 맞서 싸운다면 이런 복은 요원할 것이다.

목사 아내로서 나를 예수님의 제자로 양육한 플로이 스미스도 선교사 출신이다. 그녀가 내게 들려준 이야기는 정말 걸작이다! 다만 내가 제일 좋아하는 대목은 그녀와 여덟 살 난 아들 피트가 전쟁 난민이 되었던 사건이 아니다. 물론 전쟁 난민 시절의 이야기가 흥분과 위험으로 가득 차 있기는 하다. 일례로 한번은 플로이가 어린 아들에게 갈아입힐 바지를 찾으러 가보니 짐 가방에 여분의 옷은 없고 조그만 병정 인형만 잔뜩 들어 있었다. 어린 피트가 싸온 짐의 전부가 인형이었던 것이다. 경건한 자족에 힘쓰던 여성 플로이는 당황하지 않았다. 오히려 활동적인 아이의 관심을 사로잡을 장난감이 갈아입힐 바지보다 더 유용했을 수도 있다고 말했다.[11]

그녀의 이야기에서 내가 제일 좋아하는 대목은 스미스 일가가 선교지로 떠나기 전에 해외 선교부에서 했던 인터뷰다. 선교에 대한 소명을 묻는 질문에 플로이는 그런 소명이 없다고 답했다. 그녀의 소명은 켄의 돕는 배필이자 충실한 아내가 되는 것이었다. 선교지로 부름받은 사람은 남편이었고,

---

11 ── 그때 여덟 살이던 피트가 현재 피츠버그에 있는 커버넌트 펠로십 개혁장로교회의 피터 스미스(Peter Smith) 목사다. 이 글을 쓰는 현재 94세인 아버지 켄 스미스 목사를 그와 아내 비키가 함께 돌보고 있다.

그녀는 그의 곁을 지키도록 부름받았다. 플로이는 복종이 무엇인지 솔직담백하게 보여준 셈이다. 남편의 소명을 내조하는 것이 아내의 소명이다. 켄에게 복종한 플로이에게 하나님은 풍성한 복을 주셨다.

줄리와 플로이 같은 경건한 여성들은 내게 복종의 모본이 되었다. 그렇다고 그들이 동네북은 아니다. 그들은 하나님과 남편에게서 받은 원자재로 아름답고 유익하고 영원한 것들을 산출했다. 바로 자녀와 양식과 웃음과 생활 개선 그리고 모든 영광을 하나님께 돌리려는 단호한 의지 등이다. 〈잠언 '32장'〉에 나오는 "그녀의 값은 소보다 더 하니라"라는 행은 얼마나 장엄한 표현인가. 수단에서는 소가 곧 금이라는 사실을 잊으면 안 된다.

복종도 금이다. 경건한 아내가 막대기로도 금을 만드는 비결은 복종의 자세에 있다. 경건한 여성은 누구에게나 복종하도록 부름받은 것이 아니다. 자기 남편과 장로들과 정부 권세에 복종하도록 부름받았다. 남편과 장로들에게 복종하는 과정에서 그녀의 성품이 빚어지고 세상에서 존재감이 커진다.

중요한 것은 그녀의 소명이 하나님께 죄를 지으면서까지 남편과 장로들에게 복종하는 것은 절대 아니라는 점이다.

그런데 남편이 폭력을 쓴다면 어떨까? 그녀 교회의 목

사가 학대자라면 어떨까?

복종이 성경적이기는 하지만 그래도 위험하지 않을까?

경건한 여성이 남편의 학대 가능성에 대응할 최선의 방어책은 충실한 성경적 교회에 속하여 정식 교인이 되는 것이다. 특별히 남편이 죄를 지을 경우, 복종하는 아내를 가장 잘 보호해줄 장치는 바로 교인 신분이다. 왜 그럴까? 복종의 한 가지 핵심 요소는 경건한 여성이 언제 경찰이나 장로들에게 전화를 해야 할지, 또는 언제 노회나 총회 같은 교단 상부에 문제를 제기해야 할지를 아는 것이기 때문이다. 남편의 죄가 (가정이나 교회에서의 성폭력처럼) 법률상의 범죄이기도 하다면 아내가 경찰에 신고해야 한다. 모든 죄가 법률상의 범죄는 아니지만, 법률상의 범죄일 경우에는 복종하는 아내가 조치를 취해야 한다.

어떤 문제는 워낙 심각해서 전화를 두 군데에 해야 할 수도 있다. 장로들도 부르고, 경찰도 불러야 한다.

교회 이외의 문제에서는 남자와 여자 모두 정부에 복종하도록 부름받았다. 정부가 성경에 규정된 의무를 수행하는 한에서는 그렇다. 예컨대 우리는 교통 법규를 지킬 의무가 있다. 그러나 정부가 성경의 선을 넘어 하나님께 죄가 될 일을 강요할 때는 남자도 여자도 거기에 복종할 의무가 없다. 로마서 13장 1-7절과 베드로전서 2장 13-17절에 나와 있듯이 시민 정부의 기준은 바로 하나님의 법이다. 그래서 그리스도인에게 시민 불복종에 관한 건강한 신학이 필요하다. 이 개념은 이상해 보일 수 있지만, 내 생각에 앞으로 사람들에게 점점 더 관심을 받을 것이다.

다시 말하지만, 교인 신분이 중요하다. 그리스도인이 모든 권력자의 학대에 대응할 최선의 방어책은 충실한 성경적 교회에 속하는 것이다. 복종은 미련하게 맹종한다는 뜻이 아니다. 1637년 7월 23일 주일에 스코틀랜드의 개혁가 제니 게디스(Jenny Geddes)가 자신이 앉아 있던 의자를 설교자의 머리 위로 집어 던진 것은 복종하는 행위였다. 그 일은 설교자 제임스 해네이(James Hannay)가 「스코틀랜드 성공회 공동기도서」를 펼친 후 불시에 일어났다. 제니가 정부에서 임명한 목사에게 의자를 던진 이유는 정부가 교회를 관할하거나 목사를 임명할 수 없기 때문이고, 정부가 제작한 그 기도서에 중대한 신학적 오류가 있다고 성경에서 배웠기 때문이다. 교리를 잘 알았던 제니는 의자를 던진 역사적 사건을 통해

자신이 성경적으로 복종하는 여성임을 확실히 보여주었다.[12]

　1637년 그 운명의 날에 제니는 자신이 의자를 던지게 될 줄 상상이나 했을까? 의자를 던진 그 행위가 욱하는 격분을 억누르지 못해서나 하다못해 등받이 없는 의자가 불편해서가 아니라, 하나님께 복종한다는 표현이었음을 우리는 어떻게 알 수 있을까? 교인 서원에 복종하려면 힘과 용기는 물론이고 순교자들을 따라 성경적 교리를 지키려는 의지까지도 필요하기 때문이다. 여성의 소명인 복종이란 곧 싸움의 때에 제니 게디스처럼 되어야 한다는 소명이다. 제니는 일신상의 큰 위험을 무릅쓰고 의자를 던졌다. 교인 서원에 순종하느라 정부 정책에 맞섰기 때문이다. 그 결과 당시의 법대로 혹독한 대가를 치를 수도 있었다. 실제로 제니 게디스의 행동은 잉글랜드 내전을 촉발했다.

　경건한 여성이 교회 장로들과 남편에게 복종하면 안전하다. 결과가 어떻게 되든 경건한 길을 걷고 있으니 말이다. 그런데 페미니즘은 그렇게 가르치지 않는다. 페미니즘은 교회와 복음을 페미니즘으로 보완해야 한다고 가르친다. 이제 그 난감한 문제로 넘어가보자.

---

[12] ── George Grant, "Jenny Geddes," 팟캐스트, *Fight, Laugh, Feast*, 2021년 5월 18일, https://flfnetwork.com/.

8장

복음을 페미니즘으로
보완해야 하는가?

【시 139:23-24】 하나님이여 나를 살피사
내 마음을 아시며 나를 시험하사 내 뜻을 아옵소서
내게 무슨 악한 행위가 있나 보시고
나를 영원한 길로 인도하소서.

전부 내 잘못이었다. 그날 아침 부엌에서 내 어머니를 폭발하게 만든 사람은 나였다. 어머니는 파란색 사기그릇들을 꺼내 플라스틱 원반이라도 되는 듯 목재 장식장 쪽으로 던졌다. 어머니가 홧김에 접시를 던진 표적은 본래 내 아버지였지만, 아버지는 날아오는 파란색 식기 1호를 신호 삼아 무대 왼쪽으로 퇴장했다. 아버지는 탈출 마술사 해리 후디니처럼 늘 절정의 순간에 사라졌고, 그 바람에 지저분한 뒤처리는 늘 남의 몫이 되었다. 그날도 어머니가 안색이 붉으락푸르락하여 분노를 터뜨리자 아버지는 태연하게 자리를 떴다. 곁에 있던 할머니는 두 손에 얼굴을 파묻고 울었고, 나는 으레 그렇듯이 분노와 두려움이 뒤섞인 채 그 자리에 얼어붙었다. 오른쪽 눈

뒤편에서 서서히 편두통이 밀려왔다. 어머니가 부엌을 난장판으로 만들며 고래고래 욕을 퍼붓는 동안 나는 위궤양 증세까지 도졌다.

물결처럼 일어나 절정에 이르러 파열하는 어머니의 격노는 온 가족을 공포로 몰아넣곤 했다. 나는 내 생리 주기와 더불어 어머니의 분노 주기도 늘 함께 추적했다. 체조 선수였던 내게 전자는 유용한 정보였고, 후자는 생사가 달린 문제였다.

어머니는 평생 나를 가장 사랑했다. 다만 그 사랑으로 나를 살리기도 하고 파괴하기도 했다. 어머니는 오랜 세월 정신 질환의 자가 치료를 고집하다 실패했다. 70세가 되어서야 꼭 필요한 병원 치료를 받았고 85세에 죽음을 앞두고서야 그리스도를 영접했다. 내게 베푸신 주님의 자비가 놀라울 따름이다.

그날 아침, 1960년대에 지어진 복층식 주택 부엌에서 나는 아버지의 질문에 답하던 참이었다. 철학 시간에 메리 마거릿 수녀가 우리에게 내준 토론 주제가 무엇이냐는 물음이었는데, 내가 대답하는 순간 접시가 날아오고 아버지가 현관문 밖으로 달아난 것이다.

"낙태요." 내가 오트밀을 한 숟가락 삼키면서 한 말이다.

"수녀 선생님이 배정해준 대로 우리 팀은 낙태를 반대하고 레지나 팀은 지지했는데, 팀 구성은 그쪽이 좋았지만 논증하기에는 우리 쪽이 유리했죠."

"그래서 넌 어떻게 생각하니?" 개방적인 아버지가 물었다. "이번 토론 말고 낙태라는 주제에 대해서 말이다. 역시 논란거리지?"

우리 집은 명목상 천주교 집안이었고, 종교적으로 낙태를 지지하는 입장이었다. 내 부모가 믿기로 가족계획연맹이라는 낙태 옹호 단체는 숭고하고 관대한 기관이었고, 안전하고 합법적인 무료 낙태는 여성 인권과 문명의 취지에 부합하는 핵심 요소였다. 우리 식구들이 임신을 거론할 때는 '운명, 속박, 부담, 억압' 같은 단어를 썼다. 나도 집에서 늘 들은 대로 낙태를 지지하는 입장이었다.

그러니 아버지의 물음에 솔직하게 답하지 말았어야 했다. 아니, 어쩌면 그냥 좀 싸우고 싶었는지도 모르겠다.

"글쎄요, 생명이 임신 순간에 시작된다면 낙태는 엄연히 살인이고, 생명이 세상에서 인간 구실을 할 수 있을 때 시작된다면 정신 장애인은 아무 나이에나 '낙태될' 수 있겠죠. 유아도 대부분 죽어야 되고요. 그래서 저는 낙태 반대 입장이 가장 설득력 있다고 봐요. 논거가 탄탄하거든요."

내 말에 할머니는 안색이 하얗게 질리면서 눈에 띄게 부들거렸다. 연로하신 할머니는 어린 시절 내내 나를 돌봐주신 너그러운 여성이었다. 내가 50년 동안 거의 매일 뜨개질을 한 것도 여섯 살 때부터 내게 뜨개질을 가르치고 하루에 한

땀이라도 꼭 뜨라고 일깨워주신 할머니 덕분이다. 매일 묵주기도를 드리시던 온화한 자태의 할머니야말로 내가 상처를 주고 싶지 않은 분이었다.

나는 얼른 나가려고 엉거주춤 일어섰으나 식탁 위의 뜨개질 감을 집으려고 손을 뻗는 전술상의 실수를 범했다. 뜨개질은 내가 학교에서 자습 시간과 점심시간에 으레 하던 일이었다. 어머니는 반쯤 짠 양말이 대롱거리는 뜨개실 뭉치를 내 얼굴에 거칠게 들이밀었다. 어머니의 체벌은 내 나이와 상관없이 늘 물건을 던지거나 뺨을 때리는 식이었다. 이번에도 뺨을 때리려 했는데 짜다 만 양말에 타격이 흡수된 것 같았다. 입이 벌어지면서 맛본 털실은 꼭 밭에서 방금 뽑은 당근처럼 텁텁했다.

"넌 쓰레기야. 쓸데없는 쓰레기…."

뜨개질 감을 두고 부엌을 뛰쳐나오는데 접시가 깨지면서 어머니의 악담이 봇물처럼 터져 나왔다. 나중에 학교에서 두 가지가 궁금했다. 이번에는 어머니가 왜 격분했으며, 그것이 낙태 찬반과 무슨 관계가 있을까? 사납지만 미련한 사람은 아니니 화난 이유가 있을 터였다. 답을 알려면 밤에 아버지에게 묻는 수밖에 없었다. 그 사건의 의미를 학교에서 아무에게나 물을 수 없다는 것쯤은 알았다. 어머니가 입에 달고 사는 욕은 내 삶 속에 윙윙거리는 굴욕적인 배경 소음이었다.

어머니가 성질을 부려도 내 몸만은 말짱하면 좋을 텐데, 그날도 소화 불량이 도질 것이 뻔했다. 온종일 가슴이 울렁거렸고, 안전한 학교에 있는데도 온몸이 바짝 긴장되었다. 어머니의 분노가 꾸준히 악화되었기에 그날 나는 수업 시간(라틴어, 합창, 대수학, 점심, 교회사, 문학, 토론, 연극 연습, 자습)마다 어머니가 저러다 언제쯤 무너져내릴지 걱정되었다. 내가 하교할 때쯤이면 할머니는 묵주 기도를 드리다 연속극을 볼 것이고, 어머니는 아마 잠자리에 든 데다 며칠간 나랑 말도 하지 않을 것이다. 벽에 걸린 일정표를 머릿속으로 훑어보니, 어머니가 나를 침묵으로 벌하는 동안 다행히 중요한 활동에 결석할 일은 없겠다는 계산이 나왔다. 평소 내가 과외 활동에 다닐 때 어머니가 데려다주었지만, 화가 나 있는 동안에는 아니었다. 어쨌든 궁금했다. 도대체 내가 무슨 말을 했기에 이런 일이 벌어진 것일까?

그날 밤 아버지에게 들었는데 할머니는 '집에서' 뜨개바늘을 사용해 스스로 낙태한 적이 있었다고 한다. 그 말을 아버지는 마치 양치질과 치실질을 잊지 말라고 말하듯 사뭇 사무적으로 했다. 내 해부학 지식으로는 그게 어떻게 가능한지, 할머니가 어떻게 살아남았는지, 왜 그래야 했는지 등이 상상조차 되지 않았다. '뜨개바늘'과 '집'과 '낙태'라는 단어가 논리적으로 전혀 조합되지 않았다(내가 다니던 학교에는 성

교육 비슷한 것조차 없었다). 말을 마친 아버지는 보드라운 손을 세 번 비볐다. 하던 일이 다 끝났음을 알리는 특유의 몸짓이었다. 하나, 둘, 셋이면 끝이었다.

그 뒤로 우리는 다시는 그 일을 거론하지 않았다.

삶이 이어지는 동안 어머니의 격분도 계속 널뛰었고, 어머니의 광기를 면죄해줄 만한 세계관을 찾던 나도 결국 골수 페미니스트인 어머니처럼 페미니즘에서 위안을 얻었다. 페미니즘 덕분에 어머니는 가부장제 환경의 피해자로 살 수 있었다. 페미니즘은 나를 구해낸 세계관이었고, 페미니즘의 선구자 메리 울스턴크래프트(1759-1797년)는 내 영웅이었다. 그 사건이 일어나고 10년 후 내가 쓴 박사학위 논문 주제가 그녀의 유명한 딸로서 십대에 『프랑켄슈타인』(Frankenstein, 1818년)을 쓴 메리 셸리(Mary Shelley, 1797-1851년)였던 것도 놀랄 일은 아니다.

고등학교를 마치고 대학과 대학원에 다니는 동안 나는 철학적 실용주의자로서 한결같이 낙태를 옹호했다. 내가 보기에 낙태는 어쩔 수 없는 살인이었다. 아버지가 돌아가신 후 손을 비비던 몸짓이 내게로 넘어와 나도 하나, 둘, 셋이면 끝이었다. 여성의 자유를 위해 약자를 죽이는 것은 그저 불가피한 일이었다.

내 성장기에 여성이란 임신할 위험을 안고 살다가 임

신하면 모든 꿈이 무산되는 존재로 규정되었다. 그래서 여자는 늘 몸을 사려야 했다. 내가 보기에 여자는 태생부터가 이미 손해였다.

하지만 성경은 그렇게 말하지 않는다.

여성 안에 깃든 하나님의 영광

창세기 1장의 전개 과정에는 조화와 힘이 팽팽히 흐른다. 간결체 산문으로 이어지다가 남녀 인간을 지으시는 더없이 장엄한 위업에 이르러서야 문단이 길고 유려해진다. 남자와 여자가 지음받는 영광스러운 대목은 예술적 균형을 깨뜨리기는커녕 창조의 정점을 보여주는 위대한 문학적 크레셴도다. 그들이 창조된 목적은 하나님의 이름으로 땅을 다스리고 관리하여 그분을 영화롭게 하는 것이다. 아담과 하와의 결혼은 먼저는 그들을 지으신 하나님을, 그리고 타락 후에는 그들을 구속하기로 약속하신 하나님을 가리켜 보인다. 그래서 그들이 타락하여 동산을 잃은 뒤로는 결혼이 그리스도와 교회를 상징하기도 한다. 신구약은 경건한 결혼의 기준은 물론이고 결혼의 의미도 결코 결혼 자체에 있지 않다고 가르쳐준다. 결혼제도는 하나님의 첫 통치 기구이고, 결혼은 세상과 교회를 향한 하나님의 목적을 가리켜 보인다.

케빈 드영이 열거한 다섯 가지 모형은 우리를 은혜에 이르게 할 수도 있고 정죄에 이르게 할 수도 있다.

① 리더인 남성(또는 성경적 관점의 가부장제)
② 영웅의 자질을 갖춘 경건한 여성
③ 남성을 돕는 경건한 여성
④ 남성에게 악영향을 미치는 불경한 여성, 여성을 학대하는 불경한 남성
⑤ 출산과 자녀 양육에서 의미와 은혜와 고난을 발견하는 여성[1]

다섯 가지 모형의 위력은 각각의 내용뿐만 아니라 모형 본연의 역할에서도 찾아볼 수 있다. 모형은 범위와 방향을 규정한다. 어떻게 살아야 할지를 알려주고 이탈의 위험을 경고한다. 모형은 정확하고 용의주도하게 그대로 재현해야 하는 것이다. 따라서 우리는 주님이 명하신 모형을 본받아 그분

---

[1] Kevin DeYoung, *Men and Women in the Church: A Short, Biblical, Practical Introduction* (Wheaton, IL: Crossway, 2021), 2장 "Patterns That Preach," 36-42.

께 순종해야 한다. 그것이 압제처럼 보인다면 부디 이 책을 계속 읽어보라. 당신이 왜 그렇게 반응했는지 알게 될 것이다.

앞서 보았듯이 켄 스미스는 내게 강연할 때 에덴동산에 있던 선악을 알게 하는 나무를 언급했다. 그 나무가 접근 금지였던 이유는 열매가 나빠서가 아니라 하나님의 사랑을 상징했기 때문이다. 하나님의 사랑과 법은 동전의 양면이건만 아담과 하와는 하나님 대신 그 나무를 예배하고자 하는 유혹을 느꼈다. 아담은 어떻게 금지된 나무의 의미를 오해했을까? 머리 역할을 수행하지 못해서 그랬다. 그 비극이 창세기 3장 4-6절에 이렇게 기록되어 있다.

> 뱀이 여자에게 이르되 너희가 결코 죽지 아니하리라 너희가 그것을 먹는 날에는 너희 눈이 밝아져 하나님과 같이 되어 선악을 알 줄 하나님이 아심이니라 여자가 그 나무를 본즉 먹음직도 하고 보암직도 하고 지혜롭게 할 만큼 탐스럽기도 한 나무인지라 여자가 그 열매를 따 먹고 자기와 함께 있는 남편에게도 주매 그도 먹은지라.

의미심장하게도 여자가 속았다. 속는다는 말은 전혀 사실이 아닌 내용에 완전히 설득당한다는 뜻이다. 거짓의 포로가 된다는 뜻이다. 뱀은 무엇을 포로로 삼았는가? 뱀은 창조 질서를 포로로 삼아 공격했다.

창조 질서인 성경적 머리 역할은 남자가 가정과 교회의 리더로서 책임지고 희생하며 돌본다는 의미다. 아내는 리더 역할의 남편을 보완하여 창조 세계를 관리하고, 남편의 지도하에 창조 명령을 수행하는 일을 돕는다. 성경적 머리 역할은 없애야 할 악이 아니라, 늑대 같은 남자들을 주변에서 몰아내려는 하나님의 장치다. 그런데 아담은 성경적 머리 역할에 실패했다. 실패하여 하와가 시키는 대로 금단의 열매를 먹었다. 이 타락의 결과는 광범위하고 치명적이다. "그러므로 한 사람으로 말미암아 죄가 세상에 들어오고 죄로 말미암아 사망이 들어왔나니 이와 같이 모든 사람이 죄를 지었으므로 사망이 모든 사람에게 이르렀느니라"(롬 5:12).

창세기 1-3장에 밝혀져 있듯이 아내가 복종해야 한다는 하나님의 설계는 선하고 영광스러우며 생명을 살린다. 반면 어떤 이유로든 하나님의 창조 질서를 거스르면 이는 곧 그분의 설계를 배격하는 것이다. 하나님의 계획을 변개하고도 벌을 면할 수 있다는 생각은 마음이 어두워진 교만한 사람이나 할 수 있다.

성경의 첫 세 장에 제시된 틀은 전체 성경 이야기를 비춰보는 기준이 된다. 결혼에 수반되는 성경적 머리 역할은 돕는 배필인 아내의 본분에 대한 틀이다. 돕는 배필은 동네북

이 아니다. 돕는 배필은 현명하고 강인하며 필요할 때 잘 생각해서 조언할 줄 안다. 아내도 직업을 통해 가정에 기여할 수 있지만, 돕는 배필이란 곧 남편의 소명이 먼저라는 뜻이다. 그런데 우리가 사는 악한 세상에서는 남자도 여자도 자신에게 부여된 역할을 유기해왔다. 많은 그리스도인 여성에게 하나님의 모형은 달갑지 않은 짐으로 느껴지며, 심지어 위험하고 구시대적이며 불공정해 보일 수 있다. 그러나 문제는 하나님의 모형이 아니다. 그분의 명령은 결코 무겁지 않다(요일 5:3-4). 하나님의 계명은 오히려 사랑의 표현이다. 그분의 계명이 문제가 아니라면 무엇이 문제일까? 문제는 그분의 모형에 대한 우리의 악한 반응이다.

실제로 결혼에는 하나님의 창조 설계가 녹아들어 있다.

> 아내들이여 자기 남편에게 복종하기를 주께 하듯 하라 이는 남편이 아내의 머리됨이 그리스도께서 교회의 머리 됨과 같음이니 그가 바로 몸의 구주시니라 그러므로 교회가 그리스도에게 하듯 아내들도 범사에 자기 남편에게 복종할지니라…그러므로 사람이 부모를 떠나 그의 아내와 합하여 그 둘이 한 육체가 될지니 이 비밀이 크도다 나는 그리스도와 교회에 대하여 말하노라 그러나 너희도 각각 자기의 아내 사랑하기를 자신같이 하고 아내도 자기 남편을

존경하라(엡 5:22-24, 31-33).

이 위력적인 서신 에베소서에서 바울이 세 가지 요소를 종합하여 보여주듯이, 아내가 남편에게 복종하는 것은 굴욕적 예속이 아니다. 첫째, 아내가 경건한 남편에게 복종하는 것은 '주께 하는' 것인 만큼 성경의 명백한 가르침에 어긋나는 복종이란 있을 수 없다. 남편이 아내에게 하나님의 말씀에 어긋나는 죄를 짓게 할 경우 아내는 이 구절에 근거하여 반드시 불복해야 한다. 둘째, 아내가 남편에게 복종하는 것은 그리스도께 복종한다는 표현이자 그 연장선이다. 바울은 그리스도가 교회의 머리시듯 남편이 아내의 머리라고 썼다. 셋째, 아내가 남편에게 복종하는 것은 그를 인간으로도 존경하고 남편 역할도 존중한다는 뜻이다. 아내는 남편이 실패할 때도(실패할 때 특히 더) 남편을 존경해야 한다. 하나님은 남편을 통해 일하셔서 아내와 온 가족에게 복을 주신다. 따라서 모든 무례한 행위나 복종하지 않는 행위는 하나님이 주실 복의 통로를 차단한다. 남편의 사랑과 지도와 인도를 받아들이고, 거기에 기초하여 범사에 주님을 높이는 가정을 가꾼다면 아내의 복종은 종착지가 아니라 도약대다.

경건한 삶의 모형을 정하는 것은 문화가 아니라 창조 질서다.

너희가 모든 일에 나를 기억하고 또 내가 너희에게 전하여준 대로 그 전통을 너희가 지키므로 너희를 칭찬하노라 그러나 나는 너희가 알기를 원하노니 각 남자의 머리는 그리스도요 여자의 머리는 남자요 그리스도의 머리는 하나님이시라…남자가 여자에게서 난 것이 아니요 여자가 남자에게서 났으며…그러나 주 안에는 남자 없이 여자만 있지 않고 여자 없이 남자만 있지 아니하니라 이는 여자가 남자에게서 난 것같이 남자도 여자로 말미암아 났음이라(고전 11:2-3, 8, 11-12).

이 본문은 복종과 머리 역할에 대한 우리의 논의를 공예배 모임으로 확장한다. 바울이 고린도 교인들에게 지적했듯이 하나님이 에덴동산에서 정하신 모형은 복이요 도덕적 구속력을 지닌다. 모형이란 바른 삶의 청사진이다. 그러므로 예배 모임에서 남자와 여자와 아이는 각각 그 모형에 맞게 행동해야 한다. 하나님이 에덴동산에서 정하신 설계 모형을 여자의 개인적 은사가 앞지르지 못한다.

이렇듯 하나님의 설계와 창조 모형대로 지어졌다는 말은 인간의 존재 의미에 대한 진술일 뿐만 아니라, 성경 본문의 정확한 해석법에 대한 진술이기도 하다. 모든 인간은 누군가의 권위나 영향력이나 조종 아래 살아간다. 사람마다 무언가의 주권 아래 살아가는데, 그 주권자는 하나님일 수도 있고 자신의 감정일 수도 있고 악한 폭군일 수도 있다.

모형대로 지어졌다는 말은 시대에 뒤떨어진 획일적 폭압에 휘둘린다는 뜻이 아니다. 성경에 제시된 모든 모형은 사랑의 하나님이 자녀를 위해 정하신 것이며, 억지 논리가 아니라 길잡이다. 그분의 모형에 어떻게 반응하는지를 보면 우리가 어떤 사람인지에 대해 많은 것을 알 수 있다.

9장

여성이 내는
목소리의 위력

【시 119:113-114】 내가 두 마음 품는 자들을 미워하고 주의 법을 사랑하나이다 주는 나의 은신처요 방패시라 내가 주의 말씀을 바라나이다.

우리 셋째와 넷째 자녀가 아기였던 시절이 기억난다. 갓난아기 메리가 내 품에 안겨 작은 소리로 옹얼거리고 있는데, 세 살이 거의 다 된 녹스가 메리의 심장 쪽에 가만히 머리를 대고는 선언하듯 말했다.

"엄마! 들리지? 아기 메리가 나랑 같이 자동차와 트럭 놀이를 하고 싶대!" 물론 신생아가 자동차와 트럭을 가지고 놀 수도 없고, 녹스가 메리의 의중을 읽을 리도 만무하다. 그래도 그의 열의는 식을 줄 몰랐다. 녹스는 생후 48시간 된 메리의 간절한 소원이 자기와 함께 자동차와 트럭 놀이를 하는 것이라고 확신했다.

남매가 그러는 것은 귀엽다.

그러나 성경 독자가 그렇게 하는 것은 죄다. 모세는 율법을 전하면서 이렇게 엄명했다. "내가 너희에게 명령하는 말을 너희는 가감하지 말고 내가 너희에게 내리는 너희 하나님 여호와의 명령을 지키라"(신 4:2).

세 돌을 앞둔 아들이 갓난아기 딸을 '대변한' 일이야 재미있었지만, 이것이 이치에 맞는 성경 해석법은 아니다.

당신의 손에 들려 있는 성경은 충실한 해석을 요하지만, 오늘날 충실한 해석에 온통 어긋나는 세계관이 하나 있다. 충실한 그리스도인은 성경을 읽고 <u>성경에 있는 내용에 그대로</u> 복종하도록 부름받았다. 보편적 여성의 목소리, 곧 "여성 중심 해석"[1]을 찾으려 하거나 성경에 있어야 한다고 생각한 내용을 투영하여 해석해서는 안 된다. 그런데 성경 페미니스트들은 본문을 있는 그대로 읽지 않고, 창조 규례의 모형도 배격한다. 오늘날 우리가 창조 규례를 따라 하나님의 말씀에 철저히 순종해야 하는데도 말이다.

작가 캐롤린 커스티스 제임스(Carolyn Custis James)는 그리스도인 여성이 성경을 읽을 때 가부장제 문제를 극복해야 한다며 이렇게 썼다.

---

[1] —— 현대의 이 비성경적 관점을 더 깊이 알고 싶다면 다음 책을 참조하라. Richard Bauckham, *Gospel Women: Studies of the Named Women in the Gospels* (Grand Rapids, MI: Eerdmans, 2002).

룻의 이야기는 만연한 가부장제 문화 속에서 벌어진다. 가부장제란 여성보다 남성에게 특권을 부여하는 사회 제도다. 초점은 남성의 행동이고 여성은 (거의 예외 없이) 배경으로 물러난다. 가부장제에서 여성의 가치는 남성(아버지와 남편과 특히 아들)에게서 파생한다.[2]

제임스에게 가부장제란 "예수님의 복음 메시지를 아주 극명하게 부각해주는 문화적 배경"이다.[3] 이어 그녀는 "룻기는…가부장제를 비판한다"라고 썼다.[4] 그녀가 말하는 예수님은 우리를 개인의 죄에서뿐만 아니라 가부장제라는 죄에서 구원하시는 분이다. 그러나 여성의 가치는 남성이 아니라 오직 하나님에게서 파생한다. 따라서 이런 주장은 성경의 가부장제를 잘못 이해한 것이다.

신기하게도 모든 것은 결국 제자리를 찾게 되어 있다. 여기까지 읽고서 평소 당신이 성경을 연구할 때 쓰는 해석법을 재정비해야겠다는 생각이 든다면, 그렇게 하라. 아울러

---

[2] Carolyn Custis James, *Finding God in the Margins: The Books of Ruth* (Bellingham, WA: Lexham Press, 2018), 9. (『소외된 이들의 하나님: 룻기』 이레서원)

[3] James, *Finding God in the Margins*, 10.

[4] James, *Finding God in the Margins*, 10.

다음 말도 읽으라. 성경적 머리 역할 또는 성경적 가부장제가 죄라는 신념은 성경의 진리가 전혀 아니다. 이 입장은 오히려 성경을 곡해한 것이다. 성경적 가부장제는 죄악이 아니라 복이다. 성경의 무오성과 성경적 성 역할의 수행을 지지하는 여성이라면 성경적 가부장제도 자진해서 즐거이 지지하고 옹호할 것이다.

요즘 많은 페미니스트 학자는 성경을 읽을 때 여성의 목소리가 뚫고 나와 심금을 울리는 특별한 순간을 찾아야 한다고 믿는다. 혹시 당신도 조금이나마 그렇게 믿어왔다면 주님 앞에서 마음을 점검해야 한다. 페미니즘의 성경 해석은 자유가 아닌 굴레다. 성경 말씀은 다 당신의 것이다. 당신을 깨우치고 위로하며 지도하기 위한 것이다. "하나님의 말씀은 다 순전하며 하나님은 그를 의지하는 자의 방패시니라"(잠 30:5).

성경을 페미니즘의 관점에서 읽고 해석하면, 초자연적 권능의 하나님 말씀은 조종하기 쉬운 사회학 도구로 오그라든다. 권력 투쟁과 압제 세력을 폭로하며 자신의 끝없는 상처를 표현할 가능성과 어휘를 새로 만들어낼 뿐, 그 이상의 희망은 제시하지 못한다. 하나님께 가는 관문은 상처를 표현하는 신조어나 해시태그가 아니라 회개다. 이 비성경적 접근은 초점을 흐려놓을 뿐 아니라, 아예 당신의 영혼을 위험에 빠뜨릴 수 있다. 성경을 어떻게 해석하는지를 보면, 우리가 실제로 성경을 무엇이라고 생각하는지를 알 수 있다. 성경을 페미니즘의 렌즈로 해석할 때의 문제점은 창조 세계와 창조 질서에 대한 성경 내용뿐만 아니라 성경의 <u>정체</u>까지 곡해하는 데 있다.

『예수와 존 웨인』(Jesus and John Wayne)을 비롯한 잘못된 개념들

크리스틴 코비스 뒤 메이(Kristin Kobes Du Mez)의 책 『예수와 존 웨인: 백인 복음주의자들은 어떻게 신앙을 변질시키고 나라를 분열시켰나』는 페미니즘이 성경 내용과 함께 성경의 <u>정체</u>까지 곡해한다는 내 논지의 좋은 예다.[5] 남성 지배가 어떻게 참된 기독교 신앙을 무기화하고 변질시켰는지를 폭로하려 한 이 책은 복음주의에 속한 남성들의 흥망을 묘사한 읽기 쉽고 재미있는 책이다. 뒤 메이의 실력이나 진실성을 의심할 이유는 없다. 그러나 그녀의 논거는 고결한 여성의 전형을

---

[5] —— Kristin Kobes Du Mez, *Jesus and John Wayne: How White Evangelicals Corrupted a Faith and Fractured a Nation* (New York: Liveright, 2020).

위험한 남성과 대비하는 방식을 택했다. 진정하고 순수한 기독교를 여성에게 귀속시키고, 남성에게는 부패한 정치적 동기를 귀속시킨 것이다. 성경의 무오성에 대한 뒤 메이의 입장을 보자.

> 무오성 문제가 보수 진영을 결집한 것은 사실이다. 그러나 다수의 남침례교인이(심지어 교단 지도자들까지도) 제대로 된 신학 실력 없이 오히려 사실상 반(反)신학적이라는 것이 드러나자, 이제 무오성의 구심점은 여성의 복종 및 관련된 문화 전쟁 이슈에 대한 새로운 정치 활동으로 넘어갔다… 서던 침례신학대학원에서 온건파를 몰아내는 데 앞장선 앨버트 몰러에게서 그 과정을 여실히 엿볼 수 있다. 그는 "평범한 남녀 침례교인은 언어와 술어의 뉘앙스에 관한 한 성경의 무오성 문제를 이해하거나 판단하지 못할 수도 있다"라고 시인했다. "그러나 낙태에 관해서라면 그들은 누군가 낙태를 합법화하려 한다는 사실만으로도 거기에 맞설 수 있다…" '동성 결혼'의 경우도 마찬가지다. <u>무오성이 중요한 이유는 그것이 문화 및 정치 문제와 연관되어 있기 때문이다.</u> 남침례교인들이 전국의 복음주의자들과 연합한 것은 바로 가부장제의 권위를 지지하기 위해서였고, 이런 동맹은 그들을 더 넓은 복음주의 세계로 끌어들였다. 불과

한 세대 만에 남침례교는 교단 정체성보다 '복음주의' 정체성을 더 앞세우기에 이르렀다. 이 새로운 정체성의 핵심이 바로 가부장제다.[6]

뒤 메이의 말에 따르면, 보수 진영이 성경의 무오성을 받아들이는 주된 이유는 정치 때문이다. 우리가 성경을 무오하다고 받아들이는 것은 하나님께 합당한 영광을 돌리기 위해서이고, 성경이 하나님의 감동으로 기록된 무오한 것임을 성경이 스스로 밝히기 때문이다. 하지만 그녀는 그렇게 보지 않는 것 같다. 우리가 무오성을 받아들이는 것은 결코 정치와 권력 때문이 아니다.

나는 남침례교인이 아니라서 그 교단의 내부 사정을 거론할 입장이 못 된다. 다만 앨버트 몰러가 단지 정치 때문에 성경 무오성을 옹호했다는 식의 말은 동기를 잘못 짚은 것이며, 성경의 무오성과 하나님의 법에 순종하는 삶의 연관성을 오해한 처사다.

뒤 메이의 입장은 무엇인가? 그녀가 믿기에 낙태란 정말 아무 문제도 아닌 것, 하나님이 용인하시는 것, 주관적 관점에서만 죄인 것, 안전하고 합법적이며 보기 드문 것인가?

---

[6] ── Du Mez, *Jesus and John Wayne*, 109, 밑줄 추가.

몰러가 예로 든 낙태는 "살인하지 말라"(출 20:13) 하신 제6계명에 어긋난다. 이는 가부장제 문제가 아니다. 그런데 페미니스트에게는 모든 문제가 가부장제로 귀결된다. 여기서 성경 해석법의 중요한 차이점이 드러난다. 성경의 무오성을 믿는 이들은(축자영감설을 믿는 이들도) 성경이 말하는 그대로 읽고, 어떤 본문이든 성경으로 성경을 해석한다. 그런데 페미니스트들은 성경이 말할지도 모르거나 말할 수도 있는 것을 찾아내려고 읽는다. "미래는 여성의 것"[7]이라고 믿는 세상에서 본문의 궤도 혹은 비전이 중요하다는 것이다.

1999년에 시러큐스 개혁장로교회에 등록할 때 나는 성경의 무오성을 지지하기로 서약했다. 7개조 서약문의 제1조는 "당신은 신구약 성경이 하나님의 말씀으로서 유일하게 신앙과 삶의 무오한 규율임을 믿습니까?"였다.[8] "예"라는

---

[7] 1970년대 레즈비언 분리주의의 구호였던 이 말을 2016년에 대통령 후보 힐러리 클린턴이 다른 의미로 썼다.

[8] *The Constitution of the Reformed Presbyterian Church of North America* (Pittsburgh, PA: Crown & Covenant, 2005), G-1. 교인 서약문의 나머지 6개조는 다음과 같다. **제2조**: 당신은 성경에 계시된 대로 유일하게 살아 계신 참되신 하나님 곧 성부와 성자와 성령을 믿습니까? **제3조**: 당신은 죄를 회개합니까? 하나님을 거역한 죄인으로서 자신의 죄책과 무력함을 고백하고, 하나님의 아들 예수 그리스도를 자신의 구주와 주님으로 고백하며, 그분을 섬기기로 헌신합니까? 힘써 모든 죄를 버리고 그분의 가르침과 모본을 따라 살기로 약속합니까? **제4조**: 당신은 성경에 기초하

답변은 여태 내가 믿던 모든 것이 오류라는 고백이기도 했다. 본문에 의미를 부여하는 것이 성경의 저자가 아니라 독자라는 신념도 그런 오류 중 하나였다. 개혁장로교는 왜 성경 무오성 조항을 교인 서약문에 제1조로 넣었을까? 이 조항은 서약하는 사람에게 몇 가지 중요한 것을 자문하게 한다. 나는 성경을 어떻게 생각하는가? 성경은 진리인가? 나는 성경에 복종하려 하는가, 아니면 성경을 전복하려 하는가? 성경에 기꺼이 복종할 것인가, 아니면 다른 권위에 의지할 것인가? 새 신자로서 내가 배웠듯이 중요한 것은 복음 자체만이 아니다. 복음이 결코 단독으로 존재할 수 없기 때문이다. 무오한 말씀이 복음을 떠받친다.

그렇게 서약하던 그때, 내 삶은 모순 덩어리였다. 레즈

고 북미개혁장로교 헌법에 명백히 기술된 본 교회의 가르침과 통치에 주 안에서 복종하기로 약속합니까? 다른 교인들과 협력할 책임을 인정하고, 주님을 섬기는 그들을 지원하고 격려할 것을 약속합니까? 당신의 교리나 삶을 바로잡아야 할 경우 교회의 권위와 치리를 존중하기로 약속합니까? **제5조**: 그리스도인의 삶에서 자라가기 위해 당신은 열심히 성경을 읽고, 개인 기도에 힘쓰며, 주일을 지키고, 꾸준히 예배에 참석하며, 지정된 성례를 수행하고, 주께서 형통하게 하시는 대로 주님의 일을 위해 헌금할 것을 약속합니까? **제6조**: 당신은 삶의 모든 관계에서 먼저 하나님의 나라와 의를 구하고, 예수 그리스도의 참된 종으로서의 본분을 온전히 수행하며, 사람들을 주께로 인도하고자 힘쓸까요? **제7조**: 당신은 마지막 큰 날에 기쁨으로 결산하기를 사모하며 겸손히 주의 은혜를 의지하는 가운데 하나님 앞에서 이 신앙과 결단을 고백합니까?

비언 파트너와의 관계를 정리한 것이 그로부터 불과 몇 주 전이었다. 공동 소유했던 집에서 내가 짐을 싸서 나왔으나 전 파트너는 아직도 내 의료보험 수혜자였고(나는 당시 소속 대학에서 동성 가족 계획 제도를 공동 작성했는데, 이것은 동성 결혼의 선구자적인 제도였다), 주택 융자 서류도 여전히 공동 명의 그대로였다. 교인 서약은 (무오한 성경 자체와 더불어) 모든 면에서 나와 상충했다. 내 죄를 지적하는 그 서약을 내가 감당할 수 있었던 것은 충실한 목사와 장로들의 도움이 있었기 때문이다. 나는 달라져야 했다. 모든 것을 고쳐야 했다. 그런데 한 번에 다 고칠 수는 없었다. 성경은 내게 어떻게 달라져야 할지를 보여주었고, 교회는 나를 부드럽게 감싸주었으며, 주님은 고비마다 내게 힘을 주셨다.

교회사 내내 그리스도인은 성경의 진리를 지지하는 사람으로 정의되었다. 성경의 진리란 말씀 자체의 의미뿐만 아니라 그 책의 생명력까지도 포괄한다. 교회사 거의 내내 우리는 어휘의 의미가 거슬릴 때마다 토를 달지 않았다. 어휘의 의미는 성경이 기록되던 당시 전달되었을 자명한 뜻 그대로다. 그런데 현대의 복음주의 문화에서는 누구나 자신이 그리스도인이라고 말하면 그리스도인이다. 이렇게 '본인이 지정하는 정체성'이라는 방식을 따라 진리를 대하는 것은 위험하고 어리석다. 기독교 신앙의 관건은 긍정의 말이 아니라 하나님의 말씀대로 순종하는 삶이다.

　기독교의 역사적 해석법이 편협한 동기에서 비롯했다는 오판은 뒤 메이가 쓴 책의 큰 과오 중 하나에 불과하다. 또 다른 과오는 옛 어휘에 새 의미를 부여해서 이를 소급 적용하는 경향을 보인다는 것이다. 2016년의 대통령 후보 힐러리 클린턴(Hillary Clinton)에 대한 논의가 좋은 예다. 뒤 메이는 클린턴을 "독실한 그리스도인"이라고 표현했다. 그 부분을 전부 인용해서 그녀의 말을 직접 들어보자.

　　클린턴은 독실한 그리스도인이었지만 잘못된 부류였다. 2016년 선거 운동 기간에 그녀는 자신의 감리교 신앙을 자주 언급했고, 좋아하는 성경 구절도 술술 외웠다. 미국 시민종교 전통에 기대어 미국인에게 그들이 선하기에 위대하다고 환기했고, 자신들의 본성에서 착한 천사를 불러내라고 촉구했다. 선거 유세 코스에서 그녀는 흑인 개신교도들과 함께 있을 때 특히 편해 보였다. 그들의 예언적 신앙 전통은 그녀의 진보적 감리교와 비슷한 점이 많았다. 그러나 클린턴은 거의 모든 쟁점에서 백인 복음주의자들의 반감을 샀다. 페미니스트이자 커리어 우먼인 그녀는 한 아이를 기르는 데 온 마을이 필요하다는 입장이었고, 적어도 비판자들이 보기에는 미국의 주권을 희생하면서까지 국제 인권과 여성 인권을 옹호했다. 게다가 낙태에 찬성했다. 그녀가 동일한 성경을 읽는다는 사실이 대다수 복음주의자에게 납득되지 않았고, 그녀의 신앙 간증은 정치적 영합이나 그냥 뻔한 거짓말로 비쳤다.[9]

몇 군데만 들여다보자. 우선 뒤 메이는 클린턴이 "독실한 그리스도인"이라고 썼는데, 무엇에 독실하다는 말인가? 독실한 사람이란 "헌신적으로 신을 예배하거나 섬기고, 종교에 진심이며, 경건하고, 종교적 헌신을 보이며, 신앙심이 깊은" 사람이다.[10] 역사적으로 독실한 그리스도인이란 자신이 오직 그리스도로 말미암아 오직 믿음으로 구원받았음을 알고 성경에 제시된 하나님의 도덕법을 성령의 능력으로 지키는 사람을 지칭했다. 대개 우리는 엘리자베스 엘리엇(Elisabeth Elliot)처럼 고난 중에 연단된 믿음으로 역경을 이겨낸 이들을 "독실한 그리스도인"이라 칭한다.[11] 힐러리 클린턴과

---

[9] Du Mez, *Jesus and John Wayne*, 250.

[10] *The New Shorter Oxford English Dictionary on Historical Principles*, 제1권, Lesley Brown 편집 (Oxford, UK: Clarendon Press, 1973), "devout" 항목.

[11] 엘리자베스 엘리엇(1926-2015년)은 독실한 그리스도인 작가이자 선교사로 잘 알려져 있다. 그녀의 첫 남편 짐(Jim)은 에콰도르의 아우카 부족과 접촉하는 과정에서 1956년에 순교했다. 남편을 죽인 부족에게 과

엘리자베스 엘리엇을 둘 다 독실한 그리스도인으로 볼 수 있다는 논리는 페미니즘 관점에서만 성립된다. 성경의 진리를 지지하는 부분에서 이 두 여성은 극과 극으로 다르다. 뒤 메이를 비롯한 페미니스트들이 보기에는 자칭 그리스도인이면 누구나 그리스도인이며, 그 정당성을 평가하거나 판단할 수 있는 객관적 기준은 무의미하다.

또 뒤 메이는 클린턴을 "잘못된 부류"의 그리스도인으로 보았다. 그러나 성경에는 잘못된 부류의 그리스도인이라는 개념은 존재하지 않으며, 오직 그리스도인만이 있을 뿐이다. 성경이 말하는 그리스도인은 그리스도를 왕으로 고백하고, 그분께 삶을 드리며, 그분이 육신이 되신 말씀임을 인정하고, 그리스도의 속죄 사역을 믿어 거기에 소망을 두는 사람이다. 요컨대 그리스도인은 복음을 믿는 사람이다. 그래서 누구나 복음을 설명해주는 주요 성경 구절을 외워두면 좋다.

> 너희도 만일 회개하지 아니하면 다 이와 같이 망하리라(눅 13:3).

부이자 아기 엄마로서 다시 돌아간 엘리자베스는 주님께 쓰임받아 많은 부족민을 인도하여 예수 그리스도를 믿게 했다.

예수께서 이르시되 내가 곧 길이요 진리요 생명이니 나로
말미암지 않고는 아버지께로 올 자가 없느니라(요 14:6).

모든 사람이 죄를 범하였으매 하나님의 영광에 이르지
못하더니(롬 3:23).

너희는 그 은혜에 의하여 믿음으로 말미암아 구원을
받았으니 이것은 너희에게서 난 것이 아니요 하나님의
선물이라(엡 2:8).

주께서 경건한 자는 시험에서 건지실 줄 아시고 불의한 자는
형벌 아래에 두어 심판 날까지 지키시며(벧후 2:9).

하나님을 사랑하는 것은 이것이니 우리가 그의 계명들을
지키는 것이라 그의 계명들은 무거운 것이 아니로다(요일 5:3).

물론 그리스도인들도 교리 문제에서 이견이 있다. 견해가 갈리는 이유는 우리가 성경의 무오성을 저버려서가 아니다. 지금은 거울로 보는 것같이 희미하기 때문이다. 유아 세례에 대한 이견이 살인, 간음, 음행이 죄인지 여부에 대한 이견과 같을 수는 없다. 말로는 믿는다지만 삶이 예수님께 어긋난

사람에 대해 하나님은 이렇게 말씀하신다.

> 나더러 주여 주여 하는 자마다 다 천국에 들어갈 것이 아니요 다만 하늘에 계신 내 아버지의 뜻대로 행하는 자라야 들어가리라 그날에 많은 사람이 나더러 이르되 주여 주여 우리가 주의 이름으로 선지자 노릇하며 주의 이름으로 귀신을 쫓아내며 주의 이름으로 많은 권능을 행하지 아니하였나이까 하리니 그때에 내가 그들에게 밝히 말하되 내가 너희를 도무지 알지 못하니 불법을 행하는 자들아 내게서 떠나가라 하리라(마 7:21-23).

하나님의 말씀은 성경의 계시로 완성되었다. 페미니즘은 성경을 보완한다고 하면서 오히려 변질시킨다.

> 옛적에 선지자들을 통하여 여러 부분과 여러 모양으로 우리 조상들에게 말씀하신 하나님이 이 모든 날 마지막에는 아들을 통하여 우리에게 말씀하셨으니 이 아들을 만유의 상속자로 세우시고 또 그로 말미암아 모든 세계를 지으셨느니라 이는 하나님의 영광의 광채시요 그 본체의 형상이시라 그의 능력의 말씀으로 만물을 붙드시며(히 1:1-3).

예수님과 그분의 말씀은 서로 나뉘거나 분리되거나 모순될 수 없다.

그러므로 성경에 잘못된 부류의 그리스도인이 있다면, 그리스도인이 아닌데도 그리스도인이라고 착각하는 사람뿐이다.

힐러리 클린턴에 대한 뒤 메이의 비평을 더 살펴보자. "그녀는 자신의 감리교 신앙을 자주 언급했고…미국 시민종교 전통에 기대어…"라는 대목이다. 미국 시민종교란 민주당과 공화당이 대체로 동의할 만한 폭넓은 이신론 신념을 미국이 신봉하고 있다는 사회학 이론이다.[12] 시민종교를 구성하는 배후 개념은 성경에 기록된 인류의 타락과 아담 안에서 물려받은 우리 죄성을 배격하는 것이다. 미국 시민종교는 당신의 영혼을 구원할 수 없다. 당신의 감리교 신앙이 거기에 기댄다면 그것이 당신을 지옥에 떨어뜨릴 것이다. 성경을 있는 그대로 읽으면 그렇게 해석할 수밖에 없다.

또 뒤 메이는 클린턴이 "미국인에게 그들이 선하기에 위대하다고 환기했고"라고 썼다. 성경은 우리가 선하다고 말

---

12 ── "미국 시민종교"(American civil religion)는 사회학자 로버트 벨라(Robert Bellah)가 「미국의 시민종교」(Civil Religion in America, 1967년)라는 논문에서 처음 쓴 용어다.

하지 않는다. "모든 사람이 죄를 범하였으매 하나님의 영광에 이르지 못하더니"(롬 3:23). 그리스도의 의를 떠나 우리 스스로 위대하다는 선언은 죄다. 또한 죄를 짓고 회개하지 않는 이들은 하나님의 은총이 아닌 진노를 자초한다. "하나님은 교만한 자를 대적하시되 겸손한 자들에게는 은혜를 주시느니라"(벧전 5:5). 미국인에게 그들이 선하기에 위대하다고 환기하는 것은 복음의 증언을 오용하는 왜곡이다.

뒤 메이의 말대로 클린턴은 "낙태에 찬성했다." 살인은 하나님의 형상을 유린하는 행위인 만큼 누구도 낙태와 하나님의 도덕법을 동시에 옹호할 수는 없다. 살인을 옹호하는 사람은 하나님의 진노를 산다. 그러나 진보 페미니스트에게 성경은 도덕법 문제에서 그다지 구속력이 없다.

끝으로 뒤 메이는 "그녀가 동일한 성경을 읽는다는 사실이…납득되지 않았고"라고 덧붙였다. 성경을 읽는 것만 아니라 적용하는 면에서도 마찬가지다. 하나님이 가룟 유다 이야기를 고스란히 남겨두신 것은 어떻게 사람들이 동일한 성경을 읽고도(유다의 경우 예수님의 제자가 되어 다른 제자들처럼 그분과 함께 살고도) 진짜 예수님을 배척하고 그분을 자기 생각대로 지어낼 수 있는지를 우리에게 깨우치시기 위해서다. 유다는 주님과 함께 살고도 그분을 철저히 배신했다. 누구라도 그럴 수 있다. 동일한 성경을 읽어도 우리는 얼마든지 죄에 미혹될 수 있다.

하나님의 무오한 말씀이 아니라면 무엇이 우리 의지를 꺾겠는가? 동일한 성경을 읽고 어떤 사람은 그리스도께 이르지만 또 다른 사람은 사탄에게 도달한다. 성경의 무오성을 믿는 사람에게는 얼마든지 이해되는 개념이다. 충분히 납득되고도 남는다. 성경을 자기 입맛대로 개조해서 읽는 사람의 죄에 대한 심판이 이렇게 선고되어 있다.

> 악을 선하다 하며 선을 악하다 하며 흑암으로 광명을 삼으며 광명으로 흑암을 삼으며 쓴 것으로 단 것을 삼으며 단 것으로 쓴 것을 삼는 자들은 화 있을진저 스스로 지혜롭다 하며 스스로 명철하다 하는 자들은 화 있을진저(사 5:20-21).

당신이 갈 길은 둘 중 하나로 분명히 나뉘어 있다. 하나님 말씀의 기준으로 지혜로워질 수도 있고, 아니면 스스로 지혜롭다 할 수도 있다. 성경의 무오성을 믿는 우리는 이 땅의 지혜나 세상의 지혜를 신뢰하지 않는다. 구속받은 우리에게도 죄성이 있음을 알기 때문이다. 우리는 처참하게 죄를 짓는다. 그래서 날마다 주님께 그리고 서로에게 용서를 구한다.

뒤 메이의 책은 기독교가 세계관(세상을 보는 렌즈)에 불과하다고 주장한다. 낙태가 죄라는 사람도 있고 은혜라는 사람도 있으니 누가 능히 판단하겠는가? 기독교가 사회학으로 변하면 부활하신 그리스도는 관대한 호인으로 전락하고, 그런 그분께 죄란 세상 모든 선한 사람의 선한 의도대로 해석해야 할 이슈일 뿐이다. 하지만 이것은 이단이고, 성경에 기록된 인류의 곤경은 그런 것이 아니다. 성경의 무오성을 배격하면 아담의 타락, 그것이 우리 모두에게 남긴 죄성, 아담의 죄가 세상에 불러온 죽음, 인간으로 오셔서 자신의 목숨과 피로 우리 죗값을 치르신 주 예수 그리스도의 희생과 사랑, 모든 신자에게 능력과 영광을 주시는 부활하신 그리스도의 권능, 영원한 평화를 이루는 그리스도 안의 새 생명까지도 모두 함께 배격하는 것이다. 사회학적 관점의 기독교 신앙은 페미니즘의 기독교처럼 말에 불과하다. 그러나 복음은 능력이다. 예수님이 다 이루셨기에 복음은 세상에 퍼져나가 모든 것을 변화시킨다. 말은 값싸지만 그리스도의 피는 값을 따질 수 없을 만큼 귀하다. "하나님의 나라는 말에 있지 아니하고 오직 능력에 있음이라"(고전 4:20). 뒤 메이의 책과 같은 부류의 책들은 기독교의 허울을 쓰고 있을 뿐이며, 거기에 우리를 구원할 진정한 신앙이 있다고 생각하는 어리석은 독자에게는 화가 임한다.

페미니즘과 성경의 조합은 수많은 잘못된 해석을 낳는다. 그렇게 해석한 결과 이미 여러 운동이 일어났다. 그중 두

가지만 예로 들자면 장로직과 목사직에 여성을 안수하는 것과 게이 기독교의 출현이다. 이런 운동은 분열을 야기했다. 분열의 원인은 성경의 무오성이나 충실한 희생적 신앙이 아니라 거짓 복음의 선포다.

그러니 어느 쪽이 옳은가? 남자의 성경적 머리 역할은 여자에게 가하는 일종의 폭력이므로 페미니즘으로 이를 바로잡아야 하는가? 예수님은 여성을 가부장제에서 구원하시는 영웅인가, 아니면 우리의 죄에서 우리를 구원하시고 세상을 다스리시는 구주시요 왕이신가? 페미니즘은 과연 복음을 보완해줄 원군인가? 우리가 던져야 할 질문은 또 있다. 여성의 특수성을 가르치는 성경의 창조 기사를 믿지 못하겠다면 그 통찰을 어디서 얻을 것인가? 복음을 보완해준다는 페미니즘의 유용성은 바로 여기서 무너지고 페미니즘 본연의 어리석음만 남는다. 페미니즘은 여성 고유의 특수한 목소리를 원하면서 동시에 여성의 특수성이 어떻게 생겨났는지에 대한 성경의 증언을 배격한다. 성별 차이에 대한 성경적 기초가 없다면 모든 페미니즘 활동은 무너질 수밖에 없다. 설명해보자면 이렇다.

만일 성경에 여성의 특수성을 설명해주는 창조 기사는 없고 여성의 목소리로 하나님의 명령을 뒤집을 수 있다는 내러티브만 있다면, 여성의 특수성은 창조 설계나 창조 목적의 산물이 아니라 부당한 현실의 산물이다. 이 어리석음을 잠시 되새겨보라.

페미니즘은 거짓말한다. 페미니즘은 여성이 남성과 다른 이유가 하나님의 창조 설계 때문이 아니라 불의한 가부장제 때문이라고 믿는다. 그래서 여성에게 이렇게 믿도록 가르친다. 여자의 몸이 학대당하기 쉬운 이유는 가부장제가 위험해서라고 말이다. 이는 기만적인 절반의 진실이다. 성경적 가부장제는 여자를 보호한다. 아내에게 경건한 남편을, 딸에게 경건한 아버지를, 독신 여성에게 교회를 '머리'로 주어 사랑으로 보호하게 한다. 반면 세상은 '머리'를 많이 만들어내는데 그중에 폭군도 섞여 있다. 여자의 몸은 생명의 산실이며, 성경은 그 몸을 예찬하고 보호한다. 성경에 선포된 대로 여자는 하나님의 형상대로(창 1:27) 그리고 "남자의 영광으로"(고전 11:7) 지어졌기 때문에 특수하다. 여성의 특수성은 힘과 은혜의 표상이며, 어머니와 아내와 자매와 딸과 할머니와 친구로서 섬기면서 생명을 살리는 여성 고유의 소명을 예찬한다.

페미니즘의 병폐는 가부장제에 맞서 싸우는 것만이 아니다. 페미니즘은 여성과 여성의 영광을 규정할 때 창조 규례의 중심성을 부정함으로써 오히려 여성을 모욕한다. 게다가 약속대로 여성을 폭력에서 보호해주지도 못한다. 오히려 페미니즘은 LGBTQ+ 운동(이 중 특히 T, 즉 트랜스젠더)을 침해하지 않고는 여성의 정의조차 내릴 수 없을 만큼 혼란의 장으로 변했다.

　　2022년에 페미니즘의 아킬레스건이 드러났으니 바로 트랜스젠더리즘이다. 이제 네 번째 거짓말인 트랜스젠더리즘으로 넘어가보자.

거짓말 4

트랜스젠더리즘은
정상이다

10장

시기의 죄

> 【렘 17:5】 여호와께서 이와 같이 말씀하시니라
> 무릇 사람을 믿으며 육신으로 그의 힘을 삼고
> 마음이 여호와에게서 떠난 그 사람은 저주를 받을
> 것이라.

트랜스젠더리즘이 세상을 휩쓸고 있다. 그러나 남자가 여자로, 여자가 남자로 바뀔 수 있다는 개념은 분별력 없는 생각으로서 논리에도 역사에도 어긋난다. 유치원생도 남녀를 구분할 줄 알건만, 그 개념이 만들어낸 세상에서는 여성을 정의하는 일이 생물학자의 영역으로 넘어갔다. 트랜스젠더리즘은 공립학교에서 학부모의 권한을 몰아냈다. 또한 트랜스젠더리즘은 페미니즘의 관 뚜껑에 박힐 마지막 못이다. 왜 그럴까? 여성이 무엇인지 모르고서야 여성의 민권을 보호할 수 없기 때문이다. 기독교 도덕을 버린 포스트모던 세상의 불안이 트랜스젠더리즘으로 표출되고 있다.

그리스도인이라면 이렇게 고민해야 한다. 트랜스젠더리즘은 '더불어 살아야' 할 개념인가, 아니면 회개하고 고쳐야 할 문제인가? 정신 질환의 징후인가, 아니면 죄의 징후인가?

자칭 트랜스젠더인 사람을 나도 많이 알고 있는데 그중 둘을 소개하고 싶다.

메이시

내가 속했던 달리기 동호회의 한 여성이 1996년부터 테스토스테론 주사를 맞기 시작했다. 메이시는 나만큼 체구는 작은데 나보다 달리기가 더 빨랐다. 테스토스테론 주사를 맞기 시작한 뒤로 메이시의 목소리가 굵어지면서 첫 6개월 동안은 십대 소년처럼 자꾸 갈라졌다. 그래도 뛰어난 유머 감각을 잃지 않은 그녀는 사춘기를 다시 겪게 될 줄은 몰랐다고 농담했다. 그녀는 우리에게 자신을 "타이"로 불러달라고 했다. 그녀의 레즈비언 파트너 바이올렛은 남자와는 관계를 유지하고 싶지 않다며 그녀와 헤어졌다. 메이시/타이가 동호회에 계속 나오는 동안 우리는 지칭 대명사, 멀어지는 친구들, 레즈비언 커뮤니티의 배척, 최고의 가을철 경주에 그녀를 번번이 출전하지 못하게 한 괴기한 수술 등에 대해 대화했다. 상황은 갈수록 더 나빠졌다. 타이가 매주 한 번씩 우리 집에 와서 저녁을 먹었기 때문에 나는 그 끔찍한 과정을 지척에서 보았다.

그녀는 대학원을 중퇴했으며, 새로 입사한 사무직 직장에서는 화장실 문제와 그녀를 지칭하는 대명사 문제가 불거졌다. 약간 망한 듯한 고통스러운 성전환 수술(지금은 '성별확정 수술'이라고 한다) 이후로 타이에게 날아온 보험 회사 우편물에는 이전에 받았던 자궁경부암 검사비 청구서가 있었다. 그야말로 설상가상이었다. 이 우편물은 그녀가 아무리 열심히 애썼어도 끝내 온전한 남성이 되지 못했다는 산 증거물과도 같았다. 메이시/타이는 수술한 후로는 사람을 일절 사귀지 않았고, 시러큐스의 흐린 오후에 함께 장거리를 달릴 때면 외로움과 우울을 자주 호소했다. 수술한 것이 후회스럽다며 그냥 계속 두 젠더 사이에 끼어 살걸 그랬다고 털어놓기도 했다. 그녀는 게이 프라이드 행진이나 그 어떤 정치 활동에도 가담하지 않았다. 혼자 있기를 원하면서도 우울과 고통을 덜어줄 무언가가 있었으면 하는 바람을 내비쳤다.

종종 그녀가 생각난다. 내게 손수 적어주었던 "메이시의 딸기 파이"라는 레시피 카드를 해마다 봄이면 꺼내는데, "메이시"에 줄이 그어져 있고 그 위에 "타이"라고 쓰여 있다.

애초에 무언가 문제가 있어 메이시가 깊은 혼란과 고뇌에 빠졌던 것은 사실이다. 하지만 신체 절단은 상황을 호전시키기는커녕 오히려 악화시켰다. 메이시가 잃은 것이 많지만, 그중에서도 레즈비언 커뮤니티는 그녀를 배신자로 여기고 배척했다.

질

트랜스젠더인 친구 질이 1997년에 내게 예수님 얘기를 꺼냈다. 질은 생물학적 남성인데 여성으로 살았다. 질의 본명이 매튜라는 것을 나는 칼뱅의 『기독교 강요』 표지 안쪽에 적힌 이름을 보고서야 알았다. 목요일 밤이면 나와 레즈비언 파트너가 게이 커뮤니티에서 공개 저녁 파티를 개최하곤 했다.[1] 한번은 그 파티에서 질은 자신이 한때 거듭난 그리스도인이자 목사였다고 말해주었다. 질과 친구가 되던 즈음에 나는 켄 스미스 목사와 그의 아내 플로이를 만나면서 성경을 읽기 시작했다. 그런데 내가 배우는 예수님과 질이 말하는 예수님이 서로 달랐다. 어느 목요일 밤, 이제부터 나는 예수님이 살아계신다는 사실과 우리가 다 잘못된 것을 믿고 있다고 질에게 말했다. 그 뒤로 많은 밤을 함께 보내면서 목사와 남편과 아

---

[1] —— 에이즈 팬데믹으로 혼란하던 시절에 게이 커뮤니티에서 이런 동지애를 흔히 볼 수 있었다. 함께 모여 식사하면서 수많은 죽음의 의미를 이해하려 했다.

빠 역할을 등지고 정식으로 화장과 여장을 시작한 질의 과거 이야기를 들었다. 대화를 이어나갈수록 한 아내가 배신당하고 자녀들이 혼란에 빠졌다는 사실에 슬픔이 몰려왔다. 질은 정치 활동가도 아니었고, 다른 사람들의 주목을 바라지도 않았다. 조용히 혼자 살기를 원했다. 내가 알던 질은 가짜 여성일 뿐이었다.

메이시/타이와 매튜/질은 남의 이목을 끌 마음이 없었다. 다만 고통에 떠밀려 찾은 해법이 더 많은 고통을 유발했다. 나는 메이시/타이가 받은 (유방과 자궁을 절제하는) '탑'(top) 수술과 (인조 음경을 만드는) 음경형성술 등을 곁에서 보았다. 그러잖아도 몸에 칼을 대는 수술에 늘 반감이 있었는데, 이를 통해 내 구토증을 더 확실히 확인할 수 있었다. 트랜스젠더 수술은 프랑켄슈타인처럼 괴기하다.

내가 매튜/질을 만났을 때 그는 화학적으로 영구 거세될 만큼 에스트로겐을 다량 주사하기로 운명의 결단을 내린 지 수십 년째였다. 그런데 딱 거기까지였다. 질은 남자도 아니고 여자도 아닌 상태로 중간 지대에서 어정쩡하게 살아야 했다. 오랜 세월 나는 트랜스젠더 친구들이 선호하는 이름과 대명사를 존중했다. 그것이 상대방의 눈높이에 맞추는 환대 행위라고 생각했기 때문이다. 매튜/질은 모든 면에서 가냘팠고, 나는 결코 사람을 벼랑 끝으로 몰아갈 마음이 없었다.

매튜가 자아실현을 목적으로 자신에게 한 일은 인간이 상상할 수 있는 그 어떤 일보다 더 해로웠다.

대명사, 전쟁터, 공립학교

내가 홈스쿨링을 한 지 어언 20년이건만 살벌한 전쟁터를 실전의 관점에서 제대로 공부한 것은 내 자녀들이 고등학생 나이에 이른 올해 들어서부터였다. 막상 실전에 투입되면 일부 병사는 이론과 다른 실상에 충격을 받아 현실을 받아들이지 않는다고 한다. 그런 병사는 전쟁터에서 죽거나 적에게 포획된다.

영적 전쟁터도 마찬가지다. 죽거나 적에게 잡히지 않으려면 정신을 바짝 차려야 한다.

영전 전쟁터에 관해서라면 기쁜 소식이 있다. 눈에 보이는 것이나 당신의 결연한 의지는 믿을 수 없어도 하나님의 말씀만은 늘 믿을 수 있다는 것이다. 우리가 자꾸 잊어버려서 그렇지 하나님의 말씀은 우리를 우리보다 더 잘 안다. 그래서 주변의 트랜스젠더를 도우려면 먼저 트랜스젠더리즘의 의미를 성경의 관점에서 생각해보는 것이 좋다.

기억하겠지만 우리의 사명은 하나님이 정해주셨다. 그

것이 창세기 1장 27-28절에 밝혀져 있다.

> 하나님이 자기 형상 곧 하나님의 형상대로 사람을 창조하시되 남자와 여자를 창조하시고 하나님이 그들에게 복을 주시며 하나님이 그들에게 이르시되 생육하고 번성하여 땅에 충만하라, 땅을 정복하라, 바다의 물고기와 하늘의 새와 땅에 움직이는 모든 생물을 다스리라 하시니라.

그동안 우리는 동성애와 페미니즘과 트랜스젠더리즘이라는 거짓말을 믿어 하나님의 설계를 짓밟았다. 그리고 성경의 무오성을 배격한 채 거짓 가르침과 참된 가르침을 혼합했다. 그 결과 이제 아이들까지 그 위험한 전쟁터로 내몰리고 있다. 공립학교와 특히 화장실에서 벌어지는 일이 단적인 예다.

공립학교 화장실은 법적으로 남녀 공용이다. 트랜스젠더 학생의 민권을 침해하지 않기 위해서다. 그런데 이 정책과 관련하여 2021년 5월 버지니아주 라우든 카운티에서 비극이 발생했다.[2] 무분별하게 정부 정책으로 밀어붙인 남녀 공용

---

[2] 라우든 카운티의 공립학교 교육감 스콧 지글러(Scott Zeigler)는 치마를 입은 남자 고등학생이 2021년 5월 28일 여자 화장실에서 9학년 여학생을 대상으로 데이트 강간 및 항문 성교를 했음을 알고도 몰랐다고 거짓말했다. 그는 경찰에 범죄를 신고하지 않았고, 자칭 트랜스젠더인 남학

화장실에서 9학년(미국 4년제 고등학교에서 1학년에 해당한다—옮긴이) 여학생이 치마 입은 남학생에게 억지로 항문 성교를 당한 것이다. 남학생은 그녀의 남자친구이자 자칭 '논바이너리'(남녀 중 어느 쪽도 아니라고 자처하는 이들을 지칭하며 '젠더퀴어'라고도 한다)로 밝혀졌다. 그 밖에 알려진 사실이라고는 그 남학생이 스스로를 여성 대명사로 지칭했고, 평소에 분쟁을 일으키기를 좋아했으며, 싫다는 그 여학생에게 잔인하게 항문 성교를 했다는 것뿐이다. 여학생의 아버지는 격노를 숨기지 못해 학교 이사회 회의 중에 체포되었고, 교육감이 고의로 범죄를 은폐했다는 사실이 여러 이메일을 통해 입증되었다. LGBTQ+ 세력과 부딪치기 싫었던 모양인지 교육감은 가해자를 인근 학교로 전학시켰고, 거기서도 그 남학생은 교실에

생을 라우든 카운티의 인근 학교인 브로드 런 고등학교로 전학시키는 것으로 사태를 수습했다. 한 달 후 그 남학생은 새로운 학교의 여자 화장실에서 다른 여학생을 성추행했다. 이 문제는 그해 10월에야 곪아서 터졌다. 여학생의 아버지가 학교 이사회 회의 중에 홧김에 욕했다는 이유로 체포되고, 트랜스젠더 학생이 버지니아주 소년법원에서 유죄 판결을 받은 데다, 교육감의 범죄 은닉까지 폭로된 것이다. 가해자는 여학생의 남자친구였고, 만나다 헤어지기를 반복했다고 한다. 이 사실이 말해주는 것은 딱 하나다. 트랜스젠더 권익 앞에서는 미투 운동조차도 무릎을 꿇어야 한다는 것이다. 라우든 카운티 공립학교는 미국에서 가장 부유한 학구 중 하나다. 다음 기사를 참조하라. Caroline Downey, "Loudoun County Students Stage Walk-Outs to Protest Sexual Assault in Schools," *National Review*, 2021년 10월 26일, https://www.nationalreview.com/.

서 다른 여학생을 성추행했다. 공립학교 화장실은 치마 입은 남학생 하나면 얼마든지 학교 당국을 골탕 먹일 수 있는 새로운 매음굴이 된 것 같고, LGBTQ+의 독단적 요구 앞에서는 미투(#MeToo) 운동조차도 맥을 못 추는 것 같다.

'들어가는 말'에서 보았듯이 세 가지 문화 세력이 합세하여 전쟁터를 바꾸어놓았다. 우선 동성 결혼이 2015년에 미국 50개 주 전역에서 합법화되었고, 젠더 정체성을 배격하던 LGBTQ+ 운동이 그것을 장려하는 쪽으로 입장을 선회하여 '성적 지향과 젠더 정체성'(SOGI) 법을 만들기 위한 동맹을 결성했으며, 트랜스젠더 정체성은 이 정치 동맹에 더 힘을 실어주었다. T(트랜스젠더)는 가장 최신의 쿨한 개성 표현으로 떠올랐다. 이제 이 단어는 의학적으로 성별 불쾌감이 있거나 간성(間性)인 사람과 자칭 젠더 비순응자인 사람을 모두 지칭한다.

트랜스젠더리즘이 정치적 성과를 내면서 사회적 파장이 들불처럼 번져나갔다. 공립학교는 아이들이 세뇌를 피할 수 없는 곳이 되었다. 성교육 선택 프로그램이던 LGBTQ+ 교육이 괴롭힘 방지 프로그램의 필수 과정으로 바뀌었기 때문이다. 학부모는 어떤 이유로도 자녀를 괴롭힘 방지 프로그램에서 빼낼 수 없으며, 트랜스젠더 활동가들은 이런 식으로 공립학교 아이들을 청중으로 강제 동원해왔다. 이런 순진한 청중 앞에 트랜스젠더리즘의 새 얼굴이 소개된다. 이제 트랜스젠더리즘의 새 얼굴은 아이라이너로 눈가가 검게 물들어 있는 어색한 가발 차림의 남자가 아니라, 스포츠머리에 흉부를 꽁꽁 동여매고 젠더퀴어의 기치를 부르짖는 14세 소녀다. 소녀들이 '자유'와 해방을 얻고자 유튜브 인플루언서들과 학교 상담사와 지지자들의 조언을 따라 유방과 난소를 도려낸다. 내 말이 과장돼 보인다면 이 수치를 보라. 2007년까지 미국에 하나뿐이던 소아 젠더 클리닉이 지금은 거의 100개로 늘었다.[3]

성인이 정신 질환이나 의학적 질병 때문에 시기의 죄에 빠지는 것과 어린이나 청소년이 어느새 집단 히스테리로 세를 불린 사회 전염병 현상에 조종당하는 것은 엄연히 다른 문제다. 양쪽 다 아픈 사람이므로 그리스도인은 성인과 아이를 모두 섬길 책임이 있지만, 제대로 도우려면 양쪽을 구분하여 문제를 정확히 진단해야 한다. 질환으로 고생하는 성인에게는 성경적 상담과 기독교적 의료가 필요하다. 하지만 조종당하는 아이는 거짓 교사들로부터 (그들뿐만 아니라 우리 자신까지도) 보호해주고, 최대한 공립학교에서 빼내야 한다.

---

3 ── Abigail Shrier, "Gender Ideology Run Amok," *Imprimis*, Hillsdale College, 2021년 6-7월, https://imprimis.hillsdale.edu/.

신속한 조치를 취하지 않으면 트랜스젠더리즘이 정상이라는 개념을 수용하게 된다. 지칭 대명사는 개성과 자유를 쟁취하려는 전쟁터로서, 트랜스젠더리즘을 정상적인 것으로 만드는 데 필수 요소다. 누군들 이런 일이 일어나리라 내다볼 수 있었겠는가?[4]

트랜스젠더리즘은 하나님이 목적을 두고 설계하신 남녀의 영원한 본질적 차이를 부정한다. 트랜스젠더리즘은 여성을 혐오하고, 여성으로서 발전하고 성취할 수 있는 기회를 박탈하며, 학교 라커룸과 화장실을 위험 지대로 둔갑시킨다. 문제는 그뿐만이 아니다. 근본적인 문제는 트랜스젠더리즘이 죄라는 것이다. 이 죄는 진리를 무너뜨리고 가정을 붕괴시킨다. 트랜스젠더리즘은 시기의 죄다.

---

[4] 러시아 작가이자 철학자인 아인 랜드(Ayn Rand)는 이것을 내다보았다. 1917년 볼셰비키의 러시아 정권 탈취를 경험한 랜드[본명 알리사 로젠바움(Alissa Rosenbaum)]는 사회가 인간을 자기 입맛대로 재단하려는 것을 알았다. 1937년에 발표된 그녀의 디스토피아 소설 『성가』(Anthem)에서 주인공은 이름이 "평등 7-2521호"인 데다 자신을 대명사 "우리"로 지칭해야 한다. 평등 7-2521호가 "나"라는 대명사에 눈뜨면서 이야기는 절정에 달한다. 역사상 대명사 전쟁의 유일한 문학적 사례가 러시아 혁명을 피해 탈출한 여성의 소설에 등장한다는 사실을 우리는 가볍게 지나쳐서는 안 된다. 그녀가 알았듯이 전체주의의 단계별 위험에는 언어 규칙 자체를 개조하는 것이 포함되어 있었고, 그 중심에 놓여 있던 것이 바로 대명사다.

시기의 죄

기독교 전통에서 시기는 음욕, 식탐, 탐욕, 나태, 분노, 교만과 더불어 7대 죄악 중 하나로 꼽힌다. 고전 문학에서 우여곡절 많은 흥미진진한 줄거리를 추동하는 힘은 비참한 주인공의 시기다. 호메로스에서 밀턴과 셰익스피어에 이르기까지 비극의 구성은 시기의 감정에서 절정에 달할 뿐만 아니라, 아예 시기를 복잡하고 흥미로운 인간 본성의 정상적인 일부로 간주한다.

시기는 "적의와 악의에 찬 시샘, 나보다 잘되는 사람을 괘씸해하거나 못마땅해하는 선망"으로 정의된다.[5] 성경에 시기에 대한 말씀이 많지만, 시기를 무어라 딱 꼬집어 말하기는 어렵다. 대개 시기는 사람을 충동질하는 배후 동기 중 하나다. 잘 보면 트랜스젠더리즘 개념에도 시기의 죄가 고동치고 있다. 자기 몫으로 정당하게 받은 것이 아닌 성과 젠더를 소유하려 집착하는 사람과 그것을 얻으려고 자기 몸을 절단하고 타인까지 조종하는 사람은 다 시기의 죄에 지배당하는 것

---

5 ——— The New Shorter Oxford English Dictionary on Historical Principles, 제1권, Lesley Brown 편집 (Oxford, UK: Clarendon Press, 1973), "envy" 항목.

이다.

잠언 27장 3-4절에 시기가 이렇게 흉측하게 묘사되어 있다. "돌은 무겁고 모래도 가볍지 아니하거니와 미련한 자의 분노는 이 둘보다 무거우니라 분은 잔인하고 노는 창수 같거니와 투기 앞에야 누가 서리요." 성경에 따르면 시기란 만족을 모르고 타인의 재능, 재산, 성취를 욕심내는 자멸의 감정이다. 시기는 악한 질투다. 타인의 정당한 몫을 빼앗을 수 있다고 속삭이며 무조건 교만하게 그것을 추구하도록 부추기는 잘못된 권리 의식이다. 매튜 헨리(Matthew Henry)는 방금 인용한 잠언 말씀에 대해 "이런 감정을 다스리지 못하는 사람은 그 무게에 눌려 쓰러진다"라고 썼다.[6] 잠언 14장 30절은 "시기는 뼈를 썩게 하느니라"고 딱 잘라 말한다. 다시 말해서 시기의 죄를 처음에 싹이 보일 때부터 잘라내지 않으면 그것이 당신을 삼켜버린다. 시기는 사람을 통째로 삼킨다. 시기하는 사람은 괴물로 변한다.

시기는 인간의 죄에서 나온다. 바울의 편지를 받은 갈라디아 교회는 신자를 교란하고(1:7) 어지럽게 하는(5:12) 거짓 교사들에게 시달렸다. 그들은 신자의 구원이 은혜가 아닌

---

[6] —— Matthew Henry, *Matthew Henry's Concise Commentary on the Whole Bible* (Nashville, TN: Thomas Nelson, 1997), 604.

행위로 말미암는다는 새로운 복음을 끌어들였다. 물론 모든 신자는 열매를 맺어야 한다. 하나님이 선택하시고 주 예수 그리스도가 구속하시고 성령이 죄를 깨닫게 하신 사람에게서는 선행이 흘러나오게 되어 있다. 행위는 우리가 이미 그리스도께 속해 있다는 증거다. 우리 행위를 보고 하나님이 보상하셔야 하는 것이 전혀 아니다. 신자의 삶에 육체와 성령의 싸움이 지속되기에 우리는 시기의 죄를 경계해야 한다. 이 죄의 위험은 갈라디아서 5장 16-21절에 이렇게 기록되어 있다.

> 내가 이르노니 너희는 성령을 따라 행하라 그리하면 육체의 욕심을 이루지 아니하리라 육체의 소욕은 성령을 거스르고 성령은 육체를 거스르나니 이 둘이 서로 대적함으로 너희가 원하는 것을 하지 못하게 하려 함이니라 너희가 만일 성령의 인도하시는 바가 되면 율법 아래에 있지 아니하리라 육체의 일은 분명하니 곧 음행과 더러운 것과 호색과 우상 숭배와 주술과 원수 맺는 것과 분쟁과 시기와 분냄과 당 짓는 것과 분열함과 이단과 투기와 술 취함과 방탕함과 또 그와 같은 것들이라 전에 너희에게 경계한 것같이 경계하노니 이런 일을 하는 자들은 하나님의 나라를 유업으로 받지 못할 것이요.

사도 바울은 시기를 무섭게 단죄한다. 시기는 여러 치명적 죄와 동급이며 역시 치명적 결과를 낳는다. 하나님과 화목해질 수 없고 그리스도의 구속과 구원을 잃는다는 것이다. 다시 말해, 시기를 회개하지 않은 상태로 죽는 이들은 지옥을 면할 수 없다. 시기는 피해 의식과 견디기 힘든 고통이라는 가면을 쓴 망상적 권리 의식이다. 트랜스젠더리즘이 현대판 시기일진대 '트랜스젠더 그리스도인'이란 아예 존재할 수 없다. 그리스도나 교회를 영화롭게 한다며 트랜스젠더 정체성을 예찬하는 의미로 그 용어를 쓴다면 말이다.

바울이 지적했듯이 시기의 죄는 하나님을 떠난 결과다. "상실한 마음대로"(롬 1:28) 내버려진 이들은 그에 상응하는 결과를 맛본다. 즉, 그들은 "모든 불의, 추악, 탐욕, 악의가 가득한 자요 시기, 살인, 분쟁, 사기, 악독이 가득한 자"다(롬 1:29). 시기로 가득하다는 말은 남의 것을 빼앗아 가지려는 욕심에 눈멀어 있다는 뜻이다.

악하게 망가진 세상에는 남의 것을 욕심내는 사람의 예를 얼마든지 많이 볼 수 있다. 다만 여기서 비유에 주의할 필요가 있다. 병자가 낫고자 의술 치료를 바라는 것은 시기가 아니다. 현대 의학이나 하나님의 개입을 통한 골절 치료는 타인에게서 하나님의 영광을 훔치는 행위가 아니다. 그러나 사고하는 그리스도인은 DSM-5[7]에 나오는 모든 병명에 마냥 웃으며 동조할 수는 없다. 몸에 성별 불쾌감이 있다는 진단은 임상적 고통이 상당하다는 뜻이며, 그 원인은 유전적, 생물학적, 환경적, 문화적 요인 등이 있다. 성경적 관점에서 볼 때 성별 불쾌감은 정신 건강뿐만 아니라 심리 건강의 문제이고, 문제를 겪는 사람을 대하는 기독교적 반응은 상대를 돕는 것이다. 성별 불쾌감을 겪는 이들을 위한 경건한 도움에는 진정한 사랑, 경건한 긍휼, 성경적 상담, 필요시 호르몬의 정상 균형을 회복해줄 호르몬 치료 등이 있다. 그들을 경건하게 도우려면 의학적 문제와 정신의학적 문제를 심각하게 받아들여야 한다. 게이 프라이드 행진, 〈블루스 클루스〉의 노래 부르기, 지역 도서관에서 아이들에게 책을 읽어주는 드래그 퀸 등은 적절한 해법이 될 수 없다. 오히려 이런 '해법'은 세상이 죄에 내버려진 상태임을 보여준다. 이런 세상에서는 지독한 악행을 보고도 무감각한 상태에서 깨어나기 힘들다.

　　이런 말씀이 지적해주듯이 성령으로 난 그리스도인도 육신에 맞서 싸워야 한다. 육신의 악한 행위와 정욕을 세상 기준이나 치료 용어로 포장하는 것은 죄다. 그 자체가 거짓말

---

[7] —— DSM-5는 미국 정신의학협회에서 발간한 『정신 질환의 진단 및 통계 편람』(Diagnostic and Statistical Manual of Mental Disorders), 제5판이다.

일 뿐 아니라, 하나님의 택하심과 그리스도의 구속과 성령의 위로에 담긴 능력을 저버리기 때문이다. 그리하여 복음을 변질시키고, 교회를 어리석은 변론에 몰아넣으며, 젊은 세대를 혼란에 빠뜨린다. 바로 이것이 오늘날 복음주의 교회의 섬뜩한 현실이다. 주님을 사랑하는 우리가 죄에 현혹된 사람들을 성경적이고 경건하며 용감하게 사랑하지 못하고 있다. 주님을 사랑하는 우리가 교회에서 이리들을 쫓아내지 못하고 있다.

디모데에게 보낸 첫 편지에서 바울은 젊은 동역자에게 에베소 교회의 위험한 사안들에 대해 조언한다. 구체적으로 이미 교회 안에 들어와 있는 거짓 가르침과 거짓 교사들을 분별할 수 있는 기준을 제시한다. 사랑으로 외치는 사도 바울의 말을 들어보라.

> 누구든지 다른 교훈을 하며 바른 말 곧 우리 주 예수 그리스도의 말씀과 경건에 관한 교훈을 따르지 아니하면 그는 교만하여 아무것도 알지 못하고 변론과 언쟁을 좋아하는 자니 이로써 투기와 분쟁과 비방과 악한 생각이 나며 마음이 부패하여지고 진리를 잃어버려 경건을 이익의 방도로 생각하는 자들의 다툼이 일어나느니라(딤전 6:3-5).

사랑하는 사람에게 제시할 것은 가변적인 악한 정욕

과 악인의 자세가 아니라, 하나님의 진리라는 공정하고 객관적이고 안전한 기준이다. 사도 바울이 "경건에 관한 교훈"을 말할 때 염두에 둔 것은 성경이라는 통합된 계시다. 성경에서 하나님의 설계 모형은 논리적으로 성별 역할과 책임에 대한 모형으로 이어진다. 시기를 낳고 키우는 것이 무엇인지도 이 본문에 나와 있다. 바로 거짓 가르침이다. 오늘날 복음주의 교회에는 소위 성소수자를 잘 돌보는 것과 관계된 거짓 가르침이 넘쳐난다.

시기를 처리하는 법에 대한 성경의 명령은 확고부동하다. 사도 베드로는 첫 편지에서 우리에게 "모든 악독과 모든 기만과 외식과 시기와 모든 비방하는 말을 버리"(벧전 2:1)라고 말한다. 바울의 말은 다음과 같은 의미다. 한순간도 시기에 눈길을 주지 말라. 시기가 시키는 대로 하지 말라. 시기의 요구를 들어주지 말라. 자신이나 타인의 시기에 볼모로 잡히지 말라. 말처럼 쉬운 일은 아니다. 시기가 피해 의식으로 가득한 사연을 늘어놓으며 연민에 호소하기 때문이다. 어떤 사람이 시기에 이끌려 성전환을 원하는 경우, 어떤 식으로든 그를 단념시키면 그 결과는 자살이라고 흔히들 말한다. 시기는 엄연한 생물학적 성이나 하나님 말씀의 진리를 보지 못하게 한다. 성별 역할과 그에 따른 책임을 적용하는 것이 생물학적 성과 맞물려 있는데도 말이다. 시기는 하나님의 말씀을 믿으면 상대가 감정에 상처를 입고 자살로 떠밀릴 것이라고 말한다. 이 논리적 오류는 진리를 볼모로 잡는다. 하지만 그런 점에서 취약하기는 우리도 다 마찬가지다. 사도 바울이 디도에게 "우리도 전에는 어리석은 자요 순종하지 아니한 자요 속은 자요 여러 가지 정욕과 행락에 종노릇한 자요 악독과 투기를 일삼은 자요 가증스러운 자요 피차 미워한 자였으나"(딛 3:3)라고 말한 것과 같다. 다시 말해서, 우리도 죄를 겪어보았기에 시기가 늘어놓는 슬픈 이야기를 지혜롭게 의심해야 한다. 진정한 사랑은 고통 중에는 누구나 남을 시기할 수밖에 없다는 거짓말에 대항한다. 참사랑은 시기하지 않는다(고전 13:4).

시기의 죄에 이끌리는 이들은 주위에 조력자를 끌어모은다. 그들은 말만 조력자일 뿐, 사실상 죄에 빠진 사람에게 필요한 도움을 주지 않는다. 열왕기상에는 시기라는 죄를 지적받기는커녕 오히려 부추김당한 사람의 걷잡을 수 없는 추락이 기록되어 있다. 열왕기상하는 예루살렘이 멸망하고, 바벨론 왕 느부갓네살이 죽고, 다윗의 아들들을 통해 하나님 나라가 망하여 흩어진 이야기를 다룬다. 열왕기상을 보면 알 수 있듯이 하나님은 언약에 끝까지 충실하시지만, 배교는 그분의 심판을 부른다.

열왕기상 21장에 등장하는 아합은 시기 때문에 수심

에 잠겼다. 필요한 것은 다 가진 왕인데도 나봇의 포도원을 빼앗아 채소밭을 만들고 싶어서 시기한 것이다. 하지만 나봇은 조상의 유산인 그 땅을 결코 팔 수 없었다. 다시 말해, 그 땅은 주님의 땅이었다. 아합 왕은 격노했다. 밭이 필요했다거나, 하나님이 그에게 그것을 주시겠다고 약속하신 것이 아니다. 그가 나봇과 그의 포도원을 시기한 것은 그냥 불만과 시기 때문이었다. 시기가 그를 "근심하고 답답하"게(왕상 21:4) 만들었다.

그의 악한 아내 이세벨은 아합의 왕권을 이용해 사리사욕을 채울 음모를 꾸몄다. 그녀는 아합 왕을 이렇게 선동했다. 전국에 금식을 선포하고 나봇을 책임자로 앉힌 뒤 불량배 둘을 사주하여 나봇이 하나님의 율법을 어긴다고 고발하자고 한 것이다. 나봇이 처형되어 채소밭 주인이 없어지면 왕이 차지하면 된다는 것이었다. 이세벨과 아합은 이 음모가 마음에 들어 신속히 시행했다. 그런데 자비로우신 주께서 디셉 사람 엘리야를 보내 아합의 죄를 지적하셨다. "개들이 나봇의 피를 핥은 곳에서 개들이 네 피 곧 네 몸의 피도 핥으리라"(왕상 21:19).

다행히 아합은 회개했지만 이세벨은 끝내 회개하지 않았다. 아합의 악한 시기와 이세벨의 악한 조력이 성경에 이렇게 기록되어 있다.

예로부터 아합과 같이 그 자신을 팔아 여호와 앞에서 악을 행한 자가 없음은 <u>그를 그의 아내 이세벨이 충동하였음이라</u> 그가 여호와께서 이스라엘 자손 앞에서 쫓아내신 아모리 사람의 모든 행함같이 우상에게 복종하여 심히 가증하게 행하였더라 아합이 이 모든 말씀을 들을 때에 그의 옷을 찢고 굵은 베로 몸을 동이고 금식하고 굵은 베에 누우며 또 풀이 죽어 다니더라 여호와의 말씀이 디셉 사람 엘리야에게 임하여 이르시되 아합이 내 앞에서 겸비함을 네가 보느냐 그가 내 앞에서 겸비하므로 내가 재앙을 저의 시대에는 내리지 아니하고 그 아들의 시대에야 그의 집에 재앙을 내리리라 하셨더라(왕상 21:25-29).

시기는 나의 정당한 몫이 아닌 것을 빼앗으려는 욕심이며, 대개 조력자를 동원하여 모함하고 거짓말하며 훔치고 살해한다. 조력자의 죄가 시기의 죄를 추가로 떠받치면 시기는 엄청난 규모의 사회적 죄로 변한다. 단도직입적으로 말해서 트랜스젠더리즘은 다수의 조력자를 거느린 시기의 죄이고, 그중 일부는 자칭 그리스도인이다. 하나님이 그분의 형상대로 설계하신 인간을 트랜스젠더리즘은 수술로 절단하여 불구로 만든다. 하지만 이는 영원하지 않다. 인간은 몸을 불구로 만들지 몰라도, 하나님이 창조하신 것을 파괴할 수는 없다. 트랜스젠더리즘의 죄를 회개한 사람들이 천국과 새 예루살렘을 어쩌면 가장 간절히 사모하는 이유가 바로 거기 있을 수 있다. 우리 몸과 영혼이 영화롭게 되면 이 땅에 살 때 지은 죄는 (성기 절단까지 포함하여) 잔재하지 않는다고 하나님이 약속하셨기 때문이다. 다른 사람의 조력이나 부추김을 통해 호르몬이나 수술로 몸을 망가뜨린 사람과 트랜스젠더리즘이라는 거짓된 정체감을 고수한 사람은 결국 위험한 시기의 죄를 키운 것이다. 트랜스젠더 정체성을 어떻게든 그리스도인의 삶과 양립할 수 있게 만드는 이들은 성경의 명백한 선포에 맞서는 거짓 증인이다. 메시지를 제멋대로 지어내는 증인을 성경은 탐욕스러운 이리라고 칭한다.

  시기의 죄를 지지하고 조력하는 이들을 부르는 이름도 성경에 있으니 곧 이세벨이다.[8] 시기의 출처가 인간의 죄라는 사실을 보여주는 예는 성경 도처에 가득하다. 가인은 아벨을 시기하여 살인했고(창 4:3-5), 에서는 야곱을 시기하여 반목했으며(창 27:45), 라헬은 레아를 시기하여 성적 죄와 가정불화를 낳았고(창 30:1), 형들은 요셉을 시기하여 모함과 감옥살이와 이산가족이라는 결과를 불러왔다(창 37:4). 예수님이

---

[8] 이 대담한 견해에 주목하게 해준 내 사랑하는 형제 크리스토퍼 위안에게 감사를 표한다.

십자가에 못 박히신 것도 시기 때문이었다(마 27:18). 의도야 어떻든 시기는 더 큰 고통과 혼란을 불러온다. 하나님은 인간의 죄까지도 죄 없는 방식으로 선용하시지만,[9] 그렇다고 시기가 정당화되지는 않는다.

시기의 결과는 비참하다. 야고보서 3장 14-16절에는 이런 말씀이 나온다. "너희 마음속에 독한 시기와 다툼이 있으면 자랑하지 말라 진리를 거슬러 거짓말하지 말라 이러한 지혜는 위로부터 내려온 것이 아니요 땅 위의 것이요 정욕의 것이요 귀신의 것이니 시기와 다툼이 있는 곳에는 혼란과 모든 악한 일이 있음이라." 트랜스젠더리즘의 신체 절제술을 야만적으로 칭송하면 우리도 가나안 신 몰렉에게 자녀를 제물로 바치던 이들(레 18:21)과 똑같은 부류가 된다. 내 말이 과장돼 보인다면 그런 의술의 결과를 생각해보라. 흉부를 꽁꽁 동여매기(조직 변형으로 인한 수유 불능, 갈비뼈 골절, 기흉 등을 유발한다),[10] 십대 소녀에게 주사하는 테스토스테론(향후 불임으로 이어진다), 성전환을 위한 신체 절단(앞서 충분히 논했다) 등이 다 그에 해당한다.

---

9 —— 더럼 제일 개혁장로교회 부목사 드루 포플린(Drew Poplin)은 내게 "죄를 죄 없이 선용하시는 하나님"이라는 개념을 깨우쳐주었다.

10 —— Abigail Shrier, *Irreversible Damage: The Transgender Craze Seducing Our Daughters* (Washington, DC: Regnery Press, 2020), 47.

하나님의 백성이 어떻게 속는지는 성경이 말해준다. 그들은 거짓된 가르침을 따르면서 진심으로 자신이 하나님의 은혜 안에 있다고 믿는다. 벼랑에서 눈더미 속으로 떨어진 등산객이 어느 쪽이 위인지 모르는 것과 같다. 의도는 좋을지 몰라도 하나님의 백성은 자신의 악한 마음을 따르면서, 그분이 이를 바로잡아주셔도 받아들이지 않는다. 원인은 사람을 두려워하는 마음에 있다. 하나님께 순종하면 세상 문화의 미움을 사는데, 타락한 복음주의 문화도 거기에 포함된다. 사람들은 성경의 하나님을 따르는 당신을 미워한다.

> 보라 너희가 무익한 거짓말을 의존하는도다 너희가 도둑질하며 살인하며 간음하며 거짓 맹세하며 바알에게 분향하며 너희가 알지 못하는 다른 신들을 따르면서 내 이름으로 일컬음을 받는 이 집에 들어와서 내 앞에 서서 말하기를 우리가 구원을 얻었나이다 하느냐 이는 이 모든 가증한 일을 행하려 함이로다 내 이름으로 일컬음을 받는 이 집이 너희 눈에는 도둑의 소굴로 보이느냐(렘 7:8-11).

이 예레미야 본문은 특별한 무게를 지닌다. 예수님이 당대의 종교 지도자인 바리새인들을 책망하실 때 이 말씀을 인용하셨기 때문이다. "기록된 바 내 집은 기도하는 집이라

일컬음을 받으리라 하였거늘 너희는 강도의 소굴을 만드는도다"(마 21:13). 주변의 모든 '그리스도인'이 똑같이 이단을 받아들이니 우리도 하나님의 은총 안에 있다고 생각한다면, 그것은 안전하지 못하다.

문제를 지적한 후 이어지는 예레미야의 다음 말은 트랜스젠더리즘이 일부 사람에게 정상이고, '성전환'이 어디까지나 긍휼의 행위이며, 여성의 몸속에 남성의 뇌가 존재할 수 있다고 생각하는 그리스도인들에게 정확히 들어맞는다.

> 여호와께서 말씀하시되 유다 자손이 나의 눈앞에 악을 행하여 내 이름으로 일컬음을 받는 집에 그들의 가증한 것을 두어 집을 더럽혔으며 힌놈의 아들 골짜기에 도벳 사당을 건축하고 그들의 자녀들을 불에 살랐나니 <u>내가 명령하지 아니하였고 내 마음에 생각하지도 아니한 일이니라</u>(렘 7:30-31).

그들의 야만성이 극한으로 표출된 것이 바로 아동을 제물로 바치는 제사다. 하나님이 그것을 어떤 식으로 정죄하시는지 잘 보라. 그분은 그들의 이성이나 인정에 호소하여, 자녀를 절단하고 살해하는 것은 제6계명에 어긋나고 후손을 멸하는 것은 이성과 도리의 모든 기준에 위배된다고 지적하실 수도 있었다. 그것도 다 맞는 말이다. 하지만 그분은 그런 식으로 변론하지 않으신다. 그보다 하나님의 백성은 다음과 같은 교만한 생각을 물리쳐야 한다. 즉, 우리가 혁신하여 문화에 보조를 맞추고, 세상 기준으로 세상의 사랑을 받으며, 창조 규례에 어긋나는 것들을 높이며 예배하기를 하나님도 원하신다는 생각이다. 하나님의 백성은 문화의 정서보다 하나님의 생각을 더 중시해야 한다. 확신하건대 만일 예수님의 재림이 늦어져 역사가들이 트랜스젠더 혁명기를 되돌아본다면, 트랜스젠더의 신체 절단을 옹호한 사람들과 거기에 반대하지 않은 나약한 그리스도인들은 몰렉 수준의 악명을 얻을 것이다.

    그리스도인이 트랜스젠더 권익이나 신체 상해를 지지해서는 안 된다는 성경의 명령 외에도, 트랜스젠더리즘이 일부 사람에게 정상이라는 생각은 이성과 논리에도 어긋난다. 건전한 논리와 성경의 창조 기사와 하나님의 법이 모두 중요한 요소로 작용하고, 그 덕분에 우리는 시기의 죄를 꿰뚫어 볼 수 있다. 하나님은 시기를 금하신다. "악을 행하는 자들 때문에 불평하지 말며 불의를 행하는 자들을 시기하지 말지어다"(시 37:1). 당신의 몸을 절단하거나 당신의 성과 젠더에 담긴 하나님의 선하심을 배격하는 것은 죄다. "헛된 영광을 구하여 서로 노엽게 하거나 서로 투기하지 말지니라"(갈

5:26). 남의 것을 시기한다는 것은 그만큼 우리가 헛된 영광을 구한다는(교만하다는) 증거다. 우리의 악한 권리 의식이 그렇게 표출되는 것이다. 아울러 남을 부추겨 교만과 권리 의식에 가득 차게 하는 것도 죄다.

시기는 만인에게 편만한 죄일 뿐 아니라 치명적인 죄다. 그런데 피해 의식과 고통은 시기를 사회 정의라는 의로운 옷으로 가린다. 피해 의식과 밀접하게 얽혀 있다 보니 시기는 (모든 죄처럼) 사람을 유아 상태에 묶어둔다. 시기의 노예가 되면 성숙하게 행동하기는커녕 버릇없는 아이처럼 행동한다.

트랜스젠더리즘의 시기와 관음증은 곪을 대로 곪아서 남의 것을 빼앗으려는 시기를 더욱 부채질한다. 허울뿐인 커뮤니티를 만들어내는 SNS도 마찬가지다. 트랜스젠더리즘은 무모한 노출증이며, 거룩하신 하나님의 형상대로 지어진 사람들을 포로로 잡아 상해를 입히고 위험에 빠뜨린다. 교회가 그것을 방관하며 웃고 있을 까닭이 무엇인가? 교회가 아니라 누구라도 그럴 이유가 없지 않은가?

11장

단어 전쟁

【마 11:28-30】 수고하고 무거운 짐 진 자들아 다 내게로 오라 내가 너희를 쉬게 하리라 나는 마음이 온유하고 겸손하니 나의 멍에를 메고 내게 배우라 그리하면 너희 마음이 쉼을 얻으리니 이는 내 멍에는 쉽고 내 짐은 가벼움이라.

트랜스젠더는 워낙 새로운 개념이라서 내 책상에 펼쳐져 있는 1973년 판 『옥스퍼드 영어 사전』(Oxford English Dictionary)에는 그 단어가 없다. "개인 정체감이 해부학적 성과 일치하지 않는 사람"[1]을 지칭하는 형용사로 1974년에 생겨난 이 단어는 기존 두 단어의 합성어다. 앞의 트랜스(trans)는 '전달하다, 갈아타다, 가로지르다, 건네주다, 전환하다'라는 뜻이다. 그리고 뒤의 젠더(gender)는 20세기까지는 남성이나 여성이나 중성을 의미했지만, 1963년부터 생물학적 성과는

---

[1] "Transgender," *Online Etymology Dictionary*, 2022년 9월 8일 접속, https://www.etymonline.com.

다른 사회적 속성을 지칭한다. 베티 프리단(Betty Friedan), 케이트 밀렛(Kate Millett), 글로리아 스타이넘(Gloria Steinem), 저메인 그리어(Germaine Greer), 시몬느 드 보부아르(Simone de Beauvoir) 같은 페미니스트들이 '젠더'를 이 새로운 뜻으로 써서, 젠더가 생물학의 문화적 표출임을 암시했다. 이들 페미니스트에게 문화는 남성 지배와 여성 혐오가 주를 이루고 있고, 여성의 성 역할은 혁파되어야 할 문화적 구성 개념이다. '젠더'와 '생물학적 성'이 동의어였던 시대에서 젠더가 72가지도 넘는 시대로 우리는 신속하다 못해 얼마나 미친 듯이 달려왔는가. 알파벳 두문자어로 표현되는 운동의 경우 젠더의 수가 알파벳 수보다 더 많은 것도 큰 문제다.

'트랜스젠더'라는 단어의 짤막한 역사에 암시되어 있듯이 사람들은 이 말을 매우 다양한 의미로 쓴다. 단어의 용도가 미세하지만 유의미하게 변화한 데서도 중요한 다양성의 일면을 볼 수 있다. 그중 두 가지만 살펴보자.

트랜스젠더드(transgendered). 이 단어를 입력하니 문법 검사기가 알려주기를 이것은 시대에 뒤처진 표현이라 누군가에게 반감을 줄 수 있다며 '트랜스젠더'나 '트랜스*'를 쓰라고 제안한다.² 왜 그럴까? '트랜스젠더'에 수동형 어미(-ed)

2—— 어미 -ed는 어간에 외부의 힘이 가해졌다는 것을 암시한다. 그래

가 붙으면 성전환이 외부의 영향 때문이라는 의미가 담기기 때문이다.

(접미사 없는) 트랜스젠더 또는 트랜스*. LGBTQ+ 권익 활동가들이 '트랜스젠더드'를 '트랜스젠더'와 요즘의 '트랜스*'로 대체하려는 이유는 그것을 한 인간 본연의 영속적 정체성으로 규정하기 위해서다. '트랜스*'라는 단어에 내포된 의미는 본래의 생물학적 성에 아무런 설계 모형이나 목적도 없기 때문에 기분 내키는 대로 이를 무엇으로나 쉽게 대체할 수 있다는 것이다. 현재 당신이 정체성에 대한 감정을 강렬하게 느낀다면, 그것이 바로 당신이 처음부터 늘 지금의 기분대로였다는 '증거'다. 과거까지 왜곡하여 뜯어고치는 것이다. 하지만 이는 당신의 심리적 선택이 곧 당신 본연의 근본적 실체라는 허위 주장이다. 무조건 그 주장에 공감해주어야 한다고들 말하지만, 공감은 하나님의 은혜를 몰아내는 값싼 대용품이다.

서 '트랜스젠더드'는 외부의 힘이 그 사람을 괴롭힌다는 뜻이지만, '트랜스젠더'는 본래 그렇게 타고난 사람이라는 뜻이다. 별표를 붙인 '트랜스*'는 자신의 젠더 정체성을 날마다 자유자재로 바꿀 수 있으므로 오늘의 정체성에 '얽매이지' 않는다는 뜻이다. 아울러 '트랜스*'는 성기를 절단하려는 부류와 그렇지 않은 부류를 동일한 범주로 한데 묶는다.

오늘날의 용어 이해하기

성별 불쾌감과 트랜스젠더리즘

트랜스젠더리즘은 의학과 경험 두 부류로 나뉜다. 첫 번째 부류는 의학적으로 성별 불쾌감을 진단받은 이들을 가리킨다. 매우 드물기는 하지만 성별 불쾌감은 심각한 정서적 결과를 수반하는 의료 문제로 볼 수 있다. 그리스도인은 성별 불쾌감으로 고통받는 이들을 긍휼과 동정으로 대할 수 있고 마땅히 그렇게 해야 한다. 또 적절한 돌봄을 받도록 그들을 도와, 혼란에 빠진 감정과 실제 몸의 성이 조화를 되찾게 해주어야 한다. 그리스도인이 의학적으로 성별 불쾌감을 진단받은 경우에는 복음의 희망, 점진적 성화, 교회 공동체, 하나님 은혜의 방편, 교회 장로들과 의료 종사자의 성경적 상담 등에서 도움을 받을 수 있다. 복음에 소망이 있다.

트랜스젠더리즘은 성별 불쾌감과는 다르다. 토론토의 심리학자 케네스 저커(Kenneth Zucker)에 따르면 트랜스젠더리즘은 "포괄적 이데올로기"다. 정치화된 젠더 이론으로 가득 차 있다는 뜻이다. 소아 전문가인 저커는 "'트랜스젠더 정체성'이라는 용어는 아동이 주관적으로 느끼는 성에 대한 객관적 명칭일 수 없다"라고 썼다.³ 감정과 성이 일치하지 않는 아동을 지칭할 때 그는 "젠더 불안"이라는 표현을 선호한다. 아이의 성별 불쾌감은 열띤 논란을 불러일으키는 주제다. 그 핵심에 젠더 불안이 지속되는가 아니면 중단되는가의 문제가 놓여 있다. 중단이란 시간이 자연 경과하여 청소년기에 이르면 젠더 불안이 저절로 종식된다는 뜻이다. 젠더 불안을 겪는 아이의 대다수는 정상적인 성장 과정에서 중단에 이른다. 그 비율이 사춘기까지는 85퍼센트, 성인기까지는 거의 전원에 육박한다. 그런데 호르몬 차단제는 몸의 정상적 자정 작용을 말 그대로 차단한다.⁴ 이는 아주 심각한 문제다.

그렇다면 동성에게 끌리는 마음과 성별 불쾌감이 지속되는 성인은 어떤가? 설령 그들의 비율이 아주 낮다 해도 그리스도인은 모든 인간을 하나하나 돌본다. 기독교적 관점에서 볼 때 모든 사망과 질병은 아담이 타락한 결과다. 아담의 죄는 우리의 죄성, 타락한 몸, 망가진 세상, 구주의 필요성이

---

3 ——— Kenneth J. Zucker, "The Myth of Persistence: Response to 'A Critical Commentary on Follow-Up Studies and "Desistance" Theories about Transgender and Gender Nonconforming Children' by Temple Newhook et al." *International Journal of Transgenderism* 19.2, 2018년 5월 29일, http://doi.org/10.1080/15532739.2018.1468293.

4 ——— Zucker, "Myth of Persistence."

라는 결과를 낳았다. 성별 불쾌감도 아담이 타락한 결과다. 그것은 우리 죄성이 표출된 것이며, 아동기에 겪는 트라우마나 방치 등의 죄로 더 악화될 수 있다. 성별 불쾌감으로 씨름하는 그리스도인은 그리스도인의 새로운 성품이 아담 안에 있지 않고 그리스도 안에 있음을 기억해야 한다. 씨름할 때도 교회의 빛과 사랑 안에서 해야 한다. 크리스토퍼 J. 고든(Christopher J. Gordon)의 책 『인간의 성에 대한 새로운 개혁 교리문답』에 이런 질문이 나온다. "동성에게 끌리는 마음에 맞서 싸우며 그 욕구 때문에 계속 수치심과 죄책감을 느끼는 신자는 어떻게 해야 할까?" 질문의 범위를 넓혀 성별 불쾌감까지 아우를 수도 있다. 그가 내놓은 성경적이고 목회적인 답은 이렇다.

> 하나님이 그 아들의 복음을 통해 선언하셨듯이 그리스도 예수 안에 있는 자에게는 결코 정죄함이 없다(롬 8:1). 동성에게 끌리는 마음(또는 트랜스젠더리즘) 같은 모든 부정한 욕구(자신이 선택하지 않은 것까지도)는 그리스도의 피로 사함받는다(골 2:13). 동성에게 끌리는 마음에 계속 맞서 싸우는 신자는 용서하시는 하나님의 자비를 신뢰해야 하며(요일 1:9), 간절한 뜻을 품고 성령의 능력으로 새 생명 가운데 행하기를 힘써야 한다(롬 6:4, 골 3:1-5). 나아가

그리스도의 몸 된 교회는 어떤 죄든 성적 죄로 씨름하는 이들을 기피하거나 꺼려서는 안 된다(삼하 12:1-13, 눅 15:1-2). 오히려 신자는 긍휼히 여기는 마음으로(유 1:22, 벧전 3:8) '짐을 서로 지고, 그리하여 그리스도의 법을 성취'(갈 6:2)해야 한다.[5]

문맥상 "씨름하는 이들"이란 자신이 게이 그리스도인이나 트랜스젠더 그리스도인이라 믿고 교회 내에서 '소수자' 지위와 피해자의 권리를 얻으려는 이들이 아니라, 죄에 맞서 싸우려는 사람들을 가리킨다. 그리스도인은 새로운 성품을 받은 새로운 피조물로서 죄에 맞서 싸운다. "그런즉 누구든지 그리스도 안에 있으면 새로운 피조물이라 이전 것은 지나갔으니 보라 새것이 되었도다"(고후 5:17).

본인이 지정하는 정체성

트랜스젠더 명칭 안에서 두 번째 부류는 소위 '본인이 지정하는 정체성'(self-identification) 관점을 지지하는 이들을 가리킨다. 트랜스젠더를 자처하면 당신은 트랜스젠더이고, 몸

---

[5] Christopher J. Gordon, *The New Reformation Catechism on Human Sexuality* (Grand Rapids, MI: Reformation Heritage, 2022), 23-24.

은 여성인데 뇌는 자신이 남성이라고 믿으면 그것이 곧 당신이다. 우리가 살고 있는 문화는 감정과 지각을 진리로 내세우고, 몸의 영구 절단을 권하는 것보다 상대의 감정을 상하게 하는 것을 더 두려워한다. 그리스도인은 잘 분별해야 한다. 이 세상 문화가 주장하는 바에 따르면, 학대당하는 것보다 남이 나를 믿어주지 않는 것이 더 큰 트라우마다. 그러나 허위를 믿는 것은 죄이고, 사람을 더 큰 죄에 빠뜨린다. 에덴동산에서 하와가 범한 죄는 거짓말을 믿은 것이다. 트랜스젠더를 자처하는 사람이 모종의 혼란과 고통 속에 살고 있는 것은 사실이다. 그러나 고통 중에 있는 사람에게 확실한 객관적 기준 없이 문제를 스스로 규정하게 하는 것은 한없이 무책임하고 매정한 처사다. 그 때문에 삶이 망가진 십 대 소녀, 가정, 일터, 학교가 헤아릴 수 없이 많다(몇 가지 피해 사례만 꼽아도 그 정도다).

아이들을 공격하는 트랜스젠더리즘

캘리포니아주는 미국에서 최초로 트랜스젠더 위탁 청소년에게 '성 확정' 의료 지원을 보장했다. 2018년 9월 14일에 주지사 제리 브라운이 캘리포니아 AB2119 법안에 서명하여 발효시켰고, 람다 법률사무소(Lambda Legal Defense, LGBTQ+ 등에게 법률 서비스를 제공하는 비영리 기관—옮긴이)도 이를 희

소식이라 칭송했다.[6] 하지만 정말 희소식일까? 성별 불쾌감이란 무엇이며 트랜스젠더리즘과 어떻게 다른가? LGBTQ+ 권익 운동의 주장에 따르면 아이의 성별 불쾌감은 지속되며, 호르몬 차단제를 투여하지 않으면 아이가 자살할 것이다(소아성애자의 화학적 거세에도 쓰이는 류프로라이드 아세테이트나 데가렐릭스 같은 호르몬 차단제는 아동에게 투입할 경우 돌이킬 수 없는 피해를 입히는 위험한 약이다[7]). 그리스도인 가정의인 안드레 반 몰(Andre Van Mol)에 따르면 "성별 불쾌감은 심각한 정신 건강 문제다. 반면 트랜스젠더리즘은 갈수록 더 광신 교단처럼 보이는 신념 체계다."[8]

반 몰의 말은 무슨 뜻인가? 임상적 성별 불쾌감을 경험하는 모든 아동의 85퍼센트는 사춘기가 되면 저절로 병증이 사라진다. 호르몬 차단제 투입으로 몸의 정상적 치유 과정

---

[6] —— Amanda Remus, "Lambda Legal Applauds as California Becomes First State to Guarantee Gender-Affirming Health Care for Transgender Foster Youth," Lambda Legal, 2018년 9월 21일, https://www.lambdalegal.org/.

[7] —— "Drug Reduces Risk of Pedophiles Re-Offending," NeuroscienceNews.com, 2020년 4월 29일, https://neurosciencenews.com/.

[8] —— Andrè Van Mol, "Transgenderism: A State-Sponsored Religion?," *Public Discourse*, Witherspoon Institute 간행 저널, 2018년 1월 24일, https://www.thepublicdiscourse.com/.

을 막지만 않는다면 말이다.⁹ 그러니 어느 쪽이 옳은가? 호르몬 차단제는 아이의 자살을 막아주는가? 아니면 아이를 평생 프랑켄슈타인처럼 괴기한 여정으로 떠밀어 여생을 의료 환자로 살아가게 만드는가? LGBTQ+를 인정하는 미국심리학회조차도 성별 불쾌감이 사춘기나 성인기까지 지속되지 않는 경우가 대부분이라고 발표했다. 그런데 왜 캘리포니아주는 가장 취약한 아이들(고아들)에게 굳이 이런 피해를 입히려는 것인가? 도대체 우리는 어떤 집단 망상에 빠진 것인가?

급속발병 성별 불쾌감

트랜스젠더리즘 중에서 '본인이 지정하는 정체성'이라는 큰 범주 아래에 급속발병 성별 불쾌감(rapid-onset gender dysphoria, ROGD)이 있다. 애비게일 슈라이어(Abigail Shrier)가 『돌이킬 수 없는 손상: 우리 딸들을 유혹하는 트랜스젠

---

9 ——— "아동기의 성별 불쾌감이 사춘기나 성인기까지 지속되는 비율은 네 아이 중 한 명꼴에 불과하다…지속 비율을 중단 비율로 역산하면 생물학적 남성은 70-97.8퍼센트, 생물학적 여성은 50-88퍼센트에 달한다." *Diagnostic and Statistical Manual of Mental Disorders*, 제5판 (Arlington, VA: American Psychiatric Association, 2013), 455. 토론토 대학교의 심리학자 케네스 저커가 요약한 다수의 연구 결과를 보면 보편적으로 중단된다. 성별 불쾌감이 지속되지 않는 경우가 사례 아동의 85퍼센트라는 뜻이다. 다음 기사를 참조하라. Zucker, "Myth of Persistence."

더 광풍』에서 설명했듯이 이는 십대 소녀들이 경험하는 사회 전염병이다.[10] 급속발병 성별 불쾌감은 1980년대의 거식증(신경성 식욕부진증)이나 1990년대의 거짓 기억 증후군과 비슷한 현상이다. 1980년대에는 체조 팀 전원이 거식증과 폭식증으로 고생하는 사례가 흔했으며, 1990년대에는 근친상간 허위 신고라는 전염병이 미국 전역에 들불처럼 번져 무고한 남자들이 감옥에 갇히고 지탄받아 많은 가정이 파탄에 이르렀다. 세 가지 사회 전염병, 즉 십대 운동선수들의 거식증, 근친상간 허위 신고, 트랜스젠더리즘의 본인 지정 정체성이 하나같이 보여주듯이, 병이 실존하지 않거나 객관적으로 식별되지 않거나 아예 사실무근인데도 그 병을 고치려 들면 결과는 참담하다. 한때 자신이 근친상간 피해자라 믿었던 아이들(공감을 부르짖던 상담사들이 그런 생각을 부추겼다)은 자신의 취약성을 이용해 가정을 파탄 낸 상담사들을 훗날 고소했고, 이로써 거짓 기억 증후군 재단(FMSF)은 해체되었다. 호르몬 차단제와 '성 확정 수술'에 조종당한 오늘날의 아이들이 성인이 되어 부모와 상담사들과 의사들을 고소할 때면 슈라이어 같은 사람들의 예상대로 트랜스젠더 광풍도 싸늘하게 식을 수

---

[10] —— Abigail Shrier, *Irreversible Damage: The Transgender Craze Seducing Our Daughters* (Washington, DC: Regnery, 2020).

있다.

둘 다 임상 심리학자인 아만다 로즈(Amanda Rose)와 리사 리트먼(Lisa Littman)은 트랜스젠더 세뇌에 조종당해 급속발병 성별 불쾌감에 '걸린' 소녀들에 대해 우려를 표한다. 슈라이어가 그 둘을 인터뷰하며 정리한 세 가지 요소를 보면 소녀들이 이 사회 전염병에 왜 그토록 취약한지를 알 수 있다. 십대 소녀들은 <u>함께 곱씹고</u>, 과도하게 고민을 털어놓으며, 피드백에 너무 집착하는 경향이 있다. 이에 대해 슈라이어는 다음과 같이 요약한다.

> 십대 소녀들이 심리 질환을 퍼뜨리는 이유는 그들 특유의 자연스러운 우정 방식 때문이다. 그것은 바로 함께 곱씹기, 과도한 인정 욕구, 피드백 집착이다. 자신의 초라한 생각을 다른 사람에게 승인받음으로써 자신이 통제한다는 느낌을 유지하는 아이도 있다. 그러니 연중무휴의 SNS 세계가 이 세 가지를 만족시킬 기회를 심화하고 늘리는 이유를 익히 알 만하다.[11]

해로운 피드백 순환(SNS 활동, 함께 곱씹기, 피드백 집착)

---

11 ── Shrier, *Irreversible Damage*, 36.

에 빠져 지내는 소녀들을 생각하면 내 마음이 아프다. 그러나 그리스도인 소녀들이 어쩌다 이 지경에 이르렀나 하는 의문도 떨칠 수 없다. 슈라이어는 공립학교를 지목한다. 공립학교의 괴롭힘 방지 프로그램은 이 집단 히스테리의 온상이다. 자녀를 공립학교에 보내는 학부모는 그 프로그램에서 자녀를 빼낼 수 없다.

하지만 문제는 집단 히스테리만이 아니다. 인기 있는 논제는 아니지만 트랜스젠더 커뮤니티에는 진정한 정신 건강 문제도 많이 있다. 그래서 트랜스젠더를 자처하는 이들은 자칫 조종과 괴롭힘을 당하기 쉽다. 그중에는 DSM-5(『정신 질환의 진단 및 통계 편람』, 제5판)의 조종과 괴롭힘도 있고, 아이들을 무조건 절단 수술로 직행시키는 소위 의료 종사자들이나 공립학교 교사들의 조종과 괴롭힘도 있다.

DSM-5는 건전한 성경적 상담을 위한 적합한 자료가 아니다. 그런데 그런 DSM-5조차도 아이의 성별 불쾌감 징후를 살필 때 부모의 역할을 중시한다. 주 양육자로서 아이와 함께 가장 많은 시간을 보내는 사람이 부모이기 때문이다. DSM-5에 따르면, 성별 불쾌감 진단을 내리기 위해서는 아이에게 다음 증상 중 여섯 개 이상이 나타나야 한다.

① 이성이 되고 싶은 욕구가 강하거나 자신이 이성이라고

주장한다.

② 이성의 옷차림을 강하게 선호한다.

③ 흉내 놀이나 가상 놀이에서 이성 역할을 강하게 선호한다.

④ 이성의 전형적 장난감, 게임, 활동을 강하게 선호한다.

⑤ 이성 친구와 함께 놀기를 강하게 선호한다.

⑥ 동성의 전형적 장난감과 게임과 활동을 강하게 거부한다.

⑦ 자신의 생물학적 성을 강하게 싫어한다.

⑧ 자신의 주관적 성에 맞는 일차 성징과 이차 성징을 강하게 갈망한다.[12]

슈라이어가 리트먼을 인용하여 지적하듯이 이런 증상 중 다수는 금방 눈에 띈다. 어떤 진단이든 그 근거가 가시적 증상에 있다는 말은 가시적 증상 없이는 진단도 없다는 뜻이다. 아이의 젠더 불안은 결코 '본인이 지정하는 정체성'일 수 없다. 성인의 눈에 위와 같은 행동이 관찰되어야 한다. 그런데 급속발병 성별 불쾌감 진단을 받은 소녀들의 부모들은 리트먼에게 아무런 증상도 보지 못했다고 보고했다. 자녀가 그

---

12 ── American Psychiatric Association. 2013. *Desk Reference to the Diagnostic Criteria from DSM-5 (R)*. Arlington, TX: American Psychiatric Association Publishing.

런 행동을 보이지 않았기 때문이다. 리트먼은 성별 불쾌감을 오진받은 소녀들이 사실은 '부적응 대응 기제' 때문에 고생하는 것으로 보았다. 부적응 대응 기제란 진정한 관심사와 문제에 위험한 방식으로 대처하는 것이다. 구체적으로 그들은 통상적인 신체상(身體像)의 문제를 해결하려고 LGBTQ+ 운동의 집단 히스테리를 자신의 고민에 억지로 대입한다. 슈라이어는 리트먼의 연구를 인용하여 이렇게 썼다. "성별 불쾌감을 호소하는 이들이 이렇게 친구들의 권유로 또는 SNS에 스스로 매몰되어 트랜스젠더로 '커밍아웃'하는 것은 사상 초유의 일이다. 성별 불쾌감 자체를 겪기도 전에 먼저 '트랜스젠더'를 자처하는 것 또한 일찍이 없던 현상이다."[13]

    LGBTQ+ 활동가들은 리트먼에게 격렬히 항의했다. 리트먼이 발표한 결과에 전혀 오류가 없다는 것이 외부 연구진의 심사를 통해 밝혀졌는데도 그녀는 브라운 대학교에서 해고당했다(종신직이 아니라서 해고가 쉬웠다). 성별 불쾌감의 초기 징후를 부모들의 보고에 의존했다는 이유로 그녀는 "흑인이 정말 열등한 인종임을 드러내려고 백인 사이트나 극우 사이트를 동원했다"라는 비난을 받았다.[14] 그러나 슈라이

---

[13] Shrier, *Irreversible Damage*, 39.
[14] Shrier, *Irreversible Damage*, 28-29.

어가 지적했듯이 "이 경우 '백인'이란 자녀에 대해 질문을 받은 부모들일 뿐이다."[15] 인터뷰에 응한 부모의 85퍼센트가 LGBTQ+ 권익을 지지한다고 답한 것은 아이러니다. 자녀에 대한 가장 확실한 증인을 부모(LGBTQ+를 인정하는 부모일지라도)로 상정했다는 이유로 리트먼의 연구에 위험하다는 딱지가 붙었다. 다시 말하지만 브라운 대학교가 리트먼을 해고한 것은 연구 자체에 문제가 있어서가 아니라, 그녀가 "트랜스젠더 사람들"의 자존감을 위협한다고 여겨졌기 때문이다.[16]

리트먼이 트랜스젠더 사람들에게 위험한 존재라고 여기는 이들은 우리 시대의 흔한 믿음을 고수한다. 학대나 정체성을 상대방 본인의 해석대로 믿어주지 않는 것이 진실(진실이 무엇이든 간에)보다 위험하고, 어쩌면 본래의 트라우마보다도 더 해롭다는 것이다.[17] 리트먼을 그토록 멸시한 기저에는

---

15 —— Shrier, *Irreversible Damage*, 29.

16 —— 리트먼의 연구를 간행했고 나중에 다시 게재한 Public Library of Science(PLoS, 누구나 무료로 이용할 수 있도록 간행물을 인터넷에 공개하는 의약 분야 출판사—옮긴이)의 과학 저널이 학계의 검증을 통해 이 논문의 타당성을 확증했다.

17 —— "사역 리더로서 당신이 보일 수 있는 확실한 반응이 있다. 우선 **피해자를 믿는** 것이다. 유죄 가능성을 열어둔 '무죄 추정의 원칙'은 적절한 법적 기준이지만 당신은 판사나 수사관이 아니라 사역 리더다. 우리는 '모든 것을 믿으며'라고 한 고린도전서 13장 7절의 자세를 취한다"(강조체 추가). Brad Hambrick 편집, *Becoming a Church That Cares Well for the Abused*

바로 그런 패러다임이 깔려 있다. 바로 이것이 공감이 짓는 괴기한 유령의 집이다.

간성

간성, 즉 양성 모두의 성징과 염색체와 호르몬을 타고난 상태는 때로 트랜스젠더 범주로 분류되지만 이는 정치성이 농후한 허튼소리다. 간성 상태는 성발달장애(DSD)다. 정체성이 아니라 일정한 의료 문제라는 뜻이다. 성발달장애는 "생식 기관 발달이 통상과는 다른 다양한 선천적 상태"를 총칭한다.[18] 간성 인구는 전체의 0.02퍼센트를 차지하며, 염색체 이상이 수반되기는 하지만 간성 상태가 딱 한 가지만은 아니다. 대부분 잘 알고 있듯 염색체 이상에서 기인한 다운 증후군과 마찬가지다. 간성 상태를 근거 삼아 젠더 이분법(남성 아니면 여성)을 거부하는 경우가 많은데 이는 타당한 논리가 아니다. 간성 상

(Nashville, TN: B&H, 2019), 87.

[18] Jennifer M. Beale & Sarah M. Creighton, "Long-Term Health Issues Related to Disorders or Differences in Sex Development/Intersex," 출처: Andrè Van Mol, "Gender Dysphoria, the Transgender Tsunami, and Our Response" 강연, 2022년 4월. 저자의 허락을 받고 인용했다.

태를 진단받은 사람 대다수는 명확히 남성 아니면 여성으로 보이기 때문이다. 많은 의학적 질병처럼 간성 상태에도 엄청난 심리적 스트레스가 수반된다. 따라서 그리스도인의 긍휼과 건전한 성경적 상담과 현명한 기독교적 의료가 필요하다.

다만 분명히 해둘 점이 있다. 여기서 도움이 되는 것은 동정과 돌봄이지 정치 활동주의가 아니다. 질병이나 장애나 도덕적 부패로 인한 고통이 프라이드 행진과 스티커와 슬로건을 통해 호전될 수 있다는 생각은 비열하다. 그런 생각을 지지하는 그리스도인은 부끄러워하며 고개를 숙여야 한다. 아담의 죄에 따른 당연한 결과에 그리스도인이 믿음과 순종과 선행으로 대응하면 하나님께는 영광이 되고 신자는 그분과 화목해진다. 그러나 누구든 아담의 죄에 따른 결과에 시기와 자해로 대응하면 하나님의 분노를 산다.

알다시피 인간이 에덴동산에서 타락하기 전에는 신체 질환이나 장애나 정신 질환이나 죄가 없었다. 그러므로 간성 상태(신체 기형)도 타락의 결과라고 할 수 있다. 우리가 이 사실을 아는 이유는 성경이 하나님의 감동으로 기록된 무오하고 충분하며 영원한 그리스도의 말씀이기 때문이다. 그리스도인은 고난으로 부름받지만, 우리가 믿음과 순종으로 고난당하는 동안 하나님은 약속대로 우리와 함께하시며, 우리의 유익과 그분의 영광을 위해 우리를 성화의 길로 나아가게 하신다. 모든 질병이 타락의 결과이듯 간성 상태도 타락의 결과다. 이 말은 논란거리가 되고 말 것도 없다. 그런데 오늘날 일부 자칭 그리스도인들은 이를 논란거리로 보는 것 같다.

어떤 사람들은 당신이 트랜스젠더 그리스도인이 될 수 있다고 믿는다. 당연히 그들은 대개 거짓 가르침을 내세우는데, 그런 가르침은 여러 신학적 오류에 근거한 것이다. 기독교 신학과 윤리의 기초, 즉 히브리서 저자의 표현으로 "도(교리, ESV)의 초보"(히 6:1)를 알아야 하지만 대개 그들은 그것을 노골적으로 거부한다. "지옥이 영원하다고 하나님이 정말 말씀하셨는가? 아담의 죄가 이후의 모든 인간에게 전수된다고 정말 말씀하셨단 말인가? 성경은 종이 뭉치에 불과하지 않은가?"라고 말하면서 말이다.

영향력 있는 그리스도인 작가 프레스턴 스프링클(Preston Sprinkle)은 짐짓 겸손한 태도로 말하기를, 자신이 현장에서 원죄를 직접 목격하지 못했기 때문에 원죄 개념을 믿을 수 없노라고 했다. 그의 말대로라면 믿을 만한 것은 우리 눈과 마음과 생각이므로 인간의 지혜라는 진리를 기준으로 하나님의 말씀을 따져봐야 한다. 신앙과 성과 젠더 센터(Center for Faith, Sexuality and Gender)의 설립자이기도 한 그는 신빙성 없는 저서 『육체화』에서 이렇게 말했다.

어떤 사람들은 간성 상태가 '타락'에서 기인했다고 말하고 어떤 사람들은 타락 이전부터 하나님의 원안이었다고 말한다…나는 아담과 하와가 죄를 짓기 이전의 에덴동산에 없었다…그동안 많은 장애 신학자가 일깨워주었듯이 간성 상태를 타락으로 설명하는 것은 일단 억지 논리로 보인다.[19]

죄와 사망과 질병이 아담의 죄로 말미암아 세상에 들어왔다는 성경의 기본 원리가 스프링클에게는 전혀 명확하지 않다. 타락 당시에 그가 에덴동산에 없었기 때문이다. 다시 말해서 하나님의 말씀인 성경의 증언은 충분하지 않지만, 스프링클의 눈에 보이는 것이라면 그것으로 충분하다는 뜻이다. 그는 이런 말도 덧붙였다. 죄 가운데 태어났다는 말은 사람들에게 불쾌감을 주므로 "장애 신학자들"은 이를 억지 논리로 보며, 따라서 우리도 이 근본 신학을 의심해야 한다는 것이다. 이것이야말로 잘못된 가르침이다.

---

[19] Preston Sprinkle, *Embodied: Transgender Identities, the Church, and What the Bible Has to Say* (Colorado Springs, CO: David C Cook, 2021), 125.

뇌성 이론, 존재론, 영원성

존재론은 인간 본연의 영속적 실체를 가리키는 철학 용어다. 우리는 존재론적으로 남자와 여자로서 거룩하신 하나님의 형상을 품고 있다. 시편 100편에 선포된 대로 "그는 우리를 지으신 이요"(3절) 우리가 스스로 생겨난 것이 아니기 때문이다. 이는 생물학적 성이 곧 존재론적 성이기도 하다는 뜻이다. 우리는 남자나 여자로 태어났고, 장차 천국이나 지옥에서도 남자나 여자로 존재한다. 간성 상태인 사람도 의학적 질병이 있는 다른 사람들과 동일하게 이 영광스러운 약속에서 배제되지 않는다. 그리스도를 구원의 길로 믿는다면, 간성 상태인 사람은 새 예루살렘에서 영화롭게 치유되어 지금의 지배적 성만 남는다. 아울러 생물학적 성의 존재론은 성별 불쾌감으로 고생하는 그리스도인에게도 아주 기쁜 소식이다. 천국과 새 예루살렘에서 하나님이 우리 모두를 온전히 회복하여 죄나 타락이 범접할 수 없는 영화로운 몸을 주시기 때문이다. 얼마나 놀라운 약속인가! 이는 성전환 수술을 받은 사람에게도 똑같이 적용된다. 하나님은 그분의 법을 개작하려던 우리의 어리석은 시도를 덮어주신다. 그분의 선하심이 우리의 미련함보다 훨씬 크다.

뇌성(brain-sex) 이론은 하와이 대학교의 밀턴 다이아몬드(Milton Diamond)가 주창했다. 뇌 형태학과 뇌 원형을 연구하는 그는 "트랜스젠더 상태를 일종의 뇌 간성으로 볼 만한 증거가 충분해 보인다"라고 썼다.[20] 뇌의 성과 몸의 성이 서로 다르다는 뜻이다. 트랜스젠더리즘의 새로운 세상 질서에서는 우선권이 몸보다 뇌에 있다. 그래서 뇌가 남성이면 난소와 유방이 있고 심지어 임신했더라도 당신은 남자다. 뇌성 이론의 논리에 따르면 뇌의 상태가 당신의 존재론적 실체를 결정한다. 뇌가 남성이면 몸이 여성이어도 당신은 존재론적으로 남성이고, 뇌가 여성이면 몸이 남성이어도 존재론적으로 여성이다.

다이아몬드는 뇌에도 성이 있다고 굳게 믿지만 다른 신경학자들은 이를 강하게 비판한다. 안드레 반 몰은 "성별 불쾌감, 트랜스젠더 쓰나미, 우리의 반응"이라는 강연에서 이렇게 말했다. "연구진은 네 개의 데이터 세트에서 1,400명이 넘는 인간 뇌의 MRI를 분석했습니다. 그 결과 검토 대상의 모든 회백질과 백질과 연접부에서 남녀 사이에 광범위한 유사성이 나타났습니다."[21] 그는 다른 연구의 결론도 인용했다.

---

[20] ——— Milton Diamond, "Transsexuality among Twins: Identity, Concordance, Transition, Rearing, and Orientation," 출전: J. Alan Branch, *Affirming God's Image: Addressing the Transgender Question with Science and Scripture* (Bellingham, WA: Lexham Press, 2019), 76.

[21] ——— Van Mol, "Gender Dysphoria, the Transgender Tsunami, and Our

"이런 결과는 5,500명 이상의 성격 특성과 태도와 관심사와 행동을 분석한 비슷한 연구에서도 확증되었습니다. 내적 일관성(연구의 신뢰도를 측정하는 용어―옮긴이)은 극히 낮은 것으로 밝혀졌지요…뇌가 성/젠더 차이를 보이기는 하지만 인간의 뇌는 남성 뇌와 여성 뇌라는 별개의 두 범주로 구분되지 않습니다."[22] 뇌는 그냥 뇌인 것이다.

그럼에도 당신이 뇌성 이론을 믿는다고 하자. MRI로 알아낼 수 없는 뇌의 성을 당신은 무슨 재주로 알아낼 것인가? 특히 트랜스젠더 뇌라는 것이 존재하는지에 대해 의견이 분분한 상황에서 말이다.[23] 인터넷에서 검색되는 온라인 검사가 도움이 된다지만 사실 그것은 사람을 조종하기 위한 것이다.[24] 이 검사는 대부분 황당한 질문들로 이루어져 있다(권하

Response."

[22] ── Daphna Joel, Zohar Berman 외, "Sex Beyond the Genitalia: The Human Brain Mosaic," 출전: Van Mol, "Gender Dysphoria, the Transgender Tsunami, and Our Response."

[23] ── Lawrence S. Mayer & Paul McHugh, "Gender Identity," *New Atlantis* 50 (2016년 가을): 86-114. "뇌 영상 연구에 관여하는 정신의학자들과 신경과학자들 사이에 현재 널리 인식되어 있듯이, 행동 등의 일정한 특성을 특정 뇌 형태학과 단순히 연결시키는 **모든** 뇌 영상 연구에는 피할 수 없는 방법론적 한계가 내재한다"(강조체 추가). Mayer & McHugh, "Gender Identity," 103.

[24] ── "How Male/Female Is Your Brain?" Brainfall, 2022년 9월 9일 접속, https://brainfall.com/.

고 싶지 않다). 어떤 종류의 개를 좋아하는가? 간식으로 무엇을 먹는가? 신발은 몇 켤레나 있는가? 바지를 살 때 기준은 무엇인가? 이 설문에 비추어보면, 나는 여자로서 실격이다. 내 뇌는 58퍼센트가 남성이고 42퍼센트만 여성이다. 치와와보다 비글을 선호하고, 정원에서 일할 때 입기 좋은 데다 내 60세 몸매에도 더 잘 맞는 작업복 바지를 사며, 안 신는 신발을 코로나19 봉쇄 기간에 다 처분했다는 사실이 내 뇌의 성을 과학적으로 결정하는 모양이다. 얼마나 해괴한가. '과학을 따른다는' 것이 이런 의미라면, 또한 '임신한 남자'와 '체스트 피딩'[chest feeding, 기존의 '모유 수유'(breast feeding)와 대비하여 주로 트랜스젠더의 수유에 쓴다—옮긴이]을 믿는다는 의미라면 우리는 생각보다 큰 문제에 빠져 있다.

  간단히 말해서 뇌성 이론은 (대부분의 염색체 질환자에게서도 객관적으로 관찰되는) 몸의 성별보다 (최소한 과학적으로 의심스러운) 뇌의 성이 존재론의 뿌리라고 주장한다. 트랜스젠더 활동가들은 진정한 당신을 결정짓는 요소가 뇌의 성이라고 보기 때문에, 그들은 트랜스젠더라면 성전환을 해야 자신의 실체를 되찾는다고 선전한다. 다시 말해, 존재론의 정의를 고쳐 몸의 성이라는 순리를 버리고 뇌의 성이라는 비과학을 받아들이면, 이제 뇌에 맞추어 몸을 절단하는 일이 우호적 행위가 된다. 이것을 신학적으로 잘 생각해보면 난감한 문제에 봉착할 수밖에 없다. 동성애 지향은 이제 고정불변하다고 간주되는데, 젠더 정체성은 심리적 선택의 문제라니 말이다. 우리는 창세기 1장 27절로부터 얼마나 멀리까지 벗어나 있는 것일까.

성경은 우리 마음과 몸에 대해 뭐라고 말하는가? 당신의 마음에 대해 생각해볼 몇 가지 중요한 성경 구절을 소개해 보겠다.

> 주께서 심지가 견고한 자를 평강하고 평강하도록 지키시리니 이는 그가 주를 신뢰함이니이다(사 26:3).

> 의로우신 하나님이 사람의 마음과 양심을
> 감찰하시나이다(시 7:9).

> 그러므로 형제들아 내가 하나님의 모든 자비하심으로 너희를 권하노니 너희 몸을 하나님이 기뻐하시는 거룩한 산 제물로 드리라 이는 너희가 드릴 영적 예배니라 너희는 이 세대를 본받지 말고 오직 마음을 새롭게 함으로 변화를 받아 하나님의 선하시고 기뻐하시고 온전하신 뜻이 무엇인지 분별하도록 하라(롬 12:1-2).

또 주께서 이르시되 그날 후에 내가 이스라엘 집과 맺을 언약은 이것이니 내 법을 그들의 생각에 두고 그들의 마음에 이것을 기록하리라 나는 그들에게 하나님이 되고(히 8:10).

그리스도인의 생각과 마음에는 하나님의 법이 새겨져 있다. 그리스도인 상담사들은 성별 불쾌감을 경험하는 사람이나 불경한 트랜스젠더리즘에 세뇌당한 사람을 도울 때, 그들의 마음과 생각을 기록된 하나님의 말씀에 맞추도록 도와주어야 한다. 상담하는 우리부터 세상의 어리석은 것에 마음과 생각을 내준다면, 우리는 누구에게도 전혀 도움을 줄 수 없다.

마태복음 22장 37-39절의 지상계명에서도 볼 수 있듯이 우리 마음을 하나님의 법에 맞추어 조정하는 것은 성경적이고 귀한 일이다. "네 마음을 다하고 목숨을 다하고 뜻을 다하여 주 너의 하나님을 사랑하라 하셨으니 이것이 크고 첫째 되는 계명이요 둘째도 그와 같으니 네 이웃을 네 자신같이 사랑하라 하셨으니." 그리스도인은 하나님을 목숨보다 더 사랑해야 하는데, 이는 하나님의 은혜로만 가능하다. 시편 63편 3절은 "주의 인자하심(또는 은혜)이 생명보다 나으므로"라고 노래한다. 친구가 시기 때문에 성전환을 우상으로 삼은 경우, 당신이 공감하면서 친구의 관점에서 보려 하는 것은 전혀 호의가 아니다. 이웃을 당신 자신같이 사랑하려면 친구에게 하나님을 목숨보다 더 사랑하라고 촉구해야 한다.

몸에 대해서도 성경에 중요한 말씀이 나온다.

> 하나님께서 그들을 마음의 정욕대로 더러움에 내버려두사 그들의 몸을 서로 욕되게 하게 하셨으니 이는 그들이 하나님의 진리를 거짓 것으로 바꾸어 피조물을 조물주보다 더 경배하고 섬김이라 주는 곧 영원히 찬송할 이시로다 아멘(롬 1:24-25).

전후 문맥상 동성애에 대한 본문이지만 더 넓게도 적용될 수 있다. 트랜스젠더리즘은 거짓말이다. 시기에 이끌려 이 거짓말을 믿으면 당신은 하나님이 주신 몸의 성을 거부함으로써 조물주 대신 피조물을 섬기는 것이다. 하나님이 무언가를 주지 않으실 때는 우리의 유익을 위해서인데, 우리는 죄 때문에 그것까지도 취할 권리가 있다고 느낀다. 나중에 로마서에서 바울은 "이 사망의 몸에서 누가 나를 건져내랴"(롬 7:24)라고 탄식했다.

성경의 증언은 명백하다. 우리 마음을 그리스도께 맞추어야 하고, 우리 몸을 하나님이 주시는 것만 원하도록 훈련해야 한다. 우리 모두는 태어날 때부터 무언가 하나님이 미워하시는 것을 욕심낸다. 그러므로 트랜스젠더리즘을 그저 생소한 것으로 볼 것이 아니라 죄로 보아야 한다. 트랜스젠더리즘의 거짓말에 매여 있는 이들에게는 아낌없이 긍휼을 베풀어야 하지만, 죄를 은혜로 둔갑시키는 것은 긍휼이 아니다.

12장
영생은 영원히 사는 것 이상을 뜻한다

[막 10:17-22] 선한 선생님이여 내가 무엇을 하여야 영생을 얻으리이까 예수께서 이르시되 네가 어찌하여 나를 선하다 일컫느냐 하나님 한 분 외에는 선한 이가 없느니라 네가 계명을 아나니 살인하지 말라, 간음하지 말라, 도둑질하지 말라, 거짓 증언하지 말라, 속여 빼앗지 말라, 네 부모를 공경하라 하였느니라 그가 여짜오되 선생님이여 이것은 내가 어려서부터 다 지켰나이다 예수께서 그를 보시고 사랑하사 이르시되 네게 아직도 한 가지 부족한 것이 있으니 가서 네게 있는 것을 다 팔아 가난한 자들에게 주라 그리하면 하늘에서 보화가 네게 있으리라 그리고 와서 나를 따르라 하시니 그 사람은 재물이 많은 고로 이 말씀으로 인하여 슬픈 기색을 띠고 근심하며 가니라.

육신의 죄와 싸우려면 천국과 지옥의 실재를 보는 경건한 관점이 매우 중요하다. 고든 케디(Gordon Keddie)는 우리에게 이렇게 일깨워준다.

> 영생은 그저 끝없는 삶이 아니다. 지옥에 가는 사람들도 끝없이 살기야 하지만 성경은 그것을 "둘째 사망"이라 칭한다(계 2:11, 20:6, 14, 21:8). 영생이란 천국의 삶이 지상에 임하는 새로운 영적 상태다. 이는 하나님을 인격적으로 알고 그분과 연합하는 상태로서 그리스도 안에서만 그리고 그리스도를 통해서만 가능하다.[1]

그리스도를 아는 사람이 동시에 우상을 섬길 수는 없다. 그런데 마가복음 10장의 부자 청년 관원은 그러려고 했다. 영생을 알면 능히 하나님을 우리 몸보다 더 사랑할 수 있고, 성경이 우리 감정보다 더 진리라는 것을 믿음으로 받아들일 수 있다. 케디는 우리가 어떻게 그렇게 할 수 있을지를 확실한 적용점 세 가지로 보여준다.

첫째로, 그는 "'하나님 곧 우리 주 예수 그리스도의 아버지'(엡 1:3)이신 '유일하신 참 하나님'을 알아야 한다. 우리는 '그 본체의 형상'(히 1:3)이신 아들 안에서 그리고 그 아들

---

[1] —— Gordon J. Keddie, *Prayers of the Bible: 366 Devotionals to Encourage Your Prayer Life* (Pittsburgh, PA: Crown & Covenant, 2017), 538.

을 통해서만 하나님을 알 수 있다. 다른 모든 신은 거짓이며 존재하지 않는다"라고 말했다. 트랜스젠더리즘은 거짓 신들을 만들어낸다. 그것을 따르지 말라. 둘째로, 그는 "또 예수 그리스도를 알아야 한다. 그분은 처음으로 두 이름을 결합하여 '나는 약속된 메시아니라'고 말씀하신다. 예수라는 이름은 '하나님이 구원하신다'라는 뜻이고(마 1:21), 그리스도는 '메시아'라는 뜻이다(요 1:41). 예수님은 한낱 스승이나 예언자가 아니라 하나님이자 인간이시다"라고 말했다. 진정한 그리스도인은 예수님을 경외하며 거룩하신 그분 앞에 엎드린다. 그분의 이름을 망령되게 부르지 않는다. 셋째로, 그는 "예수님을 알되 자기 피로 교회를 사라고 하나님이 보내신 분으로 알아야 한다(요 1:18, 10:36, 갈 4:4, 행 20:28). '다른 이로써는 구원을 받을 수 없나니 천하 사람 중에 구원을 받을 만한 다른 이름을 우리에게 주신 일이 없음이라'(행 4:12). 구원하는 믿음은 이 하나님과 이 예수님을 믿는다"라고 말했다.[2]

성경이 증언하는 지옥의 영원성은 신실한 그리스도인에게 지옥의 가장 고통스러운 특성 중 하나다. 빅토리아 시대의 시인 윌리엄 어니스트 헨리(William Ernest Henley)가 1888년에 발표한 시 〈인빅투스〉(라틴어로 '패할 수 없다, 정복

---

[2] —— Keddie, *Prayers of the Bible*, 539.

당할 수 없다'라는 뜻—옮긴이)에 영원한 지옥을 거부하는 입장이 예술적으로 표현되어 있다.

이 밤이 나를 뒤덮어
온통 칠흑같이 어두울지라도
나는 아무 신에게든 감사하노라
정복당하지 않는 영혼 내게 주심을

환경이 나를 무섭게 틀어쥐어도
나는 움츠리거나 엉엉 울지 않았다
운명의 몽둥이에 두들겨 맞아
머리에 피가 흘러도 굴하지 않노라

분노와 눈물의 이 땅 너머에
어둠의 공포만이 어렴풋하고
재앙이 오랜 세월 계속되어도
나는 두려워 떨지 않으리

천국의 문이 아무리 좁고
지옥의 형벌이 아무리 중해도
나는 내 운명의 주인

나는 내 영혼의 선장[3]

영원한 지옥을 거부하는 입장은 프레스턴 스프링클의 글에서도 볼 수 있다. 2016년의 한 블로그 게시물에 그는 이렇게 썼다. "지옥의 형벌이 불가역이라는 내 확신은 변함없지만…영혼 소멸설(또는 형벌 종료)을 지지하는 성경적 증거가 더 많이 눈에 띈다. 죽음 자체가 죄의 형벌이라는 것이다. 당신의 죄를 사해주는 그리스도의 죽음을 믿지 않으면 당신은 지옥에서 죽는다."[4] 지옥에 가는 이들은 의식이 있는 상태로 영원히 고통당한다는 것이 기독교 교회의 역사적 관점이다. 하지만 스프링클에 따르면, 그 관점보다 "영혼 소멸 혹은 형벌 종료"를 받아들이는 것이 "성경적이고 옳으며 기독교적"이다. 그는 지옥의 영원성을 부정하면서 그 주장을 뒷받침할 "성경적이고 옳으며 기독교적"인 증거는 제시하지 않는다. 그가 인정하지 않는 지옥의 가장 끔찍한 면이 있다. 그것은 불도 영원하고, 고통도 영원하며, 공포도 영원하고, 형벌도 영원하다는 것이다(살후 1:9, 계 14:11, 20:10). 그런데도 그는 이러

---

[3] ── William Ernest Henley, "Invictus," Poetry Foundation, 2022년 3월 11일 접속, https://www.poetryfoundation.org/.

[4] ── Preston Sprinkle, "A Dialogue on the Duration of Hell," *Theology in the Raw*, 2016년 2월 23일, https://theologyintheraw.com/.

한 자신의 심경 변화를 독자들이 이단과 배교가 아닌 겸손과 순종으로 여겨주기를 원한다. 자신의 신학적 근간에서 이 심경 변화가 차지하는 비율은 겨우 2퍼센트밖에 되지 않는다면서 말이다. 그의 말을 직접 들어보자.

> 『지옥은 없다?』를 쓴 뒤로 내 입장이 바뀌었느냐고 묻는 이들이 있다. 한마디로 답하자면 "아니다." 그 책에서 프랜시스 챈과 내가 지옥의 지속 기간에 할애한 지면은 두 페이지에 불과하며, 의식 상태에서 영원히 고통당한다는 전통적 관점 쪽으로 우리 둘 다 기울었다. 그러므로 내가 변화된 것이 있다면 그것은 그 책에 다룬 내용 중 2퍼센트에 해당한다. '변화'가 나쁜 것으로 비칠 때도 있다. 하지만 솔직히 나는 신학자라면 누구나 여태 자신의 모든 저서에 쓴 내용 중 최소한 2퍼센트는 바뀌었으면 좋겠다. 그런 변화가 없다면 여전히 그 주제를 연구하고 있는지 의문이 든다.[5]

스프링클이 프랜시스 챈(Francis Chan)과 공저한 책의 원 제목과 부제는 "지옥 지우기: 하나님이 영원성에 대해 하

---

5 ——— Sprinkle, "A Dialogue on the Duration of Hell."

신 말씀과 우리가 지어낸 것들"이다.[6] 블로그 게시물에는 그가 슬며시 부제를 감추었지만, 부제에 암시되어 있듯이 그 책에서 영원성은 사소한 문제가 아니라 중요한 개념이다. 그는 겸손한 척하지만, 만일 모든 신학자가 각자의 저서에 쓴 기독교 신앙의 핵심 진리들을 2퍼센트씩 바꾼다면 그야말로 우리도 다 프레스턴 스프링클처럼 되고 말 것이다. 성경의 표현으로 "도의 초보"(참조. 히 6:1)에서조차 그를 믿을 수 없다면 다른 어떤 주제에서도 그를 믿을 수 없다.

지옥의 영원성에는 공포 이상의 의미가 있다. 하나님이 영원히 거룩하시기 때문이다. 사실 지옥의 영원한 형벌은 하나님의 거룩하심에서 기인한 것이며, 역사적으로 신앙 및 부흥과 밀접한 관계가 있다. 조나단 에드워즈(Jonathan Edwards)의 강력한 설교 "영원한 지옥의 고통"은 많은 사람에게 지옥의 위험성을 일깨웠고, 이를 통해 하나님이 많은 사람을 구원의 믿음에 이르게 하셨다.[7]

---

[6] —— Francis Chan & Preston Sprinkle, *Erasing Hell: What God Said about Eternity, and the Things We've Made Up* (Colorado Springs, CO: David C. Cook, 2011). (『지옥은 없다?』 두란노)

[7] —— 다음은 조나단 에드워즈의 유명한 설교 중 한 대목이다. 지옥의 영원성으로 이어지는 하나님의 거룩하심을 잘 생각해보라. *Works of Jonathan Edwards*, 전2권. (1843; 복간, Edinburgh: Banner of Truth, 1974), 2:88. (『조나단 에드워즈 전집』 부흥과개혁사) "영원무궁토록 계속될 극한의 고통

지옥의 영원성을 부정하면 곧 하나님과 이웃을 사랑하라는 명령을 어기는 것이다. 다시 말하지만, 사람의 감정을 상하게 하지 않으려고 하나님의 거룩하신 명령을 값싸게 취급하는 것은 사랑이 아니다. 에드워드 도넬리(Edward Donnelly)는 "지옥은 우정을 지키려고 치르기에는 너무 비싼 대가다"라고 말했다.[8] 지옥의 영원성을 부정하면 "너는 네 하나

을 상상해보십시오. 밤낮이 흘러 해가 바뀌고 또 시대가 바뀌기를 수천 번에 더하여 수만 번이 지나도 고통은 여전합니다. 괴로워 울부짖고 애통하며 신음하고 비명을 지르며 이를 갈지요. 여러분의 영혼은 지독한 비탄과 경악으로 가득하고, 여러분의 몸은 고문과도 같은 고통으로 가득합니다. 나아질 가망도 없고, 울부짖어 하나님의 연민을 자아낼 가망도 없으며, 그분을 피해 숨을 가망도 없고, 고통 대신 딴 생각을 할 가망도 없습니다. 고통이 그 정도니 절망은 또 얼마나 처절할지 상상해보십시오. 절대로 거기서 벗어날 수 없음을 여러분은 너무도 잘 압니다. 희망이 없어요. 차라리 소멸해버리고 싶지만 그럴 희망도 없습니다…억겁의 고통을 견뎌 조금이라도 나아진다면 좋으련만 그럴 희망도 없습니다. 밤낮으로 쉬지 못하고 한시도 편하지 않게 해와 달과 별의 시대를 다 보내도 구원의 여망은 손톱만큼도 없어요. 그런 시대가 천 번을 더 흘러도 희망은 없고…여러분의 똑같은 신음과 똑같은 비명과 똑같은 비탄의 절규만 끝없이 계속됩니다. 여러분이 고통당하는 데서는 연기가 영원무궁토록 피어오르고요. 지옥의 저주받은 이들에게 고통의 영원성은 생각할수록 더 아찔해 보일 뿐입니다! 도저히 머릿속에서 그것을 떨칠 수 없어요…두 가지 무한한 것이 지옥의 저주받은 이들을 영원히 경악에 빠뜨리며 집어삼킬 것입니다. 하나는 무한하신 하나님입니다. 그분의 진노가 그들의 귀에 들릴 것이고, 그분이 외나무다리 위에서 만난 화해할 수 없는 원수로 보일 것입니다. 또 하나는 고통의 지속 기간이 무한하다는 것이지요."

8 —— Edward Donnelly, *Biblical Teaching on the Doctrines of Heaven*

님 여호와의 이름을 망령되게 부르지 말라"(출 20:7) 하신 제 3계명도 어기는 것이다. 그리고 제3계명을 어기면 삼위일체 하나님(성부, 성자, 성령)의 진노를 자초한다.9

하나님을 인간의 기준으로 이해하려는 대중 서적이 많다. 트랜스젠더리즘의 죄에 매여 있는 가족이나 친구를 대할 때는 특히 그것이 솔깃한 유혹으로 다가온다. 성 역할을 하나

---

and Hell (Carlisle, PA: Banner of Truth, 2001), 45. (『성경이 말하는 천국과 지옥』 부흥과개혁사)

9 —— 제3계명은 이렇다. "너는 네 하나님 여호와의 이름을 망령되게 부르지 말라 여호와는 그의 이름을 망령되게 부르는 자를 죄 없다 하지 아니하리라"(출 20:7). 주님의 이름을 망령되게 부른다는 것이 어떤 의미인지는 『웨스트민스터 대요리문답』 "19장 하나님의 법"이 금지된 죄를 규정함으로써 보여준다. "제3계명에서 금지된 죄는 무엇인가?"라는 제113문의 답은 이렇다. "제3계명에서 금지된 죄는 하나님의 이름을 명하신 대로 부르지 않는 것, 그분의 이름을 무지하거나 헛되거나 불경하거나 속되거나 미신적이거나 악하게 언급하여 남용하는 것, 그분의 칭호나 속성이나 규례나 행적을 모독과 위증과 온갖 악한 저주와 맹세와 서원과 추첨에 쓰는 것, 합법적 맹세와 서원을 어기고 불법적 맹세와 서원을 지키는 것, 하나님의 결정과 섭리에 대해 불평하고 반항하며 꼬치꼬치 따지고 잘못 적용하는 것, 하나님의 말씀을 일부라도 곡해하거나 오용하거나 왜곡하여 속된 농담이나 주제넘고 무익한 질문이나 헛된 언쟁이나 거짓 교리의 주장에 쓰는 것, 하나님의 이름이나 그 이름으로 일컫는 피조물이나 물건을 부적이나 악한 정욕이나 악행에 남용하는 것, 하나님의 진리와 은혜와 도를 헐뜯거나 경멸하거나 욕하거나 교활하게 대적하는 것, 위선이나 사악한 목적으로 신앙을 고백하는 것, 신앙 고백을 부끄러워하는 것 또는 부실하고 어리석고 무익하고 욕되게 행하거나 아예 타락하여 그 고백을 욕되게 하는 것 등이다."

님이 설계하신 성경적 인간학과 그분의 형상이 아닌 문화적 구성 개념으로 본다면, 아마 당신은 남자와 여자가 그들의 재능과 관심사만큼이나 서로 호환된다고 믿을 것이다. 어쩌면 이런 말까지 할지도 모른다.

남자는 남자다워야 하고 여자는 여자다워야 하는 환경에서 K.D.는 여러 형제의 막내로 자랐다. '진짜 남자'는 군에서 복무했고 여자는 대개 집에서 아기를 낳았다. K.D.의 형들도 당연히 입대하여 전쟁에 나갔다. 그들은 남성성의 전형이었다. 반면 K.D.의 재능은 다른 데 있었다. 시를 즐겨 쓴 것이다. 그는 회의와 우울과 불안 등 많은 감정으로 평생 힘들어했다. 어떤 때는 억누를 수 없는 기쁨이 차오르기도 했다. 대개 그는 펜을 들어 종이 위에 감정을 쏟아냈다. 많은 시인처럼 K.D.도 음악을 쓰고 연주하는 재능이 있었다. 형들이 출전해 있는 동안에도 그는 집에서 시와 음악을 쓰며 자연과 아름다움과 우울과 하나님과 친구 존을 노래했다. 존과 K.D.는 단짝이었다. 수많은 시간을 함께 보냈고 떨어져 있을 때면 서로를 간절히 그리워했다. K.D.는 평생 존과 함께하기로 다짐했고 존도 같은 심정이었다. 성적인 관계까지는 아니었어도 미국의 전형적 남성 친구들보다는 깊은 사이였다. 함께 있을 때면 웃고 울며 대화하고 포옹하곤

했으며, 친구로서 키스할 때도 있었다. 몇 년 후 존은 입대해서 전쟁에 나갔고, 점차 진급하여 유능한 전사가 되었다. 그런 그가 어느 날 전사했다. 그 소식을 들은 K.D.는 망연자실하여 우울에 빠졌다. 먹지도 않고 실컷 울었다. 앞이 보일 만큼 눈물이 말랐을 때 그는 자신의 고통을 달랠 수 있는 유일한 일을 했다. 펜을 들어 시로 심정을 토로한 것이다. 그는 존의 사랑이 자신이 여자들에게 느꼈던 사랑보다 더했다고 표현했다. 그 시가 K.D. 사후에 발표되어 무수히 많은 독자에게 읽혔다. 어쩌나 뭉클하고 친밀한 사랑의 시어인지, 지금도 K.D.와 존이 게이였다고 믿는 이들이 있다.[10]

스프링클은 이 가상 실험에서 K.D.(왕 다윗의 머리글자)와 존(요나단의 애칭)을 각각 여성적 시인과 그를 짝사랑하는 사람으로 설정한다. 포스트모더니즘에 발맞추어, 그는 다윗과 요나단이 게이였을지 모른다는 엉터리 주장에 경의를 표하기까지 한다. 이런 식으로 성경을 가지고 장난쳐서 성소수

---

[10] Preston Sprinkle, *Embodied: Transgender Identities, the Church, and What the Bible Has to Say* (Colorado Springs, CO: David C Cook, 2021), 79-80.

자에게 더 우호적인 책으로 만들려는 모양이지만, 거짓말은 우리의 친구가 아니다. 보다시피 스프링클은 자칭 트랜스젠더 그리스도인을 제대로 돌보지 않는 법만 골라서 시연해 보이며, 이는 우리에게 오히려 반면교사가 된다. 그는 자신이 에덴동산의 아담 곁에 '함께 있지 않았다는 이유로' 간성 상태가 아담의 죄의 결과인지를 알 수 없다고 했고, 공감의 한 일화로 기록된 성경을 왜곡하고 곡해함으로써 제3계명을 어겼다. 이런 그리스도인 리더의 말이라면 그가 누구든 믿어서는 안된다. 트랜스젠더리즘을 이해하고 그리스도인답게 대응하는 면에서 스프링클은 무책임한 길잡이다. 성경의 계시보다 성경에 대한 상상을 더 중시하기 때문이다. 그는 예로 들 사건들을 교묘히 선택한 뒤 넌지시 뚱기는 말로 성경을 곡해한다.

또 그는 경망스러운 유머로 죄를 감추어 회개를 막는다. 트랜스젠더리즘의 죄에 대한 기독교의 해법은 죄를 조롱하는 것이 아니다. 오직 사탄만이 죄를 감추어 당신의 회개를 막으려 한다.

당신의 딸이나 손녀가 트랜스젠더리즘의 죄에 매여 있다면, 성경을 개작하는 사람이야말로 당신에게 하등 필요하지 않다. 당신에게 필요한 것은 구원하시는 하나님의 능력, 딸의 삶에 개입하시는 하나님의 자비, 세뇌당하지 않으면서 관계를 유지하는 법을 알려주시는 하나님의 지혜다.

성별 불쾌감은 병이고 트랜스젠더리즘은 사회 전염병인가?

2012년에 나는 대학원에서 내 강의를 들었던 한 레즈비언이 남성으로 성전환한 뒤 성전환에 대한 회고록을 썼고, 여자와 결혼해서 아빠와 남편으로 살고 있다는 소식을 들었다.[11] 친구가 내게 그 사람의 블로그 게시물과 책을 보내주었는데, 나는 그녀의 이름이 바뀐 탓에 알아보지 못했다.

그럴 만한 이유가 문득 생각났다. 내 학생이던 그녀는 오로지 여성 세계에서 살려는 레즈비언 분리주의자로서 남자와 관계된 것이라면 무조건 다 배격했었다. 그런 사람이 남자가 '되기로' 작정했다는 개념 자체가 내 상상을 초월했던 것이다. 저술과 강연을 통해 트랜스젠더 권익을 대변하는 일 외에도 그녀는 풀타임 정치 활동가가 되어 지방 공직에 출마하기까지 했다. 그 생각을 하면 지금도 내 마음이 아프다.

남자 역의 레즈비언 분리주의자로서 레즈비언 정체성이 아주 확고했던 그녀가 어떻게 '트랜스젠더 남성'이라는 자

---

[11] —— Everett Maroon, *Bumbling into Body Hair: A Transsexual's Memoir* (Seattle: Booktrope Editions, 2012). 매거진 「버슬」(*Bustle*)은 책 표지에 실린 짧막한 서평에서 이 책을 극찬했다. "모든 십대 아이가 몸 때문에 고민하지만, 에버렛 머룬은 남달리 고민이 깊었다. 이 책은 서투르고 괴짜 같고 마냥 어설픈 사내 머룬의 유쾌한 인생론이다. 영화 〈핑크빛 연인〉(*Pretty in Pink*)의 주제를 새로운 세대에 맞게 젠더로 바꿔놓은 느낌이다."

신의 '진정한' 정체성에 눈떴을까? 그녀의 회고록에는 상담사가 어떻게 그녀를 이 길로 이끌었는지 나와 있는데, 나는 그 이야기가 사실이자 범죄라고 믿는다. 나는 이것이 사회 전염병이 퍼지는 방식이라고 생각한다. 환자가 여러 가지 증상을 제시해도 상담자는 단 한 가지 해법을 내놓는 것이다. 하지만 여성들이 털어놓는 증상은 누구나 흔히 겪는 것들이다. 몸이 불편하고 불안하게 느껴지기도 하고, 호르몬 때문에 기분이 바뀌는 것이 싫기도 하다. 증상의 원인은 다양하며, 정상적 사춘기도 원인 중 하나다. 이런 증상이 트랜스젠더 정체성의 '증거'라는 말은 터무니없다. 어쨌든 상담사들은 트랜스젠더 국가의 새로운 제사장으로 떠올랐다.

사회 전염병

2016년에 나는 어느 기독교 대학에서 강연한 후 캘 백스터라는 남자 이름을 쓰는 젊은 여성을 따로 만났다. 내 관점을 영적 폭력으로 간주하고 학교 측에 강연 취소를 요구하기도 했던 캘은 자신이 여성의 몸속에 갇힌 남성이라고 주장하며 봄 방학에 유방과 자궁을 절제하려던 참이었다. 몸이 마르고 가녀린 데다 주사 중인 테스토스테론 때문에 곰돌이 푸처럼 얼굴에 솜털이 나 있을 뿐 남자 같은 인상은 풍기지 않았다. 키도 (158센티미터 단신인) 나보다 작았다.

그녀의 남자 행세는 어색하기 그지없었다.

"아는 사람 중에 혹시 유방과 자궁을 절제한 사람이 있나요?" 나는 그녀가 속해 있는 트랜스젠더 커뮤니티가 어떤 곳인지 궁금해서 물었다. 그녀의 대답은 뜻밖이었다.

"네, 두 군데를 다 수술한 사람을 한 명 알아요. 메리 이모가 유방암 때문에 유방과 자궁을 모두 절제했거든요." 메리 이모에 대해 말하는 동안 그녀는 점점 더 겁에 질린 소녀처럼 보였다. 엄지와 검지로 오른쪽 귀의 피어싱을 만지작거리는 모습이 꼭 내 어린아이들이 아기 담요 끄트머리의 공단 부분을 자꾸 문지르는 것과 비슷했다. 이 수술에 대한 그녀의 지식이 정치적 입지를 다지려는 성형 수술에서 온 것이 아니라, 실제 의료 정황에서 왔다는 사실은 중요한 정보였다.

"그 수술 후에 메리 이모가 남자로 변했던가요?" 내가 물었다.

"아뇨. 그래서 무서워요." 그녀는 자신 없이 기어들어가는 소리로 말했다.

"당신의 몸과 마음 사이에 싸움이 벌어지고 있나요?" 다시 물었다.

"네, 그래서 자해도 하고 남자가 되는 꿈도 꿔요." 여전히 작은 소리였다.

"몸과 마음이 싸우는데 왜 몸에서 시작하지요? 6개월 동안 마음을 바꾸는 데 집중해보면 어떨까요?" 내가 물었다.

"체이스 로스는 그렇게 말하지 않거든요."

"체이스 로스가 누구죠?"

"체이스 로스가 누구냐고요? 세상에서 가장 유명한 FTM(female to male, 여성에서 남성으로 전환한 트랜스젠더)이잖아요! 그의 유튜브 채널도 안 보셨나요?"[12] 이 대목에서 캘은 부쩍 활기가 넘쳤다. 체이스 로스에 완전히 매료되어 있었고, 그녀의 이름을 모르는 나를 못내 어이없어했다. 남자가 되고 싶은 건지 아니면 체이스(그게 누구든)가 되고 싶은 건지 의문이 들 정도였다.

이 학생과 함께 교목을 찾아갔는데 다행히 교목은 그리스도인 상담사였다. 체이스 로스 유튜브를 얼마나 자주 시청하느냐는 교목의 물음에 그녀는 나로서는 불가능해 보이는 숫자로 답했다. 하루에 열 시간씩 본다는 것이었다(어떤 내용이든 매일 최고 열 시간까지 보고 또 본다는 것이 상상이 되는가?).

[12] —— 체이스 로스의 유튜브 채널 "UpperChase1"은 1천만 뷰가 넘으며 구독자만도 166,000명이 넘는다. 모든 주제의 내용이 (트랜스젠더 커뮤니티에서는 흔한 것이지만) 정숙하지 못하고 저속하므로 이 채널을 방문하라고 권하고 싶지는 않다.

교목은 앞으로 매주 그녀를 만나 예수님을 배우고 따르도록 이끌어주겠다고 제안하면서, 이제부터 유튜브 인플루언서들을 배우고 따르지 않는 것도 순종의 일부임을 분명히 밝혔다. 하루 열 시간 수준의 중독이니 당연히 끊기 힘들었겠지만 캘은 해냈다. 기독교 상담에 힘입어 그녀는 수술을 받지 않기로 했고, 대신 자신의 어두운 과거 속에 도사리고 있던 근본적 마음의 문제에 집중하면서 한 걸음씩 그리스도와 동행하는 법을 배웠다.

또 이런 사례도 있다.

2018년에 중서부의 어느 성서교회에서 있었던 일이다. 질의응답 시간이 끝났는데 한 남자가 비통한 표정으로 마이크 앞으로 나왔다. 내가 두 시간가량 간증하고 질문에 답한 후라서 목사들과 장로들과 나는 이제 기도하고 끝마치려던 참이었다. 청중이 적은 데다 예배당도 오붓하고 아늑해서 모든 사람이 똑똑히 잘 보여 좋았다. 마이크 앞에 선 남자는 가발을 썼고 화장이 약간 어색했다. 밀가루처럼 허연 파운데이션 골을 따라 까만 아이라이너가 흘러내리는 게 꼭 장마철에 둑을 넘는 냇물 같았다. 마이크를 잡은 그는 과장된 말투로 운을 뗐다. "안 오려다가 와봤더니 역시 올 곳이 못 되는 군요. 당신은 트랜스젠더 사람들을 존중하지 않습니다. 간증 중에 '친구' 질(Jill)의 손이 크다고 말했지요. 트랜스젠더 여성들에게 상처를 주는 말입니다. 게다가…."

'손이 크다'는 표현이 무례하다는 지적은 내 강연 후에 단골로 등장한다. 그런데 이번에는 내가 너무 피곤해서 설명할 기운이 없었다.

그래서 상대의 말허리를 자르고 청하기를 함께 목사 사무실로 가서 따로 대화하자고 했다. 그러면 더 충분히 대화할 수 있겠다는 설명도 덧붙였다. 편안한 의자에 앉아 차라도 마시면 둘 다 더 잘 경청할 수 있을 것 같았다. 그가 좋다기에 우리는 목사와 셋이서 예배당을 나와 복도로 들어섰다. 목사 사무실 쪽으로 막 모퉁이를 도는데 한 남자가 성난 표정으로 우리 앞으로 튀어나왔다.

"아트! 야, 너 어떻게 된 거야?" 그는 아이라이너가 흘러내리는 남자 앞에 서서 대뜸 그 말부터 했다.

"이게 누구야? 짐이잖아! 나는 이제 아트가 아니라 어텀이야." ('아트'는 남자 이름이고 '어텀'은 여자 이름이다—옮긴이.)

"아트, 무슨 일이야? 메리와 아이들은 어떻게 됐고?"

"아트가 아니라 어텀이라니까. 이혼한 아내와 아이들은 내가 참 자아를 찾아서 아주 다행이래."

"헛소리 작작 해라. 근데 지금 다들 어디로 가는 거지? 나도 같이 가야겠어." 짐은 그렇게 선언하며 우리 셋의 좁은 틈새로 끼어들었다. 나는 대번 그가 좋아졌고, 그의 돌직구 기질에도 불구하고 아트/어텀 또한 그를 좋아하는 것이 눈에 보였다. 둘은 험한 말이 자연스럽게 오갈 만큼 오래된 사이였다.

알고 보니 아트와 짐은 10여 년 전에 같은 회사에서 트럭 운전사로 일했다. 그 무렵에 둘 다 예수님을 만나 세례를 받았고 각자 결혼하여 가정도 이루었다. 많은 자칭 트랜스젠더와 대화해보았지만 이때만큼 내게 깊은 깨달음을 준 대화는 없었다. 짐의 통시적 관점에서 나오는 지적을 아트도 부정할 수 없었기 때문이다. 짐에게는 나머지 우리에게 없는 신뢰성이 있었다. 신뢰성 정도가 아니라 아트의 과거까지 품고 있었다. 그것이 핵심이었다. 트랜스젠더리즘은 어떻게든 진실과 과거를 지우고, (뉘성 이론 같은) 잘못된 망상을 집요하게 내세운다. 짐이 동석한 덕분에 트랜스젠더리즘의 허구가 깨졌다. 또 짐은 아트와 직접 아는 사이라서 그의 아내와 자녀를 못내 동정하는 마음으로 계속 그에게 "남자답게 행동하라"(참조. 고전 16:13)고 촉구했다.

짐은 아트에게 공감하기는커녕 오히려 오랜 우정에서 비롯한 진실을 제시했다. 아트가 이데올로기의 프로파간다를 들먹일 때마다 짐은 "헛소리"라고 내뱉었다. 진실과 과거를 지키려는 걸쭉한 교리문답인 셈이었다. 짐은 아트가 남자답게 행동하고, 예수님께로 돌이키며, 아내와 자녀에게 사과하고, 바지로 갈아입고 교회로 돌아와야 한다고 단호하고도 따뜻하게 말했다.

"그렇게 못 해, 지미(짐의 애칭—옮긴이). 날 보고." 아트는 들릴 듯 말 듯 중얼거렸다. 눈물 섞인 아이라이너가 뺨에 흘러 까만 줄을 그렸다.

"해. 할 수 있어." 짐의 말은 명령조였다. 함께 교회에 다니자는 짐의 말에 아트는 눈에 띄게 부들거렸다.

그러더니 잠시 생각에 잠겼다가 목사를 보며 물었다. 자기가 여성 성경공부반에 들어가도 되겠느냐는 것이었다. 목사는 안 된다고 했다. 아트는 또 자기가 여자 화장실을 써도 되겠느냐고 물었다. 목사는 안 된다며 그 대신 목사 전용 화장실을 언제든 써도 좋다고 즉시 덧붙였다. 아트는 울음을 터뜨렸다. 자신은 여자 옷밖에 입을 수 없다면서, 남자 옷이 없기도 하거니와 남자 옷을 입는다는 개념 자체에 도덕적, 윤리적으로 반대한다고 설명했다. 목사가 아트에게 옷차림은 한동안 어떻든 상관없다고 말하자 그는 짐과 한 차로 다니며 예배당에서 둘이 함께 앉는다는 조건 하에만 교회에 나오겠다고 결정했다. 이어 그가 목사를 보며 아주 흥미로운 말을 했다. "목사님은 저를 어텀이라고 부르셔야 합니다. 짐만 저를 아트라고 부를 수 있어요. 처음부터 나를 그 이름으로 알았으니까요. 목사님은 저를 지칭하실 때 대명사도 신경써주셔야 해요. 짐은 마음대로 해도 되지만요."

이 이야기의 주인공은 예수님이고 짐은 그분의 사신이다. 좀 거칠고 입이 걸어서 그렇지 짐은 예수님을 사랑했다. 그가 요긴하게 쓰임받을 수 있었던 이유는 아트와의 사이보다 예수님과의 사이가 더 가까웠기 때문이고, 또 아트와의 오랜 우정 덕분이었다. 짐의 과거와 신앙이 둘 다 중요한 역할을 했다. '상대의 신발을 신어봐야 한다'(역지사지를 뜻하는 관용구—옮긴이)는 개념에 짐은 조금도 동조하지 않았다(아트가 하이힐을 신고 있어서만은 아니었다).

짐은 경건한 동정으로 충만했을 뿐 공감으로 아트를 세상 근심에 빠뜨릴 마음이 전혀 없었다. 그는 진실과 아트를 양쪽 다 끝까지 붙들었다. 이런 행동이 아트 같은 사람들의 자살을 유발한다고들 말하지만, 아트는 자살하지 않고 오히려 변화되었다. 교회도 꼭 해야 할 일을 했다. 아트를 환영하되 여자 화장실을 쓰거나 여성 성경공부반에 들어갈 수는 없게 해서 교회를 보호했다. 목사는 아트에게 매주 성경적 상담을 주선했다. 교회와 연계된 의사 중에 아트와 비슷한 상황의 사람들을 도와온 사람이 있어 그에게 도움을 청한 것이다. 마지막으로 들려온 근황에 따르면 아트는 교회에 다니면서 매주 성경적 상담을 받고 있었다. 그가 다시 남성으로 돌아오기를 기도한다.

질과 캘과 아트는 다 교회 교육을 받아 성경을 잘 알

고 있었다. 그들과 대화할 때는 성경에 호소할 수 있었다. 반면 대학원에서 내 수업을 듣던 그 학생은 교회와의 연결 고리가 하나도 없었다. 이상의 여러 관계를 돌아보면서 나는 사랑하는 사람이 이런 거짓에 사로잡혀 있을 때 기도하는 부모와 조부모와 자매와 형제와 이모와 삼촌과 사촌과 이웃의 역할이 얼마나 중요한지를 새삼 실감한다. 가족이나 친구로서 기도하는 당신은 용사다. 당신이 사랑하는 사람에게는 성경적 신앙과 교회와 가정이라는 금쪽같은 유산이 있다. 그 사람의 과거를 당신이 품고 있다. 사랑하는 이의 모든 오래된 물건을 부디 잘 간직하라. 그릇과 사진과 어릴 적의 봉제 인형과 헌 옷을 버리지 말라. 그녀에게 이런 진실의 유물이 필요할 때가 온다.

이 글을 쓰면서 나는 가족이나 친구를 떠받치고 있는 당신을 위해 기도한다. 아직은 그들이 트랜스젠더 프로파간다에 속아서 넘어져 있지만, 여태 당신이 그리스도의 진리 안에 굳게 서서 눈물로 드린 기도를 결코 경시하지 말라. 트랜스젠더 정체성의 어두운 허구를 등지고 진정한 남성과 진정한 여성으로 살아가는 진정한 그리스도인들의 승리 이야기를 찾아 읽으라.[13] 예수님은 죽은 사람도 살리시는 분이다.

---

[13] —— 다음 책을 비롯하여 이와 비슷한 책들을 수시로 들춰보면 좋다.

트랜스젠더리즘을 회개하기

사람마다 죄에 빠지는 경로가 있다. 타인의 죄에 대한 반작용으로 짓는 죄는 대개 어렸을 때 성폭행을 당했거나 트라우마를 입은 경우다. 반면 속에서 솟아나는 깊은 욕망 때문에 짓는 죄는 얼굴과 이름만큼이나 본인의 것이며, 아담의 죄가 우리 삶에 지문처럼 남긴 원죄일 소지가 높다. 어떤 죄인지는 중요하지 않다. 당신의 죄가 피해를 입은 것에 대한 반작용이든, 욕망의 내재적 습성을 남긴 타락의 결과이든, 혹은 기도로 절제하지 못한 강한 충동 때문이든 그것은 중요하지 않다. 우리는 다 죄를 짓는다. 그래서 그리스도인은 다 회개하도록 부름받았다. 참된 회개에는 생각의 전환, 애정의 전환, 삶의 전환이 모두 포함된다. 그렇게 회개하려면 누구나 도움이 필요하다. 하나님의 도움이 필요하고, 교회 형제자매들의 도움이 필요하다. 거의 언제나 우리는 죄인인 동시에 피해자다.

회개를 시적으로 표현한 시편 51편에 회개의 요소가 이렇게 제시되어 있다. 죄를 슬퍼한다(1-3절). 하나님께 죄를 자백한다(4-8절). 죄를 수치로 여긴다(9-10절). 죄에 대한 하

Laura Perry, *Transgender to Transformed: A Story of Transition That Will Truly Set You Free* (Bartlesville, OK: Genesis, 2019).

나님의 징계를 감수한다(11-17절). 하나님의 언약과 그분만이 베푸실 수 있는 신성한 자비를 받아들이고 그분의 말씀에 순종하며 살아간다(18-19절).

참된 회개와 가짜 회개는 완전히 다르다. 전자는 성령의 역사로 변화를 낳지만, 후자는 변화를 요구하지 않고 죄를 묵인한다. 실제로 회개는 하나님께 가는 관문이다. 회개하라는 말을 듣기 싫어하거나 회개를 영적 학대라며 배격하는 그리스도인은 영혼이 중대한 위험에 처해 있다. 그것이 당신이라면 시편 51편으로 기도하거나 노래하라. 당신의 죄가 하나님을 욕되게 했음을 인정할 용기를 주시고, 그 죄를 자원하여 회개할 마음과 생각을 주시도록 주님께 구하라. 내 남편이자 목사인 켄트는 시편으로 노래하면 두 번 기도하는 것이라고 말한다. 내게 필요한 이 은혜의 방편을 당신에게도 권하고 싶다.

이미 성전환에 착수한 이들의 경우, 자신의 몸과 정체성을 최대한 하나님의 설계대로 되돌리려는 모든 노력까지도 회개에 포함된다. 유익한 저서로 많은 교훈을 주는 두 그리스도인으로 로라 페리(Laura Perry)와 월트 헤이어(Walt Heyer)를 소개한다.[14] 둘 다 성전환 수술을 받은 후 다시 전환하여

---

[14] —— Perry, *Transgender to Transformed*. Walt Heyer, *Trading My Sor-*

성경적인 결혼 생활을 하고 있다. 하나님은 은혜로 구원해주신다. 설령 하나님께 받은 몸으로 돌아가기가 이 땅에서는 불가능하다 해도 가장 기쁜 소식이 있다. 예수님이 다시 오실 때 하나님의 사람들은 몸과 영혼이 재결합하여 영화롭게 된다는 것이다. 그때 당신도 온전해진다. 천국 또는 새 하늘과 새 땅에는 죄가 없다. 천국에는 트랜스젠더리즘도 동성애도 없다.

악과 덕 중에서 어느 쪽을 택할 것인가?

시기가 악이라면 자족은 덕이다.

회개는 그리스도인의 삶에 맺히는 아름다운 열매다(마 3:8). 그래서 그리스도인은 회개를 부끄러워하지 않는다. 트랜스젠더리즘이 시기의 죄인 만큼 트랜스젠더리즘에 맞서 싸우며 회개하는 사람은 자족이라는 경건한 열매를 거둔다. 온전한 성별과 젠더로 부르시는 하나님 안에서 안식한다. 거기까지는 아주 명확한데 실제는 단순하지만은 않다. 성전환 수술을 받았거나 호르몬 차단제를 복용한 사람에게는 의

---

rows (Maitland, FL: Xulon Press, 2006).

료 조치도 필요하다. 그렇더라도 경건한 덕인 자족을 과소평가하지 말라. 흔히들 자족의 덕을 오해하고 악평한다. 우리를 비참한 상황 속에 매정하게 방치하시는 하나님께 속절없이 체념하는 것이 자족이라며 자족을 비판한다. 하지만 경건한 자족은 그런 것이 아니다.

지금의 반기독교 시대는 (어리석게 거기에 속은 '그리스도인' 작가들도) 성 정체성과 젠더 정체성을 도덕의 범주에서 빼내 과학의 좌대 위에 올려놓는다. 그러나 하나님께 받은 자신의 몸을 배격하면 곧 실재를 배격하는 것이다. 사랑으로 감독하시는 하나님을 의지하며 경건한 자족에 힘쓰는 것은 부끄러운 일이 아니다. 그리스도인은 트랜스젠더리즘이라는 사탄의 잔악한 허구를 따라가서는 안 된다. 성별 불쾌감이 있더라도 그리스도인은 누구나 자족의 은혜에서 자라가며 시기의 죄를 버리고, 그리스도와 더욱 연합하여 교회와 하나님의 집에서 활기차고 풍성하게 살아갈 수 있다.[15] 소망이 있고, 몸

---

15 ── 청교도 작가들의 책을 읽으려면 연습이 필요할 수 있다. 내 경우 어쩌다 그들의 문체를 좋아하지만 어차피 나는 흠정역(KJV) 성경과 고전문학을 즐겨 읽는 사람이다. 고어가 당신의 취향에 맞지 않는다면, 간곡히 권하건대 청교도 저작을 현대어로 충실하게 잘 풀어쓴 책들을 찾아보라. 앤드루 M. 데이비스는 자족을 주제로 성경에 충실한 책을 썼다. Andrew M. Davis, *The Power of Christian Contentment: Finding Deeper, Richer Christ-Centered Joy* (Grand Rapids, MI: Baker, 2019). 이 책은 물론이고 그

과 마음과 영혼에 도움을 받을 수 있다.

제러마이어 버로스(Jeremiah Burroughs)는 잉글랜드 내전 기간에 비국교도(영국국교회에서 분리된 개신교 신도—옮긴이)인 청교도로 살며 설교했다. 그의 저작을 보면 그가 충실하고 용감한 사람임을 알 수 있다. 종교 폭정의 시대에 비국교도 신앙인으로 살다 보니 그는 늘 체포와 투옥과 심지어 처형까지 당할 위험에 처해 있었다.[16] 그런데 폭정과 박해와 자칫 처형될 위기 속에서 이 비국교도가 선택한 설교 주제는 종교 자유도 아니었고, 언제 시민 불복종에 나설 것인가도 아니었다. 놀랍게도 그는 자족이라는 주제로 설교했다. 청교도 버로스의 자족 설교 시리즈가 그런 정황에서 나왔다는 점은 깊이 생각해볼 만하다.

그의 설교집 『만족, 그리스도인의 귀한 보물』은 이제

의 다른 책들도 적극 추천한다. 성경 66권 중 43권을 암송한 데이비스 목사의 다음 소책자는 특히 감탄을 자아낸다. *An Approach to Extended Memorization of Scripture* (Greenville, SC: Ambassador International, 2014), Kindle.

[16] Phillip L. Simpson, *A Life of Gospel Peace: A Biography of Jeremiah Burroughs* (Grand Rapids, MI: Reformation Heritage, 2011). 낸시 윌슨(Nancy Wilson)이 다음 책에 쓴 유익한 서문도 참조하라. Jeremiah Burroughs, *The Rare Jewel of Christian Contentment*, Christian Heritage Series (Moscow, ID: Canon Press, 2020), i-v. (『만족, 그리스도인의 귀한 보물』 생명의말씀사)

기독교 고전이 되었다. 나도 2년에 한 번씩 다시 읽는데 그때마다 내 죄를 깨달아 회개하게 되고, 내 구주이신 주 예수 그리스도를 경외하며 감사하게 된다. 버로스는 그리스도인만이 바울이 "어떠한 형편에든지 나는 자족하기를 배웠노니"(빌 4:11)라고 말한 경건한 자족에서 자라갈 수 있다고 보았다. 그에게 경건한 자족이란 예수 그리스도로 말미암아 하나님을 아는 사람들만이 누릴 수 있는 보물이다.

죄인이 예수 그리스도로 말미암아 하나님을 알고 영광에 이르는 것은 순전히 은혜. 성부 하나님이 주 예수 그리스도를 우리 대신 죄로 삼아 십자가에서 죽게 하셨고(고후 5:21) 약속대로 그 희생을 존중하시기 때문이다. 우리가 죄를 자백하면 "그는 미쁘시고 의로우사 우리 죄를 사하시며 우리를 모든 불의에서 깨끗하게 하실 것"(요일 1:9)이다. 이는 우리의 행위나 고난 때문이 아니라 아버지께서 그리스도의 희생을 받으시기 때문이다. 의를 지으시고 규정하시는 분은 하나님이며, 신자는 세상 쪽에서 하나님 쪽으로 넘어왔다. 다시 말해, 신자는 세상에 있지만 세상에 속한 존재는 아니다. 신자의 마음은 성령으로 말미암아 구속되어 하나님을 알고, 모든 상황 속에서 성경을 그리스도의 순전한 진리의 말씀으로 받아들인다. 하나님은 자족을 이름뿐인 그리스도인이 아니라 진정한 그리스도인에게만 주신다. 세상의 문화를 따르는 그리스도인은 자족을 누릴 수 없다. 진정한 그리스도인의 자족도 수동적으로 받는 것은 아니다.

버로스가 정의하는 자족은 "어떠한 형편에든지 기꺼이 하나님의 처분에 맡기고 기뻐하는 내면의 평온하고 넉넉한 마음가짐"이다. 또한 그는 자족을 누리려면 "마음과 영혼을 살펴 심령을 평온하게 하고," "영혼을 하나님 아래에 두어" 복종하며, "관대한 마음"을 품어야 한다고 설명한다.[17] 자족이란 매사에 하나님의 선하심과 의로우심과 지혜로우심을 능히 믿고 고백한다는 뜻이다. 내 친구인 드루 포플린 목사가 즐겨 말하듯이 "하나님은 죄까지도 죄 없이 선용하신다." 아무리 극악무도한 죄도 그분의 섭리를 꺾을 수 없다. 그분의 섭리는 모든 택하신 사람을 영화롭고 충실한 신자로 빚어 새로운 창조 세계에까지 온전히 인도하신다. 경건한 자족 덕분에 우리는 육신의 고난을 감당할 수 있고, 고통 속에서도 하나님의 온전한 섭리를 영혼으로 느낄 수 있다.

진정한 그리스도인을 도와 자족의 신비에서 자라가게 하고자 버로스는 시기의 죄에 맞서 싸울 영적 무기를 소개한다. 성별 불쾌감으로 힘들어하거나 트랜스젠더리즘에 세뇌

---

[17] ── Jeremiah Burroughs, *The Rare Jewel of Christian Contentment* (1648; 복간, Carlisle, PA: Banner of Truth, 2013), 40.

되어 매여 있는 사람에게도 딱 맞게 적용된다. 『만족, 그리스도인의 귀한 보물』은 통독을 권하고 싶은 책이지만 여기서는 "자족의 신비"라는 한 장에 주목하려 한다. 여기에서 버로스는 시기의 죄를 퇴치할 막강한 영적 무기로 여섯 가지 신앙생활 지침을 제시한다.

첫째, 세상에 만족하지 말라. 그리스도인은 세상에 만족하지 못할 때도 하나님으로 자족할 줄 알아야 한다. 세상은 우리에게 필요한 것을 줄 수 없다. 우리는 성경이 금하는 것을 기도로 구해서는 안 된다. 비성경적인 것을 구해서 받는다면 당신은 하나님의 뜻대로 사는 것이 아니라 분명히 사탄에게 놀아나는 것이다. 세상에 만족하지 말고 하나님 안에서 자족하는 법을 배우라.

둘째, 욕망은 더하지 말고 빼라. 버로스에 따르면 "그리스도인의 자족은 덧셈보다 뺄셈의 산물이다."[18] 그래서 과감한 희생이 요구되는데, 비신자나 가짜 그리스도인에게는 그런 희생이 불가능하다. "마음에 은혜가 없으면…자족에 이르는 길도 알 수 없다."[19] 이렇게 접근하면 이성의 옷차림을 끝까지 고집할 여지가 없어진다. 빌이라는 남학생이 치마를 입고 모임에

[18] —— Burroughs, *Rare Jewel*, 45.

[19] —— Burroughs, *Rare Jewel*, 45.

와서 자기를 조앤이라 불러달라고 할 경우, 사역 리더가 빌에게 따로 영적 조언을 (어쩌면 의료적 조언도) 해주어야 한다는 뜻이다. 빌이 자족에서 자라가려면 이성의 옷차림을 더할 것이 아니라 빼야 한다.

셋째, 부담은 빼지 말고 더하라. 버로스는 또 "그리스도인이 자족에 이르려면 기존의 부담을 없애기보다 다른 부담을 더해야 한다"라고 말한다.[20] 그가 더하라고 권면하는 부담은 죄를 경계하려는 부담이다. 진정한 그리스도인은 고통 중에도 하나님께 죄를 짓지 않으려 부단히 애쓴다. 가짜 그리스도인은 만족을 모르는 자기 욕망의 형상대로 신을 뜯어고쳤기에, 자신의 육신이 탐하는 것을 부정하는 신을 상상할 수 없다. 자신의 뜻과 감정을 기준으로 하나님을 판단하는 것이다. 트랜스젠더리즘으로 힘들어하는 그리스도인이 시기를 회개하려면 하나님께 복종해야 한다. 그분의 위대하심을 우리가 다 알 수 없다는 엄연한 사실을 인정해야 한다. 이렇게 회개하는 신자는 거룩하신 하나님 앞에 납작 엎드려 그분을 경외할 수밖에 없다. 당신에게 그런 반응이 없다면, 버로스는 당신이 부담이 가벼워져야만 자족에 이를 수 있다는 거짓말에 속은 것이라고 말한다.

20 —— Burroughs, *Rare Jewel*, 47.

역사 속의 신실한 그리스도인들은 환난 중에도 용케 하나님을 찬양했다. 조니 에릭슨 타다(Joni Eareckson Tada)는 자신의 휠체어로 말미암아 하나님을 찬양하고,[21] 코리 텐 붐(Corrie ten Boom)과 그의 언니 벳시(Betsy)는 나치 수용소에서 간수의 접근을 막아 복음을 전할 수 있게 해준 벼룩으로 말미암아 하나님을 찬양했다.[22] 그리스도인은 환난조차도 하나님의 관점에서 해석하여 승화시킨다. 당신이 트랜스젠더리즘 문제로 고민하는 진정한 그리스도인이라면 육신에 굴하지 말고 성령 안에서 선한 싸움을 싸우라. 점진적 성화가 당신의 친구이고, 하나님이 당신을 위로하신다. 당신처럼 고통당하는 이들에게 더 좋은 본을 보이라.

사탄이 당신에게 심어주려는 생각은 당신이 불경한 방법으로라도 당당히 육신의 욕망을 채울 수 없는 한 하나님께 순종할 수 없다는 것이다. 그러나 버로스가 일깨워주듯이 정작 중요한 질문은 '내게 필요한 것이 무엇인가?'가 아니라 '내

---

[21] —— Joni Eareckson Tada, "Wheelchairs in Heaven," Joni and Friends(웹사이트), 2021년 5월 5일, https://www.joniandfriends.org/.

[22] —— Corrie ten Boom, *The Hiding Place* (Grand Rapids, MI: Chosen, 2014). (『주는 나의 피난처』 좋은씨앗) 다음 기사도 참조하라. Christine Hoover, "'Thank You, God, for the Fleas'—Finding Courage in the Hiding Place," The Gospel Coalition, 2019년 7월 1일, https://www.thegospelcoalition.org/.

의무가 무엇인가?'다. 그는 그것을 이렇게 표현했다. "하나님이 나를 이 상황에 처하게 하셨으니 이 상황에 수반되는 의무는 무엇인가?"[23]

넷째, 자신의 환난을 그리스도의 마음으로 그분의 십자가를 통해 보라. 하나님의 은혜가 우리 심령에 말해주듯이 그분이 환난을 허락하시는 이유는 그것이 우리에게 이롭기 때문이다. 그리스도 안에 있는 우리에게는 고난도 영혼의 선을 이룬다(롬 8:28).

다섯째, 하나님과 사람들 앞에서 자신의 의무를 다하라. 그분이 당신에게 특별히 맡기신 선한 일을 하면 된다. 그분이 주지 않으신 것 때문에 불평하지 말고, 그 힘으로 그분이 이미 주신 일을 하라. 하나님이 우리의 악한 정욕을 채워주지 않으시니 얼마나 다행인가. 그분이 당신 편이니 당신도 힘써야 한다. 주님은 켄 스미스 목사를 통해 나를 회심으로 이끄셨는데, 그가 즐겨 하는 말이 있다. 환경은 사람을 만드는 것이 아니라, 사람의 실상을 드러낸다는 것이다. 또 그의 말에 따르면 '주차된 차는 회전이 안 된다.' 시동조차 걸지 않고는 원하는 방향으로 갈 수 없다는 뜻이다. 악한 정욕이 당신을 괴롭힐 때는 환경을 탓하지 말고 주님의 선한 일을 하라. 선한 일을 더욱 지속

---

[23] —— Burroughs, *Rare Jewel*, 51.

할 힘을 달라고 하나님께 기도하라. 다만 이성의 옷차림이나 자해 행위를 급식소 봉사로 벌충할 수 있다는 생각은 버리라. 하나님이 속으실 리도 없거니와 당신에게도 도움이 되지 않는다.

여섯째, 자신의 뜻을 '녹여' 하나님의 뜻에 맞추라. "넉넉한 마음은 기꺼이 하나님의 뜻과 소원에 자신의 뜻과 소원을 녹여 넣는다. 그렇게 자족을 얻는다."[24] 버로스의 이 말은 회개하는 데 큰 힘이 된다. 하나님의 뜻 속에 우리의 소원을 녹여 넣다니 얼마나 아름다운 은유적 표현인가. 잠언 21장 1절에 "왕의 마음이 여호와의 손에 있음이 마치 봇물과 같아서 그가 임의로 인도하시느니라"고 했다. 우리는 진흙이고 하나님은 토기장이시니, 우리는 사랑으로 빚으시는 하늘 아버지께 말랑말랑 유연해져야 한다. 우리에게 무엇이 필요한지를 우리보다 하나님이 더 잘 아신다. 하나님의 뜻 속에 당신의 뜻을 녹여 넣는다는 것은 복종과 순종 이상을 의미한다. 신자는 그리스도와 연합하여 가지처럼 주님께 붙어 있다. 그러니 우리의 뜻이 하나님의 말씀과 부르심대로 빚어질 수밖에 없다.

그리스도인의 자족은 수동적으로 체념하는 것이 아니라, 신앙에 능동적이고도 철저하게 적용하는 것이다. 또한 자

---

[24] —— Burroughs, *Rare Jewel*, 53.

족은 시기의 죄를 퇴치할 성경적 해법이다. 이렇게 자족을 시기의 죄를 퇴치할 영적 무기로 보면, 젠더 정체성 문제로 고민하는 그리스도인이 그리스도와의 연합에 의지하여 그분을 더욱 닮아가는 일에 도움을 받을 수 있다. 요지는 육신의 뜻대로 살 것이 아니라 당신을 향한 하나님의 뜻대로 살아야 한다는 것이다.

성적 죄를 다룰 때 그리스도인은 전쟁터가 어떻게 달라졌는지를 봐야 한다. 민권 운동의 응원을 받으며 고질적 죄에 빠져 있는 이들에게 그리스도인다운 긍휼과 사랑과 동정을 베풀어야 한다. 그동안 우리가 목격했듯이 전쟁터가 달라지면서 사랑하는 그리스도인들이 진리를 수호하기는커녕 오히려 복음 메시지를 변질시켜 많은 사람의 영혼과 미래와 가정에 큰 해를 입혔다. 신명기 13장 1-3절에 이런 설명이 나온다.

> 너희 중에 선지자나 꿈꾸는 자가 일어나서 이적과 기사를 네게 보이고 그가 네게 말한 그 이적과 기사가 이루어지고 너희가 알지 못하던 다른 신들을 우리가 따라 섬기자고 말할지라도 너는 그 선지자나 꿈꾸는 자의 말을 청종하지 말라 이는 너희의 하나님 여호와께서 너희가 마음을 다하고 뜻을 다하여 너희의 하나님 여호와를 사랑하는 여부를 알려 하사 너희를 시험하심이니라.

당신이 트랜스젠더리즘 문제로 고민하는 그리스도인이라면 좋은 교회를 찾아 목사의 말을 들으라. 하나님께 받은 온전한 몸으로 살아가는 데 필요한 상담과 기독교적 의료를 받고, 점점 더 자족하며 성화되어가라. LGBTQ+ 권익 운동의 또 다른 희생자가 되는 것은 누구에게도 도움이 되지 않으며, 특히 당신에게 해롭다. 자족은 시기와 정반대되고, 시기는 트랜스젠더리즘을 불타오르게 하는 악한 연료다. 하나님은 당신에게 무엇이 도움이 될지 가장 잘 아시고, 가장 필요한 것을 공급해주신다. "주께서 경건한 자는 시험에서 건지실 줄 아시고"(벧후 2:9).

거짓말 5

정숙함은
남성 지배를 조장하고
여성을 억압하는
구시대의 잔재다

13장

내 원수의 목전에서

【시 23:5】 주께서 내 원수의 목전에서

내게 상을 차려주시고.

1997년 뉴욕주 시러큐스

식탁에 수수한 코렐 접시와 페이즐리 무늬의 노란색 천 냅킨과 물 유리잔이 쭉 놓여 있었다. 내가 근무하던 대학교의 동료이기도 한 목사 아들이 냉장고에서 4리터쯤 되는 플라스틱 물병을 꺼내 잔에 물을 따랐다. "정수된 물은 아닌데 그냥 차게 마시는 게 좋아서요." 그렇게 말하는 켄 스미스 목사의 멋진 하늘색 눈이 반짝였다. 그는 웃으며 따뜻하게 내 손을 잡아 문지방 너머로 (부드러우면서도 생각보다 세게) 끌어들였다. 나로서는 처음 경험하는 기독교 가정 만찬 중 하나였다. 스미스 대가족과 교회의 형제자매들이 모인 자리에 내가 낀 것인데, 하다못해 비슷한 자리에라도 있어본 지가 하도 오래되다 보니 어떻게 처신해야 할지 막막했다. 실내는 저음으로 웃으며 대화하는 남자들 소리와 키득거리는 아이들 소리로 활기를 띠었다. 여자들은 조용한 편이었는데 그 모습이 평온하면서도 낯설었다. 과시하지도, 시선을 장악하지도, 숙덕공론을 하지도 않았다. 그들은 절친하게 지내온 오랜 친구였고 배꼽 빠지게 웃을 줄도 알았다. 어디에 끼어야 할지 몰라 주방과 거실 사이에 서 있는 나를 베키가 보자마자 주방의 대화 속으로 끌어들이더니 아기를 안는 일과 채소를 써는 일 중 하나를 택하라고 했다. 그러면서 내 근황을 물었다. 나는 손을 씻고 칼과 당근을 들었다. 내가 아기를 안아본 적이 없음을 그들도 알았을까?

그날 밤은 내게 하나의 거울이 되었다. 거울 속에 내 추한 모습과 하나님 가정의 아름다운 모습이 함께 보였다.

그중 내 추한 모습은 다양성과 관계된 것이었다. 다양성은 내가 속해 있던 레즈비언 커뮤니티에서 중요한 단어였는데, 다양성의 가치를 부르짖던 내가 사실은 지난 10년 동안 꼭 나 같은 사람들, 즉 문과 쪽 박사이자 레즈비언 관계를 맺고 있는 30대의 백인들 사이에서만 지냈다. 그날 밤의 거울은 극적인 아이러니의 극치를 보여주었다. 이성애 백인 남성인 목사 집에서 처음 경험한 그 기독교 가정 만찬이야말로 지난 10년을 넘어 어쩌면 평생 동안 내가 동석해본 가장 다양성 있는 집단이었다. 모든 연령대의 남녀노소가 다 모였으니 말이다. 내가 이런 모임에 참여하게 될 줄은 상상도 못 했다.

상차림이 끝나고 아이들이 의자를 더 끌어왔다. 대접마다 가득 담긴 플로이 스미스의 새콤달콤한 콩 요리가 김을 피우며 군침을 돋우었다. 켄은 부드럽고도 힘 있게 일행을 식탁으로 데려갔다. 모두 자연스럽게 옆 사람의 손을 잡았고, 켄이 음식과 그것을 만든 수고의 손길로 말미암아 하나님께 감사 기도를 드렸다. 그 말이 참 듣기 좋았다. 음식을 만든 손들이라면 바로 여자들의 손이었다. 그들은 중요한 존재였다.

모두 만찬과 대화를 즐겼다. 친밀하되 답답하지 않았다. 낯선 사람들과 팔꿈치가 닿을 정도로 바짝 붙어 앉아서 평소라면 불편했을 텐데도 그랬다. 화제는 그날의 여러 첨예한 질문(나는 반대 입장이었다)과 그에 대한 성경 원리(질문에 답을 주는 구절도 있었고, 질문이 더 생기게 하는 구절도 있었다)였다. 스미스 목사를 비롯한 식탁의 그리스도인들은 성경을 기준으로 삼고, 성경에서 위안을 얻으면서 시간 가는 줄 모르는 것 같았다. 성경이라는 책에 참 조예가 깊다는 생각이 들었다. 아이들도 성경을 척척 인용하여 근거를 댔고, 덕분에 좌중의 모든 사람이 하나의 세계로 모아졌다. 아이부터 어른까지 그들은 서로에게 그리고 성경에 속해 있었다.

식사가 끝나자 큰 아이 중 하나가 『시편 성가집』이라

는 빨간색 찬송가를 모두에게 돌렸고,[1] 거창한 서론 없이 곧 실내에 노랫소리가 울려 퍼졌다. '크리몬드'(Crimond) 곡조[제시 시모어 어바인(Jessie Seymour Irvin)이 작곡한 선율로서, 그녀 부친의 목회지인 스코틀랜드 마을 이름을 따서 그런 이름이 붙었다—옮긴이]에 맞춘 4부 혼성 합창은 흠잡을 데 없었다. 화음이 절묘하고 풍부했다. "주께서 내 원수의 목전에서 내게 상을 차려주시고"를 노래하는 대목에서 나는 어디가 위쪽인지 모를 정도로 방향 감각을 잃은 것처럼 느껴졌다. 모든 게 뒤집혔다. 마치 늘 걷던 산책로에서 한눈을 팔다가 딴 길로 들어선 심정이었다. 그동안 나는 배운 대로 피해자 행세를 하며, 성소수자이자 여론에 파묻혀 목소리를 잃은 사람이라고 주장했다. 그래서 노래하는 동안에도 속으로 되뇌었다. '너는 지금 피해자로서 원수의 목전에 있는 거야. 이 증오에 찬 나쁜 사람들이 네 레즈비언 민권을 짓밟으려 하거든.' 그런데 눈앞의 명백한 위험 속에서도 노래는 또 열심히 따라 불렀다. 내게는 피해 의식이 곧 종교 교리인 셈인데도, 시편 23편을 노래하다 보니 그런 내 믿음이 순전히 억지 같았다. 하나님의 말씀이 내 독백을 고치고 있었다. 바로 그때 하나님의

---

[1] *The Book of Psalms for Singing* (Pittsburgh, PA: Crown & Covenant, 1973), 23B장.

말씀을 거울처럼 들여다보았고, 그러자 명색이 영어학 교수라는 내가 그 본문을 오독했다는 게 보였다.

나는 원수의 목전에서 식사하고 있는 것이 아니었다.

내가 원수였다.

깨닫고 나니 끔찍했다. 바로 내가 하나님의 원수였던 것이다.

식사는 기도로 마무리되었다. 켄 목사의 기도를 시작으로 몇 사람이 더 기도했다. 보이지 않는 손이 일사불란하게 지휘라도 하듯 한 사람의 목소리가 잦아들면 다른 사람이 이어받는 식으로 좌중의 남녀가 고루 기도했다. 그날 저녁의 대화 중 답이 없는 난제도 있었지만, 그들은 그런 질문을 덮어두지도 우상화하지도 않고 하나님의 손에 확실히 의탁했다. "아멘!"으로 기도가 끝나자 누군가 "시편 122B장을 부릅시다"라고 말했다. 역시 모두가 이미 외운 노래였다. 플로이가 내 팔을 살짝 치며 찬송가를 펴 손에 들려주었다. 다시 실내에 가식 없는 노랫소리가 울려 퍼졌다. 이것은 공연이 아니었다. 딱 꼬집어 말할 수는 없지만 전혀 다른 무엇이었다. 찬송 가사는 이렇다.

사람이 내게 말하기를 여호와의 집에 올라가자 할 때에
내가 기뻐하였도다.

예루살렘아, 우리 발이 네 성문 안에 섰도다⋯

네 궁중에는 형통함이 있을지어다.

내가 내 형제와 친구를 위하여 이제 말하리니

네 가운데에 평안이 있을지어다.²

노래가 끝나자 누군가 작은 소리로 "예, 주님, 이것이 제 순례 여정입니다"라고 말했다.

그때는 그 말뜻을 알아듣지 못했지만(시편 122편은 성전에 올라갈 때 부르는 순례의 노래 중 하나다—옮긴이) 그날 밤은 내 순례 여정의 시작이기도 했다. 좌중의 원수가 나였다는 사실은 켄 스미스 목사에게 별로 중요하지 않았다. 그동안 나는 (그 식탁에 앉은 바로 그들까지 포함해서) 그리스도인들을 조롱했고, 하나님을 혐오하는 것을 칭송하는 대학 정책을 입안했으며(정확히는 그 대학 최초의 동성 커플들을 위한 동거 관계 정책이었다), 퀴어 이론 과목을 가르쳐 사람들을 지옥행 세계관으로 불러들였고, 내 몸과 저서로 사람들에게 죄를 지었다. 그런데 이 경건한 목사와 그가 목회하는 교회에 중요한 것은 그 사실이 아니었다. 중요한 것은 십자가에서 죽으시고 부활하신 그리스도였다.

---

2 —— *The Book of Psalms for Singing*, 122B장.

차려진 상에 원수가 아무리 많아도 그리스도인의 삶은 건재하다. "내가 그리스도와 그 부활의 권능과 그 고난에 참여함을 알고자 하여 그의 죽으심을 본받[으려]…하노니"(빌 3:10-11)와 같은 가장 중요한 것을 원수가 건드릴 수 없기 때문이다. 본래 우리 신앙은 원수의 목전에서 만개하도록 되어 있다. 시편 110편 2절은 "여호와께서 시온에서부터 주의 권능의 규를 내보내시리니 주는 원수들 중에서 다스리소서"라고 선포한다. 시온(교회)이 원수의 목전에서 빛을 발하는 것이 하나님의 뜻이다. 장 칼뱅은 그것을 이렇게 표현했다.

> 세상살이에 당연히 많은 고난이 따르지만, 하나님의 뜻과 계획은 그리스도의 나라가 많은 원수에게 에워싸여 우리가 늘 전투태세로 살아가는 것이다. 그러므로 우리는 온유하게 인내하며 하나님의 도움을 확신하는 가운데 담대히 온 세상의 분노를 아무것도 아닌 것으로 여겨야 한다.[3]

참으로 그렇다. 그리스도인에게는 온 세상의 분노가

---

[3] —— John Calvin, *365 Days with Calvin: A Unique Collection of 365 Readings from the Writings of John Calvin*, Joel Beeke 편집 (Grand Rapids, MI: Reformation Heritage, 2008), 3월 19일 부분.

아무것도 아니다. 하나님의 은혜와 능력에 비하면 아무것도 아니다.[4]

스미스 가정에서 보낸 그날 밤이 내게 거울이 되었다고 앞서 말했는데, 그 속에 거기 모인 경건한 여성들 특유의 덕도 함께 보였다. 그때는 그 덕의 이름을 몰랐지만 분명히 나는 그것을 보고 듣고 좋아했다. 나와는 정반대인 그것을 은근히 원하기까지 했다. 이 여성들은 강인했으며 소중한 존재로 사랑받았다. 자녀와 남편을 잘 돌보았고, 경건한 남자들에게 보호받았다. 신성한 목적과 영원한 소명을 품고 한 팀이 되어 살아갔다. 존중받으면서도 자신을 드러내거나 화제로 삼지 않았다. 내가 그들에게서 생전 처음 본 그 덕은 바로 정숙함이었다. 당시의 나는 이 식탁과 그곳의 여성들이 지닌 덕에서 멀어질 수밖에 없는 길 위에 있었다. 그 길로 가는 한 그들 같은 여성이 되기란 요원했다.

그날 밤 나는 그리스도인의 삶이 이분법의 삶임을 깨달았다. 이 여성들을 닮은 경건한 여성이 되고 싶다면 레즈비언으로 남을 수 없었다. 그런데 스위치를 끄듯이 레즈비언의

---

[4] 이 단락의 내용은 「싸우라, 웃으라, 만찬을 베풀라」(*Fight, Laugh, Feast*, 2.2, 2021년 여름) 17-19쪽에 처음 실린 뒤, 「테이블토크」(*Tabletalk*) 2021년 9월호 15-19쪽에 다시 게재되었다.

감정이 그냥 사라질 리는 없었다. 이전에 시도해보았기에 알았다.

그날 밤 깨닫고 보니 내가 경건한 여성이 될 수 없는 진짜 이유는 동성에게 끌리는 감정이 아니었다. 그 이유는 내가 여성이 되는 법조차 모른다는 데 있었다. 나는 '경건한'이라는 수식어에 막혀 있었지만, 진정한 신비는 하나님이 나를 여자로 설계하셨다는 것이었다. 하나님이 나의 '불경한' 부분만 마치 몇 년 전 사랑니를 뽑듯이(강력하게 마취하고 뽑았다) 변화시켜주신다면 그분을 받아들일 것도 같았다. 동시에 내 페미니즘과 그것을 지탱하는 내 직업만은 주님이 고스란히 그냥 두셨으면 하는 마음도 있었다. 하지만 그런 식으로 될 일이 아니다. 성령님이 악한 기초는 그냥 두신 채 불경한 부분만 마취 수술로 제거하실 리가 없다. 우리는 죄를 죽여 없애고 그리스도인으로 힘차게 살아가도록, 곧 그리스도 안에서 새 생명을 구가하도록 부름받았다. 에베소서 4장 22-24절에 분명히 나와 있다. "너희는 유혹의 욕심을 따라 썩어져가는 구습을 따르는 옛사람을 벗어버리고 오직 너희의 심령이 새롭게 되어 하나님을 따라 의와 진리의 거룩함으로 지으심을 받은 새사람을 입으라."

이 말씀 전체가 쇠망치가 되어 나를 강타했다. 그 정숙한 그리스도인 여성들은 가부장제를 떠받치며 살아가는데,

그때는 가부장제야말로 내 일생을 바쳐 무너뜨려야 할 악한 제국이었다.

그 후로도 이런 저녁 식사가 몇 달 더 이어졌다. 계속 성경을 배웠고, 아이들과 함께 노래했다. 이제 나도 주방에서 나만의 역할이 생겼고, 여성 친구들과 함께 기도했으며, 성경 본문에 밑줄을 치며 암송했다. 완전히 새로운 나였다. 그리스도 안의 새로운 피조물로서 새로운 성품을 받은 것이다.

여전히 나는 과거의 죄와 싸웠다. 하지만 싸우는 중에도 가지처럼 그리스도께 붙어 있었고, 교회와 장로들과 사람들에게 확실히 속해 있었다.

나는 상충하는 두 세계에 속해 있었기에 이제 한쪽을 택해야만 했다.

꼭 벼랑에서 떨어지는 심정이었다.

그래도 나는 경건한 여성이 되고 싶었다. 정숙하게 처신하는 은혜의 여성이 되고 싶었다.

하나님은 나를 어떻게 그 자리로 데려가실 것인가?

차차 배우고 보니, 하나님은 순종과 고난과 은혜와 용기를 통해 나를 점점 더 성화되게 하신다. 그리하여 "하나님 아버지의 미리 아심을 따라 성령이 거룩하게 하심으로 순종함과 예수 그리스도의 피 뿌림을 얻[게](벧전 1:2)" 하신다.

14장

노출증:
유사 기독교의 새로운 덕

【잠 9:13】 미련한 여인이 떠들며 어리석어서 아무것도 알지 못하고.

【잠 31:10】 누가 현숙한 여인을 찾아 얻겠느냐.

경건한 여성성은 내게 신비였다. 레즈비언으로 살던 수십 년 전에만 그랬던 것이 아니라, 여전히 기독교의 여러 덕처럼 참으로 신비롭다. 경건한 여성은 정숙한 여성이다. 경건한 여성의 정숙함은 하나님의 은혜가 물씬 배어든 신성한 원리다. 그런데 반기독교 세상은 경건한 여성 특유의 이 아름다운 덕을 조롱하고 멸시한다. 정숙함이 여성의 삶에서 차지하는 중요한 역할에 대한 혼란은 교회 안에까지 스며들었다. 무엇보다 복음주의 교회에서 특히 그렇다. 엑스(옛 트위터)에서 활동하는 영향력 있는 여성 작가들의 비위를 맞추는 유명 목사들의 교회들과 거기에 휩쓸린 개혁주의 교회들에서 볼 수 있는 지독히도 분명한 사실이 하나 있다. SNS에 취한 세상이 그리스도인 여성에게 정숙함 대신 노출증을 부추긴다는 것이다.

정숙함과 성화

정숙함은 성화에서 중요한 역할을 한다. 우리를(다른 사람들도) 유혹에서 지켜주기 때문이다. 그리스도인 여성의 정숙함이 구시대의 문화적 기대치라는 거짓말은 많은 그리스도인 여성을 파산시켰고, 우리 딸들의 세대를 위험에 빠뜨린다. 옷차림에서나 SNS에서나 이제 정숙함은 노출증에 밀려났다.

정숙함과 덕

정숙함은 덕이다. 사도 베드로는 우리 믿음에 덕을 더하라고 명한다.

> 그러므로 너희가 더욱 힘써 너희 믿음에 덕을, 덕에 지식을, 지식에 절제를, 절제에 인내를, 인내에 경건을, 경건에 형제 우애를, 형제 우애에 사랑을 더하라 이런 것이 너희에게 있어 흡족한즉 너희로 우리 주 예수 그리스도를 알기에 게으르지

않고 열매 없는 자가 되지 않게 하려니와 이런 것이 없는 자는 맹인이라 멀리 보지 못하고 그의 옛 죄가 깨끗하게 된 것을 잊었느니라(벧후 1:5-9).

정숙한 여성은 자신에게 주목을 끌지 않고 하나님께 영광을 돌린다. 그렇다고 정숙함이 나약한 수동적 자세는 아니다. 정숙함은 엄연한 덕이고, '덕'이란 "용기, 진가, 품성, 뛰어난 도덕성"을 뜻하는 강력한 뜻을 담은 단어다.[1] '덕'은 '가치'와는 다르다. 덕은 하나님께 주목하지만, 가치는 사람을 의식하기 때문이다. 성경이 말하는 덕인 정숙함은 용기와 지식과 절제와 인내와 경건과 형제 우애와 사랑이 듬뿍 들어간 영양 만점의 혼합 식용유와 같으며, 이로써 아름다운 품성이 놀랍게 구현된다. 정숙함은 아름다운 품성의 정점이자 여성이 필수적으로 갖추어야 할 덕이다. 이를 위해서는 하나님의 은혜와 본인의 용기가 모두 필요하다. 여기서 중요한 점은 믿음에 덕을 더하는 것은 선택 사항이 아니라는 것이다. 그리스도를 믿는 믿음은 끝이 아니라 시작이기 때문이다. 베드로가

---

[1] ── *The New Shorter Oxford English Dictionary on Historical Principles*, 제1권, Lesley Brown 편집 (Oxford, UK: Clarendon Press, 1973), "virtue" 항목.

말했듯이 덕이 없는 사람은 앞을 보지 못하는 근시안이며, 우리 죄를 깨끗하게 하신 주님과 그분의 은혜를 망각한다. 이는 사소한 문제가 아니다. 정숙함은 결코 무시해서는 안 될 용감한 덕이다.

그런데 우리는 정숙함을 무시한다.

정숙함과 유혹

나는 기독교 홈스쿨링 공동체에서 영문학을 가르치는 특권을 누리고 있고, 나의 십대 자녀들도 그 공동체에서 수사학 과목을 수강한다. 대다수 기독교 학교처럼 우리 학교에도 복장 규정이 있다. 남학생 복장 규정은 대략 한 문단으로 끝나지만, 여학생의 경우는 몇 페이지에 달한다. 불공평한 것이 아니라 아주 현명하고 꼭 필요한 일이다. 여성 패션 업계는 여학생들을 젊은 남자들의 유혹자로 길러낸다.

이 마지막 문장을 읽고 내가 불공평하게 '피해자를 비난한다'고 생각하는 사람이 얼마나 많을까?

마사 피스(Martha Peace)와 켄트 켈러(Kent Keller)는 『정숙함: 복장의 변화를 넘어』에서 정숙함을 "하나님을 사랑하여 순결과 겸손을 통해 그분을 영화롭게 하려는 내면의 마음가짐으로서 대개 말과 행동과 표현과 복장으로 드러나는 것"이라고 정의했다.[2] 마사 피스는 내가 좋아하는 그리스도인 어머니 중 하나다. 그녀의 여러 저서 중 특히 『현숙한 아내』는 나를 지도하고 격려하고 책망하며 빚어왔다.[3] 성경적 기준의 정숙함을 받아들여 하나님과 이웃에게 죄짓지 않게 해주는 마사를 나는 신뢰한다. 그녀는 성경적 정숙함을 문란과 대비하면서 문란을 "음란하거나 교만한 추파나 조종이나 노출이나 도발의 마음가짐으로서 부적절한 말이나 행동이나 표현이나 복장으로 드러나는 것"이라고 정의한다.[4] 문란은 (속에 숨어 있는 여러 죄와 달리) 쉽게 진단할 수 있는 죄다. 문란을 몸에 걸치고 블로그에 내걸기 때문이다. 거기에 속을 사람은 뻔뻔할 정도로 문란한 사람뿐일 것이다.

마사 피스는 독자에게 문란의 증상을 성경적 관점에서 점검해볼 기준을 제시한다. 우리 마음과 행동에서 살펴야 할 문란의 증상은 다음과 같다.

---

[2] ——— Martha Peace & Kent Evan Keller, *Modesty: More than a Change of Clothes* (Phillipsburg, NJ: P&R, 2015), 17.

[3] ——— Martha Peace, *The Excellent Wife: A Biblical Perspective*, 개정판 (Bemidji, MN: Focus, 1995).

[4] ——— Peace & Keller, *Modesty*, 18.

— 나는 웬만한 여자들에 비해 정숙하게 입는 편이다. 대다수 사람보다 정숙하니 내 옷차림은 정숙한 것이 분명하다.

— 그 남자의 정욕 문제는 내 문제가 아니다. 그의 문제를 내 탓으로 돌리지 말라. 그러잖아도 오늘날 우리 문화에는 책임을 남에게 전가하려는 '피해 의식'이 너무 많다.

— 이 모두가 율법주의일 뿐이다. 복장은 '회색 지대'이니 자유롭게 내 마음대로 입어도 된다.[5]

이어 마사는 문란이 젊은 남자들에게 어떤 영향을 미치는지를 비유로 설명한다.

당신에게 못되게 굴었던 사람을 떠올려보겠는가? 학교에서 어떤 아이가 다른 친구들 앞에서 당신을 놀리는 바람에 다 같이 웃었을 수 있다. 그는 당신을 밀쳤거나 넘어뜨리려 했을 수 있다. 복도에서 당신의 책을 빼앗아 달아나서 쓰레기통에 버렸을 수 있다. 그래서 당신은 학교에 가기가 싫었다. 불량배 아이가 당신을 그냥 두지 않을 테니 말이다…그 불량배가 당신을 놀리지 않는 날에도 당신은 그가 근처에 숨어 있다가 당장이라도 불쑥 나타나 끝없이 못되게 굴 수 있음을 잘

5 —— Peace & Keller, *Modesty*, 19.

알았다. 그래서 늘 경계하며 무슨 수를 써서라도 그를 피해야 했다. 문란한 복장의 여자를 볼 때 남자들의 상태가 대개 그와 비슷하다. 그들이 경건하려 애쓴다 해도 주위에 성적 유혹이 너무 많다…남자들은 문란한 복장의 여자를 보면 즉시 몸에 반응이 온다. 바로 성적 유혹이다.[6]

당신은 이 비유가 너무 억지스럽다고 생각할지 모른다. 왜 남녀가 골치 아픈 성적 차이 없이 그냥 친구로 지낼 수 없을까? 어차피 우리는 영적 형제자매가 아닌가? 두 질문 다 답은 간단하다. 성적인 차이가 불변의 사실이기에 남자도 여자도 영적 형제자매로서 정숙하고 신중하려 애쓰는 것이다. 하나님은 남녀를 몸도 마음도 서로 다르게 설계하셨다. 남자와 여자는 서로 호환되지 않으며, 이는 성경을 아무리 페미니즘 관점에서 해석해도 달라지지 않는다.

정숙함이라는 주제를 두 가지 다른 각도에서 살펴보자. 하나는 남녀의 차이고, 또 하나는 유혹의 위험이다.

---

[6] —— Peace & Keller, *Modesty*, 21-22.

남자와 여자는 호환되지 않는다

내 남편은 어느 대학 캠퍼스 인근의 작은 개혁장로교회 목사다. 우리 교회에 그 대학에서 가르치는 베스라는 젊은 엄마가 있는데, 그녀는 트랜스젠더 학생과 관계된 일로 힘들어했다. 아네트라는 이름으로 불리기를 원하는 남학생 지크가 자신이 LGBTQ+ 복음주의자임을 자랑스러워하며 교내 기독교 단체에 출석한 것이다. 그는 자신이 하나님을 사랑하는 여자임을 세상에 알리려 했고, 또 자신의 '트랜스젠더' 권익과 여성 대명사를 부정하는 그리스도인들은 영적 학대자임도 세상에 알리려 했다.

베스는 바르게 행하고 싶은데 혼란스러웠다. 캠퍼스 사역자는 민감한 상황을 잘못 건드리고 싶지 않았던지, 지크를 학생들의 제자 양육 모임에 보냈을 구체적인 지침을 주지는 않았다. 베스의 동료 메이가 지크를 환대하며 챙겨주고 싶다기에 둘은 그를 불러 근처 식당에서 저녁 식사를 함께했다. 대번 혼란이 가중되었다. 베스는 그를 무슨 이름으로 불러야 할지 몰랐고, 지크는 신경써주는 두 여자에게 아이라이너 화장품과 패딩 브래지어와 눈썹 관리에 대한 조언을 구하기에 바빴다. 메이는 베스가 말릴 새도 없이 어느새 핸드백에서 빗과 고데기를 꺼내, 바짝 깎은 수염 부위를 피해가면서 지크의 머리를 말아주었다.

이튿날 우리는 주께서 지크에게 그의 죄를 깨닫게 해 주시고, 그를 적절한 상담사와 성경에 충실한 교회로 연결해 주시도록 기도했다. 베스는 눈에 띄게 고심하며 내게 도움을 청했다. 그래서 예배를 마친 후 우리 집에 함께 가서 더 대화하고 기도하기로 했다.

우리는 주방 아일랜드 식탁에 의자 둘을 끌어다 놓고 전기 찻주전자의 플러그를 꽂았다. 베스가 찬장에서 머그컵 두 개를 골랐고, 우리가 즐겨 마시는 차도 찾아냈다. 강황과 생강이 들어간 허브티였다.

그녀가 컵에 끓는 물을 붓는 동안 나는 따로 디도서 2장을 펴보았다.

우리는 따뜻한 머그컵을 손에 감싸 쥐고 알싸한 생강 향을 음미했다.

베스는 낙심한 듯 한숨을 푹 내쉬며 말했다. "저는 그냥 도우려고 했거든요. 왜 이렇게 모든 것이 복잡할까요?"

"죄는 늘 일을 복잡하게 만들어요." 내가 거들었다.

"어젯밤에 왜 일이 온통 꼬였을까요? 메이와 내가 지크에게 접근하는 방식이 왜 그렇게 달랐을까요? 메이는 왜 빗을 꺼냈을까요? 왜 고데기를 꺼내야만 했을까요?" 베스는 조심스레 차를 한 모금 마셨다.

"왜 캠퍼스 사역자가 지크를 직접 양육하지 않는 거죠? 지크가 다니는 교회는 어디인가요?" 내가 물었다.

"지크는 교회에 다니지 않아요. 아네트로 온전히 받아들여질 수 있는 교회를 찾아야 한다네요. 참, 저 닐라 웨이퍼(Nilla Wafers) 과자를 뜯어도 될까요?"

"닐라 웨이퍼 좋지요. 그러네요, 정말 복잡해 보이네요." 나도 수긍했다.

베스는 쿠키를 베어 물며 또 한숨을 쉬었다. "성경에 트랜스젠더리즘과 관련된 말도 나오나요?"

"물론이죠!"

나는 얼른 그녀를 안심시킨 뒤 선반에서 성경책 두 권을 꺼내며 말했다. "여기 디도서 2장에 있어요." 함께 성경을 편 뒤 내가 1-8절을 읽었다.

> 오직 너는 바른 교훈에 합당한 것을 말하여 늙은 남자로는 절제하며 경건하며 신중하며 믿음과 사랑과 인내함에 온전하게 하고 늙은 여자로는 이와 같이 행실이 거룩하며 모함하지 말며 많은 술의 종이 되지 아니하며 선한 것을 가르치는 자들이 되고 그들로 젊은 여자들을 교훈하되 그 남편과 자녀를 사랑하며 신중하며 순전하며 집안일을 하며 선하며 자기 남편에게 복종하게 하라 이는 하나님의

말씀이 비방을 받지 않게 하려 함이라 너는 이와 같이 젊은 남자들을 신중하도록 권면하되 범사에 네 자신이 선한 일의 본을 보이며 교훈에 부패하지 아니함과 단정함과 책망할 것이 없는 바른 말을 하게 하라 이는 대적하는 자로 하여금 부끄러워 우리를 악하다 할 것이 없게 하려 함이라.

나는 잠시 멈추었다가 물었다. "여기 나와 있죠? 제자 양육은 남자가 남자에게, 여자가 여자에게 해야 돼요. 성품과 행동이 남자다워지도록 남자가 남자를 양육하는 거죠. 여자도 마찬가지고요."

베스는 닐라 웨이퍼를 먹으며 작은 소리로 말했다. "그러니까 지크는 남자와 대화해야 하고, 교회에 나가야 하는 거네요. 지크의 성별 불쾌감 여부와 무관하게 그렇다는 거죠."

나도 몸을 기울여 상자에서 쿠키를 하나 꺼냈다.

"바로 그겁니다."

금세 아이들이 쿠키 냄새를 맡고 들소 떼처럼 주방으로 몰려드는 바람에 우리의 조용한 대화는 중단되었다. 그 김에 저녁 식사를 준비하기로 했다. 그날 밤에는 인원이 많아 두 식탁에 음식을 가득 차려내야 했다. 메뉴는 미네스트로네 수프, 전날 밤 만들고 남은 음식, 마트에서 사온 통닭구이, 성만찬에 쓰고 남은 신선한 빵, 따끈한 현미밥 한 솥이었다. 식당에 웃음소리와 노랫소리가 울려 퍼졌고, 우리는 식후의 짤막한 예배 시간에 다시 지크를 위해 기도했다. 남편 켄트가 지크를 돕겠다고 했다.

베스도 그날 밤 집으로 돌아갈 때는 생각이 정리되어 있었지만, 그래도 지크를 떠올리며 안타까워했다.

그 학기가 끝나기 전에 지크의 그리스도인 부모는 상담을 받게 하려고 그를 집으로 데려갔다.

지크의 문제는 심각했다. 이제 당신은 이런 생각이 들지도 모른다. 그렇다면 유혹은 어떤가? 유혹이 그렇게 큰 문제인가?

유혹의 위험

왜 유혹을 막기 위해 여성의 자유를 희생해야 할까?

청교도 존 오웬(John Owen)은 죄와 유혹에 대한 설득력 있는 저작으로 이 질문에 성경적인 답을 제시한다. 1658년에 쓴 그의 고전을 읽기 쉽게 소개한 두 자료로 『죄와 유혹 이기기: 존 오웬의 고전 3부작』과 『유혹: 저지하고 물리치라』가 있다.7 두 번째 책의 부제에 특히 주목할 만하다. 유혹을 물리쳐야 하는 이유는 유혹이 혐오스럽기 때문이다. 유혹을 가지고 장난쳐서는 안 된다. 유혹은 백해무익하므로 길들이고 말 것도 없다. 나아가 우리 죄성 때문에 닥치는 유혹도 무시해서는 안 된다. 예수님은 죄성이 없으셨지만 우리는 있다. 그래서 유혹이라고 다 똑같지 않다.

오웬은 "유혹이란 칼과도 같아서 그것으로 고기를 썰 수도 있고 사람의 목을 벨 수도 있다. 유혹은 음식이 될 수도 있고 독이 될 수도 있다. 사람을 단련시킬 수도 있고 파멸시킬 수도 있다"라고 썼다.8 유혹이 시험하는 것은 정확히 무엇일까? 유혹은 신자의 믿음을 시험한다. 믿음이 가짜인 이들도 있기 때문이다. 유혹에 어떻게 대처하는지를 보면 그 사람의 영적 상태와 강점을 알 수 있다. 하나님은 모든 일에서 (죄까지도) 죄 없이 섭리하시지만, 그래도 우리 삶을 파멸시킬 유혹의 잠재력은 약해지지 않는다. 물론 참된 신자라면 믿음을

---

7 ── John Owen, *Overcoming Sin and Temptation: Three Classic Works by John Owen*, Kelly M. Kapic & Justin Taylor 편집 (Wheaton, IL: Crossway, 2006) (참조. 『죄와 유혹』 은성). John Owen, *Temptation: Resisted and Repulsed*, Puritan Paperbacks (Carlisle, PA: Banner of Truth, 2007) (참조. 『시험』 부흥과개혁사).

8 ── John Owen, *Temptation: Resisted and Repulsed*, Richard Rushing 편집 (1658; 복간, Carlisle, PA: Banner of Truth, 2021), 7.

잃을 수는 없지만, 그 외 나머지는 다 잃을 수 있다. 유혹의 근원은 사탄이고, 사탄이 사용하는 수단은 세 가지로 볼 수 있다. 즉, 사탄의 능력과 우리 약점을 아는 그의 지식, 세상 재물과 영화, 우리 죄성과 각자의 죄 이력이다. 우리가 살고 있는 세상은 정숙함을 외면한 채 내 모든 고통을 만인이 알아야 한다고 믿지만, 그것이 안전하지 못함을 모두 잘 안다. 당신이 '커밍아웃'하여 '고통을 발설하면' 사탄이 듣고 기억한다. 당신이 진정성을 빙자하여 자신을 드러내야 했기에 사탄은 거기에 맞는 미끼를 바늘에 끼운다. 오웬은 유혹을 "힘이나 영향력을 행사하여 사람의 마음과 생각을 꾀어 하나님이 요구하시는 순종으로부터 각종 죄로 이끄는" 것이라고 정의한다.[9] 유혹은 사람을 홀려 죄짓게 하고, 죄지을 기회까지 제공하며, 하나님을 향한 본분에 소홀하게 한다(요 14:15). 우리의 애정과 오락과 친구와 야망은 다 사탄이 우리를 유혹하는 중심 무대다. 오웬은 "누구든지 이 사실을 깨닫지 못하는 사람은 파멸하기 일보 직전이다"라고 엄히 경고했다.[10]

보다시피 오웬은 유혹을 성격 문제로 보지 않았다. 누군가 "내 동성애 욕구는 죄가 아니라 유혹에 약한 기질이다"

---

[9] —— Owen, *Temptation*, 15.

[10] —— Owen, *Temptation*, 15.

라고 말한다면 오웬은 난색을 표할 것이다. 그가 난색을 표하는 이유는 그 비성경적 진술이 거짓 가르침이며, 이는 결국 사탄의 손아귀에 떨어지는 결과를 낳기 때문이다. 실제로는 일단 유혹이 삶에 자리를 잡으면, 그것이 둥지를 트는 곳은 MBTI 지표나 에니어그램 점수가 아니라 당신의 영혼이다(MBTI와 에니어그램은 둘 다 성격 유형 검사다—옮긴이). 그것이 오웬의 관점이자 성경의 관점이다. 유혹에 약한 기질의 올바른 명칭은 "내재하는 죄"다.[11] 당신이 그것을 죽이지 않으면 그것이 당신을 죽일 것이다.

청교도들은 내재하는 죄를 '중생한 사람의 죄', 즉 신자의 죄로 이해했다. 그들은 회심한 바울이 로마서 7장에 고백한 "내가 한 법을 깨달았노니 곧 선을 행하기 원하는 나에게 악이 함께 있는 것이로다"(21절)라는 말을 내재하는 죄의 대표적 예로 보았다. 내재하는 죄는 성격 특성이 아니다. 길들이면 길들여지는 천방지축의 친구 정도가 아니다. 천만의 말이다. "청교도들이 한입을 모아 말했듯이 이 '법'은 현세의 신자 안에 상존하고, 이 '위험한 친구'는 영혼 안에 상주한다. 그것은 사람을 한 번에 태워버릴 수 있는 '불붙은 석탄'이므

---

[11] 다음 책을 참조하라. Owen, *Overcoming Sin and Temptation*, 229-407.

로 결코 무시해서는 안 된다."[12] 죄를 성격 특성('나는 강한 여자야')이나 자유('나는 문란한 게 아니라 권리를 행사하는 것뿐이야!')로 둔갑시키는 것이야말로 청교도들이 보기에 가장 심각하고 위험한 장난이다. 성경에 기록된 내재하는 죄('고질적' 죄라고도 한다)는 신자의 삶에 영구히 남을 속성이 아니다.[13] 여성이 문란한 것은 성격으로 정당화되지 않는다. 하지만 여성이 엑스에 수없이 많은 피드를 몇 시간 동안 올리며 떠들거나 또는 교회에 다니지 않는 15세 소녀들의 유행을 따라 아무 옷이나 부주의하게 입는다면, 그녀는 정말 죄짓는 것일까? 단지 유혹에 약한 기질을 드러내는 것일지도 모른다.

그러나 유혹의 집요한 공략이 우리를 지배하면 그때는 유혹이 죄가 된다. 그것이 바로 바울이 로마서 7장 21절에서 말한 악과 법이다. 하나님은 신자에게 (청교도들의 표현으로) 죄를 죽이라고 명하신다(갈 5:24). 신자는 죄를 능히 죽일 수 있다. 이는 하나님의 말씀이 우리 성격이나 성향의 표면만 스

---

[12] —— Joel Beeke & Mark Jones, *A Puritan Theology: Doctrine for Life* (Grand Rapids, MI: Reformation Heritage, 2012). (『청교도 신학의 모든 것』 부흥과개혁사)

[13] —— Martin B. Blocki, "Sanctification: Besetting Sins," Place for Truth(웹사이트), Alliance of Confessing Evangelicals, 2019년 10월 4일, https://www.placefortruth.org/.

쳐가는 것이 아니기 때문이다. 하나님의 말씀은 심장에까지 파고들어 새사람을 만든다.

> 하나님의 말씀은 살아 있고 활력이 있어 좌우에 날선 어떤 검보다도 예리하여 혼과 영과 및 관절과 골수를 찔러 쪼개기까지 하며 또 마음의 생각과 뜻을 판단하나니(히 4:12).

히브리서 저자는 구원받은 사람들의 물리적 삶 속에서 역사하는 영적 말씀을 적나라한 몸의 은유로 표현한다. 말씀은 수술 도구처럼 관절과 골수와 마음과 생각에서 죄의 썩어가는 시체를 도려낸다. 하나님의 말씀이 당신 안에서 당신보다 커지면 불가항력의 일이 벌어진다. 이는 분명한 사실이다. 다만 그러려면 우리가 날마다, 하루에도 몇 번씩 말씀으로 씻음을 받아야 한다. 영광에 이르기 전까지는 "옛사람"(롬 6:6-23)이 죽지 않으며, 당신이 그 사실을 모른다 해도 사탄은 알기 때문이다. 그리스도인이 가장 중요하게 점검해야 할 한 가지가 있다. 그것은 바로 하나님의 말씀이 당신을 새사람으로 만들고 있느냐다. 그렇지 않다면 어딘가 대단히 잘못된 것이다. 신자의 애정을 변화시키는 하나님의 말씀은 수박 겉핥기식의 무력한 수식어가 아니다.

우리가 유혹에 들어가면 그것은 죄가 된다(딤전 6:9).

유혹에 들어가는 문도 세 가지일 수 있다. 즉, 우리 마음의 죄성, 사탄에게 우리를 밀 까부르듯 하도록 허락하시는 하나님의 뜻(누가복음 22장 31절에서 하나님은 베드로에게 이 일을 허락하셨다), "사람의 정욕과 타락이 특정한 도발 요인과 조우할 때"다.[14] 그리스도인 여성이라면 하나님의 눈에 '도발 요인'로 보이고 싶을 사람은 없다. 여성들이여, 사탄이 무슨 이유로든 당신을 도구로 이용할 수 있으니 그것이 당신의 영혼에 미칠 중대한 피해를 경시하지 말라.

하지만 형제들을 위해 여성에게 정숙한 복장을 요구하는 것이 불공평해 보일지 모른다. 이는 피해자를 비난하는 처사가 아닌가? "주께서 경건한 자는 시험에서 건지실 줄 아시고"라는 베드로후서 2장 9절 말씀을 빌미로 당신은 옷도 마음대로 입고 처신도 자유롭게 하고 싶을 수 있다. 하지만 그렇게 한다면 이 구절을 오용하는 것이고, 하나님이 보호해주신다는 명목으로 유혹을 방조하는 것이다. 은혜를 더하게 하려고 죄에 거하는 것과 다르지 않다(롬 6:1-2).

청교도들은 신자의 죄를 추문이나 덫으로 간주했다. 추문은 다른 사람들까지 꾀어 똑같은 죄를 아무렇지도 않게 짓게 만든다. 추문의 파장은 멀리까지 미친다. 모든 죄가 그

---

14 —— Owen, *Temptation*, 19.

렇지만 특히 성적 죄는 교회의 가장 큰 추문이다. 정숙한 복장과 언행은 자신의 죄도 막고 남을 유혹할 우려도 없애주는 유익한 실천이다. 물론 죄의 책임은 죄를 짓는 본인에게 있다. 그러나 교회 내의 추문을 어떻게든 예방할 수 있다면 그야말로 좋은 일이다.

경건한 여성이 정숙하게 처신하려면 정숙함이 수동적 은혜가 아니라 능동적 은혜임을 알아야 한다.

정숙함, 유혹, 성폭행, 컬트

정숙함이 구시대의 잔재로 취급되는 데는 사역 단체들이 악한 목적으로 정숙함을 강요해온 탓도 있다. 헤더 그레이스 히스(Heather Grace Heath)의 『사랑의 학대: 컬트와 가스라이팅과 합법적 교육 박탈을 이겨낸 실화』 같은 책들에 비참한 결과가 증언되어 있듯이, 사역 단체들은 하나님의 말씀을 오용하여 사람들의 삶을 조종한다. 규율을 지켜 하나님의 은총을 얻어내려는 것이다.[15] 그리스도인 여성들 사이에서 인기를

---

15 —— Heather Grace Heath, *Lovingly Abused: A True Story of Overcoming Cults, Gaslighting, and Legal Educational Neglect* (Charleston, SC:

끌고 있는 이 책은 나를 몹시 슬프게 한다.

헤더 일가는 신뢰성을 잃은 사역 단체에 들어갔는데, 그곳은 1997년(내가 스미스 부부를 처음 만났던 바로 그해)에 빌 가써드(Bill Gothard)가 설립한 상급 훈련 기관(ATI, Advanced Training Institute)이라는 곳이다(가써드는 2014년에 사역 단체 IBLP의 여러 여성 직원을 성추행한 혐의로 단체 대표직을 사임했다—옮긴이).**16** 내가 교회에 등록해서 안전과 구원을 얻은 그때, 헤더 일가는 여성과 아동을 위험에 빠뜨리는 컬트, 즉 광신적 종교 집단에 들어간 것이다. 헤더가 '유혹'과 '정숙함' 같은 단어에 학대의 기운이 서려 있다고 믿는 데는 그 사역 단체에서 훈련받은 탓도 있다. 그녀는 책에서 시종일관 그런 단어가 무기로 사용되어 자신을 해쳤다고 보았고, "여자의 몸이 남자의 죄를 유발하는지 아닌지는 전적으로 여성 책임이었다"라고 폭로했다.**17** 여기서 의문이 제기된다. 여자가 성폭행을 당하면 언제나 본인 잘못인가? 헤더에 따르면 ATI의 답은 그렇다는 것이다. 그러나 성경은 이 물음에 절대 그렇지 않다고 답한다. 어떤 죄든 죄의 책임은 고스란히 본인

Palmetto, 2021).

16 —— Heath, Lovingly *Abused*, Kindle, 콘텐츠 위치 표시 없음.

17 —— Heath, Lovingly *Abused*, Kindle, 콘텐츠 위치 표시 없음.

의 몫이다. 신명기 24장 16절, 욥기 19장 4절, 잠언 9장 12절, 예레미야 31장 30절, 에스겔 18장 20절, 로마서 14장 4절, 고린도후서 5장 10절, 갈라디아서 6장 5절에 아주 명백히 나와 있듯이 죄를 책임질 사람은 죄지은 사람 자신이다. 학대 문제의 정답은 (컬트처럼) 성경에 무언가를 보태거나 (무신론자처럼) 성경을 배척하는 것이 아니라, 성경을 받아들여 그대로 살고 변화되는 것이다. 그것이 진정한 신자의 모습이다.

성경을 빙자하여 하나님의 진리를 변질시키는 것은 컬트의 중대한 죄다. 그렇다고 그리스도인 여성이 헤더의 성경 해석대로 자신의 악한 문란을 정당화한다면 그 또한 죄다. 헤더의 삶에서 교훈을 배우고, 하나님이 그녀에게 주신 은사와 지성에 감탄하며, 그녀의 구원을 위해 기도할 수는 있지만 말이다.

정숙함과 SNS

나는 SNS를 하지 않는다. 실종된 개에 대한 정보를 알려주는 지역 사회 앱 넥스트도어(Nextdoor)와 여기저기 뜨개실이 넘쳐나는 내게 좋은 뜨개질 도안을 소개해주는 커뮤니티 레이블리(Ravelry)를 SNS로 치지 않는다면 말이다. 실종된 개들은 나를 행동에 나서게 하고(산책도 하고 이웃도 돕는 좋은 구실이 된다), 뜨개질 도안은 사람들에게 나누어줄 선물의 끝없는 공급원이다. 하지만 이 두 사이트 때문에 내가 단 한숨이라도 잠을 놓친 적은 없다. 내가 SNS를 멀리하는 것은 정보를 수집하거나 공유하는 기능 때문이 아니다. 그런데 실제로 SNS의 지배적 용도는 정보 수집이 아니다. 분명히 SNS 활동은 중독과 죄와 불경으로 이어져 영혼에 해로울 수 있다. SNS 세계에는 분노가 난무하고, 맥락은 사라져버리며, 영영도로 거둬들일 수 없는 말과 사진과 영상이 오간다. 주님은 "원수 갚는 것이 내게 있으니"라고 말씀하시지만, 인터넷의 주장은 다르다.

  SNS만큼 문란을 컬트 수준으로 끌어올린 매체는 없을 것이다. 거기서 우리는 '좋아요'와 동의와 연대를 모으고, 진영으로 갈라져 싸우며, 팔로워 수를 늘리고, 반목과 교만을 부추기며, 죄를 새로 만들어내거나 기존의 죄를 재정의하고, 비방과 거만한 조롱을 일삼는다. 이 모두가 분별과 진실한 말이라는 미명하에 이루어진다. 이렇게 낭비하는 엄청난 시간을 다른 어떤 일에 쓰더라도 그보다는 나을 것이다(그야말로 다른 모든 일이다. 그중에는 하다못해 찬장의 각종 향신료를 알파벳 순서로 정리하는 일도 있다).

  아울러 현재의 부당한 일부터 점심 메뉴까지 모든 것을

공개하면 공과 사의 구분이 흐려진다. 때로 우리 삶에서 사생활의 범주가 완전히 사라질 정도다. 그런데 프라이버시가 사라지면 정숙함도 함께 사라진다. SNS에 절어 있는 그리스도인의 삶은 실제로 늘 정숙함보다 노출증을 택하게 마련이다.

새삼스러운 현상은 아니다. 기독교계에서나 사회 전반에서나 우리와 인터넷의 밀월 기간은 확실히 끝났다. 지난 10여 년 사이에 간행된 많은 책이 경종을 울려주듯이 SNS는 우리를 이용하고, 속이며, 산만하게 하고, 관계를 무너뜨리며, 삶을 타락시킨다.[18] 이것은 넷플릭스의 인기 다큐멘터리 영화 〈소셜 딜레마〉(The Social Dilemma)가 선명하게 그리고 있다. 인터넷에 접속할 때 우리는 '정보'를 얻는 것이 아니라 자신의 피드백 회로를 뱅뱅 돌 뿐이다.[19]

---

[18] 그중에는 다음과 같은 책이 있다. Jaron Lanier, *Ten Arguments for Deleting Your Social Media Accounts Right Now* (New York: Henry Holt, 2018) (『지금 당장 당신의 SNS 계정을 삭제해야 할 10가지 이유』 글항아리). Donna Freitas, *The Happiness Effect: How Social Media Is Driving a Generation to Appear Perfect at Any Cost* (New York: Oxford University Press, 2017) (『나는 접속한다, 고로 행복하다』 동아엠앤비). Nicholas Carr, *The Shallows: What the Internet Is Doing to Our Brains* (New York: Norton, 2010) (『생각하지 않는 사람들』 청림출판). Jia Tolentino, *Trick Mirror: Reflections on Self-Delusion* (New York: Random House, 2019) (『트릭 미러』 생각의힘). Richard Seymour, *The Twittering Machine* (London: Verso, 2019). Chris Martin, *Terms of Service: The Real Cost of Social Media* (Nashville, TN: B&H, 2022).

[19] The Social Dilemma, Jeff Orlowski 감독, Exposure Labs 외 제작,

그런데 그리스도인은 왜 거기에 속을까? SNS는 어떻게 공공연한 그리스도인을 죄에 빠뜨릴까? 엑스에서 몇 시간씩 (험담과 시간 낭비의) 죄를 지으면서 이를 성경적 가르침처럼 포장할 수 있다고 생각한다면, 그런 여성들은 영향력을 미치고 싶어서 과대망상에 지배당하는 것이다. 정숙함은 영향력보다 더 좋은 길을 택한다.

잘 알려진 논쟁을 살짝 비틀어서 예로 들어보자. 50여 명의 사람이 모여 낱말 게임을 한다고 하자. 내 이름이 게임의 제시어로 등장한다. 그럴 일은 없겠지만 그냥 그렇다 치자. 각 참가자는 내 이름을 듣고 떠오르는 생각을 두 단어로 말해야 한다. 어떤 변증 사역자는 '레즈비언 페미니스트'라고 답한다. 이 말은 과거에는 사실이었지만 지금은 아니다. 다른 목사는 내 이름을 듣고 "집으로 돌아가라!"고 말한다. 홈스쿨링 집회와 리고니어(Ligonier) 전국 대회에서 혼성 청중에게 강연하는 나를 그가 보았기 때문이다. 그는 내가 디모데전서 2장 12절을 어기고 있다고 믿는다.

변증 목사야 악의를 담아 말하는 것이니 내 쪽에서 그냥 무시하면 된다. 그러나 "집으로 돌아가라!"고 말하는 목사와 나는 하나님 말씀의 규정에 따라 교회 목사직이 안수

Netflix 배급, 2020년 1월 26일 공개, https://www.thesocialdilemma.com/.

받은 유자격 남성에게만 위임된다는 데 견해를 같이한다. 여성이 교회 강사로 초청되어도 설교로 복음을 전해서는 안 되고, 강연도 주일 강단에서는 허용되지 않는다는 생각까지 서로 같다. 하지만 그는 이런 말을 하는 것이 아니다. 그의 말은 남자들이 참석한 자리에서는 내가 아예 강연하지 말아야 한다는 것이다. 음향이나 경비를 맡은 남자가 내 말을 너무 집중해서 들으면 죄가 될 수 있다는 것이다. 그의 성경 해석에 따르면, 이 본문은 남자가 여자에게서 배울 것이 하나도 없다는 뜻이 된다. 또는 그가 특정한 집회나 주제를 지목해서 문제 삼는 것일 수도 있다. 어쨌든 두 신자가 본문의 의미에 대해서는 견해가 일치하지만 적용에서 해석이 갈린다면, 그럴 때는 누구나 다 보는 엑스에서 십자 포화를 날릴 것이 아니라 둘이 전화로 대화해야 한다.

물론 자기 이름이 반면교사의 사례로 거론되는 것을 좋아할 사람은 없다. 내가 겪어보아서 잘 안다. 그러나 이런 상황에 대한 성경적 대응은 따로 전화로 대화하거나 그냥 너그럽게 넘어가는 것이다.

그 대신 나를 페미니스트 레즈비언으로 보는 목사나 내가 강단에서 설교하거나 집회에서 혼성 청중에게 성경을 가르친다고 생각하는 목사는, 내 남편과 장로들에게 연락하여 당회에 나의 처신 문제를 제기할 수 있다. 또는 내 남편이나 장로들이 그 비난하는 목사에게 연락하여 나와 관련된 그쪽의 발언을 두고 대화할 수도 있다. 이 둘 중 하나의 반응이 실제로 일어난다고 가정해보자. 여기서 두 가지 좋은 결과가 나온다. 첫째로, 나는 내가 사람들에게 어떻게 인식되고 있는지를 배울 수 있다. 둘째로, 장로들은 내가 죄를 지었는지의 여부를 내게 알려줄 수 있다. 죄를 지었다면 회개하면 되고, 장로들의 도움을 받아 앞으로 강연 행사를 어떻게 선별해야 할지도 숙고할 수 있다. 죄를 짓지는 않았지만 일부 강연 수락이 지혜롭지 못했다고 생각된다면, 이제부터 선별 기준을 고치면 된다. 반대로 그 목사 쪽에서 내게 죄를 지었다면 역시 회개하면 되고, 나는 그의 회개를 받아들이면 된다. 양쪽의 견해차만 확인할 때도 있겠지만 그럴 때는 그냥 넘어가면 된다.

나를 비난하는 목사의 말을 직접 들으면, 왜 그렇게 비난했는지 그의 마음을 더 잘 이해할 수 있다. 그가 주 안의 형제일 경우, 알고 보면 나를 인신공격하는 것이 아니라 내 증언과 하나님 말씀의 진리를 우려하는 것일 수도 있다. 나의 교회의 장로들이 믿기로 그 목사가 틀렸고 내게 죄를 지었다면, 그들은 그를 책망하는 한편 내게는 용서하고 넘어가라고 지도해줄 것이다. 둘 중 어느 쪽의 죄도 없이 단순한 오해로 밝혀진다면 용서만으로도 충분하다. 공공연히 지은 죄라면 회개도 공공연히 해야겠지만, 그러기 여의치 않을 때도 있다.

한번은 어떤 사람이 내게 많은 사람 앞에서 죄를 지었는데 회개는 나에게만 따로 했다. 대중의 따가운 시선을 그녀가 차마 감당할 수 없었기 때문이다. 개인적으로 발언을 철회하며 죄를 회개하는 내용이 담긴 서신을 받았고, 주 안의 자매로 관계도 회복되었으니 나는 그것으로 만족했다. 그리스도인이 용서를 베풀고 받아들이는 방식에는 모호한 데가 많지만 그만큼 은혜도 많이 따른다. 하지만 인터넷에는 눈을 씻고 찾아봐도 은혜가 없다. 인터넷은 대립이 해결되기는커녕 오히려 더 증폭되는 장이다.

이번에는 동일한 시나리오를 SNS인 엑스(옛 트위터)상으로 옮겨보자. 한 목사가 엑스에서 나를 레즈비언 페미니스트라고 부르며 내게 대중 강연을 중단하라고 말한다고 가정해보자. 이제 너도나도 다 의견을 쏟아낸다. 직접 관련되지 않은 사람들까지도 말이다. 그 결과 도로 거둬들일 수 없는 말이 난무하고, 상처는 자꾸 더 깊어질 뿐이며, 문제의 발단이 된 맥락이 점차 혼란스럽게 변질된다. 이렇게 SNS의 말싸움으로 번지면 여러 사람에게 불똥이 튀기 쉽다. 줄기차게 주장만 해댈 뿐 자신의 '의지'를 꺾고 전향할 수는 없는 고등학교 토론 팀과 비슷하게, 인터넷은 모든 이견을 싸움으로 만든다.

인터넷 세계에서는 온갖 것이 다 공개될 뿐만 아니라 바울의 훌륭한 모본을 따라 잊어야 할 것을 잊을 수도 없다.

잊어버려야 그리스도 안에서 자라가며 필요한 고난도 잘 견디낼 수 있는데 말이다.

> 오직 내가 그리스도 예수께 잡힌 바 된 그것을 잡으려고 달려가노라…오직 한 일 즉 뒤에 있는 것은 잊어버리고 앞에 있는 것을 잡으려고 푯대를 향하여 그리스도 예수 안에서 하나님이 위에서 부르신 부름의 상을 위하여 달려가노라 그러므로 누구든지 우리 온전히 이룬 자들은 이렇게 생각할지니(빌 3:12-15).

인터넷은 결코 용서하지 않는다. 그러나 그리스도인은 거룩하게 용서하도록 부름받았다. 바울이 힘써 달려간다고 한 말은 도덕적 힘과 영적 힘을 보여주는데, 인터넷은 그런 데 별로 관심이 없다. 우리가 인터넷에서 하는 말이 그토록 위험한 이유는 맥락과 조심성이 없기 때문이기도 하다. 행사에서 강연할 때는 미리 준비한 요점(내 경우 원고)을 전하지만, 인터넷 발언은 자유 낙하와 다름없다. 속도 조절은 타인의 영적 유익을 배려하는 나의 영적 성숙도에 오롯이 달려 있다.

그리스도인 여성들에게 당부하고 싶다. SNS는 정보를 공유하고 수집하는 용도로만 쓰고 거기서 부당한 일을 따지지는 말라. SNS를 하려거든 거기에 놀아나지 않도록 조심하

라. 부당한 일에는 하나님이 명하신 방식대로 대처하라. 다른 사람들은 그러지 않더라도 말이다.[20] SNS의 대화가 공개되다 보니 기독교계에서도 모든 것이 공개되는 것 같다. 그러나 공과 사를 혼동한 결과 많은 사람이 큰 고통을 당하고 있다. 근거 없는 대립이 생겨났고, 화해하기 힘들어졌으며, 예수 그리스도가 주신 "천국 열쇠"(마 16:19, 18:15-18)의 정당한 터전이 교회에서 인터넷으로 옮겨갔다.

본격 저널리즘은 인터넷 말싸움과는 다르다. 여태 나는 저널리즘 분야의 여성들에게서 큰 유익을 얻었다.[21] 성경적 저널리즘은 교회에 복이 된다. 다만 블로그나 팟캐스트

---

[20] ─── 『웨스트민스터 신앙고백서』 제20장의 주제는 '그리스도인의 자유와 양심의 자유'다. 여기에 여성의 SNS 활동을 점검하는 기준이 될 탁월한 원리가 제시되어 있다. "하나님의 뜻은 그분이 세우신 권세들과 그리스도가 값 주고 사신 자유가 서로 파괴하지 않고 상호 보완하는 것이다. 따라서 그리스도인의 자유를 구실로 국가와 교회의 합법적 권세나 그 권세의 적법한 행사에 대항하는 사람은 곧 하나님의 규례에 저항하는 것이다. 그런 입장을 공표하거나 행위를 지속하는 것은 순리에 어긋나고 (신앙이나 예배나 교제에 관한) 기독교의 기존 원리나 경건의 능력에도 어긋난다. 그런 행위의 그릇된 입장 자체와 이를 공표하거나 지속하는 것은 그리스도가 교회 안에 세우신 평화와 질서를 파괴하므로 교회 권징과 국법에 따라 마땅히 그 책임을 물어야 한다."

[21] ─── 특히 다음 두 사람의 활동에서 유익을 얻고 있다. Jamie Dean, 매거진 『월드』(World, https://wng.org/). Janet Mefferd, 라디오 프로그램 〈재닛 메퍼드 투데이〉(Janet Mefferd Today, https://janetmefferd.com/).

등 개인 매체를 운영하는 사람이 누구나 다 공적인 대립에 경건한 행실로 대처하지는 않기에, 그리스도인 여성들은 그런 점에서 조심해야 한다. 나는 그동안 여러 사람의 평판이 무너지는 것을 보았는데, 대부분 그리스도인 여성에 대한 외부의 시선 때문이 아니라 본인의 행실 때문이었다.

요컨대 노출증이 정숙함을 몰아내고 특히 SNS 세계에서 그리스도인의 새로운 덕으로 등극하면, 가장 큰 상처를 입을 사람은 바로 여성이다. 주님의 뜻대로 정숙하게 처신하려는 여성은 자신이 SNS에 남기는 족적에 주의해야 한다. 남들이 어떻게 말하거나 행동하든 우리는 책망할 것이 없는 자가 되도록 부름받았다. 인터넷은 험담과 비방과 화해하기 힘든 불화를 증폭시킨다.

하나님이 이미 가정에서 당신의 영향권 안에 두신 사람들이 있다. 아이들이 집을 떠난 후에라도 마땅히 긴밀히 소통해야 한다. 당신의 자녀와 교회와 이웃을 사랑하는 것은 고귀한 소명이다. 그리스도인 여성이 엑스상의 이웃을 사랑한다는 평판은 얻었는데 정작 진짜 이웃에게 무관심하다면, 이는 그야말로 형편없는 간증이다. 적절한 정숙함은 우리의 각성에 두루 유익하다.

맺는말

수용과 동조의 차이, 또는 이런 거짓말을 믿는 가족이나 친구와의 관계를 유지하되 자신은 속지 않는 법

【마 11:12】 세례 요한의 때부터 지금까지 천국은 침노를 당하나니 침노하는 자는 빼앗느니라.

【살전 5:14】 또 형제들아 너희를 권면하노니 게으른 자들을 권계하며 마음이 약한 자들을 격려하고 힘이 없는 자들을 붙들어주며 모든 사람에게 오래 참으라.

2015년 이후로 기독교 교회가 대격변을 겪으면서 '그리스도인'의 의미가 달라졌다.

성경은 달라지지 않았다.

교회 건물이 무너진 것도 아니다.

다만 거의 하룻밤 사이에 거의 모든 것의 의미가 변했다. 어린 나이 때부터 여자들은 남자를 자처하고, 남자들은 여자를 자처한다. 또 많은 성추문이 교회를 흔들어놓았다. 기존 방식은 무조건 의심할 대상이 되었고, 하루가 다르게 변하는 당혹스러운 어휘와 더불어 새로운 방식이 생겨난다.

이 대격변이 만들어낸 세상은 다섯 가지 거짓말을 믿는다. 더 기막힌 사실이 있다. 오늘날에는 세상이 교회를 이끄는 것 같고, 그리하여 다섯 가지 거짓말이 복음주의 안에까지 둥지를 틀었다는 것이다.

지금까지 우리가 이 책에서 살펴본 다섯 가지 거짓말은 다음과 같다.

거짓말 1: 동성애는 정상이다.

거짓말 2: 비성경적 영성을 지닌 사람이 성경을 따르는 그리스도인보다 친절하다.

거짓말 3: 페미니즘은 세상과 교회에 유익하다.

거짓말 4: 트랜스젠더리즘은 정상이다.

거짓말 5: 정숙함은 남성 지배를 조장하고 여성을 억압하는 구시대의 잔재다.

당신이나 나 그런 거짓말을 찾으려면 얼마든지 더 있을 것이다. 다만 이 모든 거짓말의 공통점이 있다. 하나님이 남자와 여자를 지으신 데는 계획과 목적이 있는데, 이 거짓말들은 그것을 반대한다는 것이다. 창세기 1장 27-28절에 그분이 선포하신 말씀은 다섯 가지 거짓말과 극명한 대조를 이룬다.

하나님이 자기 형상 곧 하나님의 형상대로 사람을 창조하시되 남자와 여자를 창조하시고 하나님이 그들에게 복을 주시며 하나님이 그들에게 이르시되 생육하고 번성하여 땅에 충만하라, 땅을 정복하라, 바다의 물고기와 하늘의 새와 땅에 움직이는 모든 생물을 다스리라 하시니라.

나는 이 모든 거짓말 때문에 친구들을 잃었다. 아마 당신도 그럴 수 있다. 나 역시 한때 이 모든 거짓말 때문에 영영 길을 잃을 뻔했고, 그리스도인이 되고 나서도 꽤 오랫동안 일부 거짓말을 고수하여 본의 아니게 사람들을 잘못된 길로 이끌었다. 선한 의도와 구원의 믿음이 늘 우리를 죄에서 지켜주는 것은 아니다.

이쯤에서 당신에게 당연히 들 만한 의문이 있다. 복음주의 교회는 왜 벼랑에서 추락했을까? 파수꾼들은 어디서 무엇을 파수했던 것일까? 복음주의는 어쩌다 이렇게 실패했을까? 교회가 세상을 이끌어야 하는데, 왜 이처럼 전복되어 세상이 교회를 이끌고 있을까? 지금 우리 모두가 살고 있는 곳이 왜 바벨탑 바로 아래인 것처럼 느껴질까?

일부 파수꾼이 신화 속의 사냥꾼 나르키소스처럼 되어 자신의 엑스 팔로워가 몇이나 되는지 부지런히 살피고, SNS에서 자신의 평판을 관리하는 데 충실했기 때문이다. 다시 말해, 일부 파수꾼은 자신을 파수했고, 꾸준한 이미지 관리를 통해 '존경하기를 서로 먼저 하려'(롬 12:10) 애썼다. 그러나 SNS는 나르시시즘을 조장하고 우리를 속여, 멋진 피드를 올리는 것이 곧 실제 행동과 똑같다는 망상에 빠뜨린다. 야고보가 "누구든지 말씀을 듣고 행하지 아니하면 그는 거울로 자기의 생긴 얼굴을 보는 사람과 같아서"(약 1:23)라고 말한 것과 같다. SNS는 맥락 없는 거울이라서 기억 상실증을 낳는다. "제 자신을 보고 가서 그 모습이 어떠했는지를 곧 잊어버리거니와"(약 1:24). 헛바람이 든 파수꾼과 그의 팔로워들은 잊을지 몰라도, 역시 인터넷에서는 사라지지 않고 있다가 양 떼와 리더 모두에게 엄청난 피해를 입힌다. 양 떼는 축제에 놀러 다니는 듯 기독교의 주제들을 흡수하고, 파수꾼은 자기기만에 빠져 허우적거린다. 후자는 당신이 아는 일부 대형 교회 목사의 모습과 정확히 일치하지 않는가?

그러나 흔들림 없이 바로 이 전투에 대비해 양 떼를 충실히 돌본 파수꾼들도 있다. 충실한 교회들의 충실한 목사들은 부단히 연구하고 기도하며 설교를 준비했고, 장로들과 함께 희생적으로 양 떼를 목양했다. 한 명 한 명 교인의 이름을 기억하고, 각자에게 무엇이 필요한지도 알았다. 성례를 집전하고, 교회 치리를 시행하며, 빠듯한 예산으로 사역했다. 그에게 부귀영화란 먼 나라의 일이었고, 교제를 나누는 저녁 식탁의 단골 메뉴는 밥과 콩이었다. 이 파수꾼들이 SNS를 사용하는 경우는 교회 페이스북 페이지에 이런 광고를 올리기 위해서였다. "저녁 7시에 기도회가 열립니다. 참석하기 어려운 분들은 장로들에게 기도 제목을 보내주십시오." 하나님은 그들에게 복과 수적 성장을 주셨고, 때로는 고난을 통해 믿음을 시험하셨다. 언약의 자녀들이 신앙을 받아들였고, 다른 사람들도 하나님이 어둠에서 불러 빛으로 인도하셨다. 형제자매들은 성경과 교리문답을 암송했고, 세례식과 결혼식과 장례식이 늘 교회 생활의 주기적인 패턴을 이루었다. 신실한 목사들은 양 떼에게 지금은 우리가 전투하는 교회이고, 예수님이 재림하실 때에야 비로소 승리를 거둔 교회가 된다는 사실을 상기시켰다. 양 떼는 기도와 금식과 회개와 예배와 전도와 기독교 교육과 환대에 헌신했다. 거기에 덧붙는 사족은 없었다. 전쟁과 전염병이 왔다 가고 또 왔지만, 이 교회들이 하나님을 예배하고 환대를 실천하는 방식은 달라지지 않았다.

이런 충실하고 꾸밈없는 교회들이 수많은 참된 그리스도인에게 복을 끼쳐왔다. 대격변 때마다 그들은 요새를 사수한다. 길 잃은 가족이나 친구와의 관계를 유지하되 똑같이 세뇌당하지는 않으려는 당신, 그런 당신을 제대로 돌봐줄 파수꾼은 바로 그들이다. 탕자 자녀를 사랑한다면 당신이 일차로 해야 할 일은 반드시 신실한 교회에서 예배하는 것이다. 당신을 아는 목사와 당신을 기도로 목양하는 장로들이 있는 교회에서 말이다.

거짓말에 넘어간 사람을 사랑하는 원리

탕자 자녀를 사랑하되 똑같이 세뇌되지는 않을 수 있는 한 가지 유익한 원리가 있다. 바로 충실한 교회에 등록하여 충실한 남성 리더들의 목양을 받는 것이다. 또 하나는 수용과 동조의 차이를 아는 것이다. 수용이란 환상 속에 살지 않고 실재 속에 산다는 뜻이다. 딸이 자신이 레즈비언이라고 선언한다면, 당신은 그것을 수용해야 한다. 아들 렉스가 마틸다가 되겠다고 하면, 이 또한 수용해야 한다. 그는 정말 위험한 망상과 기만 속에 살고 있다. 지금은 자녀에게 그것이 실재다. 당신이 사랑하는 사람은 죄의 습성에 매여 있으며, 당신이 그 사실을 보려면 우선 수용하는 것이 중요하다. 그러나 자신이 그렇게 된 경위에 대한 자녀의 해석이나 그 의미에 대한 해석을 당신이 그대로 믿는 것은 수용이 아니다. 렉스를 정말 마틸다라고 믿는 것도 수용이 아니다. "죽은 아들과 살아 있는 딸 중 어느 쪽을 원하십니까?"라고 묻는 상담사에게 조종당하는 것도 수용이 아니다. 수용은 예수님을 저버리지 않고,

그분이 우리에게 지라고 명하신 십자가를 외면하지 않는다.

동조는 당신이 이 상황 전체를 축복한다는 뜻이다. 죄에 빠진 딸을 사랑하다 못해 딸의 죄를 ('은혜', '복', '질병' 등의) 다른 이름으로 부른다는 뜻이다. 그리스도인인 당신의 삶은 그 과정에서 분열되고 오그라든다. 동조할 때 당신은 그리스도를 부인하고 현재의 나이와 위치에서 십자가를 져야 할 책임을 거부하는 것이다. 5장에서 보았던 제러미처럼 누가복음 14장 26-27절을 곡해하는 것이다.

이런 거짓말에 매여 있는 사람을 사랑하는 그리스도인은 수용과 동조의 미세한 차이를 늘 명심해야 한다.

수용은 눈을 똑바로 떠 실재를 직시하며 산다는 뜻이므로 성숙한 반응이다. 수용하려면 긍휼히 여기고 동정할 수 있어야 한다. 반면 동조는 공감이라는 미명하에 객관적 사실을 묵살한다는 뜻이므로 미성숙한 반응이다. 도움이 되기를 바라며 사랑하는 이의 '입장에서 보는' 것이다.

수용과 동조는 둘 다 환난 중에 있는 사람을 위로하려는 몸짓이다. 전자의 위로는 성경적이다. 고린도후서 서두에서 바울이 고린도 교회를 향해 "하나님께 받는 위로로써 모든 환난 중에 있는 자들을 능히 위로하"(1:4)라고 권면한 것도 그런 의미다. 그러나 환난 자체는 당연히 위로가 아니다. 위로는 하나님이 복으로 주신 그리스도와의 연합이다. 우리는 주님께 속해 있으며, 이 즐거운 영적 연합은 영원히 되돌릴 수 없고 깨질 수 없다. 그분이 우리를 버리지도 않으시고 떠나지도 않으시기 때문이다. 상대를 있는 그대로 수용할 때, 당신은 하나님께 그를 도우시고 구원해주시기를 구하는 것이다. 반면 죄에 동조하는 것은 다음 말씀과도 같다.

> 그들이 딸 내 백성의 상처를 가볍게 여기면서 말하기를 평강하다, 평강하다 하나 평강이 없도다 그들이 가증한 일을 행할 때에 부끄러워하였느냐 아니라 조금도 부끄러워하지 않을 뿐 아니라…(렘 8:11-12).

이리 목사

당신 딸이나 아들의 목사가 이리라면 어떨까? 당신의 목사가 이리라면 어떨까? 거짓 교사들은 복음을 반쪽만 전하기를 좋아한다. 그러나 구원의 믿음은 율법과 은혜를 아우르는 온전한 복음을 요한다. 길 잃은 가족이나 친구를 제대로 도우려면 하나님의 사랑을 베풀되 그분의 법에 기초하여 베풀어야 한다. 길 잃은 사람을 율법 없이 사랑하려는 것은 선심에 불과하다.[1] 하나님의 도덕법은 그분의 완전한 의를 대변하므로 율법은 우리를 그리스도께로 이끄는 초등 교사 역할을 한다. 율법으로 의롭다 함을 얻을 수는 없지만 고맙게도 율법은 자주 우리를 억제해준다. 하나님의 도덕법은 악을 억제한다. 예수님은 하나님의 도덕법을 온전히 따르셨다. 그분이 말씀과 율법을 성취하셨기에 누구도 말씀과 율법 없이 예수님만 받아 누릴 수는 없다.[2] 당신이 이 모두를 알고 동시에 당신의 목사에 대해 심각한 우려가 생긴다면, 약속을 잡아서 그와 장로들을 만나라. 중요한 질문들을 던지고 답변을 적어온 뒤, 그 내용을 놓고 기도하라. 온전한 복음을 전하는 교회에서 예배해야 할 당신의 책임을 진지하게 받아들이라.[3]

율법은 마음을 변화시킬 수 없지만, 무고한 사람을 보

---

[1] 장 칼뱅이 『기독교 강요』에서 말한 율법의 세 가지 용도를 참조하라. John Calvin, *Institutes of the Christian Religion*, John T. McNeill 편집, Ford Lewis Battles 번역 (Philadelphia: Westminster Press, 1960), 2.1:304-10.

[2] "도덕법은 모든 사람에게 유익하다…그들에게 그리스도와 그분의 완전한 순종이 필요함을 더 분명히 깨닫게 한다." 『웨스트민스터 신앙고백서』 제95문 "도덕법은 모든 사람에게 어떻게 유익한가?"에 대한 답이다. 다음 책을 참조하라. *The Westminster Larger Catechism with Scripture Proofs*, Westminster Divine Assembly (Pittsburgh, PA: Crown & Covenant, 2019), 103.

[3] Todd Pruitt, "What's a PCA Office or Church Member to Do?" *Presbycast*, 2022년 3월 9일, https://presbycast.libsyn.com/.

호하고 유죄인 사람을 벌할 수는 있다. 덕분에 사람들은 벌을 두려워하고 복을 사모하며, 범죄를 삼가고 선을 받아들인다. 종교개혁자 장 칼뱅에 따르면 율법은 "부득이한 일 없이는 정직과 정의에 무관심한 이들을 섬뜩한 고발과 그에 따른 무서운 형벌을 통해 억제한다."[4] 이 땅에서는 정의가 제한될 수밖에 없다. 하지만 예수님이 재림하셔서 최후의 심판이 이루어지면 온전한 정의도 실현된다.

하나님의 도덕법은 그분이 무엇을 기뻐하시는지를 선명하게 보여준다.

환대와 구제 사역이 좋은 예다. 그것을 실천할 때 우리도 하나님만큼이나 율법을 즐거워하는 것이다. 그래서 요한복음 14장 15절에 예수님은 "너희가 나를 사랑하면 나의 계명을 지키리라"고 말씀하셨다.

내 주석 성경에 이런 주해가 실려 있다. "하나님이 성경에 계시하신 도덕법은 늘 우리에게 구속력을 지닌다. 우리는 율법의 저주로부터 구원받는 것이지 하나님의 율법에 순종해야 할 의무에서 벗어나는 것이 아니다. 우리가 의롭다 하

---

[4] Calvin, *Institutes*, 2.1:304-10. 다음 책에서 재인용했다. *Reformation Study Bible*, R. C. Sproul 편집 (Orlando, FL: Reformation Trust, 2015), 273.

심을 받는 것은 율법을 지켜서가 아니라 하나님의 율법에 순종하기 위해서다. 그리스도를 사랑하면 그분의 계명을 지키게 되어 있고, 하나님을 사랑하면 그분의 율법에 순종하게 마련이다."[5] 하나님의 법은 닻이며, 우리가 그리스도께 닻을 내렸는지는 말씀에 순종하는지 여부로만 알 수 있다. 성경을 매우 중시한다는 말만으로는 부족하다. 믿음의 척도는 말로만 고백하거나 자신이 그리스도인이라고 고백하는 데 있지 않다. 말로는 자신이 그리스도인이라고 고백할 수 있지만, 성경에 계시된 하나님의 요구대로 순종하지 않는다면 자신의 고백이 거짓임을 입증하는 것이다. 순종한다고 해서 율법주의자나 근본주의자가 되는 것은 아니다. 하나님의 말씀에 순종하는 삶은 당신이 그리스도인이라는 증거다. 길 잃은 가족이나 친구를 도우려면 우리 자신부터 은혜로 하나님의 말씀에 붙들려 있어야만 한다.

수용과 동조는 무엇이 다른가

수용은 깊은 호의다. 그러니 수용과 동조의 차이를 알아두라.

---

[5] —— *Reformation Study Bible*, 273.

나는 그것을 수십 년 전에 켄과 플로이 부부에게 배웠다. 그들은 나를 레즈비언으로 수용하지만, 수용이 동조를 뜻하지는 않는다고 말했다. 하지만 나는 그 말에 별로 기분이 상하지 않았고 오히려 솔직해서 좋았다. 그때가 1997년이었다. 수용은 동조가 아니지만 깊은 호의다. 수용은 길 잃은 사람을 보호하며 온유하게 대한다는 뜻이다. 수용하려면 경청하고 돌보며 기도하고 하나님의 말씀을 나누어야 한다는 것도 두 사람에게 배웠다. 당신의 탕자 딸을 SNS와 떼어놓아야 할 수도 있다. 남들의 대화에 쓸데없이 상처받을 일이 없도록 말이다. 죄는 모든 사람에게 일만 더 만들어내고 편집증을 일으킨다. 탕자에게 달아날 이유를 주지 말라. 그가 달아난다고 해도 딸의 결정을 당신이 책임지지 말라. 당신은 탕자를 위해 기도하는 부모이고, 딸은 그 기도를 받는 자녀다. 이것이 매우 중요하다.

탕자 자녀에게 동조하지 않는 동시에 그를 수용하려 할 때 적용할 수 있는 몇 가지 원리가 있다.

① 탕자가 성인이라는 이유만으로 당신의 부모 역할이 끝났다고 생각하지 말라. 주께서 본향으로 부르시는 날까지 당신은 자녀의 부모다. 따라서 그날까지 성인 자녀에게 복음을 가리켜 보여야 한다. 복음만이 하나님의 최후 형벌을 면하는 길이다.

② 탕자 딸이 실재와의 전쟁을 선포하여 자신이 논바이너리라고 생각하거나 하나님께 받은 것과는 다른 젠더라고 믿는다면, 딸에게 그 모든 새로운 어휘가 무슨 뜻인지 물어보되 굳이 당신까지 그런 어휘를 쓰지는 말라. 이제 딸은 공상 과학의 디스토피아 세상에 살고 있다. 어차피 당신이 쓰려던 이야기가 아니다. 그러니 딸이 그런 단어를 쓸 때마다 그 뜻도 딸이 설명하게 하라. 이 모든 새로운 어휘를 당신이 통달할 필요가 없다. 지식과 무지 둘 다에서 성화를 이루어나가라.[6]

③ 성경 교리를 이전보다 더 잘 숙지하라. 자녀가 받아들인 새로운 어휘를 성경 교리로 걸러서 들으라.

④ 조직 신학을 접할 방도를 마련하라. 조직 신학이 뒷받침해주면 성경을 자유자재로 활용하기가 더 쉬울 것이다. 내가 좋아하는 조직 신학은 『웨스트민스터 소요리문답』이다.

⑤ 현재 성경을 올바로 따르는 교회에 속해 있지 않다면 그런 교회를 신속히 찾으라. 거기로 가서 정식 교인으로

---

[6] —— 다음 책을 참조하라. Maria Keffler, *Desist, Detrans, and Detox: Getting Your Child out of the Gender Cult* (Arlington, VA: Advocates for Protecting Children, 2021). 다음 기관의 웹사이트도 참조하라. Rainbow Redemption Project, https://www.rainbowredemptionproject.com.

등록하라. 이전 교회와의 교류가 끊어진다 해도 당신의 영혼을 위해 꼭 신실한 교회를 찾아야 한다. 당신은 생각보다 더 많은 도움이 필요하고, 생각보다 더 취약한 상태다. 교회는 친교 단체가 아니라 전투 훈련소고, 좋든 싫든 이 영적 전쟁터는 당신의 집과 마음과 가정이다.

혹시 건강한 교회와 부실하거나 죽은 교회를 잘 분간하지 못하겠는가? 그렇다면 신실한 교회를 찾을 때 무엇을 보아야 할지를 배리 요크(Barry York)의 책 『표적 맞히기: 교회의 필수 정체성을 되찾기』가 명확히 설명해줄 것이다.

> 첫 번째이자 가장 중요한 표적은 하나님의 말씀을 충실히 전하는 것이다. 주님은 우리에게 그분의 말씀을 주셨고 교회가 말씀을 듣고 순종하기를 바라신다. 교회의 두 번째 표적은 성례, 즉 세례와 성만찬을 제대로 수행하는 것이다. 주님은 겉으로 드러나는 이 두 가시적 징표를 교회에 주셔서 교회의 정체성이 그분께 속한 그분의 신부임을 밝히셨다. 세 번째 표지는 교회 치리를 제대로 행사하는 것이다. 이는 길 잃은 영혼을 바로잡아주는 권징과 그리스도를 따르는 이들을 교육하고 훈련하는 제자 양육을 총칭한다.[7]

---

[7] Barry J. York, *Hitting the Marks: Restoring the Essential Identity*

⑥ 기도하라. 탕자 딸의 삶을 그대로 수용했다면 이제 당신이 아는 모든 그리스도인을 동원하여 딸의 회심을 위해 기도해야 한다. 지금은 자존심을 내세우거나 쉬쉬할 때가 아니라 도움이 필요한 때다. 솔직하게 도움을 구해야 한다. 사랑하는 딸을 위해 기도하려면 집중력이 필요하다. 당신의 기쁨을 앗아가고 주님께 집중하지 못하게 막는 모든 방해물을 정리해야 한다. 인터넷인가? 험담인가? 오락인가? 부실한 신학인가? 강단과 회중석의 이리들인가? 빛 좋은 개살구에 불과한 '거의 기독교적인' 블로그인가? 탕자 자녀를 위한 기도는 당신의 가장 고귀한 소명이자 그리스도인으로서 가장 복된 의무일 수 있다. 크리스토퍼 위안(Christopher Yuan)과 안젤라 위안(Angela Yuan) 모자가 공저한 신앙 회고록 『다시 집으로』라는 책을 읽어보았는가?[8] 아직 읽지 못했다면 꼭 읽어보라. 이 책은 소중한 탕자 자녀를 수용하고 사랑하되 그에게 동조하지는 않게 해주는 아주 충실한 안내서다.

⑦ 은혜의 보좌 앞에 담대히 나아가려면 매일 당신의 죄를

---

of the Church (Pittsburgh, PA: Crown & Covenant, 2018), xix.

[8] Christopher Yuan & Angela Yuan, *Out of a Far Country: A Gay Son's Journey to God, a Broken Mother's Search for Hope* (Colorado Springs, CO: WaterBrook, 2011). (『다시 집으로』 코리아닷컴)

회개해야 한다. 탕자의 죄를 당신의 죄로 떠맡는다는 뜻이
아니라, 자기 연민의 죄를 회개한다는 뜻이다. 사탄은
탕자 자녀를 당신 책임으로 떠넘긴다. 다 당신 잘못이며,
그래서 하나님이 당신을 벌하시는 것이라고 속삭인다.
다른 가정들의 부모와 자녀를 탐하게 한다. 사탄의 말은
하나도 유익하거나 진실하지 않다. 절반의 진실까지도
거짓말이다. 당신이 탐심의 죄에 빠져 있다면 하나님께
회개하라. 탕자를 위한 기도 용사로서 이 소명을 사랑하게
해달라고 기도하라. 당신 가정에서 이 탕자를 은혜의 보좌
앞에 품고 나아갈 그리스도인이 당신뿐이라면 어떨까?
집안의 다른 모든 그리스도인이 배교하여 잘못된 신학을
받아들였다면 어떨까? 그래도 자기를 연민하는 데
한순간도 허비하지 말라. 당신이 영적으로 성장하기 위해
해야 할 일이 너무도 많다. 그 일에 힘쓰라.

⑧ 탕자 딸에게 거짓말하거나 딸의 잘못된 신학을
받아들이는 것은 수용이 아니다. 한동안 딸과 떨어져
지내야 할 수도 있다. 딸에게 무엇이 필요한지를
당신보다 하나님이 더 잘 아심을 잊지 말라. 수용하려면
기억해야 하고 딸의 과거를 잘 간직해야 한다. 딸이 특히
트랜스젠더의 광기에 속아 넘어간 경우에는 더하다. 딸의
그릇과 사진과 즐겨 입던 옷을 보관해두라. 과거를 버리지

말고 딸을 위해 남겨두라. 진실을 고이 간직하라. 딸에게 그것이 필요할 날이 온다.

도움을 주기 위해서는 딸을 두려워할 것이 아니라 하나님을 경외해야 한다. 당신의 탕자를 두려워하지 말라. 딸이 당신에 대해 SNS에 쓰는 글이나, 친구들에게 하는 말을 두려워하지 말라. 사람을 두려워하다 초점을 놓쳐서는 안 된다. 당신이 좋아하는 성경 공부 방식으로 이 주제(두려움)를 검색해서 연구해보라. 저렴한 성경 소프트웨어가 많이 나와 있고, 무료 프로그램도 있다! '하나님을 경외함'과 '사람을 두려워함'이라는 키워드로 검색해보라. 격려와 경고의 구절을 다 기록하고, 거기서 배운 내용을 묵상하라. 그리스도와 그분의 약속을 의지하며 자녀를 위해 기도하라.

탕자 자녀와의 관계를 힘써 유지하라. 명절이 돌아오거든 주님께 타협 없이 만날 확실한 길을 열어달라고 기도하라. 당신이 속한 교회의 장로들과 목사들에게 도움을 청하라. 그들이 너무 바쁘거나 두려워서 돕지 못한다면, 도움이 될 만한 충실한 교회를 찾으라. 각 상황마다 신중을 기하라. 당신이 어떻게 섬기기를 원하시는지 하나님께 알려달라고 기도하라. 다음은 근래에 내가 접한 몇 가지 질문과 그에 대한 답변이다.

1. 아들의 게이 결혼식에 참석해야 할까?

아니다. 아들의 게이 결혼식에 참석하면 당신은 그리스도를 계속 충실하게 증언할 수 없다. 물론 아들에게 배척당하거나 미움 받을까 봐 두려울 수 있다. 그렇기 때문에 당신은 목사들과 장로들의 지도하에 많은 시간을 들여 기도해야 한다. 기도하면 특히 하나님의 명령을 감당할 힘을 얻는다. 아들이 당신을 배척할 것에 대한 두려움은 당연한 감정이지만 올무이기도 하다. "사람을 두려워하면 올무에 걸리게 되거니와 여호와를 의지하는 자는 안전하리라"(잠 29:25). 올무는 사람을 동여매서 고문하는 처형 도구다. 사람을 두려워하는 마음을 물리치려면 하나님을 경외해야만 한다. 예수님은 이것을 잘 아시고 "무릇 내게 오는 자가 자기 부모와 처자와 형제와 자매와 더욱이 자기 목숨까지 미워하지 아니하면 능히 내 제자가 되지 못하고"(눅 14:26)라고 말씀하셨다. 이 힘든 십자가까지도 그분이 내다보시고 분명한 지침을 주신 것이다. 우리에게 무엇이 필요한지를 우리보다 하나님의 말씀이 더 잘 안다.

2. 딸과 레즈비언 파트너가 인공 수정으로 임신했는데 나를 임신 축하 파티에 초대했다. 참석해야 할까?

하나님이 그분의 섭리 가운데 생명을 어떤 방식으로 세상에 보내시든 간에 우리 그리스도인은 생명을 사랑하고 소중히 여긴다. 이 아기에게는 그리스도인 할머니가 필요하다. 아기의 생명을 축하하지 못할 이유가 없다.

3. 아들이 크리스마스 때 '남편'과 함께 집에 오겠다는데 (독실한 그리스도인인) 다른 성인 자녀들은 그 둘의 관계를 (5세, 7세, 8세, 12세, 15세인) 내 손주들에게 설명해야 하는 상황이 마뜩지 않다며 그들이 오지 않기를 바란다. 어떻게 해야 할까?

선택해야 한다. 어떤 자녀에게 당신이 더 필요한가? 온 가족이 함께 모일 수 없다면 그것도 괜찮지만, 어쨌든 당신의 선택에 달려 있다. 내가 보기에는 주 안에 있는 성인 자녀들보다 탕자 아들과 그의 친구에게 당신이 더 필요하다. 내 조언은 아들과 그의 친구를 초대하여 조용히 저녁 식사를 한 뒤 가정 예배를 드리라는 것이다. 말씀을 읽고 함께 기도하라. 다시 복음을 제시하라.

4. 열두 살 된 딸이 테스토스테론 주사를 맞고 싶다며 자신을 잭이라 불러달라고 한다. 딸이 다니고 있는 공립학교 교사들도 이를 지지한다. 어떻게 해야 할까?

애비게일 슈라이어의 책 『돌이킬 수 없는 손상』을 읽으라. 이 책이 기독교 서적은 아니지만 '부록'에 바로 이 상황에 대한 탁월한 응급 제안이 실려 있다. 제일 먼저 해야 할 일은 딸에게 거짓이 영향을 미칠 수 없도록 원천 차단에 나서는 것이다. 공립학교에 자퇴서를 내고, 휴대폰을 압수하고, 즉시 성경적 상담(biblicalcounseling.org)을 받게 하라.

5. 아들이 추수감사절에 집에 올 마음은 있는데, 남자 친구와 함께 우리 집에 묵어야만 한다고 한다. 어떻게 해야 할까?

집이 커서 여분의 방이 있다면 둘이 따로 자게 하라. 아들에게 말하기를 당신이 그와 친구를 만날 날을 학수고대하지만, 그들이 당신 집에 머물려면 반드시 다른 방을 써야 한다고 단단히 못 박아두라. 아들이 이 상황을 당신의 반응을 보기 위한 시험대로 이용한다면 어차피 올 마음이 없었던 것이다. 복음을 굳게 붙들라. 그리스도인답게 당당히 당신의 십자가를 지라.

6. 레즈비언 딸이 이성애 사이의 성적 죄든 동성애 죄든 도덕 수준은 똑같다고 말한다. 정말 그러한가? 이성애와 동성애는 다 타락한 용어인가? 양쪽이 대등하게 그러한가?[9]

로마서 1장 21-27절에 분명히 나와 있듯이 동성애는 역리이고, 진리가 아니며, 허망하고, 어리석으며, 하나님을 영화롭게 하지 않고, 다른 사람들을 욕되게 하며, 부끄럽고, 이교적인 것이다.

> 하나님을 알되 하나님을 영화롭게도 아니하며 감사하지도
> 아니하고 오히려 그 생각이 허망하여지며 미련한 마음이
> 어두워졌나니 스스로 지혜 있다 하나 어리석게 되어
> 썩어지지 아니하는 하나님의 영광을 썩어질 사람과 새와
> 짐승과 기어다니는 동물 모양의 우상으로 바꾸었느니라
> 그러므로 하나님께서 그들을 마음의 정욕대로 더러움에
> 내버려두사 그들의 몸을 서로 욕되게 하게 하셨으니 이는
> 그들이 하나님의 진리를 거짓 것으로 바꾸어 피조물을
> 조물주보다 더 경배하고 섬김이라 주는 곧 영원히 찬송할
> 이시로다 아멘 이 때문에 하나님께서 그들을 부끄러운
> 욕심에 내버려두셨으니 곧 그들의 여자들도 순리대로 쓸
> 것을 바꾸어 역리로 쓰며 그와 같이 남자들도 순리대로 여자
> 쓰기를 버리고 서로 향하여 음욕이 불 일듯 하매 남자가
> 남자와 더불어 부끄러운 일을 행하여 그들의 그릇됨에

---

9 ── 다음 책을 참조하라. Rosaria Butterfield, *Openness Unhindered: Further Thoughts of an Unlikely Convert on Sexual Identity and Union with Christ* (Pittsburgh, PA: Crown & Covenant, 2015). (『뜻밖의 사랑』 아바서원)

상당한 보응을 그들 자신이 받았느니라.

창조 규례에 제시된 성의 순리는 한 남자와 한 여자가 성경적 결혼의 정황 속에서 성생활을 하는 것이다. 간음 같은 특정 행위는 죄이지만 이성애 원리 자체는 순리다. 남자와 여자가 서로 음행을 일삼다가 그리스도께 돌아와 죄를 회개하면, 그들은 이후에 결혼해서 하나님께 순종하며 그분의 복을 누릴 수 있다. 그러나 동성애 관계의 남자와 남자가 그리스도께 돌아오면 둘이 결별해야만 그분께 순종하며 복을 누릴 수 있다. 개혁 신학자 존 머리(John Murray)는 로마서 주석에 이렇게 썼다. "이 구절에 암시된 의미는 음행이나 간음이 아무리 중죄라고 해도 동성애에 개입되는 신성 모독이 더 저속한 차원의 타락이라는 것이다. 그것은 역리이며, 따라서 더 근본적인 성도착이 표출된 것이다."[10] 다시 말해, 동성애의 죄는 하나님의 창조 원리와 그분의 도덕법에 모두 위배되지만, 이성애의 죄는 하나님의 도덕법에만 위배된다. 목회 신학 차원에서는 동성애도 모든 죄와 같다. 즉, 거룩하신 하나님께 반

---

[10] John Murray, *The Epistle to the Romans*, New International Commentary on the New Testament (1959; 복간, Grand Rapids, MI: Eerdmans, 1987), 47. (『로마서 주석』 아바서원)

역하는 것이므로 동성애자 죄인도 그리스도의 피를 통해서만 속량을 받아 하나님의 진노에서 벗어날 수 있다. 그러나 창조 규례의 관점에서 보면 동성애는 창조 질서를 교란하는 것이다. 동성애는 삶 속 깊이 자리 잡는 끈질긴 죄이기에 길들일 수 없다. 원리와 행위의 두 차원에서 모두 악하기 때문에 동성애는 늘 이성애의 죄보다 더 저속하고 비열한 죄다.

7. 그동안 교회가 LGBTQ+ 커뮤니티에 피해를 입혔는가? 그게 사실인가? 어떤 피해인가? LGBTQ+끼리 서로 입히는 피해와 비교하면 어떤가?

우리 중 동성애의 죄에서 벗어난 이들은 교회 사람들이 우리를 믿어주지 않던 때를 기억한다. 아마 교인들은 동성애가 복음의 은혜로도 달라질 수 없다거나, 회개가 마음과 삶의 변화로 이어지지 않는다고 믿었을 것이다. 이런 유형의 사연들이 각자의 마음에 상처가 되었을 수 있다. 그러나 동성애 관계나 트랜스젠더 관계 안에서 발생하는 피해가 훨씬 더 크다. 그중에는 성행위 자체에서 오는 피해도 있다. 항문 성교는 직장탈출증과 성병 전염과 HIV 감염을 유발할 수 있다. 일부 게이 남성은 성적으로 해로운 역할극을 일삼는데, 이는 심신에 심각한 피해를 입힐 수 있다.¹¹ 타인의 생물학적 성을 탐하는 이들(아이도 포함해서)은 호르몬과 신체 절제술로 몸을 훼손하도록 부추기는 상담사와 의사에게 비참하게 조종당하고 속는 것이다.

　　게이나 트랜스젠더가 그동안 교회의 말에 상처를 입기도 했을 것이다. 그러나 어찌 그것을 그들의 커뮤니티 안에 상존하는 눈앞의 명백한 위험과 비교할 수 있겠는가? 내 요지는 LGBTQ+ 커뮤니티에 속한 사람들이 거기서 <u>벗어나야</u> 한다는 것이다. 그 커뮤니티의 주관적 기준만 따라서는 구원을 얻을 수 없다. 명목상으로라도 LGBTQ로 남아 있는 동시에 그 죄에서 벗어나는 길이란 없다. 다행히 우리 주변에는 교회와 사역 단체들이 있다. 그들은 사람들을 위험한 관계와 커뮤니티에서 건져내서 믿음과 회개와 꼭 필요한 성경적 성 관념의 모본을 보여준다.¹²

---

11 ── 조 바이든(Joe Biden) 대통령이 샘 브린턴(Sam Brinton)을 미국 에너지부 보좌관으로 임명했는데, 브린턴은 마조히즘을 옹호하고 남자들을 악질적으로 학대한 것으로 유명하다. 다음 기사를 참조하라. Rod Dreher, "Biden Puttin' on the Dog," *The American Conservative*, 2022년 2월 10일, https:// www.theamericanconservative.com.

12 ── 나는 그리스도인들이 다양한 상담 및 치료 프로그램을 접할 수 있어야 한다고 생각한다. 내가 선호하는 방법은 성경적 상담이지만, 회복 치료/전환 치료도 금하거나 불법화하거나 조롱해서는 안 된다고 본다. 나도 한때 그것을 조롱하는 잘못을 범했다. 전환 치료와 프로그램은 유용한 도

대격변 이후의 그리스도인의 삶: 이제 어찌할 것인가?

기독교 신학이 복음에서 에덴동산을 떼어내면 복음은 능력을 잃는다. 더는 온전한 복음이 아니다. 하나님의 복음이 에덴동산에서부터 존재했다는 것을 부정하는 데서 각종 이단이 생겨난다. 사랑하는 자녀가 고집을 부린다고 해서 부모가 미끼를 물어서는 안 된다. 다만 탕자 딸이 하는 말을 꼭 경청하라. LGBTQ+가 자기 삶의 중심이라는 딸의 주장에 중요한 정보가 담겨 있다. 즉, 이것이 딸에게는 종교라는 것이다. 당신이 모든 어휘를 제대로 알아야 한다는 딸의 까다로운 요구도 그런 이유에서다. 숭배와 바른 인식은 분명히 다른 개념이다. 다시 말하지만, 미끼를 덥석 물지 말라. 하나님의 영광을 위해 탕자를 잘 사랑하고 간절히 기도하는 데 초점을 두어야

움을 줄 수 있고, 특히 아동기에 트라우마나 성폭행이나 방치를 겪은 사람들에게 그렇다. 미국심리학회는 원치 않는 동성애 지향과 젠더 불안에 대해서까지 전환 치료를 배격한다. 미국심리학회의 배후 정치를 더 알고 싶다면 치료 및 상담 선택 국제연맹(International Federation for Therapeutic and Counselling Choice)의 사이트를 참조하라(https://iftcc.org/). 지역 교회에서 활동하는 부모 지원 그룹을 찾으려면 희망회복 네트워크(Restored Hope Network)의 사이트를 방문해보라(https://www.restoredhopenetwork.org/). 성 전반과 성적 죄에 대한 목회 지침을 원한다면 다음 책을 참조하라. Christopher J. Gordon, *The New Reformation Catechism on Human Sexuality* (Grand Rapids, MI: Reformation Heritage, 2022).

한다. 그러려면 딸의 말을 경청하고 하나님의 말씀을 공부해야 한다. 이것은 단거리 경주가 아니라 마라톤이다. 당신의 영적 건강과 간절한 기도에 에너지와 체력을 집중하라. 탕자의 회개를 위해서뿐만 아니라 당신의 믿음이 강건해지고 깊어지기를 위해서도 기도하라.

바벨탑 바로 앞에 서 있는 우리가 힘들게 배우는 교훈이 있다. 하나님께 구원받은 사람도 그분의 뜻에 어긋날 수 있다는 것이다. 롯과 십자가의 강도는 신자였으나 그리스도인다운 삶의 훌륭한 모본은 아니었다. 롯의 삶과 십자가의 강도는 하나님의 자비를 증언한다. 특히 강도가 우리에게 보여주는 것은 어떻게 살 것이냐가 아니라 어떻게 죽을 것이냐다. 성경에는 기독교 신앙을 올곧게 실천하는 사람들의 본보기가 많이 나온다. 그중 몇 명만 꼽자면, 바울과 느헤미야와 에스라와 다니엘과 다윗과 룻과 에스더가 있다.

하나님이 타락하여 악한 세상의 한복판에 교회를 두신 데는 뜻이 있다. 그분이 신실한 교회들을 바벨탑 앞에 두신 것은 그분의 계획대로 세상과 구별되게 하시기 위해서다. 시편 110편 2절에 그것이 이렇게 표현되어 있다.

여호와께서 시온에서부터 주의 권능의 규를 내보내시리니
주는 원수들 중에서 다스리소서.

이 구절에 대해 장 칼뱅은 "하나님의 뜻과 계획은 그리스도의 나라가 많은 원수에게 에워싸여 우리가 늘 전투태세로 살아가는 것이다. 그러므로 우리는 온유하게 인내하며 하나님의 도움을 확신하는 가운데 담대히 온 세상의 분노를 아무것도 아닌 것으로 여겨야 한다"라고 썼다.[13] <u>온 세상의 분노는 아무것도 아니다</u>. 이것은 하나님이 신실한 교회에게 주시는 명령이자 약속이다. 온 세상의 분노가 아무것도 아니라는 말은 이 대혼란이 당신에게 상처를 입힐 수는 있어도, 당신을 향한 하나님의 선한 계획을 꺾을 수는 없다는 뜻이다. 하나님은 모든 것을 사용하신다. 죄까지도 죄 없이 선용하신다. 비신자 딸, 딸의 레즈비언 파트너, 프라이드 행진 등의 분노가 아무것도 아니라는 뜻이다. 우리는 원수들 가운데서에서 다스리도록 부름받은 사람들이다. 그런데 무엇을 다스려야 할까? 누구를 어떻게 다스려야 할까? 아무도 더는 우리의 말을 듣지 않는 것 같은데 말이다.

우선 우리는 자신의 마음을 다스리도록 부름받았다. 마음을 하나님의 형상에 맞게 가꾸어가고, 하나님 말씀의 약

---

[13] —— John Calvin, *365 Days with Calvin: A Unique Collection of 365 Readings from the Writings of John Calvin*, Joel Beeke 편집 (Grand Rapids, MI: Reformation Heritage, 2008), 3월 19일 부분.

속에서 고통의 의미를 찾아야 한다. 세상이 사방에서 분노하고 있지만, 우리는 침착하고 능동적인 자세로 간절히 기도하며 그분의 약속을 담대히 의지해야 한다. SNS에서 싸우거나, 교회에서 험담하거나, 주관적 은사에 기초해 성경을 새롭게 정의해서는 안 된다. 우리는 참된 교회, 충실한 교회, 하나님의 거룩하심을 중시하고 높이는 교회에서 예배해야 한다. 전투하는 교회로서 우리 왕이신 주 예수님의 재림에 초점을 맞추어야 하고, 장차 승리한 교회로서 그분을 섬길 준비를 해야 한다. 우리의 무기는 세상이 떠받드는 무기가 아니다. "우리의 싸우는 무기는 육신에 속한 것이 아니요 오직 어떤 견고한 진도 무너뜨리는 하나님의 능력이라 모든 이론을 무너뜨리며 하나님 아는 것을 대적하여 높아진 것을 다 무너뜨리고 모든 생각을 사로잡아 그리스도에게 복종하게 하니"(고후 10:4-5). 우리의 무기는 육신에 속한 것이 아니다. 육신의 무기에는 하나님의 복과 그분의 능력이 없다. 전투하는 교회는 온 세상의 분노에 인내와 온유와 분별로 대처한다. 우리는 성경이 정의하는 바에 따라 "원수"를 "사랑"한다.

  천국 열쇠를 지닌 주체는 트랜스젠더 대명사를 규정하는 회사 인사과가 아니라 교회다. 물론 세태가 달라졌고, 우리는 그런 변화가 우리 삶에 어떤 영향을 미치는지를 분별해야 한다. 그러나 복음은 달라지지 않았고, 하나님도 달라지지 않으셨다. 우리 버터필드 집안에서 복음은 여전히 집 열쇠와 함께 온다[손 대접을 주제로 한 저자의 책 『복음과 집 열쇠』(The Gospel Comes with a House Key, 개혁된실천사)의 원제를 인용한 표현이다—옮긴이]. 근래에 있었던 한 예를 소개해보겠다.

코로나19가 한창 기승을 부려 백신 접종이 의무화되었던 2021년의 어느 주일 이른 아침이었다. 나는 개 두 마리를 끌고 옆문으로 나갔다. 시추 종 벨라는 인형처럼 앙증맞게 생겼고, 다리가 셋뿐인 우직한 설리는 씩씩하게 웃음을 안겨주는 것으로 나머지 한 다리를 보충한다. 나보다 연장자인 이웃 빌과 제이슨이 세련된 푸들 트릭시를 데리고 집 앞에서 나를 기다리고 있었다.

"당신네 기독교인들은 왜 백신을 믿지 않는 거요? 이웃을 사랑해야 하는 것 아닌가요?" 빌이 다짜고짜 말했다.

빌과 제이슨은 30년째 동성 커플로 살고 있다. 빌이 말하는 동안 제이슨은 왼쪽 입꼬리에 담배를 물고 두 손으로 트릭시의 목줄을 조절했다. 조절을 마친 그의 허락으로 트릭시와 설리는 친밀감을 과시하며 서로 킁킁거리기 시작했다.

"빌, 저도 하나 물어볼게요." 내가 되받았다. "80년대 후반과 90년대 초반의 다른 팬데믹 기간에 게이들은 왜 콘돔 사용을 거부했죠? 당신네도 이웃을 사랑하지 않았나요? 적어도 섹스 파트너를 사랑하지 않았나요?"

낚싯줄에 걸린 물고기처럼 제이슨의 입이 벌어지면서 담배가 땅으로 툭 떨어졌다.

새벽 6시경, 그 이른 시각에 목사 부인의 입에서 "콘돔"이라는 단어가 나올 줄은 미처 몰랐으리라. 혹시 "섹스 파트너"라는 단어에 더 놀랐을까? 둘 다였을까? 누가 알겠는가?

빌은 한숨을 푹 내쉬었다. "그게 그렇게 연결되는군요. 제이, 사모님 말씀이 옳아. 기억나지? 콘돔을 쓰라고 장려하던 래리 크레이머(Larry Kramer)를 우리 대부분이 배신자로 여겼잖아."[14]

충격에서 벗어난 제이슨도 말했다. "크레이머의 말이 옳았는데. 그 말대로만 했어도 훨씬 많은 사람이 목숨을 건졌을 텐데." 약간 목이 멘 그는 헛기침 끝에 말을 이었다. "장례식이 얼마나 많았어. 그 많은 젊은 사람들이 한창 때 죽었잖아. 그게 우리였을 수도 있고, 빌…" 그의 목소리가 잦아들었다. 그러다 그가 가랑가랑한 쉰 목소리로 불쑥 내뱉었다.

---

[14] 래리 크레이머는 한결같은 에이즈 활동가였다. 그의 조언과 익살은 게이 커뮤니티와 일반 대중 양쪽 모두의 화를 돋우었고, 때로는 동시에 그 둘을 자극했다. Matt Schudel, "Larry Kramer, Writer Who Sounded Alarm on AIDS, Dies at 84," *Washington Post*, 2020년 5월 27일, https://www.washingtonpost.com/.

"우리였어야 했어."

모퉁이를 돌 때까지 우리는 에이즈에 스러진 각자의 지인들을 애도하며 경건한 침묵 속에 걸었다.

"왜 일부 기독교인이 백신을 거부하고, 왜 일부 게이가 콘돔을 거부했는지 알고 싶으세요? 제 의견을 듣고 싶으세요?" 내가 슬며시 침묵을 깨고 말했다.

두 이웃은 고개를 끄덕였다.

"누구나 양심의 자유를 원하기 때문이죠. 기독교인의 경우 자유의 출처는 성경이고요."

제이슨이 반박하고 나섰다. "아무렴, 성경에 백신에 대한 말이 잘도 나와 있겠군요! 자유도 그렇고!"

"성경에 자유와 보건에 대한 말이 얼마나 많은데요. 그 이유는 성경이 권세의 관할권을 말하기 때문이고…."

"하? 성경에요?" 빌도 거들었다.

"물론이죠. 가정과 교회와 정부 같은 권세의 관할권이 성경에 나와 있다니까요. 보건에 관한 결정은 가정의 권한이고, 정부는 세금을 징수할 권한은 있지만 교회에 성만찬을 어떻게 시행하라고 지시할 권한은 없잖아요. 교회의 권한과 책임은 모든 민족에게 복음을 전하고, 사람들에게 죄에 대해 경고하며 회개를 촉구하고, 예수님을 통한 영원한 구원의 기쁜 소식을 나누는 것이고요. 그분이 속죄의 피를 흘려 자기 백성의 죄를 용서하시니까요. 구약을 읽지 않으면 권세의 관할권에 대한 논의를 놓칠 수 있지만, 제가 믿기로 성경은 전체가 다 진리거든요. 교회는 정부일 수 없고, 정부는 교회일 수 없는데…."

"사모님의 설교가 시작되었군요." 그렇게 말한 제이슨은 공립학교 교사로 일하다 은퇴했다. 교직 말년에는 자신이 수학 교사보다 사회복지사로 느껴졌는데 그게 싫었다고 한다. 실제로 수학을 가르칠 수 있던 시절에는 교직이 좋았지만, 가정에서 방치된 아이들의 뒤치다꺼리밖에 할 수 없게 된 뒤로는 그 일이 질색이었다.

일행은 다시 우리 동네 쪽으로 향했다. 이제 모퉁이를 하나만 더 돌면 우리 집이었다.

"그러니까 처음에 제게 던지신 질문에 두 분 스스로 답하신 겁니다. 백신을 맞든 안 맞든 마스크를 쓰든 안 쓰든 그건 개인의 선택이지 죄도 아니고 은혜도 아니에요. 일부 기독교인이 백신을 거부하는 이유는 자신의 보건과 몸에 대해 성경의 권한을 행사하기 때문이죠. 누구나 자유를 원하는데 기독교인의 자유는 성경에 나오니까요. 콘돔을 거부한 게이들도 자유를 행사한 거잖아요. 문제는 자유의 출처가 무엇이냐는 겁니다. 개인의 감정이냐 아니면 더 큰 무엇이냐는 거죠. 어떤 자유는 안전하고, 또 다른 자유는 그렇지 않을까요?"

산책은 우리 집 앞에서 끝났다. 설리와 트릭시는 마지막으로 서로 킁킁거렸고, 우리는 모두 사랑과 돌봄의 눈빛을 교환했다.

"사모님 입에서는 무슨 말이 나올지 통 모른다니까요." 빌이 말했다.

그날 아침 나는 빌의 그 말을 칭찬으로 받아들이기로 했다.

"더 얘기하고 싶네요. 오늘밤 개 산책 시간에 마저 대화를 이어가면 되겠죠?" 제이슨이 물었다.

"약속한 겁니다." 내가 말했다.

기독교 신앙은 우리 삶 전체와 세상 전체를 아우른다. 참으로 삶 전체가 삼위일체 하나님의 사랑이고 율법이다. 중요한 것은 성부의 택하시는 사랑과 성자의 속죄하시는 사랑과 성령의 성화하시는 사랑이다. 그리스도의 왕권, 영원한 영혼을 돌보는 일, 새 하늘과 새 땅이다. 이 모두가 하나님의 영광을 위한 것이다. 중요한 것은 성경의 가치와 공로와 능력과 위엄과 영원한 진리다. 당신이 사랑하는 이를 위해 기도하고 금식하는 이 여정도 걸음마다 하나님을 영화롭게 하려는 것이다. 폭군들에 맞서 싸우고, 거짓말을 물리치며, 죄의 요새를 기도로 무너뜨리고, 교회를 개혁하며, 형제자매와 가족과 이웃을 사랑하려는 것이다. 그게 바로 교회 생활이다.

말씀을 전한다.

아기가 태어난다.

세례를 받는다.

성만찬에 참여한다.

결혼식을 올린다.

장례를 치른다.

중요한 것은 당신이 예상하거나 혹은 예상하지 못한 소명이다. 섬김과 희생과 교제. 교회 생활의 주기와 리듬이다. 고난도 빼놓을 수 없다. 그리스도인의 삶에는 목적이 있다. 당신의 삶은 중요하며, 하나님은 은혜의 보좌에서 당신의 기도를 들으신다. 주님이 당신의 눈물을 병에 담으신다. 우리는 주일 단위로 살아가면서 예배하고 시편으로 노래한다. 성경을 믿는 교회의 충실한 교인 역할을 다한다. 길 잃은 가족이나 친구를 위한 기도도 그리스도인의 삶이라는 태피스트리(tapestry)의 일부다. 중요한 것은 시간을 내서 이웃의 말을 듣고 함께 식사하며 그들을 그리스도 안의 삶으로 초대하는 것이다.

이 삶을 하나로 엮으시는 주 예수 그리스도의 은혜는

슬플 때나 기쁠 때나 당신을 굳게 붙들어줄 만큼 강하다. 덕분에 당신은 주님이 다시 오셔서 우리가 승리한 교회가 될 때까지 그리스도의 몸 된 전투하는 교회에서 섬긴다. 우리가 갈 그곳에는 눈물이 없기에 슬픔과 눈물일랑 이곳에 남겨둔다.

그리스도인들이여, 지금이야말로 우리에게 다시없을 기회다. 우리는 세상을 향해 담대히 말해야 한다. 그리스도를 위해 담대히 살아야 한다. 바로 오늘 그렇게 살아야 한다. 천국에는 후회가 없다. 그리스도인도 마찬가지다.

감사의 말

책을 쓰는 동안 어느 날은 용기가 불쑥 솟고 또 다른 날은 용기가 사그라들기도 했지만, 은혜의 주님이 대담무쌍한 동역자를 보내주셔서 넘어지는 나를 일으켜주었다.

    남편 켄트 버터필드 목사와 드루 포플린 목사와 에릭 핼포스 시무 장로가 이 여정 동안 나를 지켜주고 조언하며 기도해주었다.

    교인이자 주 안에서 사랑하는 형제들인 앤드루 브랜치와 허몬타 갓윈은 부분 부분 초고를 읽고 통찰력 있는 피드백을 들려주었다.

    켄 콜리의 도움이 없다면 제대로 작동하는 컴퓨터와 안정된 인터넷으로 작업할 수 없었을 것이다. 켄과 나에게는 그의 뛰어난 기술 실력에 의지하는 것 이상의 사연이 있다. 실제로 켄은 내가 시러큐스 대학교의 레즈비언 영어학 교수로서 누군가의 기도 제목에 올라가 있던 1997년부터 나를 위해 기도했다. 나를 위한 기도를 나보다 먼저 시작한 것이다. 어떻게 감사해야 할까?

리나 아부자므라는 친구로 지내온 오랜 세월 동안 내게 실제적 도움, 지혜, 시간, 의학적 조언, 기도 등 말로 표현할 수 없이 많은 것을 베풀어주었다. 내게 감화를 끼치는 리나가 곁에 있음에 하나님께 깊이 감사드린다.

편집자 리디아 브라운백은 실력과 지혜와 통찰력과 힘을 두루 갖춘 최상위 인재다. 말씀을 사랑하고, 언어를 사랑하며, 살아 있는 믿음을 희생적으로 실천한다. 책을 또 쓰고 싶지는 않지만, 리디아의 집에서나 여러 책의 원고로 함께하며 보낸 시간이 너무 좋았기 때문에 어쩌면 책을 또 쓸지도 모르겠다.

이 책의 주제는 우리 시대의 우상을 해체하는 것이다. 그 우상은 바로 LGBTQ+라는 세계다. 나도 죄 가운데 그 세계를 세우는 데 일조했다. 이 싸움에서 나를 보호해준 그리스도인이 많다. 모두의 이름을 언급하면 그들이 위험해지기 때문에 밝힐 수 없다. 위험을 감수하며 살아온 그들에게 감사를 전한다.

부록

성경을 읽는 법에 대한 지침

> 【요 1:1-5, 14】 태초에 말씀이 계시니라 이 말씀이
> 하나님과 함께 계셨으니 이 말씀은 곧 하나님이시니라
> 그가 태초에 하나님과 함께 계셨고 만물이 그로
> 말미암아 지은바 되었으니 지은 것이 하나도 그가
> 없이는 된 것이 없느니라 그 안에 생명이 있었으니 이
> 생명은 사람들의 빛이라 빛이 어둠에 비치되 어둠이
> 깨닫지 못하더라…말씀이 육신이 되어 우리 가운데
> 거하시매 우리가 그의 영광을 보니 아버지의 독생자의
> 영광이요 은혜와 진리가 충만하더라.

성경은 내 신앙과 삶의 길잡이다. 성경만이 남녀노소 죄인에게 필요한 것을 채워주며, 다른 무엇도 성경을 대신할 수 없다. 나는 내가 성경을 읽듯이 성경도 나를 읽는다고 믿는다. 그래서 성경을 읽는 몇 가지 기본 원리를 나누고 싶다.

하나님의 말씀은 우리를 속속들이 읽어낸다

성령은 우리의 굳은 마음을 제거하고 부드러운 마음을 주신다. 그때부터 주님은 우리에게 그분을 따르라고 명하신다. 결코 쉽지 않은 여정이다. 신실하신 하나님은 우리 그리스도인의 삶에 도움이 될 만한 환난을 활용하신다. 환난은 우리를 우리의 형제이신 예수님께로 더 가까이 이끌어주며, 대개 우리는 예수님의 고난에 참여함으로써 그분을 더 닮아간다(빌 3:10).

하나님의 말씀은 속성상 하나님 은혜의 특별한 방편이다. "하나님의 말씀은 살아 있고 활력이 있어 좌우에 날선 어떤 검보다도 예리하여…마음의 생각과 뜻을 판단하나니"(히 4:12). 우리가 성경을 읽는 동안 하나님의 말씀도 우리를 읽는다. 말씀은 수술용 메스처럼 죄와 불신의 병을 도려내고 우리의 속셈과 비밀을 들춰낸다. 우리를 판단하여 그리스도 안에서 우리의 참모습을 보여준다. 말씀이 들춰내는 가장 큰 진리 중 하나는 말씀의 위엄 앞에서 우리가 함량 미달이라는 것이다. 우리는 마치 성경이 우리 판단에 달려 있는 것처럼 행동할 때가 있으나 사실은 정반대다.

그렇다면 성경이란 무엇인가? 성경의 속성과 기원과 신빙성은 무엇인가? 성경에 어떻게 접근해서 해석하고 유익을 누릴 것인가? 온 마음으로 성경을 신뢰해도 될까? 우리 구원을 성경에 맡겨도 될까? 오늘의 내 삶을 성경에 의탁해도 될까?

성경을 읽는 여섯 가지 방법

『웨스트민스터 신앙고백서』에 성경의 여섯 가지 특성이 나와 있다.[1]

첫째, 성경은 명료하다. 성경의 명료성은 가장 기본적인 원리다. 성경에는 사람들과 소통하시려는 하나님의 간절한 마음이 담겨 있다. 하나님의 구원 메시지는 학자가 아니어도 누구나 쉽게 이해할 수 있다. 하나님이 우리에게 무엇을 요구하시고 우리가 그분께 무엇을 기대할 수 있는지가 성경에 투명하고 명백하게 나와 있다. 구원과 성화는 신비의 문제가 아니다. 그래서 모든 사람이 성경을 직접 읽어야 한다.

---

1 ── 이 내용을 다룬 유익한 글이 있다. Wayne R. Spear, "The Westminster Assembly and Biblical Interpretation," 출전: *The Book of Books: The Value of the Scriptures in a Day of Bible Bending, Bible Breaking, and Bible Believing*, John H. White 편집 (Pittsburgh, PA: Crown & Covenant, 2019), 55-165.

둘째, 누구나 평범한 수단을 통해 성경의 의미를 이해할 수 있다. 우리에게 주어진 평범한 수단에는 하나님 말씀을 전하는 공적인 설교를 듣는 것과 사적으로 말씀을 공부하는 것이 포함된다. 아울러 공예배는 하나님이 명하시는 생각과 행동을 각자 잘 깨닫도록 우리를 교육하고 지도하는 역할을 한다.

셋째, 성령님이 그리스도인의 마음과 생각 속에 성경을 조명해주신다. 택하신 사람들의 말을 통해 성경을 기록하신 성령님은 오늘날에도 사람들을 인도하고 깨우쳐 말씀을 통해 그리스도를 알아가게 하신다. 우리가 성경을 펴기 전에 늘 기도로 성령의 인도와 지도와 교정을 간구하는 것도 그런 이유에서다. 우리는 감히 성경을 육신의 눈으로 읽지 않는다. 그것은 재앙을 부르고 이단에 빠지는 확실한 길이다.

넷째, 각 성경 본문의 의미는 여러 가지가 아닌 한 가지다. 성경의 의미가 명백하고 단일하다는 말은, 독자가 어휘를 볼 때 억지로 의미를 끼워맞추거나 과장하거나 미화하지 않고 자연스럽게 봐야 한다는 뜻이다. 그러므로 우리는 먼저 본문의 단일한 의미를 이해하려 해야 한다. 다시 말해서 뜻을 알 수 없거나 의미가 상충되는 본문은 없다.

다섯째, 성경에는 자체 모순이 없다. 까다로운 본문은 더 명확한 본문의 렌즈로 해석하면 된다. 이 원리에 따라 우리는 각 본문을 성경 전체의 가르침에 비추어 해석한다.

여섯째, 성경을 읽을 때는 연역법을 활용해야 한다. 연역법은 전반적 의미를 파악하는 것으로 시작해서 일상생활에 구체적으로 적용하는 것으로 마무리된다.

하나님의 말씀은 진리다

하나님의 말씀은 진리이므로 우리 삶의 모든 고충을 말씀에 의탁할 수 있다. 나는 주해와 당시 지리를 알려주는 지도와 어휘 설명이 풍부하게 수록되어 있는 두껍고 큼지막한 주석 성경을 좋아한다.

내가 즐겨 읽는 주석 성경 중 하나에 하나님의 말씀이 이렇게 주해되어 있다. "성경의 권위와 무오성은 진정한 기독교의 기반이다…성경은 하나님의 말씀이므로 권위가 있고…성경의 권위에 무오성도 함축되어 있다."[2]

말씀은 거짓말할 수 없다. '하나님의 말씀에는 거짓이

---

2 ──── "The Authority and Inerrancy of Scripture," *The Reformation Heritage KJV Study Bible*, Joel Beeke 편집 (Grand Rapids, MI: Reformation Heritage, 2014), 922.

없다'(참조. 딛 1:2). 말씀은 화살처럼 명중한다. "주의 말씀의 강령은 진리이오니 주의 의로운 모든 규례들은 영원하리이다"(시 119:160). 그리스도가 친히 기도 중에 "아버지의 말씀은 진리니이다"(요 17:17)라고 단언하셨다.[3]

하나님 말씀의 진리를 '교리'라고도 한다. 교리는 확고한 신념을 글로 진술한 공동의 원칙이다. 대개 우리는 교회 교리를 고백으로 표현한다. 고백은 "내가 믿사오며"로 이루어진 공적인 진술이다.

하나님의 말씀은 무오하다

무오성 교리는 왜 중요할까? 성경이 무오하다고 해서 달라지는 것이 있을까? 무오성은 나의 신앙, 나의 구원, 나의 성화, 나의 구원의 확신, 나의 자녀, 나의 가정과 교회의 미래 세대에 어떤 영향을 미칠까? 무오성을 받아들이는 그리스도인의 신앙은 어떤 모습이고, 무오성을 배격하는 신앙은 어떻게 변할까?

한마디로 답하자면 이렇다. 무오성은 당신의 성화(그리

---

3 —— "The Authority and Inerrancy of Scripture," 922.

스도 안에서 자라감), 당신의 확신(그리스도를 신뢰함), 당신 자녀의 신앙(대대로 전수되는 신앙), 당신 교회의 미래(세상과 육신과 마귀의 공격을 이겨내는 미래 세대의 능력)에 중요하며 꼭 필요하다. 그러나(정말 중요한 '그러나'이니 주목하라) 당신의 구원이 무오성에 달려 있지는 않다. 무오성을 믿지 않고도 실제로 구원받을 수 있다.

"성경의 무오성에 대한 시카고 선언문"에 무오성이 중요한 이유가 다음과 같이 유익하게 설명되어 있다.

> 기독교 신앙 전체를 제대로 이해하려면 성경의 전적인 권위와 무류성과 무오성을 고백하는 것이 중요하다. 아울러 이런 고백은 그리스도의 형상을 더욱 닮아가는 삶으로 이어져야 한다. 이런 고백이 구원에 꼭 필요하지는 않지만, 그래도 무오성을 부정하면 개인과 교회에 심각한 결과가 따를 수 있다.[4]

우리가 논의하고 있는 문제를 잘 분석한 이 선언문은 우리에게 무오성이 이교적 영성을 막아내는 방패임을 보여준

---

[4] The Chicago Statement on Biblical Inerrancy. 다음 웹사이트에서 볼 수 있다. https://www.ligonier.org/.

다. 또한 우리가 신학으로 구원받지 않고 그리스도로 구원받음을 상기시킨다. 이것만으로도 우리는 겸손히 그리스도를 더 사랑함이 마땅하다. 또 여기에는 당신의 구원을 잃을 수는 없지만 (구원의 확신을 포함한) 나머지는 다 잃을 수 있다는 의미도 암시되어 있다.

예수 그리스도는 육신이 되신 말씀이므로 말씀의 속성과 실체를 그분의 인격과 분리할 수 없다. 당신의 신학이 그리스도와 말씀을 갈라놓는다면 세월이 흘러 삶이 더 고달파질수록 그로 인한 폐해도 점점 더 커진다. R. C. 스프로울(R. C. Sproul)의 말처럼 "성경의 무오성은 책에 대한 교리가 아니다. 관건은 그리스도의 인격과 사역이다."[5]

스프로울이 사연을 소개한 노년의 한 친구는 예수님을 주님으로 믿으면서도 성경의 무오성을 더는 믿지 않았다. 최고 권위는 하나님의 말씀이 아니라 교회 총회에 있으며, 예수 그리스도는 총회를 통해 주권을 행사하신다고 믿었다. 친구에게 이 설명을 들은 스프로울은 그가 성경의 무오성을 부정하고 교회 총회로 대체한 결과 그의 예수님은 무능해졌다고 말해주었다고 한다. 스프로울의 말은 이렇게 이어진다.

---

[5] R. C. Sproul, "What Difference Does an Inerrant Bible Make?" Ligonier, 2015년 3월 4일, https://ligonier.org/.

"그리스도의 주권을 인정한다지만 당신의 주님은 무능합니다. 당신에게 그 어떤 명령도 전달하실 방도가 없어요. 당신이 성경에 기록된 그분의 명령 위에 올라서 있으니까요. 스스로 높아져서 그분의 명령을 비판하며 판단하고 있으니까요."[6]

무오성 덕분에 제대로 보고 살아갈 수 있다

무오성의 교리는 우리에게 순결하신 예수 그리스도를 보여준다. 그분은 육신이 되신 말씀이며 말에나 행동에나 죄가 없으시다. 또 무오성은 우리 죄의 깊이와 속성도 깨우쳐준다. 성경을 떠나서는 죄가 없으신 그리스도를 다 알 수 없듯이, 우리 죄성도 성경을 떠나서는 다 알 수 없다.

청교도 토머스 굿윈(Thomas Goodwin)은 첫 사람 아담과 그리스도라는 두 거인이 인류를 대변한다고 설명했다. 이 예화에서 모든 개인은 두 거인의 허리띠에 달린 고리에 매달려 있으며, 온 인류는 아담의 허리띠에 달린 채로 태어난다. 아담의 타락으로 인해 우리 본성도 타락한 우리는 스스로 깨끗해질 수 없다. 우리는 아담의 허리띠에 달린 쇠고리에

---

[6] Sproul, "What Difference Does an Inerrant Bible Make?"

대롱대롱 고정되어 있다. 설상가상으로 우리는 죽음을 부르는 죄를 사랑한다. 요한복음 3장 19절에 그것이 이렇게 표현되어 있다. "그 정죄는 이것이니 곧 빛이 세상에 왔으되 사람들이 자기 행위가 악하므로 빛보다 어둠을 더 사랑한 것이니라." 우리는 하나님이 죄라고 부르시는 것들을 갈망한다. 그것을 받아들여 정당한 즐거움으로 삼으면 죄가 자라나 점점 더 깊이 파고든다. 굿윈의 은유에서 아담의 쇠고리는 난공불락이다. 우리가 이 거인에서 저 거인으로 옮겨가 매달릴 수 없다. 우리는 무력한 존재다.

유일한 해법은 하나님의 말씀에 있으며, 그 해법이란 바로 그분의 사랑이다. 하나님은 자기 백성을 찾아와 구원하신다. 그분이 우리의 굳은 마음을 제거하고 부드러운 마음을 주시면(렘 31:33, 겔 11:19, 36:26, 히 8:10) 회개의 열매가 맺힌다. 우리 눈에서 비늘이 벗겨진다. 예수님을 주님으로 보고 그분 앞에 엎드린다. 명의이신 그분은 하나님의 말씀을 수술용 메스처럼 다루신다.

회개의 열매를 주시는 성령님이 우리를 아담의 허리띠에서 빼내셔서 둘째 아담이신 예수 그리스도의 허리띠에 단단히 고정하신다. 이 고리는 그리스도가 우리를 버리지 않으시기에 우리가 결코 구원을 잃을 수 없다는 진리를 상징한다. 이 진리의 위력이 바로 무오성의 교리에 담겨 있다. 이제 아버지 앞에서 우리를 대변하시는 분은 그리스도시다. 그분의 혁대에 매달려 있기에 우리도 하나님이 사랑하시는 것을 사랑하는 법을 은혜로 배운다. 하나님이 무엇을 사랑하시는지 어떻게 알까? 거룩한 갈망과 불경한 갈망을 어떻게 분간할까? 하나님의 말씀만이 사람의 마음을 판단한다(히 4:12).

실제로 무오성의 교리는 그리스도의 위엄을 보여준다.

성경과 답하기 힘든 의문

성경이 우리의 모든 의문에 답해주지는 않는다. 성경을 깊이 파고들수록 의문도 더 크고 절박해진다. "기독교 신앙의 모든 교리는 현세에 풀 수 없는 난제를 우리 앞에 제시하며, 이런 난제는 우리가 핵심에 다가갈수록 더 커진다."[7] 그러나 성경의 웅대한 규모를 생각하면, 답하기 힘든 의문이 그 자체로 문제의 증거는 아니다. "고통과 곤혹의 의문이라기보다 매혹과 경이의 의문"이기 때문이다.[8]

답하기 힘든 의문 때문에 신앙이 흔들려서는 안 된다.

---

[7] ── *The Infallible Word: A Symposium by the Members of the Faculty of Westminster Theological Seminary*, 재판, N. B. Stonehouse & Paul Woolley 편집 (Phillipsburg, NJ: P&R, 2002), 1-54.

[8] ── John Murray, "The Attestation of Scripture," 출전: *The Infallible Word*, 7.

늘 우리는 예수님이 육신이 되신 말씀이라는 사실로 돌아가
야 한다.

성경과 순종

시편 저자는 "주의 말씀은 내 발에 등이요 내 길에 빛이니이
다"(시 119:105)라고 고백했다. 그런데 "내 길"이 내면에서 느
껴지면 어떻게 해야 할까? 내면의 느낌이 나를 미지의 길로
이끌면, 내 마음의 그 주체하기 힘든 갈망을 따라가야 할까?
'사랑의 용사'가 되어 성경적 신앙을 버리고 이교적 신앙을 취
해야 할까? 성경 대신 내 마음을 따라 동성애 죄를 받아들이
고 순결한 성경적 결혼을 배격해야 할까?[9] 하나님을 사랑하
는 마음이 순종으로 입증됨을 믿는다면 그럴 수 없다.

성경과 자유

하나님의 명령에 담긴 자유를 보려면 때로 자세히 들여다봐
야 한다. 이렇게 생각해보라. 하나님의 말씀 외에는 그 무엇
도 구속력이 없으며, 그분이 우리에게 요구하시는 바는 성경
에 명확히 나와 있다. 자신의 멍에가 쉽고 짐이 가볍다고 하
신 예수님의 말씀(마 11:30)은 사랑의 하나님만이 우리에게

---

9 —— Glennon Doyle, *Love Warrior: A Memoir* (New York: Flatiron, 2017).

멍에와 짐을 주신다는 뜻이다. 그것이 가볍다고 말씀에 나와 있으니 분명히 우리가 그리스도 안에서 감당할 수 있다. 삶의 멍에와 짐을 어떻게 가볍다고 할 수 있을까? 많은 사람이 흔히 겪는 암, 배신, 실직, 우울, 불임, 자녀의 죽음, 사업 실패 등이 정말 가벼운가? 혼자 감당한다면 어림도 없다. 그러나 이런 멍에와 짐의 고난은 신실하신 그리스도 안에서만 주어진다(시 119:71). 약속대로 그분은 자신의 말씀을 보내 우리에게 초자연적 위로와 힘과 지혜와 인내를 주신다. 하나님의 말씀이 있기에 어떤 짐도 그분보다 강력하지 않으며, 말씀이 그분의 인격과 불가분의 관계이기에 그분은 우리가 고난받는 중에도 붙들어주신다.

성경은 이미 '완성되었기' 때문에 우리의 느낌에 따라 계명을 새로 더할 수 없다. 누군가 은혜라는 단어를 기준을 낮춘다는 의미로 사용하여 이렇게 말한 적이 있는가? "당신은 내게 은혜를 더 베풀어야 돼!" 이는 은혜라는 단어를 오용하는 것이다. 청교도 존 오웬이 이 원리를 멋있게 설명했다.

> 은혜가 우리 심령에 기록하는 율법은 하나님의 말씀에 기록된 율법과 일치하게 마련이다. 하나님은 성령과 말씀이 항상 서로 동반한다고 약속하셨다. 무엇이든 먼저 말씀의

요구가 없이는 성령께서 우리 안에서 역사하지 않으신다.[10]

성경의 이모저모

성경 속의 삼위일체

성경을 기록된 그대로 읽으면 삼위일체(성부, 성자, 성령)가 보인다. 성부 하나님과 성자 하나님과 성령 하나님은 어떤 이유로든 한시도 서로 어긋날 수 없다. 삼위일체 하나님이 나뉠 수 없듯이 죄인인 우리 마음을 지배하는 하나님 말씀의 권위도 흔들릴 수 없다. 말씀이 예수님의 현현이고 성령의 지혜이며 아버지의 창조 권능이기 때문이다. 아무것도 말씀을 무너뜨리거나 이길 수 없다.

성경의 율법

무류하고 무오한 성경에는 세세한 사건과 인물과 문제와 발음하기도 어려운 이름이 많이 나온다! 또 율법도 수없이 나오

---

10 —— 다음 책에서 재인용했다. *Voices from the Past: Puritan Devotional Readings*, Richard Rushing 편집 (Carlisle, PA: Banner of Truth, 2009), 163. (『365 청교도 묵상』 개혁된실천사)

는데, 모든 율법의 구속력이 주님의 부활 이후까지 지속되는 것은 아니다. 구약의 의식법은 그리스도가 부활하신 뒤로는 구속력을 잃었지만, 거룩하고 신실하신 하나님의 풍성한 역사를 보여준다. 또한 율법은 하나님 백성의 곤경을 역사 속의 많은 선례로 설명하여 전능하신 하나님의 권능을 드러냄으로써 우리 그리스도인의 이야기를 풍성하게 해준다.

마찬가지로 구약의 재판법도 한 국가에 적용되었는데, 이제 그 나라는 특정한 민족 집단이 점유한 지리적 국토로 존재하지 않는다. 재판법은 그리스도의 십자가로 성취되고 완성되어 사라졌고, 이로써 하나님의 백성인 우리가 공유하는 이야기에 깊이를 더해준다. 주님이 부활하셔서 성령과 지상명령을 주신 뒤로 하나님의 백성은 더는 지리적 국경선이나 한정된 민족으로 규정되지 않는다. 온 세상이 그분의 것이다.

여전히 구속력이 있고 우리가 그리스도께 지켜야 하는 법은 십계명에 담긴 하나님의 도덕법이다.

이렇듯 구약의 율법에는 세 종류, 즉 의식법, 재판법, 도덕법이 있다. 그 차이를 인정한다 해서 구약을 경시하는 것은 아니다. 오히려 그 반대다. 구약의 말씀을 성취하고자 십자가도 마다하지 않으신 주께서 우리에게도 똑같이 구약을 중요하게 여길 것을 명하셨다. 무언가를 성취한다는 것은 곧 완전하게 한다는 뜻이다. 예수님은 구약의 말씀을 완전하게 하러 오셨고, 이로써 신앙과 생명과 구원과 성화와 지혜를 이루기에 부족한 부분을 채우셨다.

그리스도의 말씀인 성경

하나님의 말씀은 곧 그리스도의 말씀이다. 우리 손에 들린 성경은 하나님이 그분의 마음과 우리의 마음을 들여다보도록 주신 창이다. 주님은 성경론(성경에 관한 교리)에 대해서도 명쾌한 가르침을 주셨다. 우선 사도 바울은 "모든 성경은 하나님의 감동으로 된 것"(딤후 3:16)이라고 썼다. 성경은 하나님의 숨결이다. 디모데후서 3장 16절에는 인간 저자가 언급되지 않지만 사도 베드로는 성경의 인간 저자들과 성령님의 관계를 이렇게 설명했다. "성경의 모든 예언은 사사로이 풀 것이 아니니 예언은 언제든지 사람의 뜻으로 낸 것이 아니요 오직 성령의 감동하심을 받은 사람들이 하나님께 받아 말한 것임이라"(벧후 1:20-21). 성령의 역할과 인증 덕분에 우리는 하나님의 말씀이 그리스도의 '영원한 화신'임을 확신할 수 있다. 베드로는 인간 저자의 역할을 숨기거나 축소한 것이 아니라, 그들이 독특하게도 성령의 감화와 인증에 온전히 의존했음을 드러낸 것이다. 그래서 성경은 지상의 어떤 책과도 같지 않으며 독보적이다. 기원도 다르고, 결과물도 다르다.

성경의 통일성

성경의 자체적 증언에 더하여 구약과 신약은 유기적 통일성을 보인다. '유기적 통일성'이란 신약의 더 풍부한 그림이 구약과 전혀 모순되지 않는다는 뜻이다. (동물 제사 같은) 구약의 의식법은 온전한 제물이신 예수 그리스도로 대체되었고, 구약의 이스라엘 나라에만 적용되던 재판법은 회개하고 믿는 모든 사람에게 예수 그리스도의 구원을 확장한 지상명령으로 대체되었다. 성경의 유기적 통일성은 점진적 계시로 나타난다. 애초부터 그림자로 있던 것이 성경 이야기가 전개됨에 따라 우리 앞에 실체를 드러낸다는 뜻이다. 신약은 "하나님의 성품과 뜻을 더 풍성하고 영광스럽게 구현하여 보여준다."[11] 그렇다고 신약이 구약을 몰아내는 것은 아니다.

그리스도와 성경은 서로 분리될 수 없다

그리스도의 인격은 하나님의 말씀과 절묘하게 얽혀 있다. 그리스도의 사역도 신구약 모두의 신적 권위, 무오성, 영감과 정교하게 맞물려 있다. 이 점은 하나님 나라를 전파하도록 제자들을 파송하시기 전에 그리스도가 제자들에게 주신 신약의 약속에서 알 수 있다.

---

11 —— Murray, "The Attestation of Scripture," 35.

또 너희가 나로 말미암아 총독들과 임금들 앞에 끌려가리니 이는 그들과 이방인들에게 증거가 되게 하심이라 너희를 넘겨줄 때에 어떻게 또는 무엇을 말할까 염려하지 말라 그때에 너희에게 할 말을 주시리니 말하는 이는 너희가 아니라 너희 속에서 말씀하시는 이 곧 너희 아버지의 성령이시니라 (마 10:18-20).

예수님이 이 본문에서 약속하셨듯이 제자들이 목숨을 걸고 그리스도를 증언하며 하나님 나라를 변호할 때, 삼위일체 하나님은 그들에게 성령의 감화를 끼쳐 그들의 말이 곧 그분의 말씀처럼 되게 하신다.

십자가에 달리시기 전날 밤에 예수님은 그들에게 "내가 떠나가지 아니하면 보혜사(성령)가 너희에게로 오시지 아니할 것이요…진리의 성령이 오시면 그가 너희를 모든 진리 가운데로 인도하시리니"(요 16:7, 13)라고 말씀하셨다. 부활하신 후에는 제자들에게 성령의 능력을 주셨다. "그들을 향하사 숨을 내쉬며 이르시되 성령을 받으라"(요 20:22). 하나님의 숨결이라는 은유를 여기서도 볼 수 있다. 하나님은 성경에 자신의 순수성을 불어넣으신다.

승천하시기 전에도 예수님은 "오직 성령이 너희에게 임하시면 너희가 권능을 받고 예루살렘과 온 유대와 사마리아와 땅 끝까지 이르러 내 증인이 되리라"(행 1:8)고 말씀하셨다.

이 모든 본문에서 보듯이 제자들에게 일을 위임하신 분은 예수님이시고, 능력과 감화와 지도를 베푸시는 분은 성령님이시다. 이로써 우리는 성경이 하나님의 숨결에서 나온 작품임을 알 수 있다. 그분의 숨결은 택하신 사람들에게 성령의 능력으로 말미암아 감화를 끼치셨고, 그 내용이 물리적이고도 영적인 언어로 표현되었다. 물리적이라는 말은 양피지나 책으로 된 성경이 우리 손에 들려 있음을 가리키고, 영적이라는 말은 택하신 하나님 백성의 영혼에게 성경이 초자연적으로 말하는 것을 가리킨다. 이렇게 성경은 하나님의 위로와 지도와 책망과 능력을 전달하는 수도관 역할을 한다.

성경은 다름 아닌 하나님의 숨결이므로 "교훈과 책망과 바르게 함과 의로 교육하기에 유익하니 이는 하나님의 사람으로 온전하게 하며 모든 선한 일을 행할 능력을 갖추게"(딤후 3:16-17) 한다. "유익하니"로 번역된 단어는 이익을 남긴다는 뜻이다. 작은 씨를 뿌려 크게 결실한다는 뜻이다. 우리의 이익이란 곧 신자로서 점진적으로 경건해져가는 성화다. 신자의 삶에 하나님의 숨결이 닿으면 모든 것이 성장한다. 덕분에 우리는 하나님을 아는 지식에서 자라가고 그분의 의와 거룩하심을 닮아갈 수 있다. 구주를 본받아 목숨까지 버릴 수 있다. 그리고 주님은 모든 것을 합력하여 우리의 선과 그분의 영광을 이루신다.

성경과 우리의 생각

성경에 대한 우리의 생각은 하나님에 대한 생각과 동일해야 한다. 한쪽만 사랑하고 다른 한쪽을 배격할 수는 없다. 성경관과 하나님관은 서로 분리될 수 없다. 견고한 신앙은 그에 상응하는 행위와 점진적 성화로 입증되며, 이 또한 무오성의 교리와 맞물려 있다. 바울은 에베소서 2장 8-10절에서 이렇게 말한다. "너희는 그 은혜에 의하여 믿음으로 말미암아 구원을 받았으니 이것은 너희에게서 난 것이 아니요 하나님의 선물이라 행위에서 난 것이 아니니 이는 누구든지 자랑하지 못하게 함이라 우리는 그가 만드신 바라 그리스도 예수 안에서 선한 일을 위하여 지으심을 받은 자니 이 일은 하나님이 전에 예비하사 우리로 그 가운데서 행하게 하려 하심이니라." 우리가 꼭 행해야 할 선한 일 중 하나는 하나님의 말씀이 무오함을 믿는 것이다. 그러려면 냉정하게 자문해야 한다.

만일 성경의 증언 중 일부라도 신빙성이 없다면, 성경이 당신에게 거슬릴 때마다 하필 그 부분이 신빙성 없어 보일 것이다. 성경의 모든 부분이 100퍼센트 진리가 아니라면, 당신에게 거슬리는 순간 성경 전체가 무너지기 시작할 것이다. 하와처럼 당신도 "하나님이 참으로…하시더냐"(창 3:1)라는 사탄의 질문에 말려들 것이다. 이것은 학술 논고가 아니라 당신의 생사가 달린 문제다.

청교도 조셉 얼라인(Joseph Alleine)은 "진실한 회심자는 그리스도를 온전히 받아들인다. 상뿐만 아니라 수고도 사랑한다. 혜택만 누리려 하지 않고 그리스도의 짐도 진다. 명령을 수행하여 그분의 십자가까지도 감수한다"라고 썼다. 반면 신앙이 부실하여 어쩌면 구원받지 못한 사람은 "그리스도를 반쪽만 취한다. 구원만 좋아하고 성화는 싫어한다. 특권만 밝히고 그리스도의 인격은 경시한다…고난에서 구원받기만 바라고 죄에서 구원받을 마음은 없다."[12] 깊이 묵상해볼 주제다. 이교 세계는 하나님 없는 은혜를 원하지만 우리는 온전하신 그리스도를 모신다.

성경과 고난

성경 속에 그리스도의 상처가 숨겨져 있다. 성경에 닻을 내린 사람은 그분이 이미 세상 모든 고난을 지고 십자가에 달리셨음을 안다. 다시 말해서 고난을 늘 그리스도의 고난과 승리에 비추어서만 본다. 성경이 당신의 닻이라면 당신의 고난에 의미와 목적과 은혜가 있음을 확신해도 좋다. 아무것도 우리

[12] 다음 책에서 재인용했다. *Voices from the Past*, 239.

를 영원히 해칠 수 없다. 그래서 토머스 왓슨은 우리에게 이렇게 일깨워준다.

> 이름을 잃어도 우리 이름은 생명책에 기록되어 있다. 자유를 잃어도 양심은 자유롭다. 재산을 잃어도 극히 값진 진주가 우리 것이다. 풍랑을 만나도 우리에게는 항구가 있다. 하나님이 우리 하나님이시고 천국도 우리 것이다. 하나님이 우리 하나님이시니 우리 영혼은 안전하다. 우리 영혼은 성경의 약속과 그리스도의 상처와 하나님의 뜻 속에 숨겨져 있다.[13]

그리스도의 고난과 우리의 고난은 떼려야 뗄 수 없이 긴밀하게 얽혀 있다. 이는 쉽고 평탄한 삶을 요구하며 끝없이 욕심을 채우려는 세상에 꼭 필요한 메시지다. 그리스도의 고난과 얽혀 있기에 우리의 고난이 늘 현세에 풀릴 수는 없으며, 그것까지도 모두 하나님이 주관하신다.

---

[13] ── Thomas Watson, *The Ten Commandments* (1692; 복간, Carlisle, PA: Banner of Truth, 2009), 17-20. (『십계명 해설』 기독교문서선교회)

성경은 영원하다

끝으로 성경도 우리 영혼처럼 영원히 지속된다는 것을 알아야 한다. 이사야 40장 8절과 베드로전서 1장 25절이 일깨워 주듯이, 이 세상은 지나가지만 하나님의 말씀은 천국과 새 예루살렘에서도 우리 곁에 남는다. 우리 손에 들려 있는 성경은 하나님이 영원한 가치를 보장하신 책이다. 성경의 무오성을 배격하고 인간의 각종 이교적 철학을 받아들인다면 이는 티끌을 금보다 더 중시하는 것이다. "성경은 인간의 수명이 시드는 풀만큼이나 덧없다고 단호히 말한다. 인생은 꽃처럼 금방 시들고 안개처럼 금방 사라지고 연기처럼 금방 없어진다. 아무리 강한 사람도 티끌 덩어리에 불과하다."[14]

---

[14] 스티븐 차녹(Stephen Charnock)의 말을 다음 책에서 재인용했다. *Voices from the Past*, 247.